I0175036

www.ingramcontent.com/pod-product-compliance
Lightning Source LLC
LaVergne TN
LVHW061331060426
835512LV00013B/2602

9780615860879

بسم الله الرحمن الرحيم

In the Name of Allah
Most Gracious Most Merciful

تاویل الآیات

تالیف

سید حسین شرف الدین الحسینی

مترجم

غلام مرتضٰی علوی (ایم ۔اے عربی)

Title: Taweel al Ayat Vol 1
Original Author Name: Syed Sharf ud Deen Al-Hussain
Translator Name: Ghulam Murtaza Alvi
Publisher: Wilayat Mission Publications
First Edition 2013
ISBN-13: 978-0615860879
ISBN-10: 0615860877

All rights reserved. No part of this publication may be reproduced, stored in a retrieval system, or transmitted in any form or by any means, electronic, mechanical, photocopying, or otherwise without the prior written permission of the copyright holder.

Wilayat Mission Publications
Lahore, Pakistan
Website: http://www.wilayatmission.org
Email: info@wilayatmission.org

فہرست مضامین

اھداء... ١

مقدمہ ٥

سورۃالفاتحہ ٩

سورۃالبقرہ...١٦

سورۃآل عمران ٦٥

سورۃالنساء...٨٥

سورہالمائدۃ ٩٧

سورۃالانعام ١١١

سورۃاعراف..١١٦

سورۃانفال..١٣٣

سورۃالبراۃ(توبہ)..١٣٨

سورۃیونس..١٥٢

سورۃھود ١٦٠

سورۃیوسف ١٦٤

سورۃالرعد.. ١٦٥

سورۃابراھیم ١٧٥

سورۃالحجر ١٨٠

سورۃالنحل...١٨٤

سورة اسراء	١٩٥
سورة الكهف	٢١٤
سورة مريم	٢١٩
سورة طه	٢٢٩
سورة الانبيا	٢٤١
سورة الحج	٢٥٠
سورة المومنون	٢٦٥
سورة النور	٢٧٠
سورة الفرقان	٢٨٠
سورة الشعراء	٢٩٠
سورة النمل	٣٠١
سورة القصص	٣٠٨
سورة العنكبوت	٣١٨
سورة الروم	٣٢٤
سورة لقمان	٣٢٦

تاویل الایات الظاہرہ فی فضائل العترۃ الطاہرہ

بسم اللہ الرحمن الرحیم -

اھداء

یارسول اللہ آپؐ کی سرداری کے نام اے اللہ عزوجل کی آیات کو واضح کر کے بیان کرنے والے اے وہ کہ جس پر اللہ نے ایسی کتاب اتاری جس کی آیات محکم ہیں اے وہ کہ جس نے آپؐ کو عالمین کا رسول چن لیااور آپؐ کو اچھی گفتگو کے لیے خاص فرمایااے وہ کہ جس نے آپؐ کو تمام رسولوں پر فضیلت بخشی اور آپؐ کو عظیم فضل عطا کیا کہ جب اللہ نے فرمایا(اور ہم نے آپ کو سبع مثانی اور قرآن عظیم عطا کیا) اے وہ کہ جس نے آپؐ پر کتاب اتاری کہ جو ہر چیز کو کھول کھول کر بیان کرنے والی ہے(جو ہدایت اور رحمت ہے) (تا کہ آپ لوگوں کو سنائیں) (تا کہ آپ ان کو آیات سنائیں آپ ان کو کتاب حکمت کی تعلیم دیتے ہیں)(تا کہ آپ لوگوں کے درمیان فیصلہ کریں) (اور ان کے لیے کھول کھول کر بیان کریں جو ان کی طرف نازل کیا ہے) (تا کہ آپ ان لوگوں کے لیے وہ چیزیں واضح کر دیں جس میں وہ اختلاف کرتے ہیں) ۔

اے اہل بیتؑ نبوت، رسالت کی آماجگاہ اے آئمہ ہدیٰؑ اللہ نے یہ کتاب آپؑ کے فضائل کے لیے اتاری ہے اے وہ کہ جن کی اطاعت اللہ نے ہم پر فرض کی ہے کہ جیسے اللہ نے فرمایا(اللہ کی اطاعت کرو رسولؐ کی اطاعت کرو اور اولی الامر کی اطاعت کرو اگر تم کسی چیز میں اختلاف کا شکار ہو جاؤ تو اسے اللہ اور اس کے رسولؐ کی طرف پلٹادو) اے وہ کہ جس نے تم سے رجس کو دور رکھا اور آپؑ کو ایسے پاک رکھا جیسے کہ پاک رکھنے کا حق ہے۔اے وہ کہ جنہیں اللہ نے اپنی کتاب کا وارث بنا کر چن لیا اور رسالت کے پیغام کو پھیلایا اللہ عزوجل فرماتا ہے (پھر ہم نے اپنی کتاب کا وارث ان لوگوں کو بنایا جن کو ہم نے اپنے بندوں میں سے چن لیا) اے وہ کہ جن کو اللہ نے اپنی تمام کتاب کا علم دیا کہ اللہ فرماتا ہے (کہہ دیجئے کہ میرے اور تمہارے درمیان گواہی کے لیے اللہ ہی کافی ہے اور وہ کہ جس کے پاس تمام کتاب کا علم ہے) اور بے شک جو کچھ آپؑ فرماتے ہیں وہ حق ہی ہوتا ہے اور آپؑ نے فرمایا بے شک ہم ہی علم میں راسخ ہیں اور ہمارے پاس ہی کتاب کا علم ہے اور ہم ہی آیات کی اصل مراد جانتے ہیں۔اے وہ کہ جنہیں اللہ نے بنی اسرائیل کے نقباء کے بعد آپؑ کو نقیب بنایا کہ جو اللہ کی کتاب کے وارث ہیں اے وہ کہ جنہیں اللہ نے اپنی نبیؐ کے لیے خاص کیا اور آپؑ کو ان کا نفس اور بیٹے بنایا جب اللہ نے فرمایا(کہہ دیجئے کہ آؤ ہم اپنے بیٹوں کو بلاتے ہیں تم اپنے بیٹوں کو بلاؤ ہم اپنی عورتوں کو لے آتے ہیں تم اپنی عورتوں کو لاؤ اور ہم اپنے نفسوں کو لے آتے ہیں تم اپنے نفسوں کو لے آؤ پھر ہم جمع ہو کر اللہ سے دعا کریں اور جھوٹوں پر لعنت کریں) اے وہ کہ جنہیں اللہ کے رسولؐ نے مقرر فرمایا اللہ کی کتاب کے ساتھ اور اللہ اپنے رسولؐ کے لیے فرماتا ہے (اور میرا محبوب اپنی مرضی سے نہیں بولتا بلکہ اس کی طرف وحی کی جاتی ہے) اور آپؐ نے فرمایا(میں تم میں دو گرانقدر چیزیں چھوڑ رہا ہوں ایک اللہ کی کتاب اور دوسرے میرے اہل بیتؑ عترتؑ اگر تم دونوں سے جڑے رہو گے تو

میرے بعد کبھی گمراہ نہ ہوگے) پس اے فرزندان رسولؐ ان کے نونہال چمن ان کے اقرباء آپؑ کے بارے میں اللہ نے فرمایا(اور ذی القربیٰ کو ان کا حق دے دو) (اور کہہ دیجئے کہ میں تم سے کوئی اجر رسالت نہیں مانگتا مگر یہ کہ میرے اقرباء سے مودت رکھو)(اور اللہ تم پر تمہارے دشمنوں کے پہنچائے ہوئے مصائب پر صبر کرنے کے باعث سلام کہتا ہے)۔

ہم آپؑ سے اس دن شفاعت کی امید رکھتے ہیں کہ جب ہم آپؑ سے ملاقات کریں گے اور آپؑ ہم سے راضی اور ہمارے شفیع ہونگے وآخر دعوانا ان الحمد للہ رب العالمین۔

اہل بیتؑ سے محبت رکھنے والے اس کتاب کے مولف کے حالات زندگی

السید الفاضل العلامہ الزکی شرف الدین علی الحسینی الاسترآبادی ایک بلند پایہ محقق اور محدث ہیں فخر الامت علامہ مجلسی نے بحار الانوار جلد ا ص ۱۳ میں اور الحر العاملی نے اپنی کتاب امل الآمال میں جلد ۲ ص ۱۳۱ پر بیان کیا ہے کہ شرف الدین الحسینی فاضل صالح اور محدث تھے اور ایک بلند پایہ عالم فقیہ تھے ریاض العلماء میں آفندی نے لکھا ہے کہ وہ فاضل عالم جلیل تھے وہ الشیخ نور الدین علی بن عبد العالی الکرکی کے شاگردوں میں سے تھے التستری نے المقابس ص ۱۹ پر لکھا ہے کہ وہ عالم، فاضل ،فقیہ الزکی تھے اور ان کے اسماء تاریخ میں اس طرح ملتے ہیں السید شرف الدین علی الحسینی الاسترآبادی النجفی الغروی الشیخ شرف الدین بن علی النجفی، الشیخ شرف الدین علی الاسترآبادی، اصل میں یہ اختلاف نہیں بلکہ اجمالی تعبیر ہے۔

زیر نظر کتاب میں مولف نے ان آیات مبارکہ کی تاویل بیان کی ہے جو کہ اہل بیتؑ کی مدح میں نازل ہوئیں اور ان کے اولیاء کی مدح میں نازل ہوئیں اور ان کے اعداء کی مذمت میں نازل ہوئیں اور انہوں نے دونوں فریقوں یعنی شیعہ اور سنی تفاسیر سے ان کو بیان کیا ہے پس شرف الدین الحسینی

اس وصف میں پہلے مولف نہیں ہیں ان سے پہلے سلف صالح نے بھی اس چیز کا اہتمام کیا اور انہوں نے اس پر سیر حاصل تالیفات جمع کیں اللہ ان کو آئمہ طاہرینؑ کی طرف سے جزا خیر عطا فرمائے اور بے شک اللہ جاننے والا اور بہت زیادہ شکر کرنے والوں کو جانتا ہے اور اس اللہ کی حمد کہ جس نے ہمیں ان کے اسوہ حسنہ پر چلنے کی ہدایت فرمائی۔ بے شک یہ کتاب ایک عظیم الشان کتاب ہے جس میں مولف نے احادیث معصومینؑ کی روشنی میں ان آیات کی تاویل بیان کی ہے جو کہ مدح اہل بیتؑ میں نازل ہوئیں اور بے شک ان کا یہ کارنامہ رہتی دنیا تک رخشندہ و تابندہ رہے گا تاویل الایات کے علاوہ ایک اور کتاب جس کا نام کامل متکامل فی التفسیر القرآن ہے یہ بھی بہت عظیم کتاب ہے اس میں تمام روایات مدرسہ الامام المہدی عجل اللہ فرجہ الشریف سے لی گئی ہیں اور آخر میں ہم اللہ سے دعا کرتے ہیں کہ وہ ہم کو اس کے مکمل کرنے کی توفیق عطا فرمائے اور اللہ ہی کی طرف سے تمام توفیق اور سیدھی ہدایت ہے اس کتاب تاویل الایات کے کئی اور اسماء بھی ملتے ہیں ان میں سے کچھ عنوان یہ ہیں ۔الآیات الباہرہ فی فضل العترۃ الطاہرہ، الآیات الظاہرہ فی فضل العترۃ الطاہرہ، تاویل الآیات الباہرہ فی العترۃ الطاہرہ، تاویل الآیات الظاہرہ فی فضائل العترۃ الطاہرہ لیکن یہ تمام کتب اصل میں ایک ہی کتاب کے مختلف نام ہیں اور زیر نظر کتاب جامع ترین کتاب ہے۔

مقدمہ

بسم اللہ الرحمن الرحیم

حمد ہے اس کی جو لائق حمد ہے جس نے اپنی کرم نوازی سے بادل پھیلائے اور اسکا وجود تمام موجودات پر ہے اور شکر اس کا کہ جس کہ شکر ادا کرنا اس کی تمام نعمتوں پر واجب ہے درود و سلام ہو اس کے نبیؐ پر جو کہ تمام انسانوں سے افضل ہیں اور کائنات میں سب سے زیادہ عزت و فضیلت والے ہیں محمدؐ بن عبداللہؑ جن کو تمام کمالات عطا کئے گئے اور ان کی آلؑ میں سے پاکیزہ لوگوں پر بھی سلام ہو اس وقت تک جب تک زمین و آسمان برقرار ہیں اما بعد جب میں نے بعض آیات قرآنی کو دیکھا کہ وہ اہل بیتؑ کی مدح، ان کے محبوں کی مدح اور ان کی دشمنوں کی مذمت کرتی ہیں جو کہ مختلف کتب احادیث میں اور کتب تفاسیر میں بکھری ہوئی ہیں اور ایک طالب حق کے لیے اسے پالینا بہت دشوار کام ہے تو میں نے چاہا کہ میں ان کو ایک کتاب میں جمع کر دوں تاکہ حق کی معرفت رکھنے والے کے لیے آسانی ہو جائے اور وہ اس کی طرف رغبت رکھے اور میرا مقصد یہ ہے کہ جو طالبان حق ہیں وہ اللہ کے سیدھے راستے کی طرف ہدایت پا سکیں سب سے پہلے میں نے اس کی تاویل الراسخون فی العلم سے لی ہے اور پھر جو

طریقہ عامہ سے وارد ہوا ہے وہ اگرچہ قلیل ہے پس میں نے ہر آیت کو اس کی سورۃ کی ترتیب سے لکھا ہے اور پھر اسے نام دیا ہے تاویل الآیات الظاہرہ فی فضائل العترۃ الطاہرہ اور میں نے یہ سارا کام اللہ عزوجل کی خوشنودی اور نبیؐ اور اہل بیتؑ معصومینؑ کی قربت حاصل کرنے کے لیے کیا ہے۔

تاویل اور اس کے معنی شروع کرنے سے پہلے آپؑ اللہ کے اس فرمان کو جان لیں کہ وہ فرماتا ہے اور اللہ نے تمہیں ولایت کے راستے کی طرف ہدایت دی اور تمہیں فتنوں اور بغاوتوں سے بچایا ہے ہم نے اولیاء کی مدح اور اعداء کی مذمت بیان کی ہے تاکہ محبت رکھنے والے جان لیں کہ ان کے واسطے اللہ نے کیا تیار کیا ہے اور دشمنی رکھنے والے جان لیں کہ ان کے واسطے اللہ نے کیا تیار کیا ہے۔ اور اسے ہی محبت رکھنے والوں کے لیے تولا اور دشمنی رکھنے والوں کے لیے تبرا کہتے ہیں پس جان لو کہ اللہ نے تمہاری مدد کی ہے۔

طریق عامہ اور خاصہ سے خبر ماثور میں عبداللہ بن عباس سے روایت ہے کہ امیر المومنینؑ نے مجھ سے فرمایا کہ قرآن چار حصوں میں نازل ہوا ایک چوتھائی ہمارے بارے میں ایک چوتھائی ہمارے دشمنوں کے بارے میں ایک چوتھائی سنن وامثال اور ایک چوتھائی فرائض واحکامات اور قرآن کی اچھی باتیں و محاسن ہمارے لیے ہیں اور اس کی تائید وہ روایت بھی کرتی ہے جو الشیخ ابو جعفر الطوسی نے اسناد کے ساتھ فضل بن شاذان سے انہوں نے داؤد بن کثیر سے روایت کی ہے کہ میں نے امام ابو عبداللہؑ سے پوچھا کیا آپؑ اللہ کی کتاب میں نماز، روزہ، حج اور زکواۃ ہیں؟ امامؑ نے فرمایا اے داؤد! ہم ہی اللہ کی کتاب میں نماز ہیں ہم ہی زکواۃ ہیں ہم ہی رمضان ہیں ہم ہی حج ہیں اور ہم ہی حرمت والا مہینہ ہیں ہم ہی حرمت والا شہر ہیں ہم ہی اللہ کا کعبہ و قبلہ ہیں ہم ہی اللہ کی خوشنودی ہیں ہم ہی اللہ کی آیات ہیں اور ہم ہی اس کی بنیات ہیں اور ہمارا دشمن کتاب اللہ میں بے حیائی، برائی، سرکشی، شراب، جوا، بت

،طاغوت ،زنا، مردار اور خنزیر کا گوشت ہیں اے داؤد ! اللہ نے ہمیں سب سے بہترین خلق کیا ہے ہمیں فضیلت عطا کی ہے اور ہمیں اپنی زمین و آسمان کے خزانوں پر امین بنایا ہے جو ہمارے دشمن اور مخالف ہیں ان کو بھی اپنی کتاب میں نام دیا ہے۔ پس اس کی تائید وہ حدیث بھی کرتی ہے جو فضل بن شاذان نے اسناد کے ساتھ امام ابو عبداللہؑ سے روایت کی ہے کہ آپؑ نے فرمایا ہم ہی ہر بھلائی اور نیکی کی اصل ہیں اور ہر نیکی ہماری ہی شاخوں میں سے ہے اور ان نیکیوں میں توحید، نماز، روزہ، حج، زکواۃ ،غصہ کو پی جانا، کسی کی برائی معاف کر دینا، پڑوسی کی مدد کرنا، اپنے گھر والوں سے مل کر رہنا الغرض ہر نیکی شامل ہے اور ہمارا دشمن ہر برائی کی جڑ ہے ان کی شاخوں میں ہر قبیح وفاحشہ ہے ان میں جھوٹ ،بخل، قطع رحمی، سود کھانا، یتیم کا مال کھانا، اللہ کی حدود توڑنا، ظاہری اور باطنی برائیاں کرنا، زنا ،چوری الغرض ہر برائی شامل ہے۔ اسی طرح کتاب الاعتقادات میں الشیخ ابو جعفر محمد بن بابویہ نے قرآن کی آیات کی تاویل میں لکھا ہے کہ قرآن مجید کی جو بھی آیت یاایھاالذین آمنو سے شروع ہوتی ہے تو اس کے امیر علی ابن ابی طالب علیہ السلام ہیں اور جس آیت میں بھی جنت میں جانے کا ذکر ہے وہ نبیؐ ،آئمہؑ اور ان کے پیروکاروں کے بارے میں ہے اور جس آیت میں بھی جہنم میں جانے کا ذکر ہے وہ آل محمدؐ کے دشمنوں اور مخالفوں کے بارے میں ہے اور جان لو کہ اللہ نے ہم کو اور تمہیں ان کا محب بنایا ہے اور قرآن کی ہر آیت کی ظاہری و باطنی تاویل ہے جب تمہارے سامنے باطن بیان ہو تو اس کا انکار مت کرو کیونکہ امامؑ تاویل و تنزیل کا سب سے بڑھ کر جاننے والا ہے اور ہو سکتا ہے کہ ایک آیت کی دو تاویل ہوں جس طرح کہ علی بن محمد سے انہوں نے محمد بن الفضیل سے انہوں نے شریس سے انہوں نے جابر بن یزید سے روایت کی ہے کہ میں نے امام ابو جعفرؑ سے قرآن مجید کی تفسیر کے بارے میں دریافت کیا تو آپؑ نے مجھے جواب دیا پھر میں نے دوسری مرتبہ سوال کیا تو آپؑ نے مختلف جواب

ارشاد فرمایا میں نے کہا میں آپؑ پر قربان جاؤں آپؑ نے مجھے مسائلہ کے بارے میں اس کے علاوہ جواب دیا ہے تو امامؑ نے فرمایا اے جابر! قرآن کا ظاہر بھی ہے اور باطن بھی اور باطن کا بھی باطن ہے اور ظاہر کا بھی ظاہر ہے۔

قرآن کی تفسیر میں سے کوئی بھی چیز انسانوں کی عقل سے دور نہیں ہے مگر معرفت اعلیٰ اول و آخر شرط ہے اس کا آغاز کسی چیز کے بارے میں ہے اور آخر کسی چیز کے بارے میں ہے اور یہ کلام متصل ہے جو کئی صورتوں میں ہے جب آپ احادیث معصومینؑ کی روشنی میں اس کی تاویل کو جان جائیں تو پھر آپ معرفت کی بلندیوں کو چھو جائیں گے اور بے شک اللہ ہی کافی ہے اور وہ ہی بہترین کارساز ہے۔

سورۃ الفاتحہ

بسم اللہ الرحمن الرحیم اور اسکی فضیلت تفسیر امام ابو محمد الحسن العسکری علیہ السلام میں ہے کہ آپؑ نے فرمایا جس نے محمدؐ وآل محمدؑ کی محبت کا اعتقاد رکھ کر اسے پڑھا اور اس کے ظاہر و باطن پر ایمان رکھ کر پڑھا تو اللہ اسے ہر حروف کے بدلے میں نیکیاں عطا کرے گا اور ہر نیکی دنیا و مافیھا سے بہتر ہے اور جس نے اسے کسی کو پڑھتے ہوئے غور سے سنا تو اسے پڑھنے والے کا ایک تہائی ملے گا۔ بسم اللہ الرحمن الرحیم کی تاویل۔ ابو جعفر بن بابویہ نے کتاب التوحید میں اسناد کے ساتھ امام صادقؑ سے روایت کی ہے کہ آپؑ سے بسم اللہ کی تفسیر کے بارے میں پوچھا گیا تو آپؑ نے فرمایا ب سے مراد بہا اللہ یعنی اللہ عزوجل کا رعب و دبدبہ ہے سین سے مراد سناء اللہ یعنی اللہ کی تیغ میم سے مراد ملک اللہ یعنی اللہ کی بادشاہی ہے سائل نے پوچھا اور اللہ کے معنی کیا ہیں؟ فرمایا الف سے مراد اللہ کی نعمتیں جو ہماری ولایت کے ذریعے اس نے اپنی مخلوق کو عطا کیں لام سے ان کی خلقت کا ہماری ولایت کی وجہ سے ہونا راوی کہتا ہے اور ھاء سے کیا مراد ہے؟ تو امامؑ نے فرمایا اس کا مطلب ہے کہ وہ حقیر ہے جس نے محمدؐ وآل محمدؑ کی مخالفت کی راوی نے پوچھا الرحمن کی تفسیر کیا ہے؟ فرمایا وہ تمام عالمین پر رحم کرنے والا ہے راوی کہتا ہے میں نے پوچھا الرحیم کی تفسیر کیا ہے؟ آپؑ نے فرمایا اللہ مومنین پر رحیم ہے جو کہ

آل محمدؑ کے شیعہ اور پیروکار ہیں۔امیر المومنینؑ کا فرمان ہے اللہ مومنین پر رحیم ہے اور اس کی رحمت یہ ہے کہ اس نے سو رحمتیں پیدا کیں ایک رحمت مخلوق میں رکھی جس کے ذریعے لوگ ایک دوسرے پر رحم کرتے ہیں اور ماں اولاد پر رحم کرتی ہے اور جانور مائیں اپنے بچوں پر رحم کرتی ہیں جب قیامت کا دن ہو گا تو اللہ اس رحمت کو نناوے درجے بڑھادے گا اور اس کے ذریعے آل محمدؑ کے محبوں پر رحم کرے گا اور پھر محمدؐ ان کی شفاعت کریں گے یہاں تک کہ ایک آدمی ایک مومن شیعہ کے پاس آئے گا اور کہے گا کہ میرے لیے شفاعت کرو وہ کہے گا تیرا مجھ پر کیا حق ہے وہ کہے گا میں نے تمہیں ایک دن پانی پلایا تھا پس وہ اس مومن کو یاد کروائے گا اور وہ مومن اس شخص کی شفاعت کرے گا پھر دوسرا آئے گا وہ کہے گا میرا بھی تجھ پر حق ہے وہ کہے گا تم نے ایک گرم دن میری دیوار کا سایہ لیا تھا پس وہ اس کی بھی شفاعت کرے گا اور اس کی شفاعت قبول کی جائے گی یہاں تک کہ وہ اپنے پڑوسیوں ،ہمسایوں اور جاننے والوں کی بھی شفاعت کرے گا مومن اللہ کے ہاں اس قدر عزت والا ہے کہ تم تصور بھی نہیں کر سکتے۔

اللہ کا فرمان (الحمد اللہ رب العالمین) امام ابو محمد العسکریؑ نے فرمایا کہ مجھ سے میرے والد گرامیؑ نے انہوں نے میرے جدؑ سے انہوں نے امام باقرؑ سے انہوں نے امام زین العابدینؑ سے انہوں نے فرمایا کہ ایک شخص امیر المومنینؑ کے پاس آیا اور کہا مجھے اللہ کے اس قول کے بارے میں آگاہ فرمائیں کہ اس کی تفسیر کیا ہے آپؑ نے فرمایا (الحمد اللہ) اس کی تفسیر یہ ہے کہ اللہ نے اپنے بندوں کو اپنی بعض نعمتوں کی تھوڑی سی معرفت عطا فرمائی وہ ان نعمتوں کی تفصیل کے ساتھ معرفت کی استطاعت نہیں رکھتے تھے کیونکہ یہ نعمتیں ان کی عقل سے ماوراء ہیں اور وہ ان نعمتوں کا احصاء نہیں کیا جا سکتا اس لیے اللہ نے اپنی مخلوق کو ان نعمتوں کے لیے کہا کہ اپنے رب کی حمد بیان کرو یعنی الحمد اللہ رب العالمین اس

پر کہ جو تم نے ہم پر نعمتیں نازل کیں۔اور اللہ کا فرمان (الرحمن الرحیم) (مالک یوم الدین) الرحمن الرحیم کا بیان اوپر گزر چکا اور مالک یوم الدین کی تفسیر میں امامؑ نے فرمایا کہ امیر المومنینؑ نے فرمایا یوم الدین سے مراد یوم حساب ہے میں نے رسول اللہؐ کو فرماتے ہوئے سنا آپؐ نے فرمایا کیا میں تم کو سب سے عقل مند اور سب سے بیوقوف کے بارے میں بتاؤں ؟ انہوں نے کہا کیوں نہیں یا رسول اللہؐ آپؐ نے فرمایا سب سے زیادہ عقلمند وہ ہے جو اپنا حساب خود کرے اور موت کے بعد کے لیے اعمال بجا لائے اور سب سے زیادہ احمق وہ ہے جو اپنی نفسانی خواہشات کی پیروی کرے ۔ایک شخص نے امیر المومنینؑ سے سوال کیا کہ یا مولاؑ کوئی اپنا حساب کیسے کر سکتا ہے ؟ آپؑ نے فرمایا جب صبح ہو پھر شام ہو تو خود پر غور کرے کہ آج کا دن گزر گیا جو کبھی واپس نہیں آئے گا اللہ تم سے اس کے بارے میں پوچھے گا کہ تم نے اس دن کیا کیا؟ کیا اللہ کا ذکر اور اسکی حمد بیان کی؟ کیا تم نے اپنے مومن بھائی کا حق ادا کیا؟ کیا تم نے اس کی پریشانی دور کی ؟ کیا تم نے اس کی پیٹھ پیچھے اس کی اور اس کی اولاد کے بارے میں حفاظت کی ؟ کیا تم نے اس کی موت کے بعد اس کے چھوڑے جانے والوں کی حفاظت کی ؟ کیا تم اپنے مومن بھائی کی غیبت سے رکے رہے ؟ کیا تم نے مومن کی مدد کی ؟ پس وہ تمام چیزوں کو یاد کرے اگر اسے یاد آئے کہ اس نے یہ سب کیا تو وہ اللہ کی حمد اور شکر اس کی توفیق پر بجالائے اور اگر اس میں کمی نظر آئے تو اللہ سے بخشش طلب کرے اور اس عادت کو ترک کرنے کا عزم کرے اور اس کو محمدؐ وآل محمدؑ پر درود پڑھنے کے زریعے مٹائے اور خود کو امیر المومنینؑ کے سامنے پیش کرے کہ وہ اسے معاف کر دیں اور ان کے دشمنوں پر لعنت کرے اور اپنے اوپر واجب فرائض ادا کرے جب وہ ایسا کرے گا تو اللہ فرمائے گا (میں تم سے ان گناہوں کے بارے میں نہیں پوچھوں گا کہ جو تیرے محبت کرنے والے ہیں وہ میرے دوست ہیں اور تیرے دشمن میرے دشمن ہیں)

اللہ کا فرمان (ایاک نعبد وو ایاک نستعین) امامؑ نے فرمایا کہ اللہ نے فرمایا اے وہ مخلوق کہ جسے نعمتیں دی گئی ہیں کہو کہ ہم تیری ہی عبادت کرتے ہیں اے ہمیں نعمتیں دینے والے اور ہم تیری ہی خالص عبادت کرتے ہیں خشوع و خصوع کے ساتھ کہ جس میں کوئی ریاکاری نہیں ہے (اور ہم تجھ سے ہی مدد مانگتے ہیں) یعنی تیری اطاعت پر تجھ سے ہی مدد طلب کرتے ہیں تا کہ ہم ایسے تیری اطاعت کریں جیسا کہ تم نے حکم دیا ہے اور دنیا میں ان چیزوں سے بچیں جن سے تم نے روکا ہے اور شیطان اور تمام گمراہ کرنے والے ظالموں سے بچیں۔

اللہ کا فرمان (اھدنا الصراط المستقیم) امامؑ نے فرمایا کہ امام جعفر بن محمد الصادقؑ نے فرمایا کہ اس سے مراد یہ ہے کہ مومن دعا کرتا ہے کہ اے اللہ ہمیں ایسا راستہ دکھادے جو تجھ تک پہنچتا ہو اور تیری جنت تک ہمیں پہنچادے اور ہمیں اپنی خواہشات کی پیروی سے مانع رکھے کہ ہم ہلاک نہ ہو جائیں۔

امیر المومنینؑ نے فرمایا کہ رسول اللہؐ نے بیان کیا جبرائیل سے انہوں نے اللہ سے روایت کی ہے کہ وہ اللہ فرماتا ہے اے میرے بندوں! تم سب گمراہ ہو مگر وہ کہ جسے میں نے ہدایت دی پس مجھ سے ہدایت مانگو میں تمہیں ہدایت دوں گا اور اے میرے بندوں تم میری افضل بندگی کرو اور میری نافرمانی چھوڑ دو تا کہ میں تم سے اس کے بارے میں بازپرس نہ کروں اور میری سب سے افضل بندگی میری واحدانیت کی گواہی میرے نبیؐ کی تصدیق اور ان کے وصی علی ابن ابی طالبؑ کی اطاعت اور انہیں تسلیم کرنا ہے اور ان کی نسل سے آئمہ طاہرینؑ کی اطاعت بھی۔ اے میرے بندوں! میرے نزدیک سب سے بڑا گناہ میرا، میرے نبیؐ کا اور علی ابن ابی طالبؑ کا اور آئمہؑ کا انکار ہے اگر تم چاہتے ہو کہ تم میرے نزدیک اعلیٰ و برتر ہو جاؤ تو وہ کسی کو محمدؐ اور ان کے بعد ان کے بھائی علیؑ اور ان کے بعد ان کی اولاد میں سے آئمہؑ پر کسی کو ترجیح نہ دے جس کا یہ عقیدہ ہو گا میں اسے اپنے عزت والے

فرشتوں میں رکھوں گا اور جان لو کہ اللہ کی سب سے ناپسندیدہ مخلوق وہ ہے جو میری ربوبیت کا تو دعویٰ کرے لیکن اس کے ساتھ شریک ٹھہرائے اس سے ناپسندیدہ وہ ہے جو کسی کو محمدؐ کے مثل ٹھہرائے اور اس جیسا بننے کا دعویٰ کرے اور میری سب سے ناپسندیدہ ترین مخلوق وہ ہے جو کہ کسی کو علیؑ کے مثل ٹھہرائے اور ان کی اولاد میں سے آئمہؑ کے مثل ٹھہرائے اسی طرح میری سب سے پسندیدہ مخلوق وہ ہے جو میرے حق پر قائم ہیں اور ان میں سے سب سے افضل میرے ہاں محمدؐ اور علیؑ ہیں جو کائنات کے سردار ہیں اور ان دونوں کے بعد عدل وانصاف پر قائم آئمہ حقؑ ہیں ان کے بعد سب سے افضل ان کے معاونین ہیں ان کے بعد وہ جو ان سے محبت رکھتے ہیں اور سب سے زیادہ مبغوض مخلوق ان کے دشمن ہیں۔

اس آیت کی تاویل یہ ہے کہ نبیؐ اور آئمہؑ ہی صراط مستقیم ہیں جو کہ طریق عامہ میں السدی سے انہوں نے اسباط سے انہوں نے مجاہد سے انہوں نے ابن عباس سے روایت کی ہے کہ اللہ کا قول (ہمیں سیدھے راستے پر قائم رکھ) یعنی کہو کہ ہمیں ولایت محمدؐ وآل محمدؐ پر قائم رکھ۔ علی بن ابراہیم نے اپنی تفسیر میں اپنے والد سے انہوں نے حمار سے انہوں نے امام جعفر صادقؑ سے روایت کی ہے کہ آپؑ نے فرمایا(الصراط المستقیم) امیر المومنینؑ ہیں اور اس پر دلیل اللہ کا یہ قول ہے(اور وہ ام الکتاب میں ہمارے ہاں علی اور حکیم ہیں) اور اس کی تائید وہ روایت ہے جو کہ امام جعفر صادقؑ کی حدیث مبارکہ ہے جس میں آپؑ نے فرمایا راستے دو قسم کے ہیں ایک راستہ دنیا میں اور ایک راستہ آخرت میں جو دنیا میں ہے وہ علیؑ امیر المومنینؑ ہیں اور جو دنیا میں ان کی ولایت کی طرف ہدایت پا گیا اس کے لیے ہی آخرت میں پل صراط ہے جو دنیا میں ان کی ولایت کی طرف راستہ نہ پائے اس کے لیے آخرت میں بھی پل صراط سے گزرنا محال ہے پھر اللہ نے فرمایا(صراط الذین انعمت علیھم) جب صراط مستقیم کا

ذکر ہو گیا تو اس کے اہل بھی جان لیے گئے تو فرمایا (ان لوگوں کا راستہ جن پر تو نے انعام کیا) ان انعام یافتہ لوگوں کے بارے میں قول ہے کہ انہی کا راستہ صراط مستقیم ہے۔ ابو علی الطبرسی نے اپنی تفسیر میں ذکر کیا ہے کہ وہ نبیؐ اور آئمہؑ ہیں اللہ کے اس قول کی دلیل کے ساتھ (ہم نے ان لوگوں پر اپنا انعام کیا) اور اس کی تائید وہ روایت کرتی ہے جو آپؑ کی تفسیر میں ہے کہ امامؑ نے فرمایا (ان لوگوں کا راستہ جن پر تو نے انعام کیا) یعنی کہو ہمیں ان لوگوں کی طرف ہدایت دے جن پر تو نے اپنے دین اور اطاعت کی توفیق کے ساتھ انعام کیا اور ان سے مراد وہ لوگ ہیں کہ اللہ نے فرمایا (جس نے اللہ اور اس کے رسولؐ کی اطاعت کی وہ ان لوگوں کے ساتھ ہے جن پر اللہ نے نبیوں، صدیقوں اور شہیدوں میں سے انعام کیا اور وہ بڑے اچھے ساتھی ہیں) یہ وہ لوگ نہیں ہیں جن پر اللہ نے مال، اولاد اور صحت بدن سے انعام کیا یہ بھی اللہ کی نعمتیں ہیں لیکن یہ نعمتیں تو کفار اور فاسقوں کے پاس بھی ہیں یہ تو ان کی طرف اشارہ ہے کہ جن پر اللہ نے ایمان باللہ اس کے رسولؐ کی تصدیق اور ولایت محمدؐ وآل محمدؑ اور ان کے مخلص اصحاب پر ایمان رکھنے کا انعام کیا اور اچھا تقیہ کہ جس سے وہ اللہ کے بندوں کے شر سے بچ سکیں اور مومن بھائیوں کے حقوق کی پہچان عطا کی کیونکہ کوئی بندہ یا عورت ایسی نہیں کہ جو محمدؐ وآل محمدؑ اور اصحاب محمدؐ سے محبت کرے اور ان کے دشمنوں سے عداوت رکھے تو وہ عذاب خدا سے محفوظ رہیں گے اور ان کا ٹھکانہ جنت ہو گا۔

اللہ کا فرمان (غیر المغضوب علیھم ولا الضالین) امامؑ نے فرمایا کہ امیر المومنینؑ نے فرمایا اللہ نے اپنے بندوں کو حکم دیا ہے کہ وہ اس سے انعام یافتہ بندگان، نبیوں، صدیقوں، شہداء اور صالحین کا راستہ مانگیں اور جن پر اس کا غضب نازل ہوا ہے اس سے پناہ مانگیں اللہ نے ان کے بارے میں فرمایا ہے (کہہ دیجئے کیا میں تم کو اس کے بارے میں بتاؤں کہ جو اللہ کی لعنت اور اسکے غضب کا شکار ہوا) اور

یہ کہ گمراہ لوگوں کے راستوں سے پناہ مانگے وہ لوگ جن کے بارے میں اللہ نے فرمایا(کہہ دیجئے اے اہل کتاب اپنے دین میں حق کے بغیر حد سے نہ بڑھو اور نہ ہی اس قوم کی خواہشات کی پیروی کرو جو پہلے ہی گمراہ ہو چکے ہیں اور بہت سو کو گمراہ کر چکے ہیں سیدھے راستے سے) اس سے مراد نصاریٰ ہیں۔

علی بن ابراہیم نے اپنے والد سے انہوں نے ابن ابی عمیر سے انہوں نے ابن ازینہ سے انہوں نے امام ابو عبداللہؑ سے روایت کی ہے کہ آپؑ نے اس آیت (غیر المغضوب علیھم ولا الضالین) کی تفسیر میں فرمایا جن پر غضب ہوا وہ ناصبی ہیں اور جو گمراہ اور شک کرنے والے ہیں یہ وہ لوگ ہیں جو امامؑ کی معرفت نہیں رکھتے۔

سورۃ البقرہ

(وہ آیات جو آئمہ ؑ کی شان میں نازل ہوئیں)

(بسم اللہ الرحمن الرحیم الٓم ۔ذلک الکتاب لا ریب فیہ ھدی للمتقین الذین یومنون بالغیب و یقیمون الصلواۃ و مما رزقنھم ینفقون)

اس آیت کی تاویل یہ ہے کہ علی بن ابراہیم نے کہا کہ انہوں نے اپنے والد سے انہوں نے محمد بن ابی عمیر سے انہوں نے جمیل بن صالح سے انہوں نے المفضل سے انہوں نے جابر سے انہوں نے امام ابو جعفر ؑ سے روایت کی ہے کہ آپ ؑ نے فرمایا (الٓم) قرآن میں جتنے بھی حروف مقطعات ہیں وہ اللہ کے اسم اعظم میں سے ہیں جو امام ؑ اور رسول ؐ سے متمسک کرتے ہیں ان حروف کے ذریعے اللہ کو پکارو وہ تمہاری دعا ضرور قبول کرے گا راوی کہتا ہے کہ میں نے امام ؑ سے اللہ کے اس قول کے بارے میں پوچھا (یہ وہ کتاب ہے جس میں کوئی شک نہیں) آپ ؑ نے فرمایا وہ کتاب امیر المومنین ؑ ہیں کہ جن کی امامت و ولایت میں کوئی شک نہیں راوی کہتا ہے پھر میں نے ان آیات کے بارے میں پوچھا (یہ

پرہیزگاروں کے لیے ہدایت ہے) اور (جو غیب پر ایمان لاتے ہیں) امامؑ نے فرمایا یہ دونوں آیات ہمارے شیعوں کے لیے ہیں وہی پرہیزگار ہیں اور غیب یعنی دوبارہ جی اٹھنے پر، قائمؑ کے قیام پر اور رجعت پر ایمان رکھتے ہیں۔ امامؑ نے اس آیت کی تفسیر میں فرمایا(اور جو ہم نے ان کو رزق دیا ہے اس میں سے خرچ کرتے ہیں) جو ہم نے انہیں قرآن کی تعلیم دی ہے وہ اس میں سے اس کی تلاوت کرتے ہیں اس کی تائید ابو جعفر محمد بن بابویہ کی روایت ہے جو انہوں نے اسناد کے ساتھ یحییٰ بن ابو لقاسم سے روایت کی ہے کہ میں نے امام صادقؑ سے اللہ کے اس قول کے بارے میں پوچھا (آلم ۔ذلک الکتاب لا ریب فیه هدی للمتقین الذین یومنون بالغیب و یقیمون الصلواة و مما رزقنهم ینفقون) آپؑ نے فرمایا متقین شیعان علیؑ ہیں غیب سے مراد حجتہ الغائبؑ ہیں۔

تفسیر امام حسن عسکریؑ میں ہے کہ جب اللہ نے موسیٰ بن عمرانؑ کو مبعوث فرمایا اور ان کے بعد جتنے بھی انبیاء بنی اسرائیل میں بھیجے ان سب سے عہد لیا کہ وہ محمد عربیؐ پر ایمان لائیں گے جنہیں مکہ میں مبعوث کیا جائے گا اور وہ مکہ سے مدینہ کی طرف ہجرت کریں گے اور ان کے پاس ایسی کتاب ہو گی کہ جس کی بعض سورتوں کا آغاز حروف مقطعات سے ہو گا وہ اسے کھڑے چلتے بیٹھے ہوئے پڑھیں گے اس کا حفظ کرنا اللہ ان کے لیے آسان فرما دے گا محمدؐ اور ان کے بھائی علیؑ کے زریعے کہ جو ان کے وصی ہونگے وہ ان کے علوم کے مالک ہونگے ان کی امانتوں کے سپر دار ہونگے اور محمدؐ کے تمام دشمنوں کو تلوار سے ختم کر دیں گے وہ ظالمین سے اللہ کی کتاب کی تنزیل پر جنگ کریں گے یہاں تک کہ ان کو چاہتے یا نہ چاہتے بھی اس پر قبول کرنے کے لیے مطیع بنا دیں گے جب محمدؐ کو اٹھا لیا جائے گا تو ان میں سے اکثر جو ایمان کا اظہار کر چکے ہونگے وہ پھر جائیں گے اور اس کی تاویلات کو بدل دیں گے اور اس

کے معانی کو بدل ڈالیں گے اور اس کے الٹ بنالیں گے تو علیؑ ان سے اس کی تاویل پر جنگ کریں گے یہاں تک کہ وہ دھوکہ دینے والے شیطان ذلیل ورسوا اور مغلوب ہو جائیں گے۔

اللہ کا فرمان (لاریب فیہ) امامؑ نے اس کی تفسیر میں فرمایا کہ جو کچھ بھی محمدؐ اور وصی محمدؐ نے فرمایا وہ لاریب ہے پھر فرمایا (ہدایت) یہ واضح اور پرہیز گاروں کے لیے شفاء ہے جو شیعان محمدؐ و علیؑ کے لیے ہے پس تم کفر کی قسموں سے بچو اور اسے چھوڑ دو اور گناہوں سے بچو اور اللہ کے رازوں اس کے پرہیز گار بندوں کے جو محمدؐ کے وصی ان کے بعد ہونگے رازوں کو ظاہر کرنے سے بچو انہیں چھپاؤ پس ان کے علوم کو ان کے مستحق بندوں میں پھیلاؤ اللہ کا قول ہے کہ (وہ لوگ جو اس پر ایمان لاتے ہیں جو آپ پر اتارا گیا اور آپ سے پہلے لوگوں پر اتارا گیا اور وہ آخرت کا بھی یقین رکھتے ہیں)(اور وہی لوگ اپنے رب کی طرف سے ہدایت پر ہیں اور وہی لوگ فلاح پانے والے ہیں) اس کی تاویل یہ ہے کہ امام ابو محمد العسکریؑ نے فرمایا ان لوگوں کا وصف بیان کیا گیا ہے جو نماز قائم کرتے ہیں اور فرمایا (وہ لوگ اس پر ایمان لاتے ہیں کہ جو آپ پر نازل کیا گیا) گزرے ہوئے انبیاء پر جیسے تورات، انجیل، زبور، صحیفہ ابراہیم اور تمام انبیاء پر نازل کی جانے والی کتاب کہ وہ سچی ہیں اور غالب، سچے اور حکمت والے رب کی طرف سے ہیں (اور وہ آخرت پر یقین رکھتے ہیں) یعنی آخرت کہ جو اس دنیا کے بعد ہے اس پر یقین رکھتے ہیں اور اس میں شک نہیں کرتے کہ وہ جو اعمال صالحہ کریں گے انہیں اس کی اچھی جزا ملے گی اور جو برے اعمال کریں گے ان کا بدلہ انہیں ضرور ملے گا امامؑ نے فرمایا کہ امام حسنؑ بن علیؑ نے فرمایا جس نے امیر المومنینؑ کی فضیلت کا انکار کیا گویا کہ اس نے تورات، زبور، انجیل، صحیفہ ابراہیمؑ اور تمام انبیاء پر نازل ہونے والی کتب کا انکار کیا اور جس نے ولایت علیؑ کا انکار کیا اس نے اللہ کی توحید اور محمدؐ کی رسالت کا انکار کیا۔

اللہ کا قول (یہی لوگ اپنے رب کی طرف سے ہدایت پر ہیں اور یہی لوگ فلاح پانے والے ہیں) امامؑ نے فرمایا جب اللہ نے موصوفین کو ان صفات سے متصف فرمالیا تو بتایا کہ یہی لوگ ہدایت پر ہیں اور اپنے رب کی طرف سے صحیح راستے پر ہیں (یہی فلاح پانے والے ہیں) یعنی جہاں کافر ہونگے ان کے درمیان موجود ہوتے ہوئے بھی مومنین فلاح ونجات پا جائیں گے۔

اور اللہ کا قول (کافروں کے لیے برابر ہے کہ آپ ان کو ڈرائیں یا نہ ڈرائیں وہ ایمان نہیں لائیں گے) اس آیت کی تاویل یہ ہے کہ امامؑ نے فرمایا جب اللہ نے مومنین کا ذکر اور ان کی مدح کر لی تو کافروں کے کفر کا ذکر کیا اور فرمایا کہ وہ کافر جنہوں نے اللہ کا انکار کیا اور اس کی توحید اور محمدؐ کی رسالت اور ان کے وصی علیؑ کی ولایت جو ولی اللہ ہیں اور رسولؐ کے وصی ہیں اور آئمہؑ کا انکار کیا (ان کے لیے برابر ہے کہ آپ ان کو ڈرائیں یا نہ ڈرائیں وہ ایمان نہیں لائیں گے) اللہ نے اپنے رسولؐ کو ان کے بارے میں آگاہ کیا کہ وہ ایمان نہیں لائیں گے اور اللہ کا یہ قول (اور لوگوں میں سے کچھ ایسے ہیں جو کہتے ہیں کہ ہم اللہ پر اور آخرت کے دن پر ایمان لائے حالانکہ وہ مومن نہیں ہیں) اس آیت کی تاویل میں امامؑ نے فرمایا کہ امام موسیٰؑ بن جعفرؑ نے فرمایا کہ جب رسول اللہؐ نے علی ابن ابی طالبؑ کو غدیر خم میں کھڑا کیا پھر فرمایا اے اللہ کے بندوں! میرا نسب بیان کرو میں کون ہوں؟ انہوں نے کہا آپؐ محمدؐ بن عبداللہؑ بن عبدالمطلبؑ بن ہاشم بن عبد مناف ہیں پھر فرمایا اے لوگو! کیا میں تم پر تمہاری جانوں سے زیادہ حق تصرف نہیں رکھتا؟ انہوں نے کہا کیوں نہیں یا رسول اللہؐ آپؐ نے آسمان کی طرف دیکھا اور فرمایا اے اللہ گواہ رہنا آپؐ نے یہ تین مرتبہ فرمایا پھر فرمایا جان لو کہ جس کا میں مولا ہوں اور حاکم ہوں اس کا یہ علیؑ مولا اور حاکم ہے اے اللہ! جو اس سے محبت رکھے تو اس سے محبت رکھ اور جو اس سے دشمنی کرے تو اس سے دشمنی رکھ جو اس کی مدد کرے تو اس کی مدد کر اور جو اسے تنہا چھوڑے تو

اسے تنہا چھوڑ دے پھر فرمایا اے ابو بکر! اٹھو اور امیر المومنین ؑ کہہ کر علی ؑ کی بیعت کرو اس نے ایسا ہی کیا پھر ان نو لوگوں کے بیعت کرنے کے بعد مہاجرین و انصار کے سرداروں سے کہا اور انہوں نے تمام نے بیعت کی پس ان میں سے عمر بن خطاب کھڑا ہوا اور کہا مبارک ہو مبارک ہو اے ابن ابی طالب ؑ آپ ؑ میرے اور تمام مومنین و مومنات کے مولا ٹھہرائے گئے ہیں۔ پھر یہ سب لوگ اپنے عہد سے پھر گئے ان میں سے ایک جابر قوم نے آپس میں عہد کر لیا کہ وہ اس امر کو علی ؑ ابن ابی طالب ؑ سے ضرور دور کریں گے پس اللہ نے اس کو جان لیا اور وہ رسول اللہ ؐ کے پاس آتے تھے اور کہتے تھے آپ ؐ اللہ کی اور ہماری محبوب ترین مخلوق ہیں اور آپ ؐ کی وجہ سے ہی ظلمت کے بادل اور ہماری سیاست میں سے جابر سیاستدان دور ہو گئے اور اللہ نے ان کے دلوں میں اس کے خلاف والی بات جان لی اور وہ علی ؑ کی عداوت پر قائم تھی اور اس حق کو اسکے حقدار سے دور کرنے پر قائم تھے پس اللہ نے محمد ؐ کو اس سے آگاہ کر دیا اور فرمایا (اے محمد ؐ لوگوں میں سے ایسے بھی ہیں جو کہتے ہیں کہ ہم اللہ پر ایمان لائے کہ جو اس نے علی ؑ کو منصب ولایت و امامت عطا فرمایا ہے اور آپ ؐ کی امت کے لیے انہیں مدبر بنایا ہے حالانکہ یہ لوگ ایمان والے نہیں ہیں) لیکن وہ آپ ؐ کو اور ان کے قتل کی تدبیر کرنے میں لگے ہوئے ہیں اور اللہ کا قول (وہ اللہ اور ایمان والوں کو دھوکہ دیتے ہیں حالانکہ وہ خود کو ہی دھوکہ دیتے ہیں لیکن سمجھتے نہیں ہیں) اس کی تاویل یہ ہے کہ امام ؑ نے فرمایا کہ امام موسیٰ بن جعفر ؑ نے فرمایا جب ان کی اس عہد و پیمان کی خبر رسول اللہ ؐ کو پہنچی تو آپ ؐ نے ان کو بلایا اور ان کی سرزنش کی تو ان کے پہلے نے کہا یا رسول اللہ ؐ اللہ کی قسم میں اس بیعت میں جس قدر آگے بڑھا ہوں اس سے پہلے کبھی کسی بیعت میں آگے نہیں بڑھا اور میں نے تو امید رکھی ہے کہ اللہ اس کے ذریعے میرے لیے جنت میں محل بنائے گا اور مجھے اس کا بہترین رہائشی بنائے گا ان کے دوسرے نے کہا یا رسول اللہ ؐ میرے ماں باپ

آپؐ پر قربان مجھے جنت میں داخل ہونے اور جہنم سے نجات پانے کی امید صرف اس بیعت سے ہے اللہ کی قسم میں اسے توڑنے کا سوچ بھی نہیں سکتا اگر میرے لیے عرش سے لے کر زمین کی تہوں تک جو کچھ ہے اسے خزانوں سے بھر دیا جائے تو پھر بھی میرے لیے علیؑ کی بیعت قابل فخر ہے ان کے تیسرے نے کہا اللہ کی قسم یا رسول اللہؐ میں اس بیعت سے اتنا خوش ہو گیا ہوں اور مجھے اللہ کی رضامندی کی امید ہے اور مجھے یقین ہے کہ اگر تمام اہل زمین کے گناہ میرے ذمے ہوں تو اس بیعت کی وجہ سے وہ سب مٹ جائیں گے اور قسم اٹھائی کہ وہ علیؑ کے خلاف کسی سازش کا حصہ نہیں پھر اسی طرح کی معذرتیں دوسروں نے بھی پیش کیں پس اللہ نے اس لیے محمدؐ سے فرمایا (وہ اللہ کو دھوکہ دیتے ہیں) یعنی رسول اللہؐ کو اپنی باتوں کے ذریعے دھوکہ دیتے ہیں اس کے برعکس جو ان کے دلوں میں ہے (اور ایمان والوں کو) یعنی ان کے سردار اور آقا علیؑ ابن ابی طالبؑ کو پھر فرمایا (وہ صرف اپنے آپ کو ہی دھوکہ دیتے ہیں) یعنی اس دھوکہ سے وہ خود کو ہی نقصان دیتے ہیں اور اللہ ان کی نصرت سے بے نیاز ہے اور اگر ان کو مہلت دے دی جاتی تو وہ کسی چیز پر بھی قدرت نہیں رکھتے تھے (اور وہ نہیں سمجھتے) کہ معاملہ کس طرح ہے اللہ نے اپنے نبیؐ کو ان کا نفاق دیکھا دیا اور ان کا کفر دیکھا دیا اور ان کو ان پر ظالموں سی لعنت کرنے کا حکم دیا اور یہ لعنت ان کو کبھی نہیں چھوڑے گی دنیا میں بھی اور آخرت میں بھی وہ اللہ کے عذاب سے دوچار ہونگے۔

اور اللہ کا قول (ان کے دلوں میں بیماری تھی اللہ نے ان کی بیماری کو بڑھا دیا اور ان کے لیے ان کے جھوٹ بولنے کے سبب ان کے لیے دردناک عذاب ہے) اس آیت کی تاویل میں ہمارے مولاؑ امیر المومنینؑ کے عظیم الشان مناقب آشکار ہوئے ہیں تفسیر امام حسن عسکریؑ میں ہے کہ امام موسیٰؑ بن جعفرؑ نے فرمایا جب رسول اللہؐ کے سامنے ان منافقوں نے عذر پیش کئے تو جبرائیلؑ آئے اور

کہا اللہ آپؐ کو سلام کہہ رہا ہے اور فرما رہا ہے کہ ان مردودوں کو یہاں سے نکال دیجئے انہوں نے علیؑ کی بیعت توڑ دی ہے اور ان کے دلوں میں علیؑ کی مخالفت ہے یہاں تک کہ ان کے لیے واضح ہو جائے کہ جو اللہ نے زمین و آسمان پہاڑوں اور تمام مخلوق کو اطاعت علیؑ کا حکم دے کر ان کو عزت بخشی ہے اور یہ کہ وہ ان سے بے نیاز ہے اور یہ کہ اللہ کا انتقام ان سے نہیں رکے گا اور وہ بہترین تدبیر کرنے والا اور حکمت والا ہے۔ پھر رسول اللہؐ نے اس گروہ کو نکلنے کا حکم دیا پھر علیؑ سے فرمایا اے علیؑ جب یہ مدینہ کے اطراف میں پہاڑوں پر رکیں تو ان کی مدد و معاونت کرنا اگر یہ تیری اطاعت کریں تو ان کے لیے بہتر ہے اور وہ ہمیشہ کی جنت میں رہیں گے کہ جہاں نعمتیں ہوں گی اور اگر یہ تیری مخالفت کریں تو ان کے لیے برا ہوگا اور انہیں جہنم میں رکھ کر عذاب دیا جائے گا پھر رسول اللہؐ نے اس جماعت سے فرمایا جان لو کہ اگر تم علیؑ کی اطاعت کرو گے تو تمہارے لیے خوشبختی ہوگی اور اگر تم اس کی مخالفت کرو گے تو تم بدبخت ہو جاؤ گے پھر رسول اللہؐ نے علیؑ سے فرمایا اے علیؑ اللہ سے محمدؐ و آل محمدؑ کا واسطہ دے کر دعا مانگو کہ تم محمدؐ کے بعد ان کے سردار ہو اور یہ جیسے تم چاہو گے اللہ تمہارے لیے ان پہاڑوں کو پھیر دے گا پھر آپؑ نے اپنے رب سے سوال کیا تو یہ پہاڑ چاندی کے بن گئے اور پکارے اے علیؑ اے وصی رسول، اللہؐ نے ہمیں تمہارے لیے بنایا ہے اگر تم چاہو تو ہمیں کسی بھی معاملے میں خرچ کرو تم جب بھی ہم کو بلاؤ گے ہم تمہاری آواز پر لبیک کہیں گے پھر تمام سونے کے ہو گئے اور ویسے ہی بات کی جیسے چاندی کے ہو کر کی تھی اور کہا اے ابوالحسنؑ ! اے رسول اللہؐ کے بھائی ہم آپؑ کے لیے ہی مسخر ہیں تم جب چاہو ہمیں بلاؤ اور ہم آپؑ کے پاس آجائیں گے پھر رسول اللہؐ نے فرمایا اے علیؑ اللہ سے محمدؐ و آل محمدؑ کا واسطہ دے کر سوال کرو کہ وہ درختوں کو تمہارے لیے تلواروں میں تبدیل کر دے پس اللہ سے انہوں نے دعا کی تو وہ اسلحہ بن گئے ان میں سے ہر کوئی دس

ہزار آدمی پر قابو پا سکتا تھا اور کہا یا علیؑ آپؑ وصی رسول خدا اور رسول اللہؐ کے بھائی ہیں آپؑ جب بھی ہمیں پکاریں گے ہم آپؑ کی آواز پر لبیک کہیں گے ان مخالفین کا غم نہ کریں یا علیؑ اللہ نے ان کو ان کے کفر و فسق کے ساتھ آپؑ کی اطاعت کے بارے میں مہلت دی ہے اسی نے فرعون، نمرود، کنعان اور اس کے علاوہ جتنے بھی مغرور و سرکش جنہوں نے خدائی کا دعویٰ کیا تھا ان کو مہلت دی تھی اور ان سب کا سرغنہ گمرائیوں کا بادشاہ ابلیس تھا اور یا علیؑ آپؑ تمام دار فناء کے لیے ہی نہیں بلکہ دار بقاء کے بھی سردار ہیں اور سب ایک گھر سے دوسرے گھر کی طرف منتقل ہونگے لیکن اللہ نے آپؑ کو ان سب پر شرف عطا کیا ہے اگر اللہ چاہتا تو ان سب کے دلوں کو ہدایت دے دیتا کہا کہ جب انہوں نے یہ سب دیکھا تو ان کے دلوں میں جو بیماری تھی وہ بڑھ گئی اس وقت اللہ نے فرمایا (ان کے دلوں میں بیماری تھی پس اللہ نے ان کی بیماری کو بڑھا دیا اور ان کے جھوٹ بولنے کے سبب ان کے لیے دردناک عذاب ہے) اور اللہ کا قول ہے (اور جب ان سے کہا جاتا ہے کہ زمین پر فساد نہ کرو تو وہ کہتے ہیں کہ ہم تو اصلاح کرنے والے ہیں) اس آیت کی تاویل میں امام موسیٰؑ نے فرمایا کہ جب غدیر والی بیعت توڑنے والوں سے کہا جاتا ہے کہ (زمین پر فساد نہ کرو) یعنی اپنی بیعت کے ذریعے دوسروں کو توڑنے پر آمادہ نہ کرو تو وہ کہتے ہیں (ہم تو اصلاح کرنے والے ہیں) یعنی وہ دین محمدؐ پر اعتقاد نہیں رکھتے اور وہ صرف ظاہری طور پر ہی محمدؐ کے دین و شریعت کو قبول کرنے والے ہیں اور باطن میں وہ اپنی نفسانی خواہشات کی تکمیل کرتے ہیں اور وہ محمدؐ کے تمام احکامات کا انکار کرنے والے ہیں اور کہتے ہیں ہم محمدؐ کی زنجیروں سے آزاد ہیں اور اللہ کا قول (جب ان سے کہا جاتا ہے کہ اس طرح ایمان لاؤ کہ جس طرح دوسرے لوگ ایمان لائے ہیں تو کہتے ہیں کیا ہم ان بیوقوفوں کی طرح ایمان لائیں جان لو کہ یہی لوگ بیوقوف ہیں مگر جانتے نہیں) اس آیت کی تاویل میں امام موسیٰ کاظمؑ نے فرمایا کہ جب

ان بیعت توڑنے والوں سے کہا جاتا ہے کہ اس نبی و امامؑ کی ظاہری و باطنی اطاعت تسلیم کرو (جس طرح دوسرے لوگ ایمان لائے) جیسے کہ مومنین لائے سلمانؑ، مقدادؓ، ابو ذرؓ اور عمارؓ ان کے اصحاب کہ جیسے وہ علیؑ سے خالص محبت کرتے ہیں پس اللہ نے ان کو جواب دیا (جان لو کہ یہی بیوقوف ہیں) جو محمدؐ کے امر ولایت کو معرفت کی نظر سے نہیں دیکھتے (مگر جانتے نہیں) کہ اللہ نے اپنے نبیؐ کو سب کچھ بتا دیا ہے اور اللہ ان پر ناراض ہے اور ان پر لعنت بھیجتا ہے اور اللہ کا قول (جب وہ ایمان والوں سے ملتے ہیں تو کہتے ہیں کہ ایمان لائے۔ اس آیت تک۔ اللہ ہر چیز پر قادر ہے) اس آیت کی تاویل میں امام حسن عسکریؑ فرماتے ہیں کہ اس قول میں تمام باتیں بیعت توڑنے والوں کی ہیں اور یہ تمام آیات واضح ہیں اللہ کا قول (اے لوگو اپنے رب کی عبادت کرو کہ جس نے تمہیں پیدا کیا اور تم سے پہلے لوگوں کو پیدا کیا تا کہ تم پرہیز گار بنو) اس آیت کی تاویل میں امام حسن عسکریؑ فرماتے ہیں کہ علی بن الحسینؑ نے اللہ کے اس قول کے بارے میں فرمایا (اے لوگو) یعنی آدمؑ کی تمام مکلف اولاد (اپنے رب کی عبادت کرو) یعنی اپنے رب کے حکم کی پیروی کرو جیسا وہ حکم دے اور یہ عقیدہ رکھو کہ اللہ کے سوا کوئی معبود نہیں وہ ایک ہے اس کا کوئی شریک نہیں وہ عادل ہے ظلم نہیں کرتا وہ سخی ہے بخل نہیں کرتا وہ حلیم ہے جلدی نہیں کرتا وہ حکمت والا ہے خطاء نہیں کرتا اور محمدؐ اس کے بندے اور رسولؐ ہیں اور محمدؐ کی تمام اولاد تمام انبیاء کی اولاد سے افضل ہے اور علیؑ آل محمدؑ میں سے سب سے افضل ہیں اور اصحاب محمدؐ تمام انبیاء کے اصحاب سے افضل ہیں اور محمدؐ کی امت تمام امتوں سے افضل ہے۔ اللہ کا یہ قول (وہی ذات ہے جس نے تمہارے لیے زمین کا بچھونا بنایا اور آسمان کو چھت بنایا اور آسمان سے پانی اتارا اس کے ذریعے تمہارے لیے پھلوں کا رزق پیدا کیا پس اللہ کے جانتے ہوئے شریک مت بناؤ) اس آیت کی تاویل میں امامؑ نے فرمایا کہ رسول اللہؐ نے فرمایا (اس نے زمین کو

تمہارے لیے بچھونا بنایا) کہ تم اس پر آرام کرتے ہو (آسمان کو چھت بنایا) آسمان کو تمہارے لیے محفوظ چھت بنایا کہ جو زمین سے بلند ہے اس کے سورج، چاند اور ستارے تمہارے لیے مسخر ہیں پھر رسول اللہؐ نے اپنے اصحاب سے فرمایا یہ تعجب نہ کرو کہ کہیں آسمان زمین پر نہ آجائے (اور آسمان سے پانی اتارا) یعنی بارش موسلا دھار اور بارش کے ہر قطرے کے ساتھ فرشتہ ہوتا ہے کہ اللہ اسے حکم دیتا ہے کہ اسے فلاں جگہ پر گرا ؤ رسول اللہؐ نے فرمایا کیا تم ان ملائکہ کی کثرت سے حیران ہو گئے ہو یہ فرشتے علیؑ ابن ابی طالبؑ کے محبوں کے لیے بخشش طلب کرتے ہیں اور علیؑ کے دشمنوں پر لعنت کرنے والوں کی تعداد ان فرشتوں سے بھی زیادہ ہے پھر اللہ نے فرمایا (اور تمہارے لیے اس میں سے پھلوں کا رزق پیدا کیا) کیا تم یہ پتوں اور گندم کی کثرت نہیں دیکھتے انہوں نے کہا کیوں نہیں یا رسول اللہؐ ان کی تعداد زیادہ ہے تو رسول اللہؐ نے فرمایا ان سے بھی زیادہ تعداد ان فرشتوں کی ہے جو آل محمدؑ کے لیے جنت میں مصروف ہیں جانتے ہو کہ وہ کس کام میں مصروف ہیں وہ نور کے اطباق اٹھائے ہوئے ہیں اور ان پر روشنی کے قندیل ہیں اور اللہ کا قول (اگر تم اس میں شک کرو کہ جو ہم نے اپنے بندے پر نازل کیا ہے تو اس جیسی ایک سورت لے آؤ اور اللہ کے سوا اور مددگاروں کو بلا لو اگر تم سچے ہو) اس آیت کی تاویل میں امامؑ نے فرمایا کہ علیؑ بن الحسینؑ نے فرمایا (اگر تم) اللہ مشرکوں ،یہودیوں، ناصبیوں اور محمدؐ و آل محمدؑ کے جھٹلانے والوں سے مخاطب ہے اور فرماتا ہے کہ جو اللہ نے علیؑ کی فضیلت قرآن میں بیان کی ہے تو تم اس جیسی ایک فضیلت کسی اور کے لیے ظاہر کر دو اگر تم سچے ہو (کیا تم شک کرتے ہو جو ہم نے اپنے بندے پر نازل کیا) یعنی اللہ کے سوا بتوں کی عبادت کو باطل کرنے میں اور رسول اللہؐ کے بھائی کی اطاعت میں اور ان کو امام ماننے میں اللہ صرف ایمان ان کے محبین سے ہی قبول کرے گا اور تم گمان کرتے ہو کہ محمدؐ اپنی طرف سے باتیں کرتا ہے اگر تم گمان

کرتے ہو (تو اس جیسی ایک سورت لے آؤ) کہ محمدؐ کی مثل کون ہے (اور اللہ کے سوا اپنے مددگاروں کو بلالو) جو تمہارے گمان کے ساتھی ہیں اور کہتے ہیں کہ ہم محمدؐ کے کلام کی مثل لا سکتے ہیں (اگر تم سچے ہو) اپنے قول کے بارے میں۔ الکلینی نے کہا ہے کہ علی بن ابراہیم نے اسناد کے ساتھ جابر سے انہوں نے امام ابو جعفرؑ سے روایت کی ہے کہ جبرائیلؑ رسول اللہؐ پر یہ آیت اس طرح لے کر نازل ہوئے (اگر تم اس میں شک کرتے ہو کہ جو ہم نے اپنے بندے پر علیؑ کے بارے میں نازل کیا ہے تو تم اس جیسی ایک سورت لے آؤ) پھر اللہ نے فرمایا (اگر تم ایسا نہ کر سکو اور ہرگز ایسا نہ کر سکو گے) یعنی تم اس پر قدرت ہی نہیں رکھتے اور جان لو کہ تم جھوٹے ہو اور محمدؐ صادق اور اللہ کی طرف سے رسالت کے لیے خاص ہیں ان کی مدد روح الامین اور ان کے بھائی امیر المومنین، سید المتقین کے ذریعے کی گئی ہے وہ تم کو اللہ کے امر و نواہی بتاتے ہیں اور علیؑ اپنے بھائی اور وصی کے فضائل بتاتے ہیں پس تم اس آگ جہنم سے بچو کہ جس کے ایندھن (کوک اور پتھر ہیں) پتھروں کی آگ ہے جو محمدؐ کے منکروں اور نبوت میں شک کرنے والوں اور علیؑ کی ولایت کا انکار کرنے والوں کے لیے ہے پھر فرمایا (اور ایمان والوں کو بشارت دے دیجئے) کہ جنہوں نے اللہ پر ایمان لایا اور آپؐ کی نبوت کی تصدیق کی اور آپؐ کو نبی تسلیم کیا اور آپؐ کے بعد علیؑ کو امام تسلیم کیا (اور نیک عمل کئے) اپنے فرائض ادا کئے، محارم سے بچے اور وہ کافروں کی طرف سے نہیں ہیں (ان کو بشارت دے دیجئے) ان کے لیے جنتیں ہیں اس کے نیچے نہریں بہتی ہیں اس کے درختوں اور گھروں کے نیچے نہریں ہیں انہیں پھلوں کا رزق دیا جاتا ہے وہ کہتے ہیں کہ یہ تو ہمیں پہلے بھی دیا جاتا رہا ہے اور یہ اس سے ملتا جلتا ہے ان کے لیے اس میں پاکیزہ بیویاں ہیں وہ اس میں ہمیشہ رہیں گے (وہ ان جنتوں اور باغات میں ہمیشہ رہیں گے) اور اللہ کا قول (اور آدم کو تمام چیزوں کے نام سیکھائے پھر ان کو ملائکہ کے سامنے پیش کیا اور

کہا کہ اگر تم سچے ہو تو مجھے ان چیزوں کے نام بتاؤ) تفسیر امام حسن عسکریؑ میں ہے کہ امام حسینؑ نے کربلا میں اپنے محبین سے فرمایا سب سے پہلے میں تم کو اپنے پہلے امر کے بارے میں بتاتا ہوں اور تمہارا امر اے ہمارے دوستوں کے اور محبت رکھنے والوں کے گروہ سے اور ہمارے دشمنوں سے نفرت کرنے والا ہے کیا تم ان سے منہ پھیر لوگے ؟ انہوں نے کہا کیوں نہیں اے فرزند رسولؐ فرمایا جب اللہ نے آدمؑ کو خلق کیا اور ان کو تمام چیزوں کے نام سیکھائے اور انکو ملائکہ کے سامنے پیش کیا تو محمدؐ، علیؑ، فاطمہؑ، حسنؑ اور حسینؑ کو آدم کی پشت میں رکھا اور ان کے انوار آسمان کے آفاق، جنت و کرسی و عرش پر روشن تھے پھر اللہ نے ملائکہ کو آدمؑ کی تعظیم کے لیے جھکنے کا حکم دیا ان کو یہ فضیلت اس لیے ملی کہ ان کو اللہ نے ان انوار کا ٹھکانہ بنایا پس ابلیس کے سوا تمام نے سجدہ کیا اور یہ ہم اہل بیتؑ کے انوار کے لیے تھا پس تمام فرشتوں نے ان کے سامنے عاجزی کی پس ابلیس نے تکبر کیا اور وہ کافروں میں سے ہو گیا اور علیؑ بن الحسینؑ نے فرمایا کہ مجھ سے میرے والد نے انہوں نے اپنے والد سے انہوں نے رسول اللہؐ سے روایت کی ہے کہ آپؐ نے فرمایا اے اللہ کے بندوں جب آدمؑ نے اپنے صلب میں نور کو روشن دیکھا کہ جب اللہ نے ہمارے انوار کو منتقل کیا عرش کے پائے سے لے کر ان کی پشت میں تو ان پر یہ مشتبہ ہو گئے تو فرمایا اے میرے رب یہ انوار کیسے ہیں اللہ نے فرمایا یہ وہ انوار ہیں جسے میں نے اپنے بہترین عرش سے تم میں منتقل کئے ہیں اس لیے اللہ نے فرشتوں کو ان کے سجدہ کرنے کا حکم دیا تو آدم نے کہا اے اللہ میرے لیے انہیں واضح کر دے فرمایا اے آدمؑ عرش کے پائے کی طرف دیکھو پس آدمؑ نے دیکھا تو ہمارے نور وہاں سے عرش پر چلے گئے پس انہوں نے ہمیں دیکھا تو کہا اے میرے پروردگار یہ کیسے انوار ہیں ؟ اللہ نے فرمایا آدم یہ نور میری تمام مخلوق سے افضل ہیں یہ محمدؐ ہیں میں حمید ہوں محمود ہوں میں نے اس کا نام اپنے نام سے مشتق رکھا ہے یہ علیؑ ہے اور میں علی العظیم

ہوں میں نے اس کا نام اپنے نام میں سے رکھا ہے یہ فاطمہؑ ہے اور میں فاطر السماوات والارض ہوں میں نے اپنے دشمنوں کو اپنی رحمت سے علیحدہ کیا ہوا ہے میں نے اس کا نام اپنے نام سے مشتق رکھا ہے یہ حسنؑ ہے اور یہ حسینؑ ہے میں محسن ہوں میں نے اس کا نام اپنے نام سے مشتق کیا ہے اے آدمؑ اگر تجھے کوئی پریشانی ہو تو ان کے ذریعے مجھ سے توسل کرنا اس لیے جب ان سے ترک اولیٰ ہوا تو اللہ سے ان کا واسطہ دے کر دعا کی تو اللہ نے ان کی توبہ قبول کر لی اور انہیں بخش دیا اور اللہ کا قول (ہم نے کہا اے آدم تم اور تمہاری زوجہ دونوں جنت میں رہو اور جہاں سے چاہو کھاؤ پیو لیکن اس شجر کے قریب نہ جانا ورنہ تم ظالموں میں سے ہو جاؤ گے)اس آیت کی تاویل میں امامؑ نے فرمایا جب اللہ نے ابلیس کے تکبر کے سبب سے لعنتی ٹھہرایا اور ملائکہ کو آدمؑ کے سجدے اور اللہ کی اطاعت کے باعث عزت بخشی اور آدمؑ و حواجنت میں رہنے کا حکم دیا اور فرمایا (اے آدم تم اور تمہاری زوجہ جنت میں رہو اور جہاں سے چاہو جی بھر کر کھاؤ مگر اس شجر کے قریب نہ جانا) یہ علم آل محمدؑ کا شجر ہے کہ جن کو اللہ نے اپنی تمام مخلوق پر ترجیح دی اور یہ محمدؐ و آل محمدؑ کے لیے خاص ہے دوسرا کوئی اس سے نہیں لے سکتا اور اس شجر سے صرف محمدؐ، علیؑ، فاطمہؑ، حسنؑ اور حسینؑ ہی لے سکتے ہیں کہ ان طاہرین نے مسکین ،یتیم اور اسیر کو اس میں سے کھلایا تو انہوں نے اس کے بعد بھوک ، پیاس اور تھکاوٹ محسوس نہ کی تھی اور یہ شجر جنت کے تمام دیگر اشجار سے نمایاں تھا جنت میں تمام درخت ایک ہی قسم کے تھے مگر آل محمدؑ کا درخت انگور، تین ،انار ،اور تمام پھلوں کو اٹھائے ہوئے تھا اور اللہ کا یہ کہنا (اس درخت کے قریب مت جانا) یعنی کہ محمدؐ و آل محمدؑ کی فضیلت جیسا درجہ نہ مانگنا اللہ نے ان کو اس درجہ کے ساتھ مخصوص کیا ہے اور یہ ہی وہ درخت ہے کہ اللہ کے حکم سے پہلوں اور بعد والوں کو اس کے ذریعے الہام کیا جاتا ہے جس نے اللہ کے حکم کے بغیر اس میں سے لیا تو وہ اپنی مراد سے جاتا رہا اور اپنے رب کی

نافرمانی کا ارتکاب کیا (پس وہ ظالمین میں سے ہو گئے) تمہاری نافرمانی کی وجہ سے اور اس درجہ کی چاہت کی وجہ سے جس طرح تم نے اللہ کے حکم کے بغیر اس کا ارادہ کیا پھر اللہ نے فرمایا (شیطان نے ان کو بہکا دیا اور جس میں وہ دونوں تھے اس میں سے ان کو نکلوا دیا) اور اللہ کا قول (پس آدم نے اپنے رب سے کلمات سیکھ لیے تو اللہ نے ان کو معاف کر دیا بے شک اللہ معاف کرنے والا اور توبہ قبول کرنے والا ہے) اس آیت کی تاویل میں امامؑ فرماتے ہیں کہ (سیکھ لیے) یعنی وہ اپنے رب کی اطاعت کے راستے پر چل پڑے اور اللہ کا قول (کلمات) یہ اسمائے اہل بیتؑ ہیں جیسے کہ آئمہؑ سے روایت ہے کہ آدمؑ نے عرش پر یہ عزت والے نام پائے تو ان کے بارے میں پوچھا تو اس سے کہا گیا کہ یہ اللہ کی سب سے باعزت مخلوق کے نام ہیں اور یہ نام تھے محمدؐ، علیؑ، فاطمہؑ، حسنؑ اور حسینؑ پس آدمؑ نے اپنے رب سے ان ناموں کے ذریعے اور ان کے بلند مرتبہ سے توسل کیا تو اللہ نے اس کی توبہ قبول کر لی اور اس تاویل کی تائید تفسیر امام حسن عسکریؑ کا یہ قول کرتا ہے اللہ نے فرمایا (آدم نے اپنے رب سے کلمات سیکھ لیے بے شک وہ توبہ قبول کرنے والا اور رحم کرنے والا ہے) (التواب) توبہ قبول کرنے والا (الرحیم) توبہ کرنے والوں پر رحم کرنے والا ہے پس آدمؑ سے جب ترک اولیٰ ہوا تو انہوں نے اپنے رب سے معافی مانگی اور کہا اے میرے پروردگار میری توبہ قبول کر لے اور میری معذرت تسلیم کر لے اور میرے مرتبے پر مجھے لوٹا دے اور میرے درجہ کو بلند کر اللہ نے فرمایا اے آدم کیا تمہیں میرا وہ حکم یاد نہیں ہے کہ مشکل میں مجھے ان ناموں سے پکارنا آدم نے کہا کیوں نہیں اے میرے پروردگار اللہ نے فرمایا وہ محمدؐ، علیؑ، فاطمہؑ، حسنؑ اور حسینؑ ہیں پس ان کے ذریعے پکار میں تیری پکار سنوں گا آدم نے کہا اے میرے معبود میرے پروردگار تو نے کہا ہے کہ تو ان کے توسل سے میری توبہ قبول کر لے گا جبکہ میں مسجود ملائکہ ہوں تیری جنت کا ساکن ہوں اور میری خدمت

عزت والے فرشتوں نے کی ہے اللہ نے فرمایا اے آدم فرشتوں کو تمہارے سجدے کا حکم تب دیا گیا تھا جب یہ پاکیزہ انوار کو تجھ میں رکھا گیا تھا اس وقت آدمؑ نے کہا الفھم بجاہ محمد و آلہ الطبین و بجاہ محمد و علی و فاطمہ و الحسن و الحسین و ایطین من آلھم لما تفضلک علی یقول تو بتی و غفران ذلتی واعاء تی من کرامتک الی مرتبی -

اللہ نے فرمایا اب میں نے تیری توبہ قبول کرلی ہے تجھ پر اپنی رضائیں دے دیں اور اپنی نعمتیں تیری طرف پھیر دیں اور اپنی بزرگی سے تجھے تیرے مرتبے پر لوٹا دوں گا اور اپنی رحمت میں سے تجھے حصہ دے دیا اس لیے اللہ کا قول ہے (پس آدم نے اپنے رب سے کلمات سیکھ لیے تو اس نے ان کی توبہ قبول کرلی بے شک اللہ توبہ قبول کرنے والا اور رحم کرنے والا ہے) اس کی تائید الشیخ ابو جعفر الطوسی نے اپنے رجال سے انہوں نے ابن عباس سے روایت کی ہے کہ فرمایا جب اللہ نے آدمؑ کو خلق کیا اور ان میں اپنی روح پھونکی تو اللہ نے ان کی طرف الہام کیا آدمؑ نے کہا الحمد اللہ رب العالمین ۔ اللہ نے فرمایا تیرا رب تجھ پر رحم کرے جب ملائکہ نے ان کو سجدہ کیا تو کہا اے میرے پروردگار کیا تم نے ایسی مخلوق خلق کی ہے جو مجھ سے بھی زیادہ محبوب ہو؟ تو اللہ نے جواب نہیں دیا پھر دوسری مرتبہ کہا تو اللہ نے پھر کوئی جواب نہ دیا پھر تیسری مرتبہ کہا اللہ عزوجل نے فرمایا اے آدم میں نے ایک مخلوق خلق کی ہے اگر وہ نہ ہوتے تو میں تجھے خلق نہ کرتا تو آدم نے کہا اے میرے پروردگار مجھے دیکھا تو اللہ نے ملائکہ حجاب کی طرف وحی کی کہ حجاب اٹھاؤ تو جب حجاب اٹھایا گیا تو عرش کے سائے میں پانچ انوار دیکھے تو کہا اے میرے پروردگار یہ کون ہیں اللہ نے فرمایا اے آدم یہ محمدؐ میرا نبی ہے یہ علیؑ اس کا چچازاد اور محمدؐ کا وصی ہے یہ فاطمہؑ میرے نبیؐ کی بیٹی ہے یہ حسنؑ اور حسینؑ ان دونوں کے بیٹے اور میرے نبیؐ

کے بیٹے ہیں پھر فرمایا اے آدمؑ یہ تیری اولاد میں سے ہونگے پس وہ اس وجہ سے خوش ہو گئے جب ان سے ترک اولیٰ ہوا تو انہوں نے کہا اے میرے رب میں تجھ سے محمدؐ وآل محمدؐ، محمدؐ، علیؑ، فاطمہؑ، حسنؑ اور حسینؑ کے ذریعے بخشش مانگتا ہوں پس اللہ نے ان کو معاف کر دیا تو یہ اللہ کا قول ہے (آدم نے اپنے رب سے کلمات سیکھ لیے تو اس نے ان کو معاف کر دیا بے شک وہ توبہ قبول کرنے والا اور رحم کرنے والا ہے) اور اسی طرح دوسری احادیث میں بھی ان آیات کی تفسیر میں اسی طرح روایت کیا گیا ہے۔

اللہ کا قول (اے بنی اسرائیل میری نعمت کو یاد کرو جو میں نے تم پر انعام کی تم میرے عہد کو پورا کرو میں تمہارا وعدہ پورا کروں گا اور مجھ سے ہی ڈرتے رہو) امامؑ نے فرمایا کہ اللہ کا فرمان (اے بنی اسرائیل اللہ کی اس نعمت کو یاد کرو کہ جو میں نے تم پر انعام کی) کہ جب محمدؐ کو مبعوث کیا اور انہیں آپ کے شہر میں ٹھہرایا اور ان کے سچائی کے دلائل واضح کر دیئے تاکہ وہ ان پر مشتبہ نہ رہیں (اور میرے وعدے کو پورا کرو) جو میں نے تمہارے اسلاف سے لیا ہے کہ وہ اس وعدے کو پورا کریں کہ جو محمد عربیؐ پر ایمان لائیں گے کہ ان سے زہر آلود کھانے نے گفتگو کی اور جن سے بھیڑیئے نے گفتگو کی اور اللہ نے ان کی طرف منبر کو لوٹایا اور اللہ نے قلیل کھانے کو کثیر کر دیا اور کسی بھی نبی کے اس قدر معجزات سے تائید نہیں کی اور اللہ نے ان پر علی ابن ابی طالب علیہ السلام جیسی آیت کبریٰ نازل کی کیا علیؑ سے بڑی نشانی بھی کوئی ہو سکتی ہے؟ جو ان کے بھائی ہیں محمدؐ کی عقل علیؑ کی عقل ہے ان کا علم ان کا علم ہے ان کا حلم ان کا حلم ہے علیؑ نے محمدؐ کے دین کی اپنی تلوار سے مدد فرمائی (میں تمہارا وعدہ پورا کروں گا) کہ جو میں نے تم پر اپنی جنت کی نعمتیں واجب قرار دی ہیں (اور مجھ سے ہی ڈرتے رہو) مخالفت محمدؐ کے بارے میں، میں تمہارے دشمنوں سے بلائیں ٹالنے پر قدرت رکھتا ہوں

اور وہ میرے انتقام پر قدرت نہیں رکھتے۔

اللہ کا قول (اور جو میں نے نازل کیا ہے اس پر ایمان لاؤ جو تمہاری کتابوں کی تصدیق کرتی ہیں اس کی مخالفت کر کے کافر نہ ہو جاؤ اور نہ میری آیات کو تھوڑے داموں کے عوض بیچ ڈالو اور مجھ سے ہی ڈرتے رہو) امامؑ نے فرمایا کہ اللہ نے یہودیوں سے فرمایا کہ اے یہودیوں! جو میں نے نازل کیا ہے اس پر ایمان لاؤ ان کا ذکر تمہاری کتابوں میں ہے کہ محمدؐ اولین و آخرین کے سردار اور نبی ہیں اور ان کی سید الوصیین، خلیفتہ الرسول، فاروق الامہ، اور شہر علم کے دروازے کے ذریعے مدد کی گئی ہے (اور میری آیات کو نہ بیچ ڈالو) جو محمدؐ کی نبوت اور علیؑ کی امامت کے بارے میں نازل ہوئیں ہیں (تھوڑے داموں کے عوض) کہ تم نبوت محمدؐ اور امامت آئمہؑ کا انکار کر کے دنیا کے مال میں سے لے لو اگرچہ یہ مال جتنا بھی زیادہ ہو یہ خسارہ ہی ہے پھر اللہ عزوجل نے فرمایا (اور مجھ سے ہی ڈرتے رہو) محمدؐ اور ان کے وصی کے امر چھپانے کے بارے میں اور یہ مدینہ کے یہودی تھے کہ جنہوں نے محمدؐ کی نبوت کا انکار کیا اور ان سے خیانت کی اور کہا ہم جانتے ہیں کہ محمدؐ نبی اور علیؑ ان کے وصی ہیں لیکن آپ ایسے نہیں ہیں اور نہ ہی یہ وہ ہے اور وہ علیؑ کی طرف اشارہ کرتے تھے پس اللہ نے ان کے وہ لباس جو وہ اوڑھے ہوئے تھے انہیں اتار دیا اور انہوں نے کہا اے اللہ کے دشمنوں تم جھوٹ بولتے ہو یہ محمدؐ نبی ہیں اور یہ علیؑ ان کے وصی ہیں اگر اللہ ہمیں اجازت دے تو ہم تم کو قتل کر دیں اور ذبح کر ڈالیں رسول اللہؐ نے فرمایا کہ اللہ نے انہیں مہلت دی ہوئی ہے کیونکہ وہ ان کے اصلاب میں سے پاکیزہ اور مومن اولاد پیدا کرے گا اور اللہ کا قول (حق کو باطل کے ساتھ نہ ملاؤ اور حق کو جانتے ہوئے نہ چھپاؤ) امامؑ نے فرمایا اللہ نے یہودیوں کو مخاطب ہو کر فرمایا اور کہا (حق کو باطل کے ساتھ نہ ملاؤ) کہ انہوں نے گمان کر لیا تھا کہ محمدؐ نبی ہیں اور علیؑ ان کے وصی ہیں لیکن وہ محمدؐ کے پانچ سو برس کے بعد

آئیں گے تو رسول اللہؐ نے فرمایا کیا تم راضی ہو کہ تمہارے اور میرے درمیان فیصلہ تورات کرے انہوں نے کہا کیوں نہیں پس وہ اسے لے آئے اور اسے اس طرح پڑھنا شروع کر دیا جیسا کہ وہ نہ تھی پس اللہ نے ایک سانپ ان پر مسلط کر دیا جس نے اپنے دونوں جبڑے کھول رکھے تھے اور اس نے یہودیوں کی گردنوں کو کاٹ کاٹ کر کھانا شروع کر دیا وہ چیخنے چلانے لگے اور ادھر ایک اور سانپ تھا اس نے کہا تم کو یہ عذاب اس وقت تک دیا جاتا رہے گا جب تک تم محمدؐ اور ان کی نبوت کی صفات اور علیؑ اور ان کی امامت کی صفات صحیح طرح نہ بیان کرو گے پس انہوں نے تورات کو صحیح طور پر پڑھنا شروع کیا اور رسول اللہؐ کی نبوت اور علیؑ ولی اللہ وصی رسول اللہ پر ایمان لے آئے اللہ نے فرمایا (اور حق کو باطل کے ساتھ نہ ملاؤ) کہ تم محمدؐ و علیؑ کا ایک طرف تو اقرار کرو اور دوسری طرف سے انکار کر دو (اور تم حق کو چھپاتے ہو) نبوت اور امامت کو۔

اللہ کا فرمان (نماز قائم کرو اور زکواۃ ادا کرو اور رکوع کرنے والوں کے ساتھ رکوع کرو) امامؑ نے فرمایا پھر اللہ نے ان سے فرمایا کہ وہ فرض کردہ نمازیں جو محمدؐ لائے ہیں ان کو ادا کریں اور محمدؐ وآل محمدؑ پر درود پڑھیں (زکواۃ ادا کرو) اپنے مالوں میں سے جو واجب ہے (اور رکوع کرنے والوں کے ساتھ رکوع کرو) یعنی عاجزی کرنے والوں کے ساتھ عاجزی کرو اولیاء اللہ محمد رسول اللہؐ، علی ولی اللہؑ اور ان دونوں کے بعد اللہ کے منتخب آئمہؑ کے سامنے۔ ابن مردویہ، ابو نعیم الاصفہانی نے اللہ کے اس قول کے بارے میں نقل کیا ہے (اور رکوع کرنے والوں کے ساتھ رکوع کرو) یہ آیت رسول اللہؐ اور جناب امیرؑ کے بارے میں خاص طور پر نازل ہوئی کیونکہ وہ دونوں وہ ہیں جنہوں نے سب سے پہلے نماز پڑھی اور رکوع کیا اور اللہ کا قول (کیا تم لوگوں کو نیکی کا حکم دیتے ہو اور خود کو بلاتے ہو اور تم کتاب کی تلاوت کرتے ہو کیا تم عقل نہیں رکھتے) اس آیت کی تاویل میں ہے کہ یہود کے سردار جو

تھے وہ کمزور لوگوں کا حق جو صدقات اور ان کی وراثت ہوتی تھی ان کو کھا جایا کرتے تھے جب رسول اللہؐ مبعوث ہوئے توان سرداروں نے کہا کہ ہم محمدؐ کو قتل کردیں گے لیکن اللہ نے ان کے شر کو رسول اللہؐ سے دور فرما دیا تو قوم یہود نے اپنے سرداروں سے کہا تم تو ایسے ایسے دعوے کیا کرتے تھے اور تم نے ہمارا مال بھی غصب کر لیا ہے اور وہ تمہارے پاس موجود ہے انہوں نے انکار کرتے ہوئے کہا کہ ہم نے تم سے کچھ نہیں لیا تو اس وقت رسول اللہؐ نے حکم دیا اور ملائکہ نے وہ سارا مال حاضر کر دیا جب انہوں نے یہ دیکھا تو اپنے گناہوں کا اعتراف کر لیا پس کچھ تو اسلام لے آئے اور کچھ اپنے دین پر قائم رہے امامؑ نے فرمایا کہ ان اسلام لانے والوں نے کہا کہ ہم گواہی دیتے ہیں کہ آپؐ افضل نبی ہیں اور آپؐ کے بھائی علیؑ آپؐ کے وصی ہیں اللہ نے ہمارے گناہوں کے سبب آپؐ کو ہم سے دور رکھا اگر ہم توبہ کریں تو ہمارے لیے کیا اجر ہوگا؟ رسول اللہؐ نے فرمایا کہ تم جنت میں ہمارے ساتھی ہوگے اور دنیا اور دین ہمارے بھائی ہوگے اللہ تمہارے رزق میں وسعت دے گا انہوں نے کہا ہم گواہی دیتے ہیں کہ اللہ کے سوا کوئی معبود نہیں اس کا کوئی شریک نہیں اور بے شک محمدؐ اس کے بندے اور رسولؐ ہیں اور اسکے برگزیدہ اور خلیل ہیں اور علیؑ آپؐ کے بھائی اور وزیر ہیں اور آپؐ کے وصی برحق ہیں ان کی آپؐ سے وہی نسبت ہے جو کہ ہارونؑ کی موسیٰؑ سے بھی لیکن آپؐ کے بعد کوئی نبی نہیں ہے رسول اللہؐ نے فرمایا اب تم کامیاب ہوگئے ہو۔

اللہ کا فرمان (نماز اور صبر کے ذریعے مدد حاصل کرو اور یہ بہت گراں ہے سوائے ان لوگوں کے جو عاجزی کرنے والے ہیں) امامؑ نے فرمایا کہ اللہ نے تمام کافرین، یہودیوں اور مشرکین سے فرمایا کہ پس تم ایمان لے آؤ اور (نماز اور صبر کے زریعے مدد حاصل کرو) یعنی حرام پر صبر کرو اور امانتیں ادا کرنے میں صبر کرو اور باطل قوتوں پر صبر کرو اور محمدؐ کی نبوت اور علیؑ کی وصائیت پر صبر کرو (اور صبر

کے زریعے مدد حاصل کرو) ان دونوں کی خدمت پر اور اس کی خدمت کرو جو تم کو ان کی خدمت کا حکم دے کہ تم اس کی خوشنودی، بخشش اور دائمی جنت کی نعمتوں کے اللہ کے پڑوس میں حقدار ہو گے اور بہترین مومنوں کے رفیق ہو گے اور محمدؐ جو کہ اولین و آخرین کے سردار ہیں اور علیؑ جو کہ اوصیاء کے سردار ہیں اور اللہ کے برگزیدہ ہیں پس ان کی اطاعت کرو اور فائدہ حاصل کرو اور اس سے تمہاری آنکھیں ٹھنڈی ہو جائیں گی اور تم جنت کی تمام نعمتوں کے حقدار ٹھہرو گے اس طرح پانچ نمازوں اور محمدؐ و آل محمدؑ پر درود پڑھنے سے بھی مدد حاصل کرو تا کہ تم جنت کی نعمتوں کے قریب پہنچ جاؤ (بے شک یہ) یعنی پانچ نمازیں اور محمدؐ و آل محمدؑ پر درود پڑھنا ان کے امر ولایت پر ایمان لانا اور ظاہراً اور باطناً ان پر ایمان رکھنا یہ (بڑا بھاری ہے) بہت زیادہ (سوائے عاجزی کرنے والوں کے) جو اللہ کے عذاب سے ڈرتے ہیں اس کے فرائض ادا کرنے میں اور اللہ کا قول (اس دن سے ڈرو کہ جس دن کوئی کسی کے کام نہیں آئے گا نہ ہی ان سے سفارش قبول کی جائے گی اور نہ ہی بدلہ لیا جائے گا نہ ہی ان کی مدد کی جائے گی) امامؑ نے فرمایا (اس دن سے ڈرو کہ جب دن کوئی کسی کے کام نہیں آئے گا) یعنی اس سے اس عذاب سے دور نہیں کرے گا جس کا وہ حقدار ہو گا (نہ ہی ان سے سفارش قبول کی جائے گی) یعنی جو اس سے موت کی تاخیر کی سفارش کرے گا (نہ ہی بدلہ لیا جائے گا) یعنی اس کی جگہ فدیہ نہیں لیا جائے گا کہ وہ فدیہ دے کر بچ جائے۔ امام صادقؑ نے فرمایا کہ یہ وہ دن ہو گا جو موت کا دن ہو گا اس دن شفاعت اور فدیہ کوئی فائدہ نہیں دے گا جہاں تک قیامت کا تعلق ہے پس میں اور ہمارے اہل بیتؑ ہم اپنے شیعوں کو ہر طرح کا فائدہ دیں گے ہم جنت اور دوزخ کے درمیان اعراف پر ہونگے (محمدؐ، علیؑ، فاطمہؑ، حسنؑ، حسینؑ اور ان کی آل میں سے) پس میدان حشر میں بعض ایسے شیعہ

، مقدادؓ، ابوذرؓ اور عمار یاسرؓ کے ساتھ انہیں شمار کر دیں گے پھر انہیں جنت بھیج دیا جائے گا پس ہم اپنے دوسرے شیعوں کو جو ہماری محبت رکھنے والے ہونگے ایسے جنت میں بھیجے گے جیسے کبوتر کو بھیجا جاتا ہے اور ملائکہ ان کو میدان حشر میں ایسے ڈھونڈ لیں گے جیسے کہ پرندہ دانے کی طرف آتا ہے اور وہ انہیں جنت میں ہماری اجازت سے لے جائیں گے اسی دوران ہمارا ایک شیعہ لایا جائے گا جو ہماری شان میں تقیہ کی وجہ سے کمی کرتا رہا ہو گا وہ کئی ہزار ناصبیوں کے درمیان میں ہو گا اسے کہا جائے گا کہ یہ جہنم میں بھیجے جائیں گے پس وہ مومنین اس شیعہ کو ان ناصبیوں سے الگ کر دیں گے اور اسے جنت میں بھیج دیں گے اور تمام ناصبیوں کو جہنم میں پھینک دیا جائے گا اور اسی بارے میں اللہ عزوجل فرماتا ہے (اس دن کافر کہیں گے ولایت کا انکار کرنے والے کہ کاش وہ فرمانبردار ہوتے) یعنی دین میں امامت کے پابند ہوتے اس کے معنی یہ ہیں کہ آئمہؑ اپنے گناہگار شیعوں کی اپنی ولایت کے ذریعے شفاعت کریں گے اور ان کا فدیہ فاسق ہونگے اور انہی سے بدلہ لیا جائے گا اور مومنین پر ہر صبح و شام ان کے رب کی طرف سے درود و سلام پڑھا جائے گا۔

اللہ کا قول (اور جب ہم نے تمہارے لیے سمندر کو پھیر دیا اور تم کو نجات دی اور فرعونیوں کو ڈبو دیا اور تم یہ سب اپنی آنکھوں سے دیکھ رہے تھے) امامؑ نے فرمایا جب موسیٰؑ سمندر پر پہنچے تو اللہ نے ان کی طرف وحی کی کہ بنو اسرائیل سے کہو کہ میری توحید کا دوبارہ اقرار کریں اور اپنے دلوں میں میری بہترین مخلوق محمدؐ کا ذکر کریں اور محمدؐ کے بھائی علیؑ اور ان کی آلؑ کی ولایتؑ کے عہد کی تجدید کریں اور کہو اے اللہ ان کے صدقے ہمیں اس پانی سے گزار دے پانی تمہارے لیے راستہ بنا دے گا موسیٰؑ نے ان سے کہا تو انہوں نے انکار کر دیا اور کہنے لگے ہم صرف زمین پر چلیں گے پس اللہ نے موسیٰؑ کی طرف وحی کی (اپنا عصا سمندر پر مارو) اور کہو اے اللہ محمدؐ و آل محمدؑ کے صدقے اس سمندر کو چیر

دے انہوں نے ایسا ہی کیا پس سمندر پھٹ گیا اور زمین نظر آنے لگی موسیٰؑ نے کہا اس میں داخل ہو جاؤ انہوں نے کہا کہ زمین گیلی ہے ہم کہیں اس میں دھنس نہ جائیں پس موسیٰؑ نے کہا اے اللہ تجھے محمدؐ و آل محمدؑ کا واسطہ ہے اس زمین کو خشک کر دے چنانچہ اللہ نے ہوا کو بھیجا جس نے زمین خشک کر دی موسیٰؑ نے کہا اس میں اتر جاؤ انہوں نے کہا اے اللہ کے نبی ہم بارہ باپ کی اولاد میں سے بارہ قبیلے ہیں اگر ہم میں سے جو بھی آگے چلے گا تو اس پر فساد ہو جائے گا اب ہمیں اس کے سوا کوئی خوف نہیں اللہ نے موسیٰؑ کو حکم دیا کہ سمندر پر بارہ ضربیں مار و بارہ مختلف جگہوں پر اور کہو اے اللہ محمدؐ وآل محمدؑ کے صدقے ہمارے لیے زمین کو واضح کر دے اور ہم سے پانی کو دور کر دے پس اس میں بارہ راستے بن گئے تو کہا اب داخل ہو جاؤ انہوں نے کہا کہ اب داخل ہوتے ہیں پھر وہ اس میں داخل ہوئے چنانچہ اس میں سے گزر گئے جب بنی اسرائیل کا آخری فرد باہر نکلا تو فرعونیوں کا پہلا داخل ہوا جب وہ سب اس کے درمیان آ گئے تو اللہ نے پانی کو ملا دیا اور وہ سب کے سب غرق ہو گئے اور موسیٰؑ کے ساتھی یہ سب دیکھ رہے تھے اللہ عزوجل نے بنی اسرائیل سے کہا کہ جو محمدؐ کے زمانے میں تھے جب محمدؐ وآل محمدؑ کی وجہ سے تمہارے بزرگوں پر یہ انعامات تھے تو تم کیوں نہیں سمجھتے کہ تمہارا ابھی محمدؐ وآل محمدؑ پر ایمان لائے بغیر کوئی چارہ نہیں اور اللہ کا یہ قول کہ (جب ہم نے موسیٰؑ سے چالیس راتوں کا وعدہ کر لیا پھر تم نے بچھڑے کو معبود بنا لیا اور تم ظلم کرنے والے تھے) اس آیت کی تاویل میں ہے کہ اللہ عزوجل نے موسیٰؑ سے چالیس راتوں کا وعدہ کیا جب وہ اپنی قوم کے پاس چلے گئے تو انہوں نے ان کے بعد بچھڑے کو معبود بنا لیا اور یہ قصہ مشہور ہے۔ لیکن امامؑ نے اس کی تفسیر میں فرمایا اللہ نے موسیٰؑ کی طرف وحی کی اے موسیٰؑ بن عمران انہوں نے اس لیے بچھڑے کو معبود بنا لیا ہے کہ انہوں نے محمدؐ وآل محمدؑ پر صلواۃ و سلام کو حقیر جانا اور انہوں نے محمدؐ کی نبوت اور آئمہؑ کی وصیت سے ظلم کیا

یہاں تک کہ بچھڑے کو معبود بنالیا جب اللہ نے محمدؐ وآل محمدؐ پر درود کو حقیر جاننے کی وجہ سے انہیں بچھڑے کی پرستش پر لگادیا تو تم محمدؐ و علیؑ سے دشمنی کر کے کیسے محفوظ رہ سکتے ہو؟ پھر اللہ نے فرمایا (پھر ہم نے اس کے بعد تم کو معاف کر دیا تاکہ تم شکر ادا کرو) یعنی تم سے پہلے والوں کو بچھڑے کی پرستش کرنے پر معاف کر دیا تاکہ تم میں سے جو بنی اسرائیل میں سے محمدؐ کے دور میں ہونگے شکر ادا کر واس نعمت کا جو ہم نے تمہارے بزرگوں پر کی پھر امامؑ نے فرمایا اللہ نے ان کو اس لیے معاف کر دیا کیونکہ انہوں نے اللہ سے محمدؐ وآل محمدؑ کے واسطے سے دعا کی اور اپنے دلوں میں محمدؐ وآل محمدؑ کی ولایت کو دوبارہ یاد کیا اس وقت اللہ نے ان پر رحم فرمایا اور ان کو معاف کر دیا۔

اللہ کا قول (جب ہم نے موسیٰؑ کو کتاب اور فرقان عطا کئے تاکہ تم ہدایت پاسکو) امامؑ نے اس آیت کی تفسیر میں فرمایا کہ اور یاد کرو کہ جب ہم نے موسیٰؑ کو کتاب تورات دی کہ جس پر بنی اسرائیل ایمان رکھتے تھے اور ان کو فرقان بھی عطا کیا جو حق و باطل کے درمیان فرق کرتا تھا اور اس نے باطل والوں اور حق پرستوں کے درمیان فرق کیا یہ کہ جب اللہ نے انہیں کتاب اور ایمان کے ذریعے عزت بخشی تو اس کے بعد موسیٰؑ کی طرف وحی کی کہ اے موسیٰؑ! اس کتاب کا اقرار تو یہ کر چکے اور اب فرقان پر ایمان لائیں کہ جو مومنین اور کافرین، حق والوں اور باطل والوں کے درمیان فرق کرتا ہے پس ان سے تجدید عہد کرو کہ میں نے اپنے اوپر قسم کھائی ہے کہ میں کسی کا ایمان ہر گز قبول نہیں کروں گا اور نہ ہی کسی کے اعمال جب تک کہ وہ فرقان پر ایمان نہ لائے تو موسیٰؑ نے عرض کی اے میرے رب فرقان کیا ہے؟ اللہ نے فرمایا اے موسیٰؑ تم بنو اسرائیل سے عہد لو کہ محمدؐ سب سے بہترین بشر ہیں اور سید المرسلین ہیں اور ان کے بھائی علیؑ ان کے وصی اور سب اوصیاء سے افضل ہیں اور ان کے اولیاء اور شیعہ ان کے اوامر و نواہی پر عمل کرنے والے ہیں وہ جنت کے ستارے ہیں اور فرمایا جو ان پر ایمان لایا

بے شک وہی نجات یافتہ ہے اور لوگوں میں سے کچھ ایسے ہیں جو زبان سے ان کا اقرار کرتے ہیں اور دل سے ان کا انکار کرتے ہیں یہ لوگ کفر پر ہیں اور بعض ایسے ہیں جو زبان و دل سے ان کا اقرار کرتے ہیں اور یہی وہ لوگ ہیں جو نجات یافتہ ہیں اور ان کی پیشانی روشن ہو گی اور جو صرف زبان سے اقرار کرتے ہیں ان کے لیے یہ روشنی نہیں ہو گی اور یہی وہ فرقان تھا جو اللہ نے موسیٰؑ کو عطا کیا یہی حق و باطل کے درمیان فرق کرتا ہے پھر اللہ عزوجل نے فرمایا (تاکہ تم ہدایت پا سکو) یعنی جان سکو کہ جسے بھی عزت ملے گی اسے ولایت پر ایمان رکھنے کے باعث ہی ملے گی جس طرح تمہارے بزرگوں کو ملی تھی۔

اللہ کا قول (جب موسیٰؑ نے اپنی قوم سے کہا اے قوم تم نے بچھڑے کو معبود بنا کر اپنی جانوں پر ظلم کیا ہے پس اپنے پروردگار سے توبہ کرو اور اپنی جانوں کو قتل کرو تمہارے پروردگار کے نزدیک تمہارے لیے یہی بہتر ہے تو اس نے تم کو معاف کر دیا بے شک وہ توبہ قبول کرنے والا اور رحم کرنے والا ہے) اس آیت کی تاویل میں امامؑ نے فرمایا جب قوم موسیٰؑ نے بچھڑے کی پرستش کی تو اسکا کفارہ یہ تھا کہ اس کا غلام اس کو قتل کرے تو یہ بنی اسرائیل پر بہت شاق گزرا کہ انسان اپنے باپ، بھائی اور اولاد کو قتل کرے اور انہوں نے موسیٰؑ سے کہا پس اللہ نے ان کی طرف وحی کی کہ ان سے کہو اللہ سے محمدؐ و آل محمدؐ کے وسیلے سے دعا کرو کہ اسے تمہارے لیے آسان کر دے انہوں نے دعا مانگی تو اللہ نے ان پر قتل کرنا آسان کر دیا اور انہیں تکلیف محسوس نہ ہوئی اس طرح انبیاء اور رسول ہم سے توسل کرتے رہے پس وہ جمع ہوئے اور گڑ گڑائے اے ہمارے رب تمہیں عزت والے محمدؐ کا واسطہ تمہیں سب سے افضل علیؑ کا واسطہ تمہیں عزت والی فاطمہؑ کا واسطہ حسنؑ و حسینؑ کا واسطہ جو سید المرسلین کے نواسے ہیں اور جو جوانان جنت کے سردار ہیں ان کے واسطہ اور پاک و پاکیزہ اولاد حسینؑ کا واسطہ

ہمارے گناہ بخش دے ہمیں معاف فرمادے اور اس عذاب کو ہم سے دور کر دے اس وقت موسیٰؑ کو آسمان سے ندادی گئی کہ قتل روک دو مجھ سے انہوں نے ان کا واسطہ دے کر بعض عبادت گزاروں نے سوال کیا ہے اور ان کا واسطہ ایسا وسیلہ ہے کہ اگر یہ عبادت گزار نہ بھی ہوتے تب بھی میں ان کی دعا ضرور قبول کرتا اگر اس طرح ابلیس مجھ سے سوال کرتا تو میں اس کو بھی ہدایت دے دیتا اگر نمرود اور فرعون مجھ سے آل محمدؑ کا واسطہ دے کر سوال کرتے تو میں ان کو بھی نجات دے دیتا پس ان سے قتل کو دور کر دیا گیا اور وہ کہنے لگے ہائے حسرت ہم اس دعا سے کہ جو محمدؐ وآل محمدؑ کے زریعے تھی دور کیوں ہوئے۔

اللہ کا قول (جب تم نے موسیٰؑ سے کہا اے موسیٰؑ ہم اس وقت تک تم پر ایمان نہیں لائیں گے کہ جب تک اللہ کو اپنی آنکھوں سے نہ دیکھ لیں پس تم کو بجلی کی کڑک نے آپکڑا اور تم دیکھ رہے تھے) (پھر ہم نے تم کو موت کے بعد دوبارہ زندہ کیا تاکہ تم شکر گزار بن جاؤ) اس آیت کی تاویل میں امامؑ نے فرمایا کہ یہ اس وقت ہوا جب موسیٰؑ اپنی قوم سے محمدؐ کی نبوت اور علیؑ کی ولایت کا عہد لینے لگے تو اس وقت انہوں نے کہا (ہم ایمان نہیں لائیں گے کہ یہ عہد تمہارے رب کا ہے یہاں تک کہ ہم اللہ کو دیکھ نہ لیں) کہ وہ ہمیں اس عہد کے بارے میں کہے (پس ان کو بجلی کی کڑک نے آلیا) اور وہ اس بجلی کی طرف دیکھ رہے تھے اللہ نے فرمایا اے موسیٰؑ میں اپنے اولیاء کی تصدیق کرنے والوں کی عزت کرتا ہوں اور ان کو انکار کرنے والوں کی پرواہ بھی نہیں کرتا تو موسیٰؑ نے ان سے جو بچ گئے تھے فرمایا اب تم کیا کہتے ہو؟ کیا ان سے ملنا چاہتے ہو جن کو بجلی نگل گئی؟ انہوں نے کہا اے موسیٰؑ انہیں کیا ہوا ہے انہیں بجلی نے کیوں پکڑا ہے اس لیے کہ وہ فاسق وفاجر تھے اور محمدؐ و علیؑ کے دشمن تھے پس موسیٰؑ نے اللہ سے دعا مانگی تو اللہ نے انہیں زندہ کر دیا تو اس قوم نے کہا کہ ان سے پوچھو کہ تمہیں بجلی نے کیوں

آکر پکڑا؟ تو انہوں نے جواب دیا کہ علیؑ کی ولایت کا اقرار نہ کرنے کی وجہ سے کیونکہ ہم نے محمدؐ کی نبوت کے بعد ولایت علیؑ کا اقرار نہیں کیا تھا اس لیے ہمیں بجلی نے آپکڑا۔

اللہ کا قول (ہم نے تم پر بادل کا سایہ کیا اور تم پر من و سلویٰ نازل کیا ان پاکیزہ چیزوں میں سے کھاؤ اور ہم نے ان پر ظلم نہیں کیا اور وہ خود اپنے اوپر ظلم کرنے والے تھے) امامؑ نے فرمایا (اے بنی اسرائیل یاد کرو جب ہم نے تم پر بادل کا سایہ کیا) جو تم کو سورج کی حرارت اور چاند کی ٹھنڈک سے بچاتا تھا۔ اور تم پر من نازل کیا جو ترنجبین تھی اور سلویٰ یہ آسمانی پرندہ تھا (ان پاکیزہ چیزوں میں سے کھاؤ جو ہم نے تم کو رزق دی ہیں) اور میری نعمت کا شکر ادا کرو اور اس کی عظمت کو پہچانو۔

اللہ کا قول (اور جب ہم نے کہا کہ اس بستی میں داخل ہو جاؤ اور جہاں سے چاہو کھاؤ اور دروازے سے سجدہ کرتے ہوئے داخل ہو جاؤ اور حطہ کہو ہم تمہاری خطائیں بخش دیں گے اور ہم نیکی کرنے والوں کو زیادہ دیں گے)امامؑ نے فرمایا اے بنی اسرائیل یاد کرو کہ جب ہم نے تمہارے اسلاف سے کہا (اس بستی میں داخل ہو جاؤ) اور یہ شام کے نواح میں ہے (پس اس میں سے کھاؤ) یعنی اس گاؤں سے (جہاں سے چاہو) یعنی بغیر کسی ہچکچاہٹ کے (اور دروازے میں داخل ہو جاؤ اس کے بستی کے سجدہ کرتے ہوئے) امامؑ نے فرمایا اللہ نے دروازے کی مثال محمدؐ و علیؑ سے دی ہے اور ان کو حکم دیا کہ وہ تعظیم سے انہیں سجدہ کریں (اور حطہ کہو) یعنی کہو کہ ہمارے سجدے اللہ کے لیے ہیں اور ہم محمدؐ و علیؑ کی تعظیم کرتے ہیں اور ان دونوں کی ولایت پر ہمارا اعتقاد ہے اے اللہ ان کے وسیلہ سے ہمارے گناہ بخش دے۔ اللہ نے فرمایا (ہم تمہارے گناہ بخش دیں گے) اس فعل کی وجہ سے (اور ہم نیکی کرنے والوں کو زیادہ دیتے ہیں) جو تم میں سے گناہوں کو چھوڑ چکے ہوں اور وہ ولایت محمدؐ و آل محمدؑ کا اقرار کرتے ہیں ہم ان کو اور بھی زیادہ ثواب دیں گے۔

اللہ کا قول (پس ظالموں نے اس بات کو دوسری بات میں بدل ڈالا کہ جو انہیں کہی گئی تھی پس ہم نے ان پر آسمان سے عذاب نازل کیا اس کے سبب جو وہ نافرمانیاں کرتے تھے) امامؑ نے فرمایا کہ انہوں نے ایسے سجدہ نہیں کیا کہ جیسے ان کو حکم دیا گیا تھا اور نہ وہ کہا جو ان سے کہا گیا تھا پس اللہ نے ان پر آسمان سے عذاب نازل کیا جنہوں نے اسے بدل ڈالا تھا (اور جو وہ نافرمانیاں کرتے تھے) یعنی اللہ کے حکم واطاعت سے نکل گئے اور جو عذاب اللہ نے ان پر بھیجا وہ یہ تھا کہ ان میں سے ایک ہی دن دس لاکھ سے زیادہ آدمی مر گئے اور اللہ کے علم میں تھا کہ وہ نہ تو توبہ کریں گے اور نہ ہی وہ ایمان لائیں گے۔

اللہ کا قول (اور جب موسیٰؑ نے اپنی قوم سے پانی مانگا تو ہم نے کہا کہ اپنا عصا پتھر پر مارو اس میں سے بارہ چشمے پھوٹ پڑے اور تمام لوگوں نے اپنے اپنے گھاٹ پہچان لیے اللہ کے رزق میں سے کھاؤ پیو اور زمین میں فساد نہ کرتے پھرو) امامؑ نے فرمایا اے بنی اسرائیل یاد کرو کہ جب موسیٰؑ نے اپنی قوم سے پانی مانگا کہ جب ان کو پیاس لگی اور انہوں نے موسیٰؑ کو ندا دی کہ ہم پیاس سے ہلاک ہو رہے ہیں موسیٰؑ نے کہا اے میرے معبود ! سید الانبیاء محمدؐ کے واسطے اور علیؑ سید الاوصیاء کے واسطے فاطمہؑ سیدۃ النساء کے واسطے حسنؑ سید الاولیاء کے واسطے حسینؑ سید الشہداء کے واسطے ان کی عترت وخلفاء کے واسطے اپنے ان بندوں کو پانی پلاؤ تو اللہ نے موسیٰؑ کی طرف وحی کی (اپنا عصا پتھر پر مارو) انہوں نے اس پر مارا تو (اس میں سے بارہ چشمے پھوٹ پڑے اور تمام لوگوں نے اپنا گھاٹ پہچان لیا) یعنی اولاد یعقوب میں سے ہر قبیلے نے اپنا گھاٹ پہچان لیا تا کہ دوسروں کے ساتھ پانی پینے میں جھگڑا نہ ہو (اللہ کے رزق میں سے کھاؤ پیو اور زمین میں فساد نہ کرتے پھرو) جو رزق تمہیں دیا گیا ہے یعنی ولایت علیؑ اس کا انکار کر کے زمین میں فساد نہ پھیلاؤ۔ رسول اللہؐ نے فرمایا کہ جو ہم اہل بیتؑ کی محبت پر قائم رہا تو

اللہ اسے اپنی محبت کا جام پلائے گا کہ اس کا بدل نہیں ملے گا اللہ اسے قیامت کی گھڑی میں بلند درجات میں رکھے گا۔

اللہ کا قول (اور جب ہم نے تم سے میثاق لیا اور تم پر طور پہاڑ لا کھڑا کر دیا اس کو مضبوطی سے پکڑ لو اور جو اس میں ہے اسے یاد کرو تاکہ تم پر ہیز گار بن جاؤ) امامؑ نے فرمایا اللہ نے فرمایا اس وقت کو یاد کرو جب ہم نے (تم سے عہد لیا) یہ عہد محمدؐ و علیؑ اور ان کی آلؑ میں سے ان کی پاکیزہ اولاد جو تمام مخلوق سے افضل ہیں کی اطاعت کے بارے میں تھا (اس کو پکڑ لو جو ہم نے تم کو دیا ہے) کہ محمدؐ و علیؑ اور ان کی پاکیزہ آلؑ کا ذکر قوت سے کیا کرو اور ان کے ذکر پر ہمارے زیادہ ثواب کو اور ان کے ذکر کو چھوڑنے پر ہمارے زیادہ عذاب کو یاد رکھو۔

اللہ کا قول (اور جب موسیٰؑ نے اپنی قوم سے کہا کہ اللہ تمہیں حکم دیتا ہے کہ گائے ذبح کرو۔۔۔ الخ) اور یہ مختصر قصہ ہے کہ بنی اسرائیل میں ایک خوبصورت عورت تھی جو بہت حسین و مالدار تھی اس کے تین چچا کے بیٹے تھے انہوں نے اس کو شادی کا پیغام دیا پس اس نے ان میں سے جو سب سے زیادہ علم و شرف والا تھا اسے چن لیا پس دوسرے دونوں نے حسد کیا اور اسے قتل کر دیا اور بنی اسرائیل نے موسیٰؑ سے اس کے بارے میں پوچھا تو موسیٰؑ نے قبیلے کے پچاس آدمیوں سے کہا کہ وہ محمدؐ و آل محمدؐ کے فضل کی قسم کھائیں کہ ہم نے اسے قتل نہیں کیا اور نہ ہی ہم اس کے قاتل کو جانتے ہیں پھر اس کے بعد بنی اسرائیل اس بات پر جمع ہوئے کہ موسیٰؑ اللہ سے پوچھیں کہ وہ مقتول کو زندہ کرے تا کہ اس سے قاتل کے بارے میں پوچھا جا سکے امامؑ نے فرمایا کہ اللہ نے موسیٰؑ کی طرف وحی کی کہ اے موسیٰؑ بنی اسرائیل سے کہو اللہ یہ بات تمہارے لیے واضح کر دیتا ہے لیکن ایک گائے ذبح کرو اس کا ایک ٹکڑا اسے مارو پس وہ زندہ ہو جائے گا اس طرح تمہیں معلوم ہو جائے گا کہ اس کا قاتل کون ہے

پھر امامؑ نے فرمایا جب انہوں نے ایسی گائے ڈھونڈی تو وہ صرف ایک ایسے نوجوان کے پاس ملی کہ جسے اللہ نے خواب میں محمدؐ و علیؑ کی زیارت کروادی تھی اور انہوں نے اس سے فرمایا کہ تم ہماری محبت رکھنے والے ہو اور ہم کو فضیلت دینے والے ہو اور ہم چاہتے ہیں کہ تمہیں اس کا کچھ بدلہ اس دنیا میں بھی دے دیں جب وہ تم سے گائے خریدنا چاہیں تو اپنی ماں کی بات ماننا پھر امامؑ نے فرمایا کہ وہ اس کا مول بڑھاتے رہے یہاں تک کہ مول بہت زیادہ بڑھ گیا پس بولی ان کے حق میں ہو گئی اور انہوں نے اسے خرید لیا تو انہوں نے اسے ذبح کر دیا اور اس کا ایک ٹکڑا لے کر مقتول کو مارا اور کہا اے اللہ محمدؐ و آل محمدؐ کے صدقے اس مردہ کو زندہ کر دے تا کہ یہ اپنے قاتل کے بارے میں ہمیں بتا سکے پس وہ سیدھا کھڑا ہوا اور کہنے لگا اے اللہ کے نبی مجھے میرے ان دو چچازادوں نے قتل کیا ہے انہوں نے مجھے میری چچازادی کی وجہ سے قتل کر دیا پس بعض بنی اسرائیل نے موسیٰؑ سے کہا کہ ہم نہیں جانتے کہ اللہ نے اسے کیسے زندہ کر دیا ہے اور یہ کیسے بول پڑا ہے پس اللہ نے ان کی طرف وحی کی کہ اے موسیٰؑ بنی اسرائیل سے کہو جو تم میں سے اس دنیا میں باعزت زندگی گزارنا چاہتا ہے اور میری جنت میں ٹھکانہ چاہتا ہو تو وہ محمدؐ و آل محمدؐ پر درود پڑھے تو وہ ایسے ہی کرے گا جیسے اس نوجوان نے کیا اس نے موسیٰؑ بن عمران سے محمدؐ و آل محمدؑ کا ذکر کیا تھا یہ ان پر درود بھیج رہا تھا اور ان کو تمام فرشتوں، جنوں اور انسانوں پر فضیلت دے رہا تھا اس لیے میں نے اس کی خاطر تمہارا اتنا مال خرچ کروادیا پھر امامؑ نے فرمایا اس نوجوان نے کہا اے اللہ کے نبی ٹھہریئے کہ میں اپنا مال سنبھال لوں اور میں ان کے شر سے پناہ مانگتا ہوں جنہوں نے مجھ سے حسد کیا موسیٰؑ نے فرمایا اس مال کو لینے سے پہلے محمدؐ و آل محمدؐ پر ایسے درود پڑھو جیسے پہلے پڑھتے تھے پھر اس مقتول نوجوان نے اللہ سے دعا کی کہ اے اللہ میں محمدؐ و آل محمدؐ کے وسیلے سے تجھ سے مانگتا ہوں کہ مجھے دنیا میں باقی رکھ کہ میں اپنی چچازاد سے شادی کر سکوں اور

میرے دشمنوں اور حاسدوں کو ذلیل ورسوا کر اور مجھے اولاد کثیر اور پاکیزہ عطا فرما پس اللہ نے موسیٰؑ کی طرف وحی کی اور فرمایا اے موسیٰؑ یہ نوجوان محمدؐ وآل محمدؑ کی مودت کی وجہ سے طویل عمر پائے گا اور میری نعمتوں سے فائدہ اٹھائے گا پھر اللہ نے فرمایا (اور وہ اللہ تمہیں اپنی نشانیاں دکھاتا ہے تاکہ تم سمجھ سکو) یعنی تم کو تمام نشانیاں دکھائے جو توحید و نبوت موسیٰؑ کے متعلق تھیں اور محمدؐ کی تمام امتوں پر فضیلت کے بارے میں اور ان کی آلؑ کا فضل ثابت کرنے کے لیے تھیں پھر اللہ نے فرمایا(پھر ان کے دل اور بھی سخت ہو گئے تو گویا کہ وہ پتھر تھے یا اس سے بھی سخت)(ان میں سے چشمے پھوٹ پڑتے ہیں اور ان میں سے کچھ پھٹتے ہیں تو ان میں سے پانی نکل آتا ہے)(ان میں سے کچھ اللہ کے خوف سے گر پڑتے ہیں اور جو کچھ تم کرتے ہو اللہ اس سے بے خبر نہیں ہے) اس آیت کی تفسیر میں امامؑ فرماتے ہیں کہ جب اللہ نے بنی اسرائیل پر اپنی نعمتیں گنوائیں اور ان میں سے گائے کا قصہ بھی بیان کیا اور جو انہیں واضح نشانیاں دکھلائیں اور مقتول کو بھی زندہ کیا اور موسیٰؑ نے ان کی تصدیق کی وہ اس کے بعد بھی پھر گئے تب اللہ نے فرمایا(ان کے دل سخت ہو گئے ہیں پتھر کی طرح یا اس سے بھی زیادہ سخت) ان کے دل اللہ اور اس کے رسولؐ پر ایمان نہیں لائے اور نہ ہی ان کا دل اللہ کے ذکر سے نرم ہوتا ہے اور اسی لیے ان کے دل پتھر کی طرح اور اس سے بھی زیادہ سخت ہو گئے اور امامؑ نے اس کی تاویل میں فرمایا ان کے دلوں سے نیکیاں نہیں پھوٹتیں اور اگر پھوٹ بھی پڑے تو بہت کم نیکیاں نکلتی ہیں (ان میں کچھ ایسے ہیں جو اللہ کے خوف سے گر پڑتے ہیں) امامؑ نے فرمایا کہ جب یہ اللہ کو اس کے اولیاء محمدؐ، علیؑ، فاطمہؑ حسنؑ اور حسینؑ اور ان کی اولاد طیب کی قسم دیتے ہیں۔ رسول اللہؐ نے فرمایا کہ یہ یہود اور ناصبی پر اللہ کی طرف سے مثال ہے یہود کے سرداروں میں سے ایک نے کہا(اے محمدؐ تو مجنون ہے) تو ہمارے دلوں پر جادو چلاتا ہے اسی لیے اللہ نے فرمایا کہ جو کچھ تو کرتے ہو اللہ اس سے بے خبر

نہیں ہے یعنی جو کچھ ان کے دلوں میں محمدؐ وآل محمدؑ کے لیے بغض ہے اللہ سب کا علم رکھتا ہے۔

اللہ کا قول(جس نے برائیاں کیں اور برائیوں نے اس کو گھیر لیا وہی ہمیشہ ہمیشہ جہنم میں رہیں گے) اس آیت کی تاویل میں محمد بن یعقوب سے انہوں نے اسناد کے ساتھ امام صادقؑ سے روایت کی ہے کہ (جس نے برائیاں کیں اور اس کی برائیوں نے اسے گھیر لیا) فرمایا کہ جب انہوں نے امیر المومنینؑ کی ولایت کا انکار کیا(پس وہی لوگ جہنم میں رہنے والے ہیں اس میں ہمیشہ ہمیشہ کے لیے) یعنی ولایت علیؑ کا منکر ہمیشہ ہمیشہ کے لیے جہنم میں رہے گا۔

اللہ کا فرمان(اور والدین سے حسن سلوک کرو) امام حسن عسکریؑ نے فرمایا کہ رسول اللہؐ نے فرمایا تمہارے سب سے بہترین والدین اور تمہارے حسن سلوک کے حقدار محمدؐ و علیؑ ہیں اور جناب امیرؑ نے فرمایا کہ میں نے رسول اللہؐ کو فرماتے ہوئے سنا کہ میں اور علیؑ اس امت کے باپ ہیں اور ہم ان پر ان کی پیدائش کے سبب بننے والے باپ سے بھی زیادہ حقدار ہیں۔

امامؑ نے اللہ کے اس قول کے بارے میں فرمایا(اور ذی القربیٰ) وہ تمہارے ماں باپ کی طرف سے قرابت دار ہیں تم سے کہا گیا ہے کہ ان کا حق جان لو جس طرح بنی اسرائیل سے عہد لیا گیا تھا اور تم سے ان آئمہؑ سے حسن سلوک کا عہد لیا گیا ہے رسول اللہؐ نے فرمایا جس نے اپنے باپ کے رشتہ داروں کی دیکھ بھال کی اس کے لیے دس لاکھ درجے ہیں پھر ان درجات کی تفسیر فرمائی پھر فرمایا کہ جس نے محمدؐ و علیؑ کے قرابت داروں کی دیکھ بھال کی تو اس کو اتنے درجات دیئے جائیں گے جسے کوئی شمار بھی نہیں کر سکتا۔

اللہ کا فرمان(یتیم ومساکین) آپؑ نے فرمایا اس یتیم جس کا باپ نہ ہو اس سے کہیں زیادہ بدقسمت وہ یتیم ہے جو امامؑ کو چھوڑ دے وہ نہیں جانتا کہ اسے اس کے دین کے بارے میں آزمایا جائے گا کہ وہ کیا

ہے جو ہمارا شیعہ وہ ہے جو ہمارے علوم کو جانتا ہے جو ہماری شریعت سے جاہل ہے وہ ہمارے مشاہدات سے منقطع ہے۔

آپؑ نے فرمایا کہ وہ مساکین جو محمدؐ وآل محمدؑ سے محبت رکھنے والے ہیں وہ دوسروں سے افضل ہیں اور اپنے علم وفقہ کی وجہ سے تمام ناصبیوں، ابلیس اور اس کے پیروکاروں پر بھاری ہیں۔

اللہ کا قول (اور نماز قائم کرو) امامؑ نے فرمایا یعنی رکوع و سجود اور ان کے اوقات کی حفاظت کے ساتھ اور وہ حقوق جو اللہ نے نماز کی ادئیگی کے لیے واجب قرار دیئے ہیں یعنی مودت آل محمدؑ جو کوئی یہ حقوق ادا نہ کرے گا اللہ اس کے کسی بھی عمل کو قبول نہیں کرے گا آل محمدؑ کی محبت ہی ہر عمل کو اللہ کی بارگاہ میں مقبول بناتی ہے محمدؐ وآل محمد اللہ کے برگزیدہ ہیں وہ اللہ کے حقوق پر ڈٹ جانے والے اور اللہ کے دین کی مدد کرنے والے ہیں پھر امامؑ نے فرمایا کہ محمدؐ وآل محمدؑ پر غصہ ورضا، سختی وکشادگی میں درود پڑھو اور جب تمہارے دل غم سے بھرے ہوئے ہوں تب بھی۔

اللہ کا قول (اور جب ہم نے تم سے عہد لیا۔۔اس قول تک۔۔۔ان سے عذاب کم نہیں کیا جائے گا اور نہ ہی ان کی مدد کی جائے گی) رسول اللہؐ نے فرمایا یہ آیت ان یہود کے بارے میں نازل ہوئی جنہوں نے اللہ کے عہد کو توڑ دیا تھا اور رسولوں کو جھٹلایا اور اللہ کے اولیاء کو قتل کیا فرمایا کیا میں تم کو اس امت کے بدترین یہودیوں کے بارے میں نہ بتاؤں ؟ کہا گیا کیوں نہیں یارسول اللہؐ فرمایا میری امت میں سے وہ لوگ جو میری ذریت کو قتل کریں گے میری شریعت وسنت کو بدل دیں گے اور حسنؑ وحسینؑ میرے فرزندوں کو قتل کریں گے جیسے یہود کے اسلاف نے زکریاؑ اور یحییٰؑ کو قتل کیا آگاہ رہو کہ اللہ ان پر لعنت بھیجتا ہے جیسے کہ یہودیوں پر لعنت بھیجی اور اللہ قیامت سے پہلے حسینؑ کی اولاد میں سے مہدیؑ کو ظاہر فرمائے گا جو جہنم کو اپنے دشمنوں سے بھر دے گا۔

اللہ کا قول (کیا وہ تمام رسول تمہارے پاس آئے کہ جو تمہارے نفوس کی پرواہ نہ کریں تو تم میں سے ایک گروہ انہیں جھٹلاتا ہے اور ایک گروہ قتل کر دیتا ہے) تاویل۔ محمد بن یعقوب کلینی نے انہوں نے احمد بن ادریس سے انہوں نے محمد بن حسان سے انہوں نے محمد بن علی سے انہوں نے عمار بن مروان سے انہوں نے منخل سے انہوں نے جابر سے انہوں نے امام ابو جعفرؑ سے روایت کی ہے کہ آپؑ نے فرمایا(رسول جو تمہارے پاس آئے۔۔۔۔ محمدؐ۔۔۔۔ جو تمہارے نفوس کی پرواہ کئے بغیر اللہ کی طرف سے وہ لائے جو تم نہیں چاہتے تھے۔۔۔۔ علیؑ کی ولایت۔۔۔۔ تم میں سے ایک گروہ انہیں جھٹلاتا ہے۔۔۔۔ آل محمدؐ کو۔۔۔۔ اور ایک گروہ قتل کرتا ہے۔۔۔۔ آل محمدؐ کو)

اللہ کا قول (اللہ جس پر چاہتا ہے اپنا فضل کرتا ہے اور وہ غضب پر غضب خرید رہے ہیں اور کافروں کے لیے دردناک عذاب ہے) تاویل۔ محمد بن یعقوب سے انہوں نے علی بن ابراہیم سے انہوں نے احمد بن محمد البرقی سے انہوں نے اپنے والد سے انہوں نے محمد بن سنان سے انہوں نے عمار بن مروان سے انہوں نے منخل سے انہوں نے جابر سے انہوں نے امام ابو جعفرؑ سے روایت کی ہے کہ آپؑ نے فرمایا جبرائیل رسول اللہؐ پر یہ آیت اس طرح لے کر نازل ہوئے (انہوں نے کتنی بری تجارت کی ہے جو اللہ نے نازل کیا اس کا انکار کر دیا ہے علیؑ کے بارے میں سرکشی کرتے ہوئے)

اللہ کا قول (اللہ جسے چاہتا ہے اپنی رحمت سے خاص کرتا ہے اور اللہ بڑے فضل والا ہے) اس آیت کی تاویل۔ الحسن بن ابوالحسن الدیلمی سے انہوں نے اسناد کے ساتھ ابو صالح سے انہوں نے حماد بن عثمان سے انہوں نے امام ابوالحسنؑ الرضا سے انہوں نے اپنے والد گرامی امام موسیٰ کاظمؑ سے انہوں نے اپنے والد گرامی امام جعفر صادقؑ سے اللہ کے اس قول کے بارے میں روایت کی ہے (وہ جسے چاہتا ہے اپنی رحمت سے خاص کرتا ہے) فرمایا اللہ کی رحمت سے خاص اللہ کے نبیؐ اُن کے وصی اور

ان دونوں کی عترت ہے اللہ نے سو رحمت خلق کی ہے ان میں سے ننانوے (۹۹) محمدؐ و علیؑ اور ان کی عترت کے لیے ہے اور ایک رحمت تمام موجودین پر ہے۔

اللہ کا قول (جن لوگوں کو کتاب دی گئی ہے وہ اس کی ایسی تلاوت کرتے ہیں جیسے کہ اس کا حق ہے وہی لوگ اس پر ایمان رکھتے ہیں) تاویل۔ محمد بن یعقوب نے انہوں نے محمد بن یحییٰ سے انہوں نے احمد بن محمد سے انہوں نے الحسن بن محبوب سے انہوں نے ابووردہ سے روایت کی ہے کہ میں نے امام ابوعبداللہؑ سے اللہ کے اس قول کے بارے میں پوچھا(جن لوگوں کو کتاب دی گئی ہے وہ اس کی ایسے تلاوت کرتے ہیں جسے کہ اس کا حق ہے وہی لوگ اس پر ایمان رکھتے ہیں) آپؑ نے فرمایا اس سے مراد آئمہؑ ہیں اور کتاب سے مراد قرآن مجید ہے۔

اللہ کا قول(اور جب ابراہیمؑ کو اس کے پروردگار نے آزمائش سے گزارا اور جب ابراہیم کو ان کے رب نے کلمات کے ذریعے آزمایا) اس آیت کی تاویل وہ ہے جو شیخ صدوق ابو جعفر محمد بن بابویہ نے کتاب النبوۃ میں اسناد کے ساتھ مرفوعاً مفضل بن عمر سے انہوں نے امام صادقؑ سے روایت کی ہے اللہ کے اس قول کے بارے میں (جب ابراہیم کو ان کے رب نے کلمات کے زریعے آزمایا) یہ کلمات کیا تھے فرمایا یہ وہی کلمات ہیں کہ جو آدمؑ نے اللہ سے سیکھے تھے اور وہ یہ تھے کہ (یارب بحق محمدؐ و علیؑ و فاطمہؑ والحسنؑ والحسینؑ الاتبت علی) پس اللہ نے ان کی توبہ قبول کی(بے شک وہ توبہ قبول کرنے والا اور مہربان ہے) میں نے کہا اے فرزند رسولؐ اللہ کے اس قول کے کیا معنی ہیں(انہوں نے ان کو تمام کر دیا) فرمایا کہ قائمؑ تک مکمل کر دیا بارہ آئمہؑ تک علیؑ، حسنؑ، حسینؑ اور نو حسینؑ کی اولاد میں سے۔

اللہ کا قول(میں نے آپ کو لوگوں کے لیے امام بنا دیا) امامؑ نے فرمایا کہ اللہ نے حکم دیا کہ ان کے

اقوال وافعال کی اقتداء کی جائے جب اللہ نے ابراہیم کو امامت عطا کرنے کی بشارت دی تو انہوں نے خوشی کی حالت میں فرمایا(اور میری اولاد میں بھی امامت جاری کردے) (میرا وعدہ ظالموں سے نہیں ہے) یہ عہد امامت ہے جو ہمارے لیے ہے اور ظالم کبھی امام نہیں ہو سکتا ظالم کافر ہے اور اللہ کا قول ہے(اور کافر ہی ظالم ہیں) کیونکہ ظالم امام نہیں ہو سکتا اور اللہ کا یہ قول اس بات پر دلیل ہے کہ امام وہی ہو سکتا ہے جو معصوم ہو ہر فعل قبیح سے پاک ہو اور اللہ نے نفی کی ہے کہ اس کا عہد ظالموں سے ہو۔

اللہ کا قول(اور ابراہیم نے اپنے بیٹوں کو یعقوب کو وصیت کی کہ اللہ نے تمہارے لیے دین کو چن لیا ہے پس تم مسلمان ہی مرنا) اس آیت کی تاویل میں جو نہج الامامت میں ذکر کیا ہے کہ صاحب شرح الاخبار نے اسناد کے ساتھ مرفوعاً روایت کی ہے امام ابو جعفر الباقرؑ نے اللہ کے اس قول کے بارے میں روایت کی ہے آپؑ نے فرمایا کہ علیؑ کی ولایت کے فرمانبردار رہو اور اس کی تائید وہ ہے جو روایت محمد بن یعقوب الکلینی نے محمد بن یحییٰ سے انہوں نے احمد بن محمد سے انہوں نے الحسن بن محبوب سے انہوں نے محمد بن الفضیل سے انہوں نے امام ابو الحسن الرضاؑ سے روایت کی ہے کہ آپؑ نے فرمایا کہ ولایت علیؑ تمام انبیاء کے صحائف میں موجود تھی اور اللہ نے جتنے بھی نبی معبوث کئے وہ محمدؐ اور ان کے وصی علیؑ کے زریعے کئے۔

اللہ کا قول(کہو کہ ہم اللہ پر ایمان لائے اور جو ہماری طرف نازل کیا گیا ہے اور جو ابراہیم و اسماعیل و اسحاق و یعقوب اور ان کے پوتوں کی طرف نازل کیا گیا اور جو موسیٰ و عیسیٰ اور دوسرے انبیاء کو دیا گیا ان کے رب کی طرف سے اس پر بھی ایمان لاتے ہیں ہم ان میں سے کسی کے درمیان فرق نہیں کرتے پس عنقریب اللہ تمہارے لیے اس کے مقابلے میں کافی ہو جائے گا اور وہ سننے والا اور جاننے

والا ہے) تاویل۔ محمد بن یعقوب نے محمد بن یحییٰ سے انہوں نے احمد بن محمد سے انہوں نے الحسن بن محبوب سے انہوں نے محمد بن نعمان سے انہوں نے سلام بن ابی عمیرہ سے انہوں نے امام ابو جعفرؑ سے اللہ کے اس قول کے بارے میں روایت کی ہے کہ (کہو ہم اللہ پر ایمان لائے اور جو ہماری طرف نازل کیا گیا اس پر) امامؑ نے فرمایا اس سے مراد علیؑ، فاطمہؑ، حسنؑ، حسینؑ اور ان کے بعد ان کی اولاد سے آئمہؑ ہیں پھر اللہ کا یہ قول (اگر وہ ایمان لائیں) یعنی لوگ اگر وہ آئمہؑ کی اطاعت اختیار کر لیں (اس طرح جس طرح تم اس پر ایمان لائے ہو) یعنی علیؑ، فاطمہؑ، حسنؑ، حسینؑ اور آئمہؑ پر (تو وہ ہدایت پا گئے اور اگر وہ پھر جائیں تو وہ گمراہی میں ہیں) یعنی لوگ اس کے معنی ہیں کہ اللہ نے حکم دیا کہ آئمہؑ پر ایمان لائیں اور کہیں کہ ہم اللہ پر ایمان لائے اور اسی طرح آئمہ معصومینؑ پر بھی ایمان لائے اور یہی مومن ہیں کہ جو انہیں حکم دیا گیا انہوں نے اس کی اطاعت کرتے ہوئے اپنے ایمان کو سچا ثابت کر دیا پھر اللہ نے لوگوں کو مخاطب کرتے ہوئے فرمایا (اگر وہ ایمان لے آئیں تو ہدایت پا جائیں گے) یعنی اگر وہ آئمہؑ پر ایمان لاتے ہیں تب ہی وہ ہدایت پا سکتے ہیں (اگر وہ پھر جائیں تو وہ گمراہی میں ہیں) اگر وہ اطاعت محمدؐ وآل محمدؑ کا انکار کر دیں تو پھر وہ ہمیشہ گمراہی میں ہی رہیں گے (تو اللہ آپ کے لیے کافی ہو جائے گا وہ سننے والا اور جاننے والا ہے) امامؑ نے فرمایا کہ اللہ نے محمدؐ سے فرمایا اے محمدؐ اگر یہ لوگ تم سے ولایت علیؑ کے بارے میں جھگڑا کریں تو ان کی پرواہ مت کرو میں اللہ تمہارے لیے کافی ہوں۔

اللہ کا فرمان (اور اللہ کا رنگ اور اللہ کے رنگ سے کون اچھا ہے اور ہم اسی کے عبادت گزار ہیں) امامؑ نے فرمایا اس آیت کی تفسیر میں کہ جو اللہ کے رنگ پر ایمان لائے اور کہے کہ ہم اس کے بعد اسی کے تابعدار ہیں اور جان لو کہ اللہ کا رنگ ولایت علی ابن ابی طالبؑ ہے۔ اور روایت الشیخ محمد بن یعقوب میں ہے جو انہوں نے محمد بن یحییٰ سے انہوں نے سلمٰی سے انہوں نے علی بن الحسان سے

انہوں نے عبدالرحمن بن کثیر سے انہوں نے امام ابو عبداللہؑ سے اللہ کے اس قول کے بارے میں روایت کی ہے (اللہ کا رنگ اور اللہ کے رنگ سے کون اچھا ہے) امامؑ نے فرمایا کہ یثاق والے دن مومنین کو ولایت علیؑ میں رنگ دیا گیا۔

اللہ کا قول (اسی طرح ہم نے تم کو درمیانی امت بنایا تا کہ تم لوگوں پر گواہ رہو اور رسولؐ تم پر گواہ رہیں) اللہ کے اس قول کی تاویل میں امامؑ نے فرمایا کہ درمیانی امت سے مراد ہے کہ اللہ نے لوگوں کے اور رسولؐ کے درمیان عادل بنایا اور یہ آئمہؑ سے خطاب ہے جو رسولؐ کے بعد ان کے قائم مقام ہیں ہر زمانے میں زمانے والوں پر ایک امامؑ گواہ ہے اور رسولؐ اس امامؑ پر گواہ ہیں اس کی تائید وہ روایت کرتی ہے جو محمد بن یعقوب نے علی بن ابراہیم سے انہوں نے اپنے والد سے انہوں نے ابن ابی عمیر سے انہوں نے ازنیہ سے انہوں نے برید بن معاویہ العجلی سے روایت کی ہے کہ امام ابو عبداللہؑ سے اللہ کے اس قول کے بارے میں پوچھا (اور ہم نے تم کو درمیانی امت بنایا تا کہ تم لوگوں پر گواہ رہو اور رسولؐ تم پر گواہ رہیں) فرمایا کہ ہم ہی وہ امت اوسط ہیں اور ہم ہی اللہ کی مخلوق پر گواہ ہیں اور اس کی زمین میں اس کی حجت ہیں۔ ابوالقاسم الحسکانی نے شواہد التنزیل میں اسناد کے ساتھ سلیم بن قیس سے انہوں نے امیر المومنین علیؑ سے روایت کی ہے کہ اللہ کے اس قول سے مراد ہم ہیں پس رسول اللہؐ ہم پر گواہ ہیں اور ہم اللہ کی مخلوق پر گواہ ہیں۔

اللہ کا قول (ہر طرف وہی پھیرنے والا ہے پس تم نیکی کرنے میں سبقت لے جاؤ تم جہاں بھی ہو گے اللہ تم سب کو آکر جمع کرے گا بے شک اللہ ہر چیز پر قادر ہے) اس آیت کی تاویل یہ ہے کہ ہر امت کا ایک طریقہ یا رخ ہے اور اللہ ہی ان کو اس کی طرف ہدایت دینے والا ہے اور وہ ولایت علیؑ ہے اور یہی اسلام ہے پس اللہ حکم دیتا ہے کہ ولایت علیؑ کی طرف سبقت لے جاؤ اور شیخ المفید نے کتاب الغیبہ

میں اسناد کے ساتھ امام ابو جعفرؑ سے انہوں نے امیر المومنین علیؑ نے روایت کی ہے کہ اللہ کا قول (تم جہاں بھی جاؤ گے اللہ تم سب کو جمع کرے گا) اس سے مراد اصحاب قائمؑ ہیں کہ جنہیں اللہ جمع کرے گا ان کی تعداد تین سو تیرہ (۳۱۳) ہو گی جو کہ اصحاب بدر کی تعداد کے برابر ہو گی۔

اللہ کا قول (اور صبر کرنے والوں کو بشارت دے دیجئے کہ جب ان کو کوئی مصیبت پہنچتی ہے تو وہ کہتے ہیں بے شک ہم اللہ ہی کے ہیں اور اسی کی طرف لوٹ کر جائیں گے یہی وہ لوگ ہیں کہ جن پر ان کے رب کی طرف سے درود اور رحمت ہے اور یہ ہی ہدایت پانے والے ہیں) تاویل۔ الشیخ جمال الدین نے کتاب نہج الحق میں ابن مردویہ سے اسناد کے ساتھ انہوں نے ابن عباس سے روایت کی ہے کہ جب امیر المومنینؑ تک آپؑ کے چچا حمزہؓ کے شہید ہونے کی خبر پہنچی تو آپؑ نے فرمایا (اناللہ وانا الیہ راجعون) پس یہ آیت نازل ہوئی پس یہ آیت پڑھنے والا کہتا ہے (ہم اللہ ہی کے ہیں) یعنی اس کی حکومت کا اقرار کرتا ہے (اور اسی کی طرف لوٹ کر جانا ہے) یعنی موت کا اقرار کرتا ہے۔

اور اللہ کا قول (اور جو لوگ اللہ کے سوا اور لوگوں کو معبود بناتے ہیں ان سے ایسے محبت کرتے ہیں جیسے وہ اللہ سے محبت کرتے ہوں اور جو لوگ ایمان والے ہیں وہ سب سے زیادہ محبت اللہ سے کرتے ہیں اور اگر آپ ظالموں کو دیکھیں کہ جب وہ عذاب دیکھتے ہیں تو کہتے ہیں کہ تمام طاقت اللہ ہی کے لیے ہے اور بے شک اللہ سخت عذاب دینے والا ہے) تاویل۔ الشیخ محمد بن یعقوب نے محمد بن یحییٰ سے انہوں نے احمد بن محمد بن عیسیٰ سے انہوں نے الحسن بن محبوب سے انہوں نے عمرو بن ثابت سے انہوں نے جابر سے روایت کی ہے کہ میں نے امام ابو جعفر الباقرؑ سے سوال کیا اللہ کے اس قول کے بارے میں (اور جو لوگ اللہ کے سوا معبود بناتے ہیں وہ ان سے ایسے محبت کرتے ہیں جیسے اللہ سے) آپؑ نے فرمایا وہ فلاں اور فلاں کے پیروکار ہیں ان کو اس امام کے سوا امام قرار دیتے ہیں کہ جسے

اللہ نے امام بنایا اس لیے فرمایا(اگروہ ظالموں کو دیکھیں کہ جب وہ عذاب دیکھتے ہیں تو کہتے ہیں کہ تمام قوت اللہ کے لیے ہے اور بے شک اللہ سخت عذاب دینے والا ہے) پھر امام ابو جعفرؑ نے فرمایا اے جابر وہ اور ان کے پیروکار گمراہی پر ہیں۔ الشیخ ابو جعفر الطوسی نے اپنی امالی میں روایت کی ہے کہ ہم کو ابو عبداللہ محمد بن محمد بن نعمان نے کہا کہ ہم سے ابو جعفر محمد بن علی بن الحسین نے بن بابویہ سے کہا کہ مجھ سے میرے والد نے بیان کیا ان سے سعد بن عبداللہ نے انہوں نے ایوب بن نوح سے انہوں نے صفوان بن یحییٰ سے انہوں نے ابان بن عثمان سے انہوں نے امام ابو عبداللہ جعفرؑ بن محمدؑ سے روایت کی ہے کہ جب قیامت کا دن ہوگا تو عرش سے ایک ندا دینے والا ندا دے گا کہ زمین پر جو اللہ کا خلیفہ ہے وہ کہاں ہے پس داؤدؑ کھڑے ہونگے تو ندا آئے گی میری مراد تم نہیں ہو اگرچہ تم اللہ کے خلیفہ ہو پھر دوبارہ ندا آئے گی کہ زمین پر جو اللہ کا خلیفہ ہے وہ کہاں ہے تو علیؑ ابن ابی طالبؑ کھڑے ہونگے تو ندا آئے گی اے اہل محشر جن وانس یہ علیؑ ابن ابی طالبؑ ہے جو اللہ کی زمین میں اس کا خلیفہ ہے اور اس کے بندوں پر اس کی حجت ہے جو اس کی رسی سے دنیا میں منسلک ہوا پس وہ آج بھی ہوگا تاکہ وہ ان کے نور سے روشن ہو اور جنت میں بلند درجات پر آئے پس اس وقت ندا آئے گی کہ جو دنیا میں امامؑ کی پیروی کرتا رہا وہ آج جہاں چاہے جا سکتا ہے اور امامؑ جہاں چاہے اسے لے جا سکتا ہے۔

اللہ کا قول(نیکی یہ نہیں کہ تم اپنے چہرے مشرق و مغرب کی طرف پھیرو مگر نیکی یہ ہے کہ تم اللہ پر اور قیامت کے دن پر ایمان لاؤ اور فرشتوں پر ایمان لاؤ اور تمام انبیاء پر ایمان لاؤ اور اسکی محبت میں رشتہ داروں، یتیموں، مسکینوں اور مسافروں پر مال خرچ کرو اور گردنوں کو آزاد کرنے میں نماز قائم کرو زکواۃ دو اور جب وہ وعدہ کرتے ہیں تو اسے پورا کرتے ہیں اور تنگی و سختی میں صبر کرتے ہیں یہی لوگ سچے اور پرہیزگار ہیں)

علی بن ابراہیم نے بیان کیا ہے کہ یہ آیت امیر المومنینؑ علی ابن ابی طالبؑ کی شان میں نازل ہوئی کیونکہ یہ شرائط ایمان کی شرائط ہیں اور کمال کی صفات ہیں اور یہ صرف ان میں اور ان کی پاکیزہ آل میں ہی پائی جاتی ہیں کہ ان سب پر اللہ کا درود و سلام ہو۔اس کی وضاحت میں کہ جہاں تک اللہ پر ، قیامت پر ،فرشتوں پر ، کتابوں پر اور انبیاء پر ایمان لانے کا تعلق ہے تو امیر المومنینؑ سب سے پہلے اظہار ایمان کرنے والے ہیں جب آدمؑ مٹی و پانی کے درمیان تھے (اور یتیموں مسکینوں اور رشتہ داروں کی محبت میں مال خرچ کرتے ہیں) پس انہی کے بارے میں ان کی زوجہ اور بیٹوں کے بارے میں اللہ نے فرمایا(اور وہ اللہ کی محبت میں یتیموں مسکینوں اور قیدی کو کھانا کھلاتے ہیں) (سوال کرنے والوں کو) تو علیؑ وہ ہیں جو محراب میں انگوٹھی صدقہ کرتے ہیں (گردنوں کوآزاد کرانے میں) روایت ہے کہ امامؑ نے فرمایا کہ آپؑ نے ایک ہزار غلام خریدے اور انہیں آزاد کر دیا۔ نماز قائم کرنااور زکواۃ دینے کے بارے میں اللہ نے ان کے بارے میں فرمایا(بے شک تمہارا حاکم اللہ ہے اس کا رسول ہے اور وہ لوگ جو ایمان لائے نماز قائم کرتے ہیں اور زکواۃ دیتے ہیں حالت رکوع میں) (اپنے وعدے کو پورا کرنے والے ہیں جب وہ وعدہ کرتے ہیں) یہ وہ ہیں کہ جن کے بارے میں اللہ نے فرمایا(مومنین میں سے ایسے لوگ ہیں کہ انہوں نے اللہ سے کئے ہوئے وعدے کو سچ کر دیکھایا ان میں سے کچھ نے اپنی نذر کو پورا کیا) وہ حمزہؓ و جعفرؓ ہیں (اور کچھ انتظار میں ہیں) اس سے مراد علیؑ ہیں (انہوں نے اپنے وعدے میں کوئی تبدیلی نہیں کی) ۔

اللہ کا قول (نیکی یہ نہیں کہ تم گھروں کے پچھواڑوں سے آؤ لیکن نیکی یہ ہے کہ جس نے پرہیز گاری اختیار کی اور گھروں میں ان کے دروازوں سے آیا) امامؑ نے فرمایا ہم ہی وہ دروازے ہیں کہ جن میں سے اللہ نے آنے کا حکم دیا ہے اور ہم اللہ کے دروازے اور اس کا گھر ہیں جس نے ہماری اتباع کی اور

ہماری ولایت کا اقرار کیا تو وہ دروازوں سے آیا جس نے ہماری مخالفت کی اور ہم پر ہمارے غیر کو فضیلت دی وہ اس کے پچھواڑے سے آیا اس کی تائید محمد بن یعقوب کی روایت کرتی ہے کہ انہوں نے الحسین بن محمد الاشعری سے انہوں نے محمد بن جمہور سے انہوں نے سلیمان بن سماعہ سے انہوں نے عبداللہ بن القاسم الحسکانی سے انہوں نے ابو بصیر سے روایت کی ہے کہ امام ابو عبداللہؑ نے فرمایا اوصیاء ہی اللہ کے دروازے ہیں کہ جن سے آیا جاتا ہے اگر وہ نہ ہوتے تو اللہ کی معرفت نہ ہوتی انہی کے ذریعے اللہ نے اپنی مخلوق پر حجت قائم کی۔

اللہ کا قول (اور لوگوں میں سے کچھ ایسے ہیں جو اپنی جان کو اللہ کی رضاؤں کی خاطر بیچ ڈالتے ہیں اور اللہ اپنے بندوں پر بڑا مہربان ہے) تاویل۔ (اور لوگوں میں سے) یعنی کچھ لوگ اور اس سے مراد امیر المومنینؑ ہیں (جو خود کو بیچ ڈالتے ہیں) یعنی فروخت کر دیتے ہیں (اللہ کی رضاؤں کی خاطر) کیونکہ اللہ ان کا خریدار ہے جیسا کہ اس کا قول ہے (اللہ نے ان مومنین سے ان کی جانوں کو خرید لیا ہے) اور فروخت ایجاب و قبول کی محتاج ہوتی ہے پس ایجاب اللہ کی طرف سے ہے اور قبول امیر المومنینؑ کی طرف سے ہے۔ اس آیت کی تفسیر میں بہت سی روایات ہیں ان میں سے امام احمد بن حنبل نے روایت کی ہے کہ انہوں نے عمر بن میمون سے روایت کی ہے کہ اللہ کا قول (اور لوگوں میں سے کچھ ایسے ہیں جنہوں نے اپنی جان کو اللہ کی رضاؤں کے حصول کے لیے بیچ دیا ہے) اس سے مراد علیؑ ابن ابی طالبؑ ہیں کہ انہوں نے رسول اللہؐ کے بستر پر ان کی چادر اوڑھ کر ان کی جگہ لے کر اللہ کی رضاؤں کو خرید لیا اور مشرکین یہ سمجھ رہے تھے کہ وہ رسول اللہؐ ہیں۔

ثعلبی نے اپنی تفسیر میں کہا کہ جب نبیؐ نے ہجرت کا ارادہ فرمایا تو علیؑ کو اپنا خلیفہ بنایا تاکہ وہ لوگوں کی امانتیں ادا کریں اور ان سے فرمایا کہ اے علیؑ میری چادر اوڑھ کر میرے بستر پر سو جاؤ تمہیں کوئی بھی

چیز تکلیف نہ دے گی انشاء اللہ پس انہوں نے ایسا ہی کیا جس کا انہیں حکم دیا گیا تھا اللہ نے جبرائیل و میکائیل کی طرف وحی کی کہ میں نے تم دونوں کے درمیان بھائی چارہ قائم کیا ہے اور تم میں سے ایک کی عمر دوسرے سے طویل رکھی ہے تم میں سے کون ہے جو اپنی زندگی پر اپنے ساتھی کو ترجیح دے تو انہوں نے اپنی زندگی کو ہی ترجیح دی پس اللہ نے ان دونوں کی طرف وحی کی کہ میں نے محمدؐ اور علیؑ کے درمیان بھائی چارہ قائم کیا تو وہ علیؑ محمدؐ کے بستر پر سو گیا اور اپنی جان پر ان کو ترجیح دی اب تم زمین پر اتر جاؤ اور ان کی ان کے دشمنوں سے حفاظت کرو اور وہ دونوں زمین پر اترے جبرائیل علیؑ کے سرہانے اور میکائیل ان کے قدموں کی طرف اور جبرائیل کہہ رہا تھا مبارک ہو مبارک ہو اے ابن ابی طالبؑ اللہ آپؑ کے ذریعے اپنے فرشتوں پر فخر کر رہا ہے پس اللہ نے اپنے نبیؐ پر مدینہ جاتے ہوئے یہ آیت علیؑ ابن ابی طالبؑ کے بارے میں نازل کی۔

خطیب خوارزمی نے ایک حدیث مرفوعاً نبیؐ سے روایت کی ہے کہ رسول اللہؐ نے فرمایا کہ غار والے دن صبح کے وقت جبرائیل مجھ پر نازل ہوا میں نے کہا اے میرے دوست جبرائیل میں تمہیں بہت خوش دیکھ رہا ہوں تو اس نے کہا یا محمدؐ میں خوش کیوں نہ ہوں جب کہ میری آنکھیں اس چیز سے ٹھنڈی ہو گئی ہیں کہ جو اللہ نے آپؐ کے بھائی، وصی اور آپؐ کی امت کے امام علیؑ ابن ابی طالبؑ کو عزت و شرف بخشا ہے میں نے کہا اللہ نے علیؑ کو کیا عزت و شرف دیا ہے؟ جبرائیل نے کہا اللہ علیؑ کی بے دلیل عبادت کے سبب ملائکہ پر فخر کر رہا ہے اور کہا اے میرے فرشتوں میرے نبیؐ کے بعد زمین پر میری حجت کے بارے میں دیکھو کہ اس نے اپنا رخسار زمین پر مٹی میں میری عظمت کے اقرار کے لیے آلودہ کیا ہے میں تم کو گواہ ٹھہراتا ہوں کہ وہ میری مخلوق کے امام ہیں پس جب اللہ نے جبرائیل

فضیلت تمام ملائکہ مقربین پر واضح کرنا چاہتا تھا اور یہ وہ فضیلت ہے کہ اولین و آخرین میں سے اسے کوئی اور نہیں پاسکا۔

تفسیر امام ابو محمد الحسن بن علی العسکری علیہ السلام میں روایت ہے کہ رسول اللہؐ نے فرمایا اے اللہ کے بندوں تم پر اس کی خدمت واجب ہے کہ جسے اللہ نے چن لیا ہے منتخب کر لیا اور ان کو زمین و آسمان والوں میں سے افضل قرار دیا محمد رسول اللہؐ جو کہ انبیاء کے سردار ہیں اور علیؑ ابن ابی طالبؑ اور ان کے دوستوں سے دوستی اور دشمنوں سے دشمنی کا حکم دیا ہے۔

اللہ کا قول (اے ایمان والو اسلام میں پورے کے پورے داخل ہو جاؤ اور شیطان کے نقش قدم پر مت چلو بے شک وہ تمہارا کھلا دشمن ہے) امامؑ نے اس آیت کی تاویل میں فرمایا کہ جان لو جب اللہ نے علیؑ کو تمام مخلوق پر فضیلت دے دی تو حکم دیا کہ اسلام میں پورے کے پورے داخل ہو جاؤ اور یہ اسلام ولایت علیؑ ہے کہ جب اسے واضح کر دیا تو اللہ نے شیطان کے نقش قدم پر چلنے سے منع فرمایا اس کی تاویل وہی ہے جو علی بن ابراہیم نے اپنی تفسیر میں ذکر کیا ہے (اسلام میں سارے کے سارے داخل ہو جاؤ) فرمایا کہ علیؑ ابن ابی طالبؑ کی ولایت میں پورے کے پورے داخل ہو جاؤ (اور شیطان کے نقش قدم پر مت چلو) یعنی ان کے غیر کی اتباع نہ کرو۔ الشیخ محمد بن یعقوب نے انہوں نے الحسین بن محمد سے انہوں نے معلی بن محمد سے انہوں نے الحسن بن علی الوشاء سے انہوں نے مثنی الحناط سے انہوں نے عبد اللہ بن عجلان سے انہوں نے امام ابو جعفرؑ سے اللہ کے اس قول کے بارے میں روایت کی ہے کہ (اے ایمان والو اسلام میں سارے داخل ہو جاؤ) فرمایا ہماری ولایت میں۔ الحسن بن ابو الحسن الدیلمی نے اسناد کے ساتھ جابر بن یزید سے انہوں نے امام ابو جعفرؑ سے اللہ کے اس قول کے بارے میں روایت کی ہے (اے ایمان والو اسلام میں سارے کے سارے داخل

ہو جاؤ) فرمایا اسلام ولایت امیر المومنینؑ اور ان کی اولاد کی ولایت ہے کہ اللہ نے اسے سلامتی قرار دیا ہے کہ جو اس میں داخل ہو گیا وہ دنیا و آخرت میں امان پا گیا اور جو اس میں داخل نہ ہوا تو وہ اللہ اور اس کے رسولؐ سے جنگ کرتا ہے وہ دنیا و آخرت میں غیر مامون ہے اور اہل جہنم میں سے ہے۔ الشیخ ابو جعفر بن بابویہ نے امالی میں احمد بن القطان سے اسناد کے ساتھ انہوں نے علی بن بلال سے انہوں نے امام علیؑ بن موسیٰؑ سے انہوں نے امام موسیٰؑ بن جعفرؑ سے انہوں نے امام جعفرؑ بن محمدؑ سے انہوں نے امام محمدؑ بن علیؑ سے انہوں نے امام علیؑ بن حسینؑ سے انہوں نے حسینؑ بن علیؑ سے انہوں نے علیؑ ابن ابی طالبؑ سے انہوں نے نبیؐ سے انہوں نے جبرائیل سے انہوں نے میکائیل سے انہوں نے اسرافیل سے انہوں نے لوح سے انہوں نے قلم سے روایت کی ہے کہ اللہ تبارک و تعالیٰ فرماتا ہے ولایت علیؑ ابن ابی طالبؑ میرا قلعہ ہے جو میرے قلعہ میں داخل ہو گیا وہ میرے عذاب سے امان پا گیا۔

اللہ کا قول (اگر اللہ لوگوں کو ایک دوسرے سے دور نہ کرتا تو زمین میں ضرور فساد برپا ہو جاتا مگر اللہ عالمین پر بڑا فضل کرنے والا ہے) تاویل۔ الشیخ محمد بن یعقوب نے انہوں نے علی بن ابراہیم سے انہوں نے اپنے والد سے انہوں نے علی بن معبد سے انہوں نے عبداللہ بن القاسم سے انہوں نے یونس بن ظبیان سے انہوں نے امام ابو عبداللہؑ سے روایت کی ہے کہ آپؑ نے فرمایا بے شک اللہ ہمارے ان شیعوں کا دفاع ان شیعوں سے کرتا ہے جو نماز پڑھتے ہیں ان سے جو نماز نہیں پڑھتے اگر وہ سب نماز نہ پڑھنے پر جمع ہو جائیں تو ضرور ہلاک ہو جائیں اور جو زکوٰۃ نہیں دیتے ان کا دفاع زکواۃ دینے والوں سے کرتا ہے اگر وہ سب زکواۃ نہ دینے پر جمع ہو جائیں تو ضرور ہلاک ہو جائیں ہمارا اللہ ہمارے حج نہ کرنے والے شیعوں کا دفاع ان سے کرتا ہے جو حج کرتے ہیں اگر وہ سب حج نہ کرنے پر جمع ہو جائیں تو ضرور ہلاک ہو جائیں اور یہ اللہ کا قول ہے (اگر اللہ بعض کا دفاع بعض سے نہ کرتا تو

زمین پر ضرور فساد برپا ہو جاتا لیکن اللہ تمام جہانوں پر بڑا فضل کرنے والا ہے)

اللہ کا قول(اور رسولوں میں سے ہم نے بعض کو بعض پر فضیلت دی ان میں سے کچھ ایسے ہیں کہ جن سے اللہ نے کلام کیا اور بعض کے درجات بلند کئے اور عیسیٰ بن مریمؑ کو معجزات عطا کئے اور روح القدس کے ذریعے ان کی مدد کی اگر اللہ چاہتا تو وہ ان نشانیوں کے آجانے کے بعد لڑائی نہ کرتے مگر ان میں سے کچھ نے اختلاف کیا کچھ ایمان لے آئے اور کچھ نے کفر کیا اگر اللہ چاہتا تو وہ جھگڑتے نہیں لیکن اللہ جو چاہتا ہے وہ کرتا ہے)

تاویل۔صاحب کتاب الاحتجاج نے مرفوعاً اصبغ بن نباتہ سے روایت کی ہے کہ ایک شخص امیر المومنینؑ کے پاس آیا اور کہا اے امیر المومنینؑ ہم ان سے لڑتے ہیں اور ہمارا اللہ ایک ہے ہماری دعوت ایک ہے ہمارا رسولؐ ایک ہے نماز ایک ہے ہم ان کو کیا نام دیں؟ آپؑ نے فرمایا ان کو وہ نام دو جو اللہ نے ان کو اپنی کتاب میں دیا ہے تو اس شخص نے کہا کہ آپؑ مجھے بتائیں آپؑ نے فرمایا کیا تم نے اللہ کا یہ قول نہیں سنا(اور رسولوں میں سے ہم نے بعض کو بعض پر فضیلت دی ان میں سے کچھ ایسے ہیں کہ جن سے اللہ نے کلام کیا اور بعض کے درجات بلند کئے اور عیسیٰ بن مریمؑ کو معجزات عطا کئے اور روح القدس کے ذریعے ان کی مدد کی اگر اللہ چاہتا تو وہ ان نشانیوں کے آجانے کے بعد لڑائی نہ کرتے مگر ان میں سے کچھ نے اختلاف کیا کچھ ایمان لے آئے اور کچھ نے کفر کیا اگر اللہ چاہتا تو وہ جھگڑتے نہیں لیکن اللہ جو چاہتا ہے وہ کرتا ہے) پھر آپؑ نے فرمایا جب اختلاف پڑ جائے تو ہم اللہ، نبی، کتاب حق کے زیادہ حقدار ہیں ہم ہی وہ ایمان والے ہیں اور ہمارے مخالف کافر ہیں اور اللہ اپنے ارادے اور مشیت سے ان کا قتال چاہتا ہے۔

اللہ کا قول(دین میں کوئی جبر نہیں ہدایت گمراہی سے واضح ہو چکی ہے جو طاغوت کا انکار کرے اور

اللہ پر ایمان لائے تو وہ مضبوط کڑے سے جڑ گیا جو ٹوٹ نہیں سکتا بے شک اللہ سننے والا اور جاننے والا ہے)

صاحب نہج الایمان نے اس آیت کی تاویل میں بیان کیا ہے الحسین بن جبیر نے اپنی کتاب منتخب المناقب میں امام رضاؑ کی اسناد سے حدیث بیان کی ہے کہ رسول اللہؐ نے فرمایا جو چاہتا ہے کہ مضبوط کڑے سے جڑ جائے وہ علیؑ ابن ابی طالبؑ کی محبت کے ساتھ جڑ جائے جب تم اس کی معرفت حاصل کرو گے تو تم جان لو گے کہ طاغوت آل محمدؑ کے دشمن ہیں(جو اللہ پر ایمان لائے تو وہ مضبوط کڑے سے جڑ گیا) یہ محبت امیر المومنینؑ ہے اللہ نے ان کی محبت کے ذریعے مومن و کافر کا حال بیان کیا ہے۔

اللہ کا قول(اللہ ایمان والوں کا حاکم ہے ان کو تاریکی سے روشنی کی طرف لاتا ہے اور جو کافر ہیں ان کا دوست طاغوت ہے ان کو روشنی سے تاریکی کی طرف لے جاتا ہے یہ جہنمی ہیں اور اس میں ہمیشہ رہیں گے)

تاویل۔الشیخ المفید نے کتاب الغیبہ میں الحسن بن محبوب سے انہوں نے عبد العزیز سے انہوں نے عبد اللہ بن ابی یعفور سے روایت کی ہے کہ میں نے امام ابو عبد اللہؑ سے کہا میں ایسے لوگوں سے اکثر ملتا ہوں جو آپؑ سے محبت نہیں رکھتے اور فلاں اور فلاں سے محبت رکھتے ہیں وہ امانت دار، وعدے کے پکے ہیں اور میں ایسے لوگوں سے بھی ملتا ہوں جو آپؑ سے محبت رکھتے ہیں لیکن نہ تو وہ امین ہیں اور نہ ہی وعدے کے سچے تو امامؑ میری طرف بڑھے اور فرمایا کہ جو اللہ کے بنائے ہوئے امامؑ سے دور ہے اس کا کوئی دین نہیں فرمایا کیا تم نے اللہ کا یہ قول نہیں سنا(اللہ ایمان والوں کا دوست ہے اور ان کو روشنی کی طرف لاتا ہے تاریکی سے) یعنی انہیں گناہوں کی تاریکی سے نکال کر توبہ و مغفرت کے نور کی

طرف لاتا ہے (اور جو لوگ کافر ہیں ان کا طاغوت دوست ہے اور وہ ان کو روشنی سے اندھیرے میں لے جاتا ہے) پس کافر کون سے نور میں ہوتا ہے کہ اس سے نکل جاتا ہے ؟اس سے مراد وہ لوگ ہیں جو نور اسلام میں ہوتے ہیں جب وہ اس ظالم امام سے محبت کرتے ہیں جو اللہ کی طرف سے نہیں ہوتا تو وہ ولایت سے نکلنے کے ساتھ نور اسلام سے بھی نکل جاتے ہیں اور کافروں کے ساتھ ان کے لیے بھی آگ واجب ہو جاتی ہے (یہی جہنمی ہیں اور اس میں ہمیشہ رہیں گے) الکلینی نے بہت سارے اصحاب سے انہوں نے احمد بن محمد بن عیسیٰ سے انہوں نے ابن محبوب سے روایت کی ہے کہ میں نے امامؑ سے اس آیت کی تفسیر کے بارے میں پوچھا (ان کو تاریکی سے نکال کر نور کی طرف لاتا ہے) فرمایا یہ توبہ واستغفار کا نور ہے یعنی جو شیعہ ہو اور امین، سچا اور وعدے کا پکا نہ ہو اسے ان گناہوں سے پاک کر کے توبہ کی طرف لاتا ہے اور اسکے بعد مغفرت کی طرف لاتا ہے بے شک وہ بخشنے والا اور مہربان ہے۔

اللہ کا قول (وہ جسے چاہتا ہے حکمت دیتا ہے اور جسے حکمت دی جاتی ہے اسے بہت زیادہ بھلائی دی جاتی ہے) ۔

اس آیت کی تاویل۔الشیخ محمد بن یعقوب نے انہوں نے علی بن ابراہیم سے انہوں نے محمد بن عیسیٰ سے انہوں نے یونس سے انہوں نے ایوب الحر سے انہوں نے ابو بصیر سے انہوں نے امام ابو عبد اللہؑ سے اللہ کے اس قول کے بارے میں روایت کی ہے کہ (جسے حکمت دی جاتی ہے اسے بہت زیادہ بھلائی دی جاتی ہے) فرمایا اللہ کی اطاعت اور امامؑ کی معرفت پھر آپؑ نے فرمایا جان لو کہ یہ اسلام میں سب سے بڑی قوت ہے کیونکہ اللہ کی اطاعت رسولؐ کی اطاعت ہے اور امامؑ کی معرفت رسول اللہؐ کی اطاعت میں داخل ہے اور اس میں کوئی شک نہیں کہ جسے اللہ اس کے رسولؐ کی اطاعت اور امامؑ کی

63 تاویل الآیات

معرفت دی جاتی ہے اسے بہت زیادہ بھلائی دی جاتی ہے اور اس کے لیے جنت واجب ہے۔

اللہ کا قول(وہ لوگ جو دن رات اور ظاہر اور چھپے ہوئے اپنا مال خرچ کرتے ہیں ان کے لیے ان کے رب کے پاس بڑا اجر ہے نہ انہیں کوئی خوف ہوگا اور نہ وہ غمگیں ہونگے)

تاویل۔ابو علی الطبرسی نے کہا اس آیت کا سبب نزول یہ ہے کہ ابن عباس نے کہا یہ آیت علیؑ ابن ابی طالبؑ کی شان میں نازل ہوئی کہ ان کے پاس چار درہم تھے انہوں نے رات میں ایک صدقہ کر دیا اور ایک دن میں صدقہ کر دیا ایک ظاہراً اور ایک چھپا کر صدقہ کر دیا۔ابو علی الطبرسی نے کہا کہ یہ روایت امام ابو جعفرؑ اور امام ابو عبداللہؑ سے بھی مروی ہے اور اسے جمہور نے بھی روایت کیا ہے۔

اللہ کا قول(رسول اور مومن اس پر ایمان لائے کہ جو ان پر ان کے رب کی طرف سے نازل کیا گیا)

تاویل۔المقلد بن غالب نے انہوں نے محمد بن الحسین سے انہوں نے محمد بن حسان سے انہوں نے محمد بن احمد سے انہوں نے عبدالرحمن بن یزید بن جابر سے انہوں نے سلامہ سے انہوں نے کہا کہ میں نے ابو سلمیٰ سنا وہ کہتے ہیں کہ میں نے نبیؐ کو فرماتے ہوئے سنا کہ جس رات مجھے معراج ہوئی تو اللہ نے فرمایا(رسولؐ اس پر ایمان لائے کہ جو ان کے رب کی طرف سے ان پر نازل کیا گیا) میں نے کہا اور مومنین ؟ فرمایا اے محمدؐ آپ نے سچ فرمایا آپؐ پیچھے کس کو چھوڑ کر آئے ہیں میں نے کہا ان میں سے سب سے بہترین علیؑ ابن ابی طالبؑ کو فرمایا اے محمدؐ میں نے اہل زمین میں سے تم کو اپنی اطاعت کے لیے چن لیا اور تیرا نام اپنے ناموں میں سے رکھا پس میں محمود ہوں اور آپ محمدؐ ہیں پھر میں نے دوسری مرتبہ دیکھا تو علیؑ کو چن لیا اور ان کا نام اپنے ناموں میں سے رکھا پس میں اعلیٰ ہوں اور وہ علیؑ ہیں اے محمدؐ میں نے آپ کو علیؑ کو فاطمہؑ کو حسنؑ، حسینؑ اور حسینؑ کی ولاد میں سے آئمہؑ کو اپنے نور سے خلق کیا اور علیؑ کی ولایت کو اہل آسمان و زمین کے سامنے پیش کیا جس نے اسے قبول کر لیا وہی میرے

نزدیک مومن ہے اور جس نے اس کا انکار کر دیا وہ میرے نزدیک گمراہ ہے اے محمدؐ! اگر میرا کوئی بندہ ساری زندگی عبادت کرتے ہوئے اور مصائب پر صبر کرتے ہوئے گزار دے اور اس حال میں میرے پاس آئے کہ وہ علیؑ کی ولایت کا منکر ہو تو میں اس وقت تک اسے معاف نہیں کروں گا جب تک وہ علیؑ کی ولایت پر ایمان نہ لے آئے پھر اللہ نے مجھ سے فرمایا اے محمدؐ کیا تم اپنے اہل بیتؑ کو دیکھنا چاہتے ہو؟ میں نے کہا ہاں میرے پروردگار فرمایا ادھر دیکھو میں نے عرش کے دائیں جانب دیکھا تو میرا، علیؑ، فاطمہؑ، حسنؑ حسینؑ، علیؑ، محمدؑ، جعفرؑ، موسیٰؑ، علیؑ، محمدؑ، علیؑ، الحسنؑ اور مہدیؑ کے نام روشن ستاروں کی طرح چمک رہے تھے اللہ نے فرمایا اے محمدؐ یہ میری مخلوق پر میری حجت ہیں اور یہ قائمؑ ہیں جو آپ کی اولاد میں سے تلوار کے ذریعے انتقام لیں گے۔

اس سورۃ بقرہ میں جو بھی امیر المومنینؑ اور آپؑ کی پاکیزہ آلؑ کے فضائل تھے کہ جن سے اللہ نے ان کو خاص فرمایا وہ بیان کر دیئے گئے ہیں پس ان کی ولایت سے متمسک ہو جاؤ اور ان کی کشتی میں سوار ہو جاؤ اور نجات پانے والوں میں سے ہو جاؤ اور عظیم گھبراہٹ والے دن امان میں رہو گے۔

صلی اللہ علیٰ محمد وآل الطیبین۔

سورۃ آل عمران

(سورہ آل عمران کی وہ آیات جو آئمہ ہدیٰؑ کی شان میں نازل ہوئیں)

اللہ کا قول(وہی ذات ہے جس نے آپ پر کتاب نازل کی کہ جس کی آیات محکم ہیں وہ کتاب کی اصل ہیں اور دوسری متشابہہ ہیں جن لوگوں کے دلوں میں ٹیڑھا پن ہے پس وہ متشابہہ کی پیروی اس لیے کرتے ہیں تاکہ اصل مراد کا پتہ لگا کر فتنہ برپا کر دیں جب کہ اس کی تاویل صرف اللہ جانتا ہے اور وہ لوگ جانتے ہیں جو علم میں راسخ ہیں وہ کہتے ہیں کہ ہم اللہ پر ایمان لائے یہ تمام ہمارے رب کی طرف سے ہے اور نصیحت صرف عقلمند ہی قبول کرتے ہیں)

تاویل۔الشیخ محمد بن یعقوب الکلینی نے کہا کہ انہوں نے الحسین بن محمد سے انہوں نے معلیٰ بن محمد سے انہوں نے محمد بن اورمہ سے انہوں نے علی بن حسان سے انہوں نے عبدالرحمٰن بن کثیر سے انہوں نے امام ابوعبداللہؑ سے اللہ کے اس قول کے بارے میں روایت کی ہے کہ (وہی ہے جس نے تمہاری طرف کتاب نازل کی اس میں سے آیات محکم ہیں جو اصل کتاب ہیں) آپؑ نے فرمایا وہ آیات امیرالمومنینؑ اور آئمہؑ ہیں (اور دوسری متشابہہ ہیں) فرمایا فلاں اور فلاں (جن لوگوں کے دلوں

میں کجی ہے) وہ ان گمراہوں کے ساتھی اور ان کے پیروکار ہیں (وہ متشابہہ کی پیروی اس لیے کرتے ہیں کہ تا کہ اصل مراد کا پتہ لگا کر فتنہ برپا کریں) ان کا مقصد حق کو چھوڑ کر باطل کی پیروی کرنا ہوتا ہے تا کہ حق کے مقابل آکر فتنہ و فساد برپا کریں (اس کی تاویل صرف اللہ جانتا ہے اور وہ لوگ جو علم میں پختہ ہیں) امامؑ نے فرمایا وہ امیر المومنینؑ اور آئمہؑ ہیں۔اس آیت کی تفسیر میں اتنی روایات ہیں کہ جنہیں شمار نہیں کیا جاسکتا۔ ہمارے بہت سے اصحاب سے انہوں نے احمد بن محمد سے انہوں نے الحسن بن سعید سے انہوں نے نضر بن سوید سے انہوں نے ایوب بن الحر سے اور عمران بن علی سے انہوں نے ابو بصیر سے انہوں نے امام ابو عبداللہؑ سے روایت کی ہے کہ آپؑ نے فرمایا ہم ہی علم میں راسخ ہیں اور ہم اس کی تاویل جانتے ہیں اس کی تائید وہ روایت بھی کرتی ہے کہ علی بن محمد سے انہوں نے عبداللہ بن علی سے انہوں نے ابراہیم بن اسحاق سے انہوں نے عبداللہ بن حماد سے انہوں نے بریر بن معاویہ سے انہوں نے امامؑ سے اللہ کے اس قول کے بارے میں پوچھا (اور اس کی تاویل اللہ جانتا ہے اور وہ لوگ جانتے ہیں جو علم میں راسخ ہیں) فرمایا کہ رسول اللہؐ سب سے زیادہ علم میں راسخ ہیں اللہ نے ان کو تمام نازل ہونے والی تنزیل و تاویل کا علم دیا اللہ نے کوئی ایسی چیز نازل نہیں کی جسے آپؐ نہ جانتے ہوں اور ان کے بعد ان کے اوصیاء نہ جانتے ہوں اور وہ کیسے نہیں جانیں گے جب کہ وہ علم کی ابتداء ہیں اور اس کی کان اور قرار ہیں اس کی تائید الشیخ محمد بن یعقوب کی روایت کرتی ہے کہ انہوں نے علی بن ابراہیم سے انہوں نے اپنے والد سے انہوں نے ابن ابی عمیر سے انہوں نے ابن ازنیہ سے انہوں نے عبداللہ بن سلیمان سے انہوں نے عمران سے انہوں نے امام ابو عبداللہؑ سے روایت کی ہے کہ آپؑ نے فرمایا کہ جبرائیل رسول اللہؐ کے پاس دو انار لے کر آئے پس رسول اللہؐ نے ان میں سے ایک کھایا اور دوسرا توڑ کر دو حصوں میں تقسیم کیا آدھا خود کھایا اور آدھا

علیؑ کو کھلایا پھر رسول اللہؐ نے جناب امیرؑ سے فرمایا اے میرے بھائی کیا تم جانتے ہو یہ دو انار کیا ہیں؟ جناب امیرؑ نے فرمایا آپؐ مجھے بتائیں یا رسول اللہ آپؐ نے فرمایا پہلا انار نبوت کا تھا اس میں تیرا کوئی حصہ نہیں اور دوسرا علم کا ہے اس میں اے علیؑ تم میرے شریک ہو۔ راوی کہتا ہے میں نے امامؑ سے پوچھا میں آپؑ پر قربان جاؤں علیؑ اس میں رسول اللہؐ کے کیسے شریک ہو سکتے ہیں؟ آپؑ نے فرمایا اللہ نے محمدؐ کو کوئی ایسا علم نہیں سیکھایا کہ جو انہوں نے علیؑ کو نہ سکھایا ہو۔ اس کی وضاحت ایک اور روایت کرتی ہے کہ ہمارے بہت سے اصحاب نے احمد بن محمد سے انہوں نے عبداللہ بن الحجال سے انہوں نے احمد بن عمر الحلبی سے انہوں نے ابو بصیر سے روایت کی ہے کہ میں امام ابو عبداللہؑ کے پاس گیا اور کہا میں آپؑ پر قربان جاؤں میں آپؑ سے ایک بات پوچھنا چاہتا ہوں آپؑ نے فرمایا اے ابو محمد پوچھو کیا پوچھنا چاہتے ہو میں نے کہا میں آپؑ پر قربان جاؤں آپؑ کے شیعہ بیان کرتے ہیں کہ رسول اللہؐ نے علیؑ کو ایک باب علم کا تعلیم دی کہ جس میں سے ہر ایک باب سے ہزار باب اور کھلتے ہیں فرمایا اے ابو محمد رسول اللہؐ نے علیؑ کو ایک ہزار باب تعلیم کئے ہر باب میں سے ایک ایک ہزار باب کھلتے ہیں میں نے کہا اللہ کی قسم یہ علم ہے یہ کہہ کہ میں تھوڑی دیر کے لیے خاموش ہوا تو امامؑ نے فرمایا اے ابو محمد! ہماری ایک جامعہ ہے میں نے کہا وہ جامعہ کیا ہے فرمایا وہ ایک صحیفہ ہے اس کا طول ستر زراع ہے پھر فرمایا ہمارے پاس جفر ہے میں نے کہا جفر کیا ہے؟ فرمایا یہ ایک کھال کا برتن ہے اس میں انبیاء و اوصیاء کا علم ہے پھر آپؑ خاموش ہوئے اور فرمایا کہ ہمارے پاس ایک مصحف ہے جو فاطمہؑ کا ہے میں نے کہا یہ مصحف فاطمہؑ کیا ہے؟ فرمایا تمہارے قرآن سے تین گنا زیادہ بڑا ہے اللہ کی قسم تمہارے قرآن کا اس میں ایک بھی حرف نہیں ہے میں نے کہا اللہ کی قسم یہ علم ہے فرمایا یہ علم ہے پھر فرمایا ہمارے پاس اس کا علم بھی ہے جو گزر چکا اور جو قیامت تک ہو گا میں نے کہا میں آپؑ پر قربان جاؤں اللہ کی قسم علم تو یہ ہے فرمایا علم وہ ہے

کہ جو دن اور رات کے بارے میں ہر معاملے میں اور قیامت تک ہونے والی ہر چیز کے بارے میں بیان کرے جسے صرف ہم کر سکتے ہیں۔

احمد بن محمد سے انہوں نے محمد بن سنان سے انہوں نے یونس بن یعقوب سے انہوں نے الحارث بن مغیرہ سے اور ہمارے اصحاب سے انہوں نے امام ابو عبداللہؑ کو فرماتے ہوئے سنا کہ میں جو کچھ زمین و آسمان میں ہے سب جانتا ہوں اور میں اسے بھی جانتا ہوں جو جنت میں ہے اور میں اسے بھی جانتا ہوں جو دوزخ میں ہے اور اسے بھی جانتا ہوں جو آئندہ ہونے والا ہے اور اسے بھی جانتا ہوں جو گزر گیا ہے پھر آپؑ کچھ دیر خاموش رہے اور تکبیر کہی پھر فرمایا اللہ اپنی کتاب میں فرماتا ہے (اس میں ہر چیز کی وضاحت ہے) ایک اور روایت میں جسے احمد بن محمد اور محمد بن یحییٰ سے انہوں نے محمد بن الحسین سے انہوں نے ابراہیم بن اسحاق الاحمد سے انہوں نے عبداللہ بن حماد سے انہوں نے سیف التمار سے روایت کی ہے کہ ہم سب امام ابو عبداللہؑ کی خدمت میں حاضر تھے آپؑ نے فرمایا ہمیں ایک آنکھ دیکھ رہی ہے پس ہم نے دائیں بائیں دیکھا لیکن ہم نے کسی کو بھی موجود نہ پایا تو ہم نے کہا کہ ہمیں تو کوئی نہیں دیکھ رہا امامؑ نے فرمایا رب کعبہ کی قسم اگر میں موسیٰؑ و خضرؑ کے درمیان ہوتا تو میں انہیں بتا دیتا کہ میں ان سے زیادہ علم رکھتا ہوں کیونکہ ان دونوں کو جو علم دیا گیا تھا وہ گزشتہ گزرے ہوئے زمانے کا علم تھا اور ان کو وہ علم نہیں دیا گیا تھا جو قیامت تک ہو گا اور ہمیں وہ علم دیا گیا ہے جو گزر چکا ہے اور جو آئندہ ہونے والا ہے اور ہم نے اسے رسول اللہؐ سے ورثے سے میں پایا ہے۔

اللہ کا قول (بے شک اللہ نے آدم، نوح، ابراہیم، آل عمران کو تمام جہانوں میں سے چن لیا ہے)

تاویل۔ابو علی الطبرسی نے کہا کہ آل ابراہیم آل محمدؑ ہیں جو معصوم ہیں کیونکہ اللہ صرف معصوم کو ہی منتخب کرتا ہے کیونکہ وہ باطن میں بھی ایسے ہی پاک ہوتا ہے جیسے کہ ظاہر میں ہوتا ہے اور آل محمدؑ کے

اس فضل میں کوئی شک وشبہ نہیں۔

علی بن ابراہیم نے اپنی تفسیر میں ذکر کیا ہے کہ ایک روایت میں ہے کہ یہ آیت اس طرح نازل ہوئی (اللہ نے آدم، نوح، آل ابراہیم، آل عمران اور آل محمدؑ کو تمام جہانوں میں سے چن لیا) لوگوں نے اس آیت میں سے آل محمدؑ کو دشمنی اور عناد کی وجہ سے نکال دیا۔

ابو جعفر القلانسی نے کہا کہ ہم سے الحسین بن الحسن نے کہا کہ ہم سے عمرو بن ابو المقدام سے انہوں نے یونس بن خباب سے انہوں نے امام ابو جعفر محمد بن علیؑ سے انہوں نے اپنے والد گرامیؑ سے انہوں نے اپنے داداؑ سے انہوں نے امیر المومنینؑ علی ابن ابی طالبؑ سے روایت کی ہے کہ رسول اللہؐ نے فرمایا کہ لوگوں کو کیا ہو گیا ہے کہ جب وہ آل ابراہیم اور آل عمران کا ذکر کرتے ہیں تو خوش ہوتے ہیں اور جب آل محمدؑ کا ذکر کرتے ہیں تو ان کے دل مرجھا جاتے ہیں اس ذات کی قسم جس کے ہاتھ میں میری جان ہے اگر ان میں سے کوئی ستر انبیاء کے برابر بھی اعمال کرے تو اللہ اس سے اس وقت تک قبول نہیں کرے گا جب تک وہ ولایت علیؑ ابن ابی طالبؑ نہ رکھتا ہو۔

اسی طرح ابراہیم النخعی سے انہوں نے ابن عباس سے روایت کی ہے کہ میں امیر المومنینؑ علی ابن ابی طالبؑ کے پاس گیا اور کہا اے ابو الحسنؑ مجھے رسول اللہؐ کی وصیت کے بارے میں بتائیں جو آپؑ کو انہوں نے فرمائی جناب امیرؑ نے فرمایا میں تمہیں بتاتا ہوں اللہ نے تمہارے لیے اس کو منتخب کیا اور تم پر اپنی نعمت تمام کی تم اس کے حقدار تھے اور اسکے اہل تھے اور اللہ نے اپنے نبیؐ کی طرف وحی کی تو نبیؐ نے فرمایا اے علیؑ میری وصیت کو یاد رکھو میرے وعدے کو پورا کرو میرے دشمنوں سے لڑو میرا قرض ادا کرو میری سنت کو زندہ رکھو کیونکہ اللہ نے مجھے چن لیا ہے میں نے موسیٰؑ کی دعا کا ذکر کیا اور کہا اے اللہ میرے اہل میں سے میرا وزیر بنا جس طرح موسیٰؑ کا ہارونؑ کو بنایا پس اللہ نے میری طرف وحی کی کہ

بے شک علیؑ آپؐ کے وزیر، مددگار اور خلیفہ ہیں پھر اے علیؑ آپؑ اور آپؑ کی اولاد میں سے ہدایت یافتہ آئمہؑ ہیں پس تم سب ہدایت کے پیش رو ہو اور وہ درخت ہو کہ جس کی جڑ میں ہوں تم اس کا تنا ہو جو اس سے منسلک ہوا نجات پا گیا اور جو رہ گیا وہ ہلاک ہو گیا اور تم وہ ہے کہ جس کی مودت اور ولایت اللہ نے واجب قرار دی ہے کہ جس کا ذکر اللہ نے اپنی کتاب میں کیا ہے(اللہ نے آدم، نوح، آل ابراہیم اور آل عمران کو چن لیا) اور تم اسماعیلؑ کا خاندان ہو اور محمدؐ کی پاکیزہ عترت ہو۔

انہی معنوں میں الشیخ الطوسی نے اپنی امالی میں بیان کیا ہے کہ ہم سے ابو عبداللہ محمد بن محمد النعمان نے کہا کہ ہم سے الشیخ ابوالحسن احمد بن محمد الحسن بن ولید نے کہا کہ ہم سے میرے والد نے کہا کہ ہم سے محمد بن الحسن الصفار نے انہوں نے احمد بن ابی عبداللہ البرقی سے انہوں نے اپنے والد سے انہوں نے محمد بن ابی عمیر سے انہوں نے المفضل بن عمر سے انہوں نے امام صادقؑ سے روایت کی ہے کہ امیر المومنینؑ نے فرمایا مجھے نو چیزیں ایسی دی گئی ہیں کہ جو مجھ سے پہلے کسی کو نہیں دی گئیں سوائے رسول اللہؐ کے میرے لیے راستے کھولے دیئے گئے مجھے زندوں اور مردوں کا علم دیا گیا مجھے انساب کا علم دیا گیا مجھے فصل الخطاب دیا گیا میں اپنے رب کے حکم سے ملکوت دیکھ سکتا ہوں پس جو مجھ سے پہلے ہوا اور بعد میں ہوا وہ مجھ سے غیب میں نہیں میری ولایت کے ذریعے اللہ نے اس امت کے دین کو مکمل کیا اور ان پر نعمت کو تمام کیا ان کے لیے اسلام پر خوش ہوا کہ جب اس نے ولایت والے دن کہا اے محمدؐ ان کو بتا دو میں نے ان کے لیے ان کا دین مکمل کر دیا ہے اور ان پر نعمت تمام کر دی ہے اور اسلام کو دین کے طور پر چن لیا یہ تمام انعامات اللہ کی طرف سے مجھ پر ہیں اسی کے لیے تمام حمد ہے۔

اللہ کا قول(جب بھی زکریا محراب میں ان کے پاس جاتے تو ان کے پاس رزق پاتے کہا اے مریم یہ تمہیں کہاں سے آتا ہے انہوں نے کہا یہ اللہ کی طرف سے ہے اللہ جسے چاہتا ہے بغیر حساب کے دیتا

ہے)

تاویل۔ الشیخ ابو جعفر الطوسی نے کتاب مصباح الانوار میں اسناد کے حذف کے ساتھ روایت کی ہے ابو سعید الخذری نے روایت کی ہے کہ ایک صبح علیؑ نے فاطمہؑ سے فرمایا کیا تمہارے پس کچھ کھانے کے لیے ہے انہوں نے فرمایا اس ذات کی قسم کہ جس نے آپؑ کو ولایت اور میرے والد گرامی کو نبوت عطا کی دو دن سے میں نے کچھ بھی نہیں کھایا کہ میں اپنی جان پر آپؑ کو اور حسنؑ و حسینؑ کو ترجیح دیتی ہوں تو علیؑ نے فرمایا اے فاطمہؑ آپؑ نے مجھے کیوں نہیں بتایا فرمایا اے ابوالحسنؑ میں اپنے اللہ سے حیا محسوس کرتی ہوں کہ میں آپؑ پر بوجھ ڈالوں جس کی آپؑ طاقت نہیں رکھتے پس علیؑ نکلے اور ایک دینار قرض لیا اور اس سے ضروریات کی اشیاء خریدنے گئے کہ ان کو مقداد بن اسود مل گیا اس دن بہت گرمی تھی اور سورج کی گرمی اوپر نیچے سے تنگ کر رہی تھی جناب امیرؑ نے فرمایا اے مقداد تیری یہ زبوں حالی کیسی ہے مقداد نے کہا اے مولاؑ میرا راستہ چھوڑ دیں اور میرا حال نہ پوچھیں آپؑ نے فرمایا اے میرے بھائی میں تمہیں ایسے نہیں جانے دوں گا جب تک تم مجھے اپنے حالات سے آگاہ نہیں کرتے مقداد نے کہا اے ابوالحسنؑ میری رغبت اللہ کی طرف ہے آپؑ مجھے جانے دیں اور میرے حالات کے بارے میں نہ دریافت کریں آپؑ نے فرمایا اے بھائی تو مجھ سے اپنا حال چھپانے کی کوشش نہ کر کہا اے ابوالحسنؑ جب آپؑ مجبور کر رہے ہیں تو میں اپنے حالات بتائے دیتا ہوں اس ذات کی قسم جس نے محمدؐ کو نبوت کے ذریعے عزت بخشی اور آپؑ کو وصائیت عطا فرمائی مجھے عاجز و ناتواں صرف بھوک نے کیا ہے اور میں نے اپنے عیال کو بھوکا چھوڑا ہوا ہے جب میں ان کی آہ و زاری سنتا ہوں تو میں زمین پر قائم نہیں رہ پاتا پس میں غمزدہ سر جھکائے ہوئے اس حالت میں گھر سے نکل آیا ہوں پس علیؑ کی آنکھوں سے آنسو چھلک پڑے اور فرمایا میں اللہ کی قسم کھاتا ہوں جس چیز نے تجھے پریشان کر

رکھا ہے اسی نے مجھے بھی پریشان کرر کھا ہے میں نے ایک دینار قرض لیا پس میں تم کو اپنے اوپر ترجیح دیتا ہوں پس مولاؑ نے وہ دینار مقداد کو دے دیا اور واپس لوٹے اور مسجد میں داخل ہوئے ظہر و عصر اور مغرب نبیؐ کے ساتھ پڑھی جب رسول اللہؐ نے نماز مغرب تمام فرمائی تو علیؑ کے پاس سے گزرے پس علیؑ نے کھڑے ہو کر سلام کیا رسول اللہؐ نے جواب دیا اور فرمایا اے ابوالحسنؑ کیا تمہارے پاس رات کا کھانا ہے کہ ہم کھا سکیں پس علیؑ حیا کے سبب کوئی جواب نہ دے سکے اور اللہ نے ان کو دینار والے معاملے سے آگاہ کر دیا تھا پس رسول اللہؐ نے فرمایا علیؑ کیا بات ہے تم خاموش کیوں ہو؟ ہاں کیوں نہیں کہتے کہ میں تمہارے ساتھ چلوں یا پھر نہ کیوں نہیں کہتے کہ میں تمہارے پاس سے چلا جاؤں فرمایا آیئے میرے ساتھ چلیں پس رسول اللہؐ نے امیر المومنینؑ کا ہاتھ پکڑا اور چلے اور فاطمہؑ کے گھر داخل ہوئے وہ محراب میں تھیں اور نماز تمام کر چکی تھیں ان کے پیچھے ہنڈیا تھی جس میں دھواں نکل رہا تھا جب انہوں نے رسول اللہؐ کی آواز سنی تو اپنے محراب سے باہر تشریف لائیں اور اپنے بابا کو سلام کیا فاطمہؑ رسول اللہؐ کے نزدیک سب سے زیادہ عزت والی تھیں آپؐ نے ان کے سلام کا جواب دیا اور اپنا ہاتھ ان کے سر پر پھیرا اور فرمایا اے میری بیٹی اللہ تجھ پر رحم کرے تم نے رات کیسے بسر کی فرمایا خیریت سے بسر کی فرمایا ہم رات کا کھانا کھانا چاہتے ہیں انہوں نے ہنڈیا پکڑی اور رسول اللہؐ کے سامنے رکھی اور آسمان کی طرف دیکھا اور فرمایا اے میرے معبود تو جانتا ہے جو کچھ آسمانوں اور زمینوں میں ہے اور میں صرف حق بات ہی کہتی ہوں رسول اللہؐ نے فاطمہؑ سے فرمایا یہ کھانا کہاں سے آیا ہے کہ اس جیسا کھانا نہ کبھی کھایا اور نہ ہی اس کی خوشبو سونگھی ہے اور نہ ہی ایسا پاکیزہ کھانا کبھی دیکھا ہے پھر نبیؐ نے اپنا ہاتھ علیؑ کے کندھے پر رکھا تین مرتبہ دبایا اور فرمایا اے علیؑ یہ تیرے اس دینا کا بدل ہے جو تو نے اللہ کی راہ میں خرچ کیا (اللہ جسے چاہتا ہے بے حساب رزق دیتا ہے) پھر آپؐ روئے اور

فرمایا اس اللہ کی حمد جس نے اے علیؑ تمہارے لیے ناپسند کیا کہ تمہیں اس وقت تک دنیا سے نہ نکالے جب تک زکریاؑ کے الفاظ جاری نہ کرے اور اے فاطمہؑ تیری زبان سے مریمؑ کے الفاظ نہ جاری کر دے اور یہ اللہ کا قول ہے (جب بھی ذکریا مریم کے پاس محراب میں جاتے تو ان کے پاس پھل پاتے تو فرمایا کہ اے مریم یہ کہاں سے آتے ہیں فرمایا یہ سب اللہ کی طرف سے ہے وہ جسے چاہتا ہے بے حساب رزق دیتا ہے) پس نبیؐ نے ان سے مریمؑ کا قصہ بیان فرمایا اور نبیؐ نے فرمایا اے فاطمہؑ یہ کہاں سے آیا ہے فرمایا یہ اللہ کی طرف سے ہے وہ جسے چاہتا ہے بے حساب رزق دیتا ہے پس آپؐ نے مریمؑ کا قصہ بیان فرمایا ہے اور اس آیت کی تلاوت فرمائی اور اس ہنڈیا میں سے ای مہینہ تک کھاتے رہے اس ہنڈیا میں گوشت اور روٹی تھی یہ وہ ہی ہنڈیا ہے کہ جس میں سے قائمؑ تناول فرماتے ہیں۔

الشیخ الصدوق نے اس روایت کو تھوڑے سے تغیر و تبدل کے ساتھ نقل کیا ہے اور ابن طاؤس نے اپنی کتاب سعد السعود میں بیان کیا ہے محمد بن العباس بن مروان سے چھ طریقوں سے اسے زمخشری نے الکشاف میں ذکر کیا ہے ابن طاؤس نے اسے کتاب اطرائف سے بھی نقل کیا ہے شیخ الصدوق نے امالی میں کہا ہے کہ جب سیدہ فاطمہؑ محراب میں کھڑی ہوتیں تو آپؑ کو ستر ہزار فرشتے سلام کہتے اور آپؑ سے کہتے (اے فاطمہؑ اللہ نے آپؑ کو منتخب کیا ہے اور طاہر و مطہر کیا ہے اور آپؑ کو عالمین کی تمام عورتوں میں سے برگزیدہ کیا ہے) علل الشرائع میں بھی یہ روایت تغیر و تبدل کے ساتھ موجود ہے۔

اللہ کا قول (جو آپ سے علم کے آجانے کے بعد جھگڑا کرے تو آپ کہہ دیجئے کہ آؤ ہم اپنے بیٹوں کو لے آتے ہیں تم اپنے بیٹوں کو بلاؤ ہم اپنی عورتوں کو بلاتے ہیں تم اپنی عورتوں کو بلاؤ ہم اپنے نفسوں کو بلاتے ہیں تم اپنے نفسوں کو بلاؤ پھر ہم جمع ہو کر اللہ سے دعا کریں اور جھوٹوں پر اللہ کی لعنت ہے)

تاویل اور سبب نزول۔ نجران کے عیسائیوں کا وفد مدینہ میں رسول اللہؐ کے پاس آیا اور کہا آپؐ نے باپ کے بغیر بیٹا دیکھا ہے ؟آپؐ خاموش رہے اور انہیں جواب نہیں دیا یہاں تک کہ یہ آیت نازل ہوئی(اللہ کے ہاں عیسیٰ کی مثال آدم کی طرح ہے کہ انہیں مٹی سے پیدا کیا پھر اسے کہا ہو جا وہ ہو گیا حق تیرے رب کی طرف سے ہے پس تو شک کرنے والوں میں سے نہ ہو جا) اور جب یہ آیت نازل ہوئی(اور جو علم کے آجانے کے بعد بھی تجھ سے جھگڑا کرے) تو آپؐ نے ان کو مباہلہ کی دعوت دی انہوں نے اسے قبول کر لیا پس نبیؐ علیؑ، حسنؑ اور حسینؑ کے ہاتھ پکڑے ہوئے تھے اور فاطمہؑ ان کے پیچھے تھیں جب ان کو پادری نے دیکھا جو ان کا سردار تھا اس نے ان کے بارے میں پوچھا تو کہا گیا یہ علیؑ ابن ابی طالبؑ ہیں جو ان کے چچا زاد ہیں اور ان کی اس بیٹی فاطمہؑ کے شوہر ہیں اور یہ ان دونوں کے بیٹے ہیں اس پادری نے اپنے اصحاب سے کہا میں ایسے چہرے دیکھ رہا ہوں کہ اگر یہ اللہ سے کہیں کہ اس پہاڑ کو اپنی جگہ سے ہٹا دے تو وہ ضرور ہٹ جائے گا ان سے مباہلہ نہ کرو ورنہ تم ہلاک ہو جاؤ گے اور روئے زمین پر کوئی عیسائی باقی نہ رہے گا پھر اس پادری نے نبیؐ سے کہا اے ابوالقاسمؐ ہم آپؐ سے مباہلہ نہیں کریں گے ہم آپؐ سے صلح کرتے ہیں پس انہوں نے ان سے ایک ہزار حلے، تیس نیزے، تیس زرہ اور تیس گھوڑوں پر صلح کی اور اسے لکھ دیا اور یہ اپنے ملک لوٹ آئے نبیؐ نے فرمایا قسم ہے اس ذات کی جس کے ہاتھ میں میری جان ہے اگر وہ مجھ پر لعنت کرتے تو ان کو خنازیر اور بندروں کی صورت میں مسخ کر دیا جاتا اور اس وادی کو آگ سے بھر دیا جاتا اور جان لو کہ اللہ کا قول(ابناءنا) اس بات پر دلالت کرتا ہے کہ حسنؑ اور حسینؑ حقیقت میں رسول اللہؐ کے فرزند ہیں اور (نساءنا) اس سے مراد فاطمہؑ ہیں کیونکہ وہ ان کے بغیر نہیں گئے تھے اور (انفسنا) سے مراد علیؑ ہیں کیونکہ انہی کو رسول اللہؐ نے اپنا نفس قرار دیا ہے۔

تاویل الآیات

حدیث مباہلہ ابن طاؤس نے محمد بن العباس سے اور پچاس طریقوں سے اپنی کتاب سعد السعود میں نقل کی ہے

اللہ کا قول (ابراہیم کے زیادہ قریب تو یہ لوگ ہیں کہ جو ان کے پیروکار ہیں اور یہ نبی اور وہ لوگ جو ایمان لائے اور اللہ مومنین کا کارساز ہے)

تاویل۔ یعنی ابراہیم کے زیادہ حقدار لوگ وہ ہیں (وہ جو ان کے پیروکار ہیں) ان کے زمانے میں اور اس کے بعد (یہ نبی) یعنی محمدؐ (ایمان والے) جو ان پر ایمان لائے ان کی مدد کی وہی ان کے زیادہ حقدار ہیں (مومنین) سے مراد علیؑ اور آئمہؑ ہیں اس کی تاویل میں الشیخ محمد بن یعقوب سے انہوں نے الحسین بن محمد سے انہوں نے معلی بن محمد سے انہوں نے الوشاء سے انہوں نے المثنی سے انہوں نے عبداللہ بن عجلان سے انہوں نے امام ابو جعفرؑ سے اللہ کے اس قول کے بارے میں روایت کی ہے (ابراہیم کے زیادہ حقدار وہ لوگ ہیں جو ان کے پیروکار ہیں اور یہ نبی اور ایمان والے) فرمایا اس سے مراد آئمہؑ ہیں اور ان کے پیروکار۔ اس کی تائید ابو علی الطبرسی کی روایت کرتی ہے کہ عمر بن یزید سے روایت ہے کہ امام ابو عبداللہؑ نے مجھ سے فرمایا اللہ کی قسم تم آل محمدؐ میں سے ہو میں نے کہا میں آپؑ پر قربان جاؤں وہ کیسے ؟ فرمایا ہاں اللہ کی قسم انہی میں سے اور آپؑ نے تین مرتبہ فرمایا پھر میری طرف دیکھا اور میں نے آپؑ کی طرف دیکھا پھر آپؑ نے فرمایا اے عمر اللہ اپنی کتاب میں فرماتا ہے (ابراہیم کے زیادہ حقدار وہ لوگ ہیں جو ان کے پیروکار ہیں اور یہ نبی اور ایمان والے اور اللہ مومنین کا کارساز ہے)

اللہ کا قول (یہی وہ لوگ ہیں کہ جن کا آخرت میں کوئی حصہ نہیں نہ ہی اللہ ان سے گفتگو کرے گا اور نہ ہی قیامت کے دن ان کی طرف دیکھے گا اور ان کے لیے دردناک عذاب ہے)

تاویل۔ الشیخ ابو جعفر الطوسی نے کتاب مصباح الانوار میں ہے کہ ہم سے محمد بن اسماعیل نے کہا کہ ہم سے امام علیؑ بن موسیٰؑ نے انہوں نے اپنے والد گرامیؑ سے انہوں نے اپنے والد گرامی امام جعفرؑ سے انہوں نے اپنے والد گرامی امام محمد الباقرؑ سے انہوں نے اپنے والد گرامی علیؑ سے انہوں نے اپنے والد گرامی الحسینؑ سے انہوں نے اپنے والد گرامی امیر المومنینؑ سے روایت کی ہے کہ رسول اللہؐ نے فرمایا اللہ نے اہل بیتؑ پر ظلم کرنے والوں پر جنت حرام کی ہے پھر آپؐ نے اس آیت کی تلاوت فرمائی (یہی لوگ ہیں کہ جن کا آخرت میں کوئی حصہ نہیں ہے)

اسی آیت کی تاویل میں الشیخ محمد بن یعقوب نے کہا کہ ہمارے بعض اصحاب نے انہوں نے احمد بن محمد سے انہوں نے الوشاء سے انہوں نے داؤد الحمار سے انہوں نے ابن ابی یعفور سے انہوں نے امام ابو عبد اللہؑ سے روایت کی ہے کہ آپؑ نے فرمایا تین طرح کے لوگوں کی طرف اللہ نہ تو دیکھے گا اور نہ ہی ان کو پاکیزہ کرے گا اور ان کے لیے دردناک عذاب ہے ایک وہ کہ جس نے امامت کا دعویٰ کیا اور وہ اللہ کی طرف سے نہ ہو ایک وہ جس نے اللہ کے بنائے ہوئے امام پر ظلم کیا اور ایک وہ جس نے گمان کیا کہ ان دونوں کے لیے اسلام میں حصہ ہے۔

اللہ کا قول (جب اللہ نے انبیاء سے عہد لیا کہ جب میں تم کو کتاب و حکمت دے دوں پھر تمہارے پاس رسول آجائیں وہ اس کی تصدیق کرنے والے ہوں کہ جو تمہارے پاس ہے تو تم کو اس پر ایمان بھی لانا ہوگا اور اس کی مدد بھی کرنا ہوگی)

تاویل۔ امیر المومنینؑ سے روایت ہے کہ اللہ نے انبیاء سے میثاق لیا اور ان کو رسول اللہؐ کی بعثت کی خوشخبری دی ان کے فضائل و وصف بیان کئے اور تمام انبیاء کو ان کی تصدیق کا حکم دیا (وہ اس کی تصدیق کرتا ہے جو تمہارے پاس ہے) کتاب و حکمت میں سے اور اللہ نے انبیاء سے میثاق اس لیے لیا

کہ وہ اس پر ایمان لائیں اور ان کی کتاب و حکمت کی تصدیق کریں جس طرح انہوں نے ان کی کتاب و حکمت کی تصدیق کی۔

اور اللہ کا قول (تم کو اس کی نصرت کرنا ہو گی) یعنی ان کے وصی کی مدد کرنا ہو گی۔

الحسن بن ابی الحسن الدیلمی نے اپنی کتاب میں اسناد کے ساتھ فرج بن ابی شیبہ سے روایت کی ہے کہ میں نے امام ابو عبد اللہؑ کو فرماتے ہوئے سنا اسی آیت کے بارے میں (جب اللہ نے انبیاء سے عہد لیا کہ جب میں تم کو کتاب و حکمت دے دوں پھر تمہارے پاس رسول آجائیں جو تمہاری کتابوں کی تصدیق کریں تو تم کو اس پر ایمان بھی لانا ہو گا) یعنی رسول اللہؐ پر (اور ان کی مدد کرنا ہو گی) یعنی ان کے وصی امیر المومنینؑ کی اور اللہ نے جتنے بھی انبیاء مبعوث کئے ان سے محمدؐ کی نبوت اور علیؑ کی امامت کی تصدیق لی ہے اور اس حدیث کی تائید کتاب الواحدہ میں ابو محمد الحسن بن عبد اللہ الاطروش الکوفی کی روایت کرتی ہے اور یہ حدیث طویل ہے اور یہ رجعت پر دلالت کرتی ہے کہ یہ نصرت رجعت میں ہو گی۔

اللہ کا قول (اللہ کی رسی کو مضبوطی سے تھام لو اور تفرقے میں مت پڑو)

تاویل۔ (واعتصموا) یعنی مضبوطی سے تھام لو (بحبل اللہ) اللہ کی کتاب عزیز اور اللہ کے نبیؐ کی عترت اہل بیتؑ یعنی ان دونوں کو تھامے رہو (اور تفرقے میں نہ پڑو) یعنی ان دونوں کے درمیان فرق نہ کرو۔

اس پر دلالت ابو علی الطبرسی کی روایت ہے کہ ابو سعید الخذری سے انہوں نے رسول اللہؐ سے روایت کی ہے کہ آپؐ نے فرمایا اے لوگوں میں تم میں دو مضبوط رسیاں چھوڑے جا رہا ہوں اگر تم ان کو پکڑ لو

گے تو میرے بعد گمراہ نہ ہوگے ان میں سے ایک دوسری سے بڑی ہے اللہ کی کتاب ایسی ہے جو آسمان سے زمین کی طرف بڑھی ہوئی ہے اور میری عترت اہل بیتؑ جان لو کہ یہ ایک دوسرے سے جدا نہ ہونگے یہاں تک کہ میرے پاس حوض پر آجائیں گے۔

الشیخ المفید نے کتاب الغیبہ میں اس آیت کی تاویل کی ہے اور یہ سب سے اچھی تاویل ہے کہ محمد بن الحسن سے انہوں نے اپنے والد سے انہوں نے اپنے دادا سے روایت کی ہے کہ علیؑ بن الحسینؑ نے فرمایا ایک دن رسول اللہؐ مسجد میں تشریف فرما تھے اور ان کے اصحاب ان کے گرد تھے تو آپؐ نے ان سے فرمایا ابھی تمہارے سامنے اہل جنت میں سے ایک شخص آئے گا پس ہمارے سامنے ایک مرد آیا جو مصریوں کی طرح تھا وہ آگے بڑھا اور رسول اللہؐ کو سلام کیا اور کہا یا رسول اللہؐ میں نے اللہ کا قول سنا ہے (اور اللہ کی رسی کو مضبوطی سے تھام لو سب مل کر اور تفرقے میں مت پڑو) یہ کونسی رسی ہے کہ جسے اللہ نے مضبوطی سے پکڑنے کا حکم دیا ہے اور یہ کہ اس سے تفرقے میں نے پڑیں ؟ آپؐ خاموش رہے پھر اپنا سر مبارک اٹھایا اور علیؑ ابن ابی طالبؑ کی طرف اشارہ فرمایا اور فرمایا یہ ہی وہ اللہ کی رسی ہے جو ان سے جڑ گیا وہ دنیا میں بھی محفوظ رہا اور آخرت میں بھی گمراہ نہ ہوا پس وہ شخص علیؑ پر جھکا اور وہ کہہ رہا تھا میں نے اللہ کی رسی کو تھام لیا اور اسکے رسولؐ کی رسی کو تھام لیا

اللہ کا قول (تم میں سے ایک گروہ ایسا ہونا چاہیئے جو بھلائی کی طرف بلاتے ہوں اور وہ نیکی کا حکم دیتے ہوں اور برائی سے روکتے ہوں اور وہی لوگ فلاح پانے والے ہیں)

تاویل۔ ابو علی الطبرسی نے کہا اس آیت کے معنی یہ ہیں (تم میں سے ایک گروہ ہونا چاہیئے) یعنی ایک جماعت (جو نیکی کی طرف بلائے) یعنی دین کی طرف (وہ نیکی کا حکم دیتے ہوں) یعنی اطاعت کا (برائی سے روکتے ہوں) یعنی نافرمانی سے (یہی لوگ فلاح پانے والے ہیں) یعنی یہی

لوگ کامیاب ہونے والے ہیں۔

امام ابو عبداللہؑ سے روایت ہے (تم میں سے ایک گروہ ہونا چاہیئے جو نیکی کی دعوت دے اور نیکی کا حکم دے اور برائی سے روکے وہی لوگ فلاح پانے والے ہیں) فرمایا کہ اللہ اور اس کے رسولؐ نے سچ فرمایا کیونکہ یہ صفات آئمہؑ کی صفات ہیں کیونکہ وہ معصوم ہیں کیونکہ معصوم اسی اطاعت کا حکم دیتا ہے کہ جو خود کرے اور جس نافرمانی سے خود رکتا ہے اسی سے دوسروں کو روکتا ہے جس طرح کہ امیر المومنینؑ نے فرمایا میں تم کو اسی اطاعت کا حکم دیتا ہوں جو خود کرتا ہوں اور اسی نافرمانی سے روکتا ہوں کہ جس سے خود رکتا ہوں۔

اللہ کا قول (اس دن سفید چہرے والے ہونگے اور سیاہ چہرے والے ہونگے جن لوگوں کے چہرے سیاہ ہونگے تو انہوں نے ایمان کے بعد کفر کیا پس اب عذاب چکھو جو تم کفر کرتے تھے اس کے سبب اور جن لوگوں کے چہرے سفید ہونگے وہ اللہ کی رحمت میں ہونگے اور اس میں ہمیشہ رہیں گے یہ کہ جن کے چہرے سیاہ ہونگے وہ ایمان لائے تھے لیکن پھر وہ مرتد ہوگئے اور الٹے پاؤں پھر گئے پس ان سے قیامت والے دن کہا جائے گا تم ایمان کے بعد کافر ہوگئے پس اپنے کفر کے سبب عذاب چکھو اور جن لوگوں کے چہرے سفید ہونگے وہ مومن ہونگے وہ اللہ کی رحمت میں ہونگے یعنی جنت میں ہونگے اس میں ہمیشہ رہیں گے)

تاویل۔اس کی تاویل علی بن ابراہیم نے اپنی تفسیر میں بیان کی ہے کہ مجھ سے میرے والد نے انہوں نے صفوان میں یحییٰ سے انہوں نے ابوالجارود سے انہوں نے عمران بن میثم سے انہوں نے مالک بن حمزہ سے انہوں نے ابوذر الغفاریؓ سے روایت کی ہے کہ جب یہ آیت نازل ہوئی (اس دن سفید چہرے ہونگے اور سیاہ چہرے ہونگے) رسول اللہؐ نے فرمایا قیامت کے دن میری امت پانچ جھنڈوں

اور گروہوں میں ہو گی ان پانچ میں سے ایک گروہ میرے سامنے لایا جائے گا میں ان سے کہوں گا میرے بعد تم نے گراں قدر چیزوں کے ساتھ کیا کیا وہ کہیں گے کہ ہم نے قرآن کو بدل دیا اور اسے اپنی پیٹھ کے پیچھے پھینک دیا اور عترت سے ہم نے دشمنی رکھی اور اسے قتل کر دیا میں ان سے کہوں گا آگ کی طرف پلٹ جاؤ ان کے چہرے سیاہ ہونگے پھر اس امت کا دوسرا گروہ فرعون کے ساتھ آئے گا میں ان سے کہوں گا تم نے میرے بعد ثقلین سے کیا کیا؟ وہ کہیں گے کہ کتاب کو ہم نے چھوڑ دیا اور عترت کو ہم نے تنہا چھوڑ دیا اور ان پر ظلم ڈھائے میں کہوں گا کہ ان کے چہرے سیاہ کر کے جہنم میں پھینک دو پھر تیسرا گروہ بڑے پستان والی کا ہو گا پہلے خارجی سے لے کر آخری تک میں ان سے کہوں گا تم نے میرے بعد ثقلین سے کیا سلوک کیا؟ وہ کہیں گے کتاب کو ہم نے چھوڑ دیا اور عترت کو ہم نے قتل کر دیا میں ان سے کہوں گا ان کے چہرے سیاہ کر کے ان کو آگ میں پلٹا دو اس کے بعد چوتھا گروہ آئے گا ان کے چہرے بھی سیاہ کر کے جہنم میں پھینک دیئے جائیں گے اس کے بعد امام المتقین ؑ کے جھنڈے والے آئیں گے جبکہ سید الوصیین، قائد الغر المحجلین، وصی رسول اللہ ؐ ان کے ساتھ ہونگے میں ان سے کہوں گا میرے بعد تم نے ثقلین سے کیا سلوک کیا؟ وہ جواب دیں گے ہم نے کتاب کی اتباع کی اور اطاعت کی اور عترت کو ہم نے چن لیا اور ان سے محبت کی ان کی مدد کی میں کہوں گا ان کے چہرے سفید کر دو اور ان کو جنت میں پلٹا دو پھر رسول اللہ ؐ نے اس آیت کی تلاوت فرمائی (اس دن سفید چہرے ہونگے اور سیاہ چہرے ہونگے سیاہ چہرے والوں سے کہا جائے گا تم ایمان کے بعد کافر ہو گئے تھے پس اپنے کفر کے سبب عذاب چکھو جن کے چہرے سفید ہونگے وہ اللہ کی رحمت میں ہونگے اور ہمیشہ وہاں رہیں گے)

اللہ کا قول (تم بہترین امت ہو کہ جو لوگوں کے لیے لائے گئے تم لوگوں کو نیکی کا حکم دیتے ہو اور

برائی سے روکتے ہو تم اللہ پر ایمان رکھتے ہو)

جان لو کہ کہ شرائط تمام امت میں جمع نہیں ہو سکتیں بلکہ کچھ کے بارے میں ہیں اگر اسے مخاطب تمام امت ہو تو یہ ممکن نہیں روایت ہے کہ امام ابو عبداللہؑ نے اس آیت کے بارے میں فرمایا وہ بہترین امت (خیر امہ) کیسے ہو سکتی ہے جو امیر المومنینؑ، حسنؑ اور حسینؑ کی قاتل ہو؟ راوی کہتا ہے میں نے پوچھا پھر یہ آیت کیسے نازل ہوئی آپؑ نے فرمایا یہ آیت اس طرح نازل ہوئی (تم بہترین آئمہؑ ہو جو لوگوں کے لیے اتارے گئے) کیونکہ یہ شرائط صرف معصوم میں ہوتی ہیں جیسا کہ پہلے اس بارے میں حدیث گزر چکی ہے۔

اللہ کا قول (کیا وہ کہ جو اللہ کی رضا حاصل کرے اور وہ کہ جو اللہ کے غضب میں گرفتار ہو برابر ہو سکتے ہیں اور جو اللہ کے غضب کا شکار ہوئے ان کا ٹھکانہ جہنم ہے اور وہ بہت برا ٹھکانہ ہے اور جو اللہ کی رضا حاصل کرے ان کے لیے اللہ کے ہاں درجات ہیں اور جو وہ عمل کرتے ہیں اللہ ان کو دیکھ رہا ہے)

تاویل۔ الشیخ محمد بن یعقوب نے انہوں نے علی بن محمد سے انہوں نے سہل بن زیاد سے انہوں نے الحسن بن محبوب سے انہوں نے ہشام بن سالم سے انہوں نے عمار الساباطی سے روایت کی ہے کہ امامؑ نے فرمایا جو لوگ اللہ کی خوشنودی کے تابع ہیں وہ آئمہؑ ہیں اور یہ کہ اللہ کی قسم درجات مومنین کے لیے ان کی ولایت و معرفت کے سبب ہیں ان کے اعمال بڑھا دیئے جائیں گے اور اللہ ان کے اعمال کو بلند کرے گا۔ اور اس کے معنی یہ ہیں کہ آئمہؑ وہ ہیں جو اللہ کی رضا کے تابع ہیں اور ان کے دشمن وہ ہیں وہ اللہ کے غضب میں گرفتار ہوئے اور ان کا ٹھکانہ جہنم ہے اور یہ بہت برا ٹھکانہ ہے اور جن کے لیے

برے درجات میں ہونگے پس آئمہؑ پر ان کے رب کی طرف سے درود ہے اور ان کے دشمنوں پر لعنت ہے۔

اللہ کا قول (جن لوگوں نے لوگوں سے کہا کہ لوگ تمہارے لیے جمع ہو گئے تو ان سے ڈرو تو ان کا ایمان بڑھ جاتا ہے انہوں نے کہا ہمارے لیے اللہ ہی کافی ہے اور وہ بہت اچھا کارساز ہے)

تاویل۔ وہ لوگ جنہوں نے زخم کھائے اس سے مراد یہ ہے کہ جب نبیؐ غزوہ احد سے فارغ ہوئے اور یہ قصہ مشہور ہے اور ابوسفیان اور مشرکین جو اپنی طرف سے رسول اللہؐ کو قتل کر کے چلے گئے اور رسول اللہؐ کے وہ ساتھی جو بھاگ گئے تھے جب وہ روحاء پہنچے تو اپنے بھاگ جانے پر شرمندہ ہوئے اور وہ اترے تو انہوں نے واپس جانے کا فیصلہ کیا پس نبیؐ کو اس کی خبر ہوئی تو اپنے اصحاب سے فرمایا کیا تم میں کوئی ایسا شخص ہے کہ وہ قوم کی خبر لے کر آئے تو کسی نے جواب نہیں دیا پس امیر المومنینؑ کھڑے ہوئے اور کہا یارسول اللہؐ میں جاؤں گا فرمایا جاؤ اگر وہ گھوڑوں اور اونٹوں کی پشت پر سوار ہوں تو وہ مدینہ آنا چاہتے ہیں اور اگر وہ اونٹوں پر سوار ہوں اور گھوڑوں پر سے پیدل ہوں تو وہ مکہ جانا چاہتے ہیں پس امیر المومنینؑ زخموں کے باوجود قوم کے پاس پہنچ گئے اور ان کو اونٹوں پر سوار اور گھوڑوں سے پیدل دیکھا آپؑ واپس تشریف لائے اور رسول اللہؐ کو خبر دی تو آپؐ نے فرمایا وہ مکہ جانا چاہتے ہیں پس اللہ کے اس قول سے مراد امیر المومنینؑ ہیں (وہ لوگ کہ جن سے لوگوں نے کہا) ابن مردویہ نے الجمہور سے انہوں نے ابورافع سے روایت کی ہے کہ نبیؐ نے علیؑ کو ابوسفیان کی تلاش میں بھیجا تو آپؑ کو ایک اعرابی نے کہا (لوگ تمہارے لیے جمع ہو گئے ہیں ان سے ڈرو) یعنی ابوسفیان اور ان کے ساتھیوں سے (انہوں نے کہا یعنی علیؑ اور آپؑ کے اصحاب نے) ہمارے لیے اللہ ہی کافی ہے اور وہ بہت اچھا کارساز ہے پس یہ آیت اللہ کے اس قول تک نازل ہوئی (بے شک اللہ بڑے جلال والا

اور عظمت والا ہے)

اللہ کا قول(وہ لوگ جو کھڑے اور بیٹھے ہوئے اللہ کو یاد کرتے ہیں اور زمین وآسمان کی تخلیق میں غور و فکر کرتے ہیں اور کہتے ہیں اے ہمارے رب تو نے یہ بیکار پیدا نہیں کیا تو پاک ہے ہم کو جہنم کے عذاب سے بچا)(اے اللہ جسے تو نے آگ میں داخل کر دیا اسے ذلیل کر دیا اور ظالموں کا کوئی مدد گار نہیں ہے اے ہمارے رب ہم نے ایک منادی کو سنا کہ جو ایمان کی ندا دے رہا تھا کہ تم اپنے رب پر ایمان لاؤ پس ہم ایمان لائے اے ہمارے رب تو ہمیں بخش دے اور ہمارے گناہ معاف فرما ہماری برائیوں کو دور کر دے اور ہمیں نیکوکاروں کے ساتھ موت دے اے ہمارے رب ہم کو وہ عطا کر جو تو نے اپنے رسولوں سے وعدہ فرمایا ہے اور ہم کو قیامت کے دن رسوا نہ کرنا بے شک تو وعدے کے خلاف نہیں کرتا) (پس اللہ نے ان کی دعا قبول کر لی اور اللہ فرماتا ہے کہ میں تم میں سے کسی مرد و عورت کے عمل کو ضائع نہیں کروں گا پس وہ لوگ جنہوں نے ہجرت کی اور انہیں ان کے گھروں سے نکال دیا اور انہیں میری راہ میں اذیتیں دی گئیں انہوں نے قتال کیا اور انہیں قتل کیا گیا تو میں ان کے گناہ معاف کر دوں گا اور ان کو جنت میں داخل کروں گا کہ جس کے نیچے نہریں بہہ رہی ہونگی انہیں اللہ کے ہاں سے ثواب ملتا ہے اور اللہ کے ہاں بہترین ثواب ہے)

علی بن عیسیٰ نے کشف الغمہ میں بیان کیا ہے کہ یہ آیات امیر المومنینؑ کے بارے میں ہجرت کے وقت نازل ہوئیں اور نبیؐ مکہ سے نکلے اور ان کو حکم دیا کہ بستر پر سو جاؤ اور ان کا قرض اور امانتیں ان کے اہل تک پہنچا دو اور ان کے اہل و عیال کو مکہ سے لے کر مدینہ آجائیں جب علیؑ چلے تو ان کے ساتھ فاطمہؑ بنت محمدؐ، فاطمہؑ بنت اسد آپؑ کی والدہ گرامی اور فاطمہ بنت الزبیر بن عبد المطلب، ام ایمن اور ان کا بیٹا اور کمزور مومنین کی جماعت تھی وہ اٹھتے بیٹھتے اللہ کا ذکر کر رہے تھے یعنی نماز کی حالت میں بھی

اور بغیر نماز کے بھی (اور اپنی کروٹوں کے بل) یعنی لیٹے ہوئے بھی (ان کے رب نے ان کی دعا قبول فرمائی) یعنی ان کی ندا قبول کرلی (میں تم میں سے کسی عمل کرنے والے مرد وعورت کا عمل ضائع نہیں کروں گا) پس مرد سے مراد علیؑ ہیں اور عورت سے مراد تین فاطمہؑ (فاطمہؑ بنت رسول اللہؐ ،فاطمہؑ بنت اسد، فاطمہ بنت زبیر بن عبدالمطلب) ہیں اور اللہ کا قول (وہ لوگ جنہوں نے ہجرت کی اور ان کو ان کے گھروں سے نکال دیا گیا اور میرے راستے میں ان کو تکالیف دی گئیں انہوں نے قتال بھی کیا اور قتل بھی ہوئے) اس سے مراد امیر المومنینؑ ہیں کیونکہ ان صفات سے وہی موصوف ہیں جب مدینہ پہنچے تو رسول اللہؐ نے ان کو بشارت دی اور ان سے کہا اے علیؑ تم اس امت میں سے سب سے پہلے اللہ اور اس کے رسولؐ پر ایمان لانے والے ہو سب سے پہلے اللہ اور اس کے رسولؐ کی طرف ہجرت کرنے والے ہو اس ذات کی قسم جس کے ہاتھ میں میری جان ہے تجھ سے محبت صرف مومن کرے گا اور تجھ سے عداوت صرف منافق اور کافر رکھے گا۔

اللہ کا قول (اے ایمان والوں صبر کرو اور صبر کی تلقین کرو اور ایک دوسرے سے جڑے رہو اور اللہ سے ڈرو تاکہ تم فلاح پا جاؤ)

تاویل۔الشیخ المفید نے کتاب الغیبہ میں اپنے رجال سے اسناد کے ساتھ برید بن معاویہ العجلی سے انہوں نے امام ابو جعفرؑ سے اللہ کے اس قول کے بارے میں روایت کی ہے (اے ایمان والوں صبر کرو صبر کی تلقین کرو اور ایک دوسرے سے جڑے رہو) فرمایا (صبر کرو) فرائض کی ادائیگی میں (جڑے رہو) اپنے امام منتظرؑ کے انتظار میں۔

سورۃ النساء

(اس سورہ کی وہ آیات جو آئمہ ھدیٰؑ کی شان میں نازل ہوئیں)

اللہ کا قول (اور ہم نے ہر چھوڑنے والے کے لیے بنایا کہ وہ اپنے بیٹے رشتہ دار اور اپنے ایمانی رشتہ داروں کو چھوڑے تو ان کو ان کا حصہ دے دے بے شک اللہ ہر چیز پر گواہ ہے)

تاویل۔ الشیخ محمد بن یعقوب نے انہوں نے محمد بن یحییٰ سے انہوں نے احمد بن محمد سے انہوں نے الحسن بن محبوب سے روایت کی ہے کہ میں نے امام ابوالحسنؑ سے اللہ کے اس قول کے بارے میں پوچھا تو آپؑ نے فرمایا کہ اس سے مراد آئمہؑ ہیں اور فرمایا کہ ہر ایک چھوڑنے والے سے مراد امتوں میں سے امت ہے ان کا مالک ہم انبیاء واوصیاء کو بنایا اس کی تائید نبیؐ کو قول کرتا ہے (کیا میں تمہارا تمہاری جانوں سے زیادہ حقدار نہیں ہوں انہوں نے کہا کیوں نہیں فرمایا جس جس کا میں مولا ہوں اس اس کا علیؑ مولا ہے) اور اللہ کا قول (ان کو ان کا حصہ دے دو) یعنی آئمہؑ کو جن کا حصہ فرض کیا ہے وہ ان کی ولایت اور اطاعت ہے بے شک اللہ تمہارے ہر عمل پر گواہ ہے۔

اللہ کا قول (اس وقت کیا حال ہوگا جب ہم ہر امت میں سے گواہ لائیں گے اور آپ کو ان پر گواہ لائیں

گے)

تاویل۔ محمد بن یعقوب نے علی بن محمد سے انہوں نے سہل بن زیاد سے انہوں نے یعقوب بن یزید سے انہوں نے زیاد القندی سے انہوں نے سماعہ سے روایت کی ہے کہ امام ابو عبد اللہؑ نے اللہ کے اس قول کے بارے میں راویت کی ہے کہ (اس وقت کیا حال ہو گا جب ہم ہر امت میں سے گواہ لائیں گے اور آپ کو ان تمام پر گواہ لائیں گے) فرمایا یہ امت محمدؐ کے بارے میں خاص طور پر نازل ہوئی کہ ہر زمانے میں ان پر امام گواہ ہے اور محمدؐ ہم پر گواہ ہیں۔

اللہ کا قول (یہی لوگ ہیں کہ جن پر اللہ نے لعنت فرمائی اور جس پر اللہ لعنت فرمائے تو اس کا کوئی مددگار نہیں)

تاویل۔ اس آیت کی تاویل میں امامؑ نے فرمایا آئمہ معصومینؑ سے دشمنی رکھنے والوں پر اللہ نے دائمی لعنت فرمائی ہے اور ان کو اللہ کے عذاب سے کوئی نہیں بچا سکتا۔

اللہ کا قول (کیا جو اللہ نے اپنے فضل سے ان کو دیا ہے اس پر لوگ حسد کرتے ہیں)

امامؑ نے فرمایا ہم ہی وہ محسود ہیں کہ اللہ نے ہمیں تمام مخلوق کے سوا امامت عطا فرمائی اور فضیلت کے باعث لوگ ہم سے حسد کرتے ہیں۔

اللہ کا قول (ہم نے آل ابراہیم کو کتاب و حکمت اور ان کو عظیم ملک عطا فرمایا)

امامؑ نے اس آیت کی تاویل میں فرمایا کہ اللہ نے آل محمدؐ کو کتاب و حکمت اور عظیم ملک عطا فرمایا اور اللہ ہمارے منکروں سے کہتا ہے کہ ہم نے ان میں سے انبیاء، رسول اور آئمہؑ بنائے تو تم آل ابراہیم کا اقرار کر کے آل محمدؐ کا انکار کیسے کرتے ہو۔

علی بن ابراہیم نے انہوں نے اپنے والد سے انہوں نے محمد بن ابی عمیر سے انہوں نے عمر بن اذنیہ سے انہوں نے برید العجلی سے انہوں نے امام ابو جعفرؑ سے اللہ کے اس قول کے بارے میں روایت کی ہے (ہم نے آل ابراہیم کو کتاب و حکمت اور عظیم ملک عطا فرمایا) فرمایا کہ ان میں سے رسول، آئمہؑ بھیجے وہ اس امامت کا آل ابراہیم میں تو اقرار کرتے ہیں لیکن آل محمدؑ میں انکار کرتے ہیں میں نے امامؑ سے پوچھا (عظیم ملک ان کو عطا کیا) اس کے کیا معنی ہیں؟ فرمایا عظیم ملک سے مراد یہ ہے کہ ان میں امام بنائے جس نے ان کی اطاعت کی اس نے اللہ کی اطاعت کی جس نے ان کی نافرمانی کی اس نے اللہ کی نافرمانی کی پس یہ ہی عظیم بادشاہت ہے پھر آل محمدؑ کے دوستوں کا ذکر کیا اور فرمایا (وہ لوگ جو ایمان لائے اور نیک عمل کئے ہم ان کو ان جنتوں میں داخل کر دیں گے کہ جن کے نیچے نہریں بہہ رہی ہونگی وہ اس میں ہمیشہ رہیں گے ان کے لیے اس میں پاکیزہ بیویاں ہیں) پھر اللہ نے آئمہؑ کو مخاطب کیا اور فرمایا (اللہ تم کو حکم دیتا ہے کہ امانتیں ان کے اہل کی طرف لوٹا دو) امامؑ نے فرمایا اس سے مراد امامت ہے اللہ نے امام کو حکم دیا کہ وہ امامت آنے والے امام کے سپرد کر دے پھر ان سے کہا (جب تم لوگوں کے درمیان فیصلہ کرو تو عدل سے فیصلہ کرو اللہ تم کو بڑی نصیحت کرتا ہے بے شک اللہ سننے والا اور دیکھنے والا ہے) پھر لوگوں کو مخاطب کیا اور فرمایا (اے ایمان والوں اللہ کی اطاعت کرو اور رسولؐ کی اور اولی الامر کی اطاعت کرو) یعنی آئمہؑ کی پھر اللہ نے فرمایا (اگر تم کسی چیز میں جھگڑ پڑو تو اسے اللہ اور رسول کی طرف پلٹا دو اگر تم اللہ پر اور قیامت کے دن پر ایمان رکھتے ہو) پھر فرمایا (کیا تم نے ان لوگوں کی طرف نہیں دیکھا جو گمان کرتے ہیں کہ وہ اس پر کہ جو آپ کی طرف اتارا گیا ہے اس پر ایمان رکھتے ہیں اور جو آپ سے پہلے اتارا گیا ہے اس پر بھی ایمان رکھتے ہیں) پھر فرمایا (کیا ہوتا ہے کہ جب ان کو مصیبت پہنچتی ہے کہ جو ان کے ہاتھوں نے آگے بھیجا ہے پھر وہ آپ کے پاس اللہ کی قسم

اٹھاتے ہوئے آجاتے ہیں کہ ہماری نیت تو نیکی کی تھی پس یہی وہ لوگ ہیں کہ جو ان کے دلوں میں ہے اللہ نے ان کو جان لیا ہے پس ان سے منہ پھیر لیں) امام صادقؑ نے فرمایا یہ آیات امیر المومنینؑ اور ان کے دشمنوں کے بارے میں نازل ہوئیں امام نے فرمایا یہ آیت اس طرح نازل ہوئی تھی (جب وہ لوگ جنہوں نے اپنی جانوں پر ظلم کیا یا علیؑ آپ کے پاس آتے ہیں تو وہ اللہ سے بخشش طلب کرتے ہیں)

اللہ کا قول (آپ کے پروردگار کی قسم یہ لوگ اس وقت تک ایمان نہیں لا سکتے جب تک کہ آپس کے جھگڑوں میں آپ کے حکم کو تسلیم نہ کر لیں پھر اس کے بعد آپ کے فیصلہ پر اپنے سینوں میں تنگی محسوس نہ کریں)

تاویل۔ امامؑ نے فرمایا اس حکم سے مراد ولایت علیؑ ہے اور اس کا حکم رسول اللہؐ کی زبان سے جاری ہونے کے بعد وہ دل و جان سے اسے تسلیم کر لیں اور جب تک وہ اسے تسلیم نہ کر لیں وہ مومن نہیں ہو سکتے۔

(اور اسے اچھی طرح تسلیم کر لیں) علیؑ ابن ابی طالبؑ کے لیے۔

علی بن ابراہیم نے انہوں نے اپنے والد سے انہوں نے محمد بن اسماعیل سے انہوں نے منصور بن یونس سے انہوں نے ابن ازنیہ سے انہوں نے عبداللہ النجاشی سے روایت کی ہے کہ میں نے امام ابو عبداللہؑ کو فرماتے ہوئے سنا اللہ کے اس قول کے بارے میں (آپ کے پروردگار کی قسم یہ اس وقت تک ایمان نہیں لا سکتے جب تک آپ کے حکم کو تسلیم نہ کریں آپس کے جھگڑوں میں) امامؑ نے فرما ای اللہ کی قسم اس سے مراد علیؑ ہیں (پھر اس کے بعد اپنے سینوں میں تنگی محسوس نہ کریں) یعنی اے رسولؐ آپؐ کی زبان سے ولایت علیؑ کے بارے میں سن کر بغض و حسد کا شکار نہ ہو جائیں (اور اسے

اچھے طریقے سے تسلیم کرلیں) ولایت علیؑ کو۔

الشیخ ابو علی الطبرسی نے کتاب اعلام الوریٰ باعلام الھدیٰ میں روایت کی ہے کہ ہم سے ہمارے اصحاب میں سے ایک آدمی نے انہوں نے محمد بن حمام سے انہوں نے جعفر بن محمد بن مالز الفراری نے انہوں نے الحسن بن محمد بن سماعہ سے انہوں نے احمد بن الحارث سے انہوں نے المفضل بن عمر سے انہوں نے یونس بن ظبیان سے انہوں نے جابر بن یزید الجعفی سے روایت کی ہے کہ میں نے جابر بن عبداللہ الانصاریؓ کو کہتے ہوئے سنا کہ جب یہ آیت نازل ہوئی (اے ایمان والوں اللہ کی اس کے رسول کی اور اولی الامر کی اطاعت کرو) تو میں نے رسول اللہؐ سے کہا یارسول اللہؐ ہم نے اللہ اور اس کے رسولؐ کو تو پہچان لیا ہے پس یہ اولی الامر کون ہیں؟ کہ جس کی اطاعت اللہ نے اپنی اور آپؐ کی اطاعت کے ساتھ واجب قرار دی ہے رسول اللہؐ نے فرمایا اے جابر ان سے مراد مسلمانوں کے امام اور میرے بعد میرے خلفاء ہیں ان میں سے پہلا علیؑ ابن ابی طالبؑ ہے ان کے بعد حسنؑ اور پھر حسینؑ پھر علیؑ بن الحسینؑ پھر محمدؑ بن علیؑ جو تورات میں باقر کے نام سے مشہور ہیں اے جابر تیری ان سے ملاقات ہوگی جب تو ان سے ملے تو میری طرف سے انہیں سلام کہنا پھر صادق جعفرؑ بن محمدؑ پھر موسیٰؑ بن جعفرؑ پھر علیؑ بن موسیٰؑ پھر محمدؑ بن علیؑ پھر علیؑ بن محمدؑ پھر حسنؑ بن علیؑ پھر میرا ہم نام میرا ہم کنیت اللہ کی زمین پر اس کی حجت اس کے بندوں میں اس کا بقیہ ابن الحسنؑ بن علیؑ ہوگا جس کے ہاتھ پر اللہ زمین کے مشارق و مغارب کو فتح کرے گا اور اللہ اسے غیبت میں رکھے گا اس کی غیبت پر وہی ایمان لائے گا کہ جس کے دل کو اللہ نے تقویٰ کے لیے آزمالیا ہوگا جابر نے کہا میں نے کہا یارسول اللہؐ کیا شیعہ ان کی غیبت میں ان سے نفع حاصل کریں گے تو آپؐ نے فرمایا اس ذات کی قسم جس نے مجھے نبوت کے ساتھ مبعوث کیا وہ ان کے نور سے ایسے روشن ہونگے اور ان کی ولایت سے ایسے نفع پائیں

گے جیسے لوگ سورج سے نفع حاصل کرتے ہیں جب وہ بادلوں کی اوڑھ میں ہوتا ہے اے جابر یہ اللہ کے پوشیدہ رازوں میں سے ہے اسے ہر ایک سے چھپاؤ سوائے اس کے کہ جو اس کا اہل ہے جان لو کہ اللہ نے ان کی اطاعت کو اپنی اور میری اطاعت کے ساتھ فرض قرار دی ہے یہ معصوم ہیں اطاعت صرف معصوم کی واجب ہے کسی غیر معصوم کی اطاعت واجب نہیں ہے۔ رسول اللہؐ کی یہ حدیث اس بات پر دلالت کرتی ہے کہ آل محمدؑ اللہ کی تمام مخلوق میں سے افضل ترین ہیں۔

اللہ کا قول (اگر وہ ایسے کرتے جس طرح ان کو نصیحت کی گئی تھی تو ان کے بہتر ہوتا اور ان کو ہماری طرف سے عظیم اجر ملتا اور ہم ان کو صراط مستقیم کی ہدایت دیتے)

تاویل۔ الشیخ محمد بن یعقوب نے انہوں نے احمد بن مہران سے انہوں نے عبد العظیم سے انہوں نے بکار سے انہوں نے جابر سے انہوں نے امام ابو جعفرؑ سے روایت کی ہے کہ یہ آیت اس طرح نازل ہوئی (اگر وہ ایسے ہی کرتے جس کی انہیں علیؑ کے بارے میں نصیحت کی گئی تھی تو یہ ان کے لیے بہتر ہوتا) جب اللہ نے ان کو بتایا کہ جو ان کے لیے دنیا و آخرت میں بہتر ہے اور بھلائی کس چیز میں ہے اور یہ رسول اللہؐ کی اطاعت کے بغیر حاصل نہیں ہو سکتی اور انکے ساتھ اولی الامر کی اطاعت کے بغیر حاصل نہیں ہو سکتی۔

اللہ کا فرمان (جو اللہ اور اس کے رسول کی اطاعت کرے وہی ان لوگوں کے ساتھ ہونگے کہ جن پر اللہ نے انبیاء و صدیقین و شہداء اور صالحین میں سے انعام کیا ہے اور ان جیسا بہترین ساتھی نہیں ہے)

تاویل۔ الشیخ ابو جعفر الطوسی نے کتاب مصباح الانوار میں روایت کی ہے کہ انس بن مالک سے روایت ہے کہ ہم نے رسول اللہؐ کے ساتھ فجر کی نماز پڑھی پھر آپؐ ہماری طرف بڑھے میں نے کہا یا رسول اللہؐ اگر آپؐ پسند فرمائیں تو اللہ کے اس قول کی تفسیر فرمادیں (وہی لوگ ان کے ساتھ ہونگے

کہ جن پر اللہ نے انبیاء، صدیقین، شہداء اور صالحین میں سے انعام کیا ہے اور یہ کیا ہی بہترین ساتھی ہیں) آپؐ نے فرمایا انبیاء سے مراد میں ہوں صدیقین سے مراد میرا بھائی علیؑ ہے اور شہداء سے مراد میرے چچا حمزہؓ ہیں اور صالحین سے فاطمہؑ اور انکی اولاد حسنؑ اور حسینؑ مراد ہیں پس رسول اللہؐ کے چچا عباس جو وہیں موجود تھے آگے بڑھے اور رسول اللہؐ کے سامنے بیٹھ گئے اور کہا کیا ہم، آپؐ، علیؑ، فاطمہؑ، حسنؑ اور حسینؑ ایک ہی شاخ سے نہیں ہیں؟ آپؐ نے فرمایا نہیں اے چچا انہوں نے کہا کہ کیا آپؐ علیؑ، فاطمہؑ، حسنؑ اور حسینؑ کی ہم سے الگ پہچان کرواتے ہیں پس نبیؐ مسکرائے اور فرمایا اے چچا آپ کا یہ قول کہ کیا ہم ایک ہی شاخ سے نہیں ہیں سچ ہے لیکن اے چچا اللہ نے مجھے، علیؑ، فاطمہؑ، حسنؑ اور حسینؑ کو آدم کی تخلیق سے قبل خلق فرمایا کہ جب نہ آسمان کی چھت تھی، نہ زمین کا بچھونا، نہ تاریکی تھی، نہ نور، نہ سورج تھا نہ چاند نہ جنت نہ دوزخ عباس نے نے کہا یا رسول اللہ آپؐ کی خلقت کیسے ہوئی فرمایا اے چچا اللہ نے ہمیں خلق کرنے کا ارادہ کیا تو ایک کلمہ کہا کہ اس سے نور خلق ہوا پھر ایک کلمہ کہا تو اسے روح کو خلق کیا پھر نور کو روح سے ملا دیا پس مجھے علیؑ، فاطمہؑ، حسنؑ اور حسینؑ کو خلق کیا ہم اللہ کی اس وقت تسبیح کرتے تھے جب تسبیح نہ تھی اس وقت اس کی تقدیس بنا کر رہے تھے جب تقدیس نہ تھی جب اللہ نے کائنات بنانے کا ارادہ کیا تو میرے نور سے عرش کو بنایا پس عرش میرے نور سے ہے اور میرا نور اللہ کے نور سے ہے اور میرا نور عرش سے افضل ہے پھر میرے بھائی علیؑ کے نور سے ملائکہ کو خلق کیا پس ملائکہ علیؑ کے نور سے ہیں اور علیؑ ملائکہ سے افضل ہیں پھر میری بیٹی فاطمہؑ کے نور سے زمین و آسمان کو خلق کیا پس زمین و آسمان میری بیٹی فاطمہؑ کے نور سے ہیں اور میری بیٹی فاطمہؑ کا نور اللہ کے نور سے ہے اور میری بیٹی فاطمہؑ زمین و آسمان سے افضل ہے پھر میرے بچوں حسنؑ و حسینؑ کے نور سے شمس و قمر بنائے پس شمس و قمر میرے بیٹے حسنؑ کے نور سے ہیں اور میرے

بیٹے حسینؑ کے نور سے جنت اور حور عین بنائے پس میرے بیٹے حسینؑ کا نور اللہ کا نور ہے اور میرا بیٹا حسینؑ جنت اور حور عین سے افضل ہے پھر اللہ نے ظلمات کو حکم دیا کہ وہ بادلوں پر سے گزریں پس آسمان ملائکہ کے سامنے تاریک ہو گئے پس ملائکہ تسبیح و تقدیس کرنے لگے اور کہنے لگے اے ہمارے معبود اور سردار جب سے تم نے ہم کو خلق کیا ہے اور ان انوار کا تعارف کروایا ہے ہم نے سختی و تنگی نہیں دیکھی پس ان انوار کا صدقہ ہم سے اس تاریکی کو دور فرما پس اللہ نے میری بیٹی فاطمہؑ کے نور سے کہکشاں بنائی اور اسے عرش پر معلق کیا تو زمین و آسمان روشن ہو گئے اس لیے ان کا نام زہراؑ رکھا گیا ہے تو ملائکہ نے کہا اے ہمارے معبود اے ہمارے سردار یہ کن کا نور ہے کہ جس سے آسمان و زمین چمک اٹھے ہیں تو اللہ نے ان کی طرف وحی کی یہ وہ نور ہے کہ جسے میں نے اپنے حبیب کی بیٹی فاطمہؑ کے نور سے لیا ہے جو میرے ولیؑ کی زوجہ اور میری حجتوں کی والدہ ہیں اے میرے ملائکہ میں تم کو گواہ بناتا ہوں کہ میں نے تمہاری تسبیح و تقدیس کا ثواب اس بی بیؑ اور اس کے شیعہ اور محبین کے لیے لکھوں گا جب عباس نے یہ سنا تو اٹھے اور علیؑ کی پیشانی پر بوسہ دیا اور فرمایا اے علیؑ آپؑ حجت خدا ہیں اس کے لیے جو اللہ پر اور آخرت پر ایمان لائے۔

علی بن ابراہیم نے اپنی تفسیر میں روایت کی ہے (نبیوں سے) اس سے مراد رسول اللہؐ (صدیقین) اس سے مراد امیر المومنینؑ (الشہداء) اس سے مراد حسنؑ اور حسینؑ (صالحین) اس سے مراد آئمہؑ ہیں (اور یہ بہترین ساتھی ہیں) یعنی قائم آل محمدؑ۔

البرقی نے المحاسن میں امام ابو عبد اللہؑ سے روایت کی ہے (جس نے اللہ اور اس کے رسول کی اطاعت کی وہ انہی لوگوں کے ساتھ ہونگے کہ جن پر اللہ نے انعام کیا ہے) کہ اس کے معنی میں اللہ کا قول وارد ہوا ہے (یہی سچے مومنین ہیں) کیونکہ انہوں نے اللہ اور رسولؐ کی اطاعت کی ہے اور آئمہؑ کی اتباع کی ہے۔

تاویل الآیات

اللہ کا قول (جب ان کے پاس امن یا خوف میں سے کوئی معاملہ ہو جاتا ہے تو وہ اس سے گھبرا جاتے ہیں اگر وہ اسے اللہ اور اولی الامر کی طرف پلٹا دیں تو اسے وہ لوگ جان لیں گے جو اس سے استنباط کرتے ہیں اگر تم پر اللہ کا فضل اور اسکی رحمت نہ ہوتی تو تم شیطان کے پیروکار بن جاتے مگر تم میں سے تھوڑے)

تاویل۔ جب منافقین نبیؐ کی کوئی بھی خبر خواہ وہ امن کی ہوتی یا جنگ کی سنتے تو گھبرا جاتے تھے کیونکہ وہ ان سے جھوٹ یا سچ کو نہ جانتے تھے پس اللہ نے انہیں اس سے منع کیا ہے اور ان کو حکم دیا ہے کہ اسے رسولؐ اور اولی الامر کی طرف پلٹا دو اور وہ امیر المومنینؑ کی ذات ہے کہ جس کا بیان پہلے گزر چکا ہے ابو علی الطبرسی نے کہا ہے کہ امام ابو جعفرؑ اور امام ابو عبداللہؑ سے روایت ہے کہ اللہ کا فضل اور رحمت رسول اللہؐ اور علیؑ ہیں اور ان دونوں کے لیے ہی بزرگی، عز اور اکرام ہے۔

اللہ کا قول (اللہ اسے معاف نہیں کرتا کہ اس کے ساتھ شرک کیا جائے اور اس کے سوا جسے چاہے بخش دے)

تاویل۔ اسناد کے حذف کے ساتھ مرفوعاً ہمارے مولا علی ؑبن الحسینؑ سے انہوں نے اپنے والد گرامی امام حسینؑ سے انہوں نے اپنے والد امیر المومنینؑ سے روایت کی ہے کہ فرمایا مومن جس حال میں اور جس گھڑی بھی مارا جائے وہ شہید ہے میں نے اپنے آقا محبوب رسول اللہؐ کو فرماتے ہوئے سنا کہ اگر مومن اس دنیا سے نکلے اور اس کے ذمے اہل زمین کے گناہ ہوں تو اس کی موت اس کے گناہوں کا کفارہ ہے پھر رسول اللہؐ نے فرمایا جس نے اخلاص کے ساتھ لا الہ الا اللہ کہا وہ شرک سے بری ہے اور جو دنیا سے نکل گیا اور اس نے اللہ کے ساتھ شرک نہ کیا ہو وہ جنت میں داخل ہو گیا پھر اس آیت کی تلاوت فرمائی (بے شک اللہ یہ معاف نہیں کرتا کہ اس کے ساتھ شرک کیا جائے اور اسکے سوا جسے

چاہے معاف کر دے) پھر فرمایا یا علیؑ وہ تیرے شیعہ اور محب ہیں میں نے کہا کیا یہ میرے شیعوں کے لیے ہے فرمایا ہاں میرے پروردگار کی قسم یہ تیرے شیعہ اور محب کے لیے ہے کہ جب وہ اپنی قبروں سے نکلیں گے تو وہ کہہ رہے ہونگے (لا الہ الا اللہ محمد رسول اللہ علی ولی اللہ)اور وہ سبز رنگ کے حلے پہنے ہوئے جنت میں آئیں گے اور ان کے سر پر تاج ہوگا اور کرامت کی کلغی ہوگی انہی معنی کے ساتھ الشیخ نے اپنی امالی میں اسناد کے ساتھ محمد بن عطیہ سے انہوں نے امام ابو عبداللہؑ سے روایت کی ہے کہ رسول اللہؐ نے فرمایا موت مومنین کے گناہوں کا کفارہ ہے۔

اللہ کا قول (اگر وہ آئیں یا پھر جائیں تو بے شک اللہ تمہارے اعمال سے باخبر ہے)

تاویل۔ الشیخ محمد بن یعقوب نے الحسین بن محمد سے انہوں نے معلی بن محمد سے انہوں نے علی بن اسباط سے انہوں نے علی بن ابی حمزہ سے انہوں نے ابو بصیر سے انہوں نے امام ابو عبداللہؑ سے اللہ کے اس قول کے بارے میں روایت کی ہے کہ آپؑ نے فرمایا اگر وہ ولایت کی طرف آئیں یا ولایت علیؑ سے پھر جائیں

(تو بے شک اللہ تمہارے اعمال سے باخبر ہے)

اللہ کا قول (بے شک وہ لوگ جو ایمان لائے پھر کفر کیا پھر ایمان لائے پھر کفر کیا پھر اپنے کفر میں بڑھ گئے تو اللہ نہ ہی ان کو معاف کرے گا اور نہ ہی ان کو سیدھے راستے کی طرف ہدایت دے گا منافقوں کو بشارت دے دیجئے کہ ان کے لیے دردناک عذاب ہے)

تاویل۔ محمد بن یعقوب سے انہوں نے الحسین بن محمد سے انہوں نے معلیٰ بن محمد سے انہوں نے محمد

سے انہوں نے امام ابو عبداللہؑ سے اللہ کے اس قول کے بارے میں روایت کی ہے کہ (وہ لوگ جو ایمان لائے پھر کفر کیا پھر ایمان لائے پھر کفر کیا پھر کفر میں بڑھ گئے) فرمایا کہ یہ فلاں، فلاں اور فلاں کے بارے میں نازل ہوئی کہ وہ پہلے نبیؐ پر ایمان لائے پھر جب ان کے سامنے ولایت پیش کی گئی تو وہ پھر گئے کہ جب نبیؐ نے ان سے کہا من کنت مولاہ فھذا علی مولاہ پھر وہ امیر المومنینؑ کی بیعت پر ایمان لائے پھر نبیؐ کے بعد وہ بیعت سے پھر گئے اور بیعت کا اقرار نہ کیا پھر وہ اپنے کفر میں بڑھتے ہی چلے گئے کہ انہوں نے اپنی بیعت لے لی ان میں ایمان باقی نہیں رہا پس انہیں اللہ کبھی معاف نہیں کرے گا نہ ہی انہیں ہدایت دے گا کیونکہ یہ منافق ہیں اور دین میں ان کا نفاق عظیم ہے پس اللہ نے اپنے نبیؐ سے فرمایا(منافقین کو خوشخبری دے دیجئے کہ ان کے لیے دردناک عذاب ہے) اور اللہ نے انہیں اس عذاب الیم میں ہمیشہ کے لیے رکھنے کا اعلان کر دیا ہے۔

اللہ کا قول (وہ لوگ جنہوں نے کفر کیا اور ظلم کیا اللہ نہ تو انہیں معاف کرے گا اور نہ ہی انہیں سیدھے راستے کی طرف ہدایت دے گا سوائے جہنم کے راستے کے اس میں وہ ہمیشہ ہمیشہ رہیں گے اور یہ اللہ پر بہت آسان ہے اے لوگوں تمہارے پاس رسول حق کے ساتھ آگئے ہیں ان پر ایمان لاؤ یہ تمہارے لیے بہتر ہے اگر تم پھر جاؤ گے تو زمین و آسمان میں جو کچھ ہے وہ اللہ ہی کے لیے ہے اور اللہ جاننے والا اور حکمت والا ہے)

تاویل۔ الشیخ محمد بن یعقوب نے احمد بن مہران سے انہوں نے عبدالعظیم بن عبداللہ سے انہوں نے محمد بن الفضیل سے انہوں نے ابو حمزہ سے انہوں نے امام ابو جعفرؑ سے روایت کی ہے کہ جبرائیل یہ آیت یوں لے کر نازل ہوئے (وہ لوگ جنہوں نے کفر کیا اور ظلم کیا آل محمدؑ کے حق پر اللہ ان کو نہ تو معاف کرے گا اور نہ ہی سوائے جہنم کے راستے کے انہیں کسی اور راستے کی طرف ہدایت دے گا وہ

اس میں ہمیشہ رہیں گے اور یہ اللہ پر بہت آسان ہے) (اے لوگوں تمہارے پاس رسولؐ تمہارے پروردگار کی طرف سے حق لے کر آگئے ہیں علیؑ کی ولایت لے کر) (پس تم ایمان لاؤ یہ تمہارے لیے بہتر ہے اگر تم کفر کرو گے ولایت علیؑ سے تو زمین وآسمان میں جو کچھ ہے وہ اللہ ہی کے لیے ہے) اللہ کا قول (اے لوگوں تمہارے رب کی طرف سے تمہارے پاس دلیل آچکی ہے اور ہم نے تمہاری طرف ایک واضح نور اتارا ہے)

تاویل۔ الحسن بن ابوالحسن الدیلمی نے انہوں نے اپنے والد سے انہوں نے اپنے اصحاب سے انہوں نے عبداللہ بن سلیمان سے روایت کی ہے کہ میں نے امام ابو عبداللہؑ سے اللہ کے اس قول کے بارے میں پوچھا (تمہارے پاس تمہارے رب کی طرف سے دلیل آچکی ہے اور ہم نے تمہاری طرف روشن اور واضح نور اتارا) امامؑ نے فرمایا (البرہان) رسول اللہؐ ہیں اور (روشن نور) علیؑ ابن ابی طالبؑ ہیں۔

پس اے میرے بھائی تو ان آیات جلیلہ میں غور کر کہ ان میں اہل بیتؑ کے کتنے فضائل ہیں اور انکی تفضیل ثابت ہے بے شک اللہ ہر چیز پر گواہ ہے۔

سورہ المائدۃ

(اس سورہ کی وہ آیات جو آل محمدؑ اور آئمہ ھدیٰؑ کی شان میں نازل ہوئیں)

علی بن ابراہیم نے الحسین بن محمد بن عامر سے انہوں نے معلی بن محمد البصری سے انہوں نے ابن ابی عمیر سے انہوں نے امام ابو جعفر الثانیؑ سے اللہ کے اس قول کے بارے میں روایت کی ہے (اے ایمان والوں اپنے وعدوں کو پورا کرو) امامؑ نے فرمایا کہ بے شک رسول اللہؐ نے علیؑ کی خلافت پر بارہ مرتبہ عہد لیا پھر اللہ نے یہ آیت نازل فرمائی (اے ایمان والوں اپنے وعدوں کو پورا کرو) کہ جو تم نے امیر المومنینؑ کے بارے میں کیئے ہیں۔

ابن طاؤس نے سعد السعود میں اسی جیسی ہی روایت کی ہے۔

اللہ کا قول (آج کے دن میں نے تمہارے لیے تمہارا دین مکمل کر دیا ہے اور تم پر اپنی نعمت تمام کر دی ہے اور تمہارے لیے اسلام کو دین پسند کر لیا ہے)

تاویل۔(آج میں نے تمہارے دین کو مکمل کر دیا ہے) آج علیؑ کی ولایت کے اعلان کے ساتھ ہی میرے تمام فرائض، میری حدود، میرا حلال، میرا حرام کہ جو میں نے اتارا اور انہیں تمہارے لیے

ثبت کر دیا ہے پس اب نہ اس میں کوئی اضافہ ہو گا اور نہ کوئی کمی تنسیخ کے ذریعے اس دن کے بعد اور یہ غدیر کا دن ہے۔

اصحاب نے امام ابو جعفرؑ اور امام ابو عبد اللہؑ سے روایت کی ہے کہ آپؑ نے فرمایا یہ آیت علیؑ کو غدیر خم میں حجتہ الوداع کے بعد کہ جو آخری حج تھا خلافت پر مامور کرنے کے بعد نازل ہوئی۔

طریق عامہ سے ابو نعیم نے اپنے رجال سے انہوں نے ابو سعید الخدری سے روایت کی ہے کہ رسول اللہؐ نے لوگوں کو غدیر خم والے دن علیؑ کی طرف بلایا اور ان کی کلائی کو پکڑا یہاں تک کہ لوگوں نے ان کی بغل کی سفیدی دیکھ لی اور فرمایا من کنت مولاہ فھذا علی مولاہ اے اللہ جو ان سے محبت رکھے تو ان سے محبت رکھ جو ان سے عداوت رکھے تو ان سے عداوت رکھ جو ان کی نصرت کرے تو ان کی نصرت کر جو انہیں تنہا چھوڑے تو اسے تنہا چھوڑ پھر آپؐ نے علیؑ کو اپنے آپ سے جدا نہیں کیا یہاں تک کہ اللہ نے یہ آیت نازل کی (آج کے دن میں نے تمہارے لیے تمہارا دین مکمل کر دیا اور تم پر اپنی نعمت تمام کر دی اور تمہارے لیے دین اسلام کو پسند کر لیا) پس نبیؐ نے فرمایا اللہ اکبر مجھ پر دین مکمل ہو گیا نعمت تمام ہو گئی اور میرا رب میری رسالت اور علیؑ کی ولایت پر خوش ہو گیا۔

اللہ کا قول (اے ایمان والوں اللہ سے ڈرو اور اس تک پہنچنے میں وسیلہ تلاش کرو)

تاویل۔ ابو علی الطبرسی نے اپنی تفسیر میں کہا ہے کہ سعد بن طریف سے انہوں نے اصبغ بن نباتہ سے انہوں نے علیؑ ابن ابی طالبؑ سے روایت کی ہے کہ آپؑ نے فرمایا جنت میں عرش کے پائے پر دو لولو (موتی) ہیں ان میں سے ایک سفید ہے اور دوسرا زرد ہے ان میں سے ہر ایک میں ستر ہزار کمرے ہیں ان کے دروازے اور رنگ ایک ہیں پس سفید وسیلہ محمدؐ و اہل بیت محمدؐ ہیں اور زرد ابراہیمؑ اور ان کی آل ہیں۔

شیخ صدوق اور ہمارے دوسرے علماء نے وسیلہ کے معنی میں کہا ہے کہ اس کے بارے میں جناب امیرؑ کا خطبہ وسیلہ میں کہ جو روضہ الکافی میں ہے بہت سی باتیں ہیں اور ایک حدیث میں کہا گیا ہے کہ وسیلہ کے معنی یہ ہیں کہ یہ جنت میں دو درجات ہیں یہ سونے اور چاندی سے بنے ہیں پس وہ لوگ یہاں دائیں طرف جائیں گے یہاں تک کہ انبیاء کے درجات کے ساتھ لائے جائیں گے نبی ایسے ہونگے جیسے چاند اور وہ ان کے سامنے ستارے اس دن کوئی نبی، صدیق اور شہید نہ ہوگا کہ کہے گا اس کے لیے طوبیٰ ہے اور ان کے لیے یہ درجہ ہے پس اللہ کی طرف سے ندا آئے گی اور نبی اور تمام مخلوق سنے گی یہ محمدؐ کا درجہ ہے پس میں اس دن نور سے منور ہوں گا اور مجھ پر بادشاہی کا تاج اور کرامت کی کلغی ہوگی میرا بھائی علیؑ ابن ابی طالبؑ میرے سامنے ہوگا اور اس کے ہاتھ میں میرا جھنڈا ہوگا جو کہ لواء الحمد ہوگا اس پر لکھا ہوگا لا الہ الا اللہ المخلون الفائزون باللہ جب ہم نبیوں کے پاس سے گزریں گے تو وہ کہیں گے یہ کوئی دو مقرب فرشتے ہیں جب ملائکہ کے پاس سے گزریں گے تو وہ کہیں گے یہ دونوں نبی مرسل ہیں یہاں تک کہ میں سب سے زیادہ بلند درجے پر پہنچ جاؤں گا اور علیؑ مجھ سے ایک درجہ نیچے درجہ پر ہونگے اس دن کوئی نبی، صدیق، شہید نہ ہوگا جو وہ کہے گا ان دونوں نوجوانوں کے لیے طوبیٰ ہے پس اللہ کی طرف سے ندا آئے گی جسے نبی، صدیق، اور شہید سنیں گے یہ میرا محبوب محمدؐ ہے اور یہ میرا ولی علیؑ ہے جس نے اس سے محبت کی اس کے لیے طوبیٰ ہے اور اس کے لیے ہلاکت ہے جس نے ان سے بغض رکھا پھر رسول اللہؐ نے فرمایا اس دن اے علیؑ جو بھی تجھ سے محبت رکھنے والا ہوگا وہ جنت اور باغ بہشت میں ہوگا اور جو تیرا دشمن ہوگا اس کا چہرہ سیاہ اور اس کا دل پریشان ہوگا اسی اثناء میں دو فرشتے ہماری طرف آئیں گے ان میں سے ایک داروغہ جنت ہوگا اور دوسرا داروغہ دوزخ ہوگا وہ دونوں نزدیک آئیں گے اور کہیں گے اے احمد آپؐ پر سلام ہو میں کہوں گا اے فرشتے تم پر بھی سلام ہو تم

کون ہو تمہارا چہرہ کتنا پاکیزہ اور خوبصورت ہے اور تمہاری خوشبو کتنی پاکیزہ ہے وہ کہے گا میں رضوان جنت ہوں یہ جنت کی چابیاں ہیں اللہ نے مجھے آپؐ کی طرف دے کر بھیجا ہے اے احمدؐ انہیں لے لیجئے میں کہوں گا میں نے اپنے رب کی طرف سے انہیں لے لیا اور جو اس نے مجھے فضیلت دی اس پر اس کی حمد ہے میں کہوں گا تم یہ علیؑ کو دے دو وہ علیؑ کو جنت کی کنجیاں دے کر چلا جائے گا پھر دوسرا قریب ہو گا اور کہے گا اے احمدؐ آپؐ پر سلام ہو میں کہوں گا اے فرشتے تم پر بھی سلام تم کون ہو تمہارا چہرہ کتنا قبیح ہے اور کتنے بد شکل دیکھائی دیتے ہو وہ کہے گا میں داروغہ دوزخ ہوں یہ جہنم کی چابیاں ہیں مجھے آپؐ کی طرف اللہ نے بھیجا ہے پس اے احمدؐ انہیں لے لیجئے میں کہوں گا جو میرے رب نے مجھے فضیلت دی اس پر اللہ کی حمد ہے تم یہ علیؑ کو دے دو پھر وہ بھی چلا جائے گا پس علیؑ وہ چابیاں لے کر آگے بڑھیں گے اور جہنم کے کنارے کھڑے ہونگے تو جہنم کہے گی یا علیؑ (آپؑ جہنم کی لجام پکڑے ہونگے) آپؑ کے نور سے میری آگ ٹھنڈی ہو رہی ہے پھر علیؑ فرمائیں گے اے جہنم ٹھہرو یہ لو یہ میرا دشمن ہے اور یہ میرا دوست ہے اسے چھوڑ دو اس دن جہنم اس سے بھی زیادہ علیؑ کی مطیع ہو گی کہ جتنا تمہارا غلام ہوتا ہے۔

اللہ کا قول (اے ایمان والوں جو تم میں سے اپنے دین سے پھر جائے گا تو عنقریب اللہ ایسی قوم لائے گا کہ جو اس سے محبت کرے گا اور وہ ان سے محبت کرے گا وہ اللہ کی راہ میں جہاد کریں گے اور کسی ملامت کرنے والے کی ملامت سے خوفزدہ نہ ہونگے یہ اللہ کا فضل ہے جسے چاہے دے بے شک اللہ وسیع علم والا ہے)

تاویل۔(جو تم میں سے اپنے دین سے پھر جائے) یعنی دین ایمان سے دین کفر کی طرف پھر جائے تو بے شک اللہ پاک ہے اس کا دین اعوان وانصار سے خالی نہیں ہوتا(عنقریب اللہ ایسی قوم لے آئے گا

جو کہ ان سے محبت کرے گی وہ ان سے محبت کریں گے وہ مومنوں کے لیے باعث رحمت ہو گی) یعنی ان پر نرم اور مہربان ہو گی (اور کافروں پر سخت) یعنی غالب ہو گی وہ اللہ کے کلمہ کی بلندی کے لیے اللہ کی راہ میں جہاد کریں گے اور کسی ملامت کرنے والے کی ملامت سے خوفزدہ نہیں ہونگے اور یہ تمام آیات امیر المومنینؑ کی شان میں نازل ہوئیں۔

ابوالحسن الطبرسی نے اپنی تفسیر میں ذکر کیا ہے کہ اس سے مراد امیر المومنینؑ اور آپؑ کے اصحاب ہیں کہ جنہوں نے بیعت توڑنے والے ناکثین، قاسطین اور مارقین سے جنگ کی اور عمار یاسرؓ، حذیفہ یمانیؓ اور ابن عباسؓ سے روایت ہے اور یہی روایت امام ابو جعفرؑ اور امام ابو عبد اللہؑ سے بھی مروی ہے کہ اس کی تائید نبیؐ کا قول کرتا ہے کہ خیبر والے دن آپؐ نے فرمایا کہ میں کل علم اس شخص کو دوں گا جو مرد ہو گا وہ اللہ اور اسکے رسولؐ سے محبت کرتا ہے اور اللہ اور اس کا رسولؐ اس سے محبت کرتے ہیں وہ کرار غیر فرار ہے وہ اس وقت تک نہیں لوٹے گا جب تک اللہ اس کے ہاتھوں پر فتح نہ دے دے رسول اللہؐ کا ایک اور قول ہے جس میں آپؐ نے فرمایا کہ میں تمہاری طرف ایک ایسے شخص کو بھیج رہا ہوں جو کل تمہاری گردنیں مارے گا تاویل قرآن پر جس طرح آج اس نے تنزیل پر تم سے لڑائی کی ہے کچھ نے کہا یا رسول اللہؐ وہ کون ہے کیا ابو بکر؟ فرمایا نہیں کہا عمر؟ فرمایا نہیں مگر وہ جس کہ جوتی گانٹھ رہا ہے اور علیؑ اس وقت جوتا گانٹھ رہے تھے۔

امیر المومنینؑ سے روایت ہے کہ یوم بصرہ یعنی یوم جمل آپؑ نے فرمایا کہ اس آیت کے اہل لوگوں سے آج کے دن تک لڑائی نہیں ہوئی تھی یعنی وہ کہ جو اس دین سے پھر گئے ہیں اور یہ اس آیت کے ہی اہل ہیں۔

اللہ کا قول (

زکواۃ دیتے ہیں حالت رکوع میں اور جو اللہ اس کے رسول سے محبت کرتے ہیں اور جو ایمان والے ہیں بے شک اللہ کا گروہ ہی غالب ہے)

تاویل۔ جب اللہ نے ارادہ فرمایا کہ اپنی مخلوق کے لیے اولیاء یعنی حاکمین کو واضح کرے تو فرمایا(بے شک تمہارا حاکم اللہ ہے اور اس کا رسول ہے اور وہ لوگ جو رکوع کی حالت میں زکواۃ دیتے ہیں) حاکم وہ ہے جو سب سے زیادہ تصرف رکھتا ہے اللہ کے اس قول کے مطابق (نبی مومنین پر ان کی جانوں سے زیادہ تصرف رکھتا ہے) اور حاکم سے مراد یہ بھی ہے کہ جس کی اطاعت واجب ہوتی ہے کیونکہ جس کی معرفت نہیں ہوتی اس کی اطاعت نہیں ہوتی اور پھر ایمان والوں کو ان صفات سے یاد کیا گیا ہے کہ جو صفات خاص ہیں ان میں ان کے ساتھ کوئی بھی شریک نہیں ہے اللہ نے فرمایا(وہ لوگ جو نماز قائم کرتے ہیں اور حالت رکوع میں زکواۃ دیتے ہیں) اس پر عام وخاص کی روایات متفق ہیں کہ یہ آیت امیر المومنینؑ کی شان میں نازل ہوئی کیونکہ جناب امیرؑ کے سوا کسی نے رکوع کی حالت میں صدقہ نہیں کیا۔

ابو علی الطبرسی نے اسناد کے حذف کے ساتھ عبایہ بن ربعی سے روایت کی ہے کہ عبداللہ بن عباس کے س اتھ زمزم کے منڈھیر پر بیٹھے ہوئے تھے کہ ایک شخص اپنے چہرے کو عمامہ سے چھپائے ہوئے آیا ابن عباس نے اس سے پوچھا آپ کون ہیں اس نے پنے چہرے سے نقاب اٹھایا اور کہا اے لوگوں مجھے جان لو جو جانتا ہے اور جو نہیں جانتا وہ جان لے میں جندب بن جنادۃ ہوں میں نے رسول اللہؐ کو فرماتے ہوئے سنا کہ علیؑ نیکوکاروں کا قائد، کفار کا قاتل ہے جس نے اس کی مدد کی اس کی مدد کی جائے گی جس نے اس کو تنہا چھوڑا اس نے مجھے تنہا چھوڑا اور میں نے رسول اللہؐ کے ساتھ ایک دن ظہر کی نماز مسجد میں پڑھی کہ ایک سائل نے مسجد میں سوال کیا تو کسی نے اسے کچھ نہ دیا پس سائل نے

آسمان کی طرف ہاتھ اٹھائے اور کہا اے اللہ میں نے مسجد رسول اللہؐ میں سوال کیا لیکن کسی نے مجھے کچھ نہ دیا تو علیؑ رکوع کی حالت میں تھے آپؑ نے اپنی انگشت بڑھائی اس میں انگوٹھی تھی پس سائل آگے بڑھا اور ان کے انگشت سے انگوٹھی لے لی پس جب رسول اللہؐ نماز سے فارغ ہوئے تو اپنا سر آسمان کی طرف اٹھایا اور فرمایا اے اللہ میرے بھائی موسیٰؑ نے تجھ سے سوال کیا تھا (اے میرے پروردگار میرا سینہ کھول دے اور میرے امر کو میرے لیے آسان فرمادے اور میری زبان کی گرہ کھول دے یہ میری بات کو سمجھ لیں اور میرے اہل سے میرے بھائی ہارون کو میرا وزیر بنا اس کے ذریعے میرا بوجھ ہلکا فرما اور انہیں میرے امر میں شریک فرما) پس اللہ نے ان پر بولنے والا قرآن عطا فرمایا (عنقریب ہم تیرے بھائی کو تیرا اجز بنادیں گے) اے اللہ محمدؐ تیرا نبی اور برگزیدہ ہوں اے اللہ میرا سینہ کشادہ فرما اور میرا کام آسان فرمادے اور میرے اہل میں سے میرے بھائی علیؑ کو وزیر بنادے اور میرا بوجھ ہلکا کر دے ابو ذرؓ فرماتے ہیں کہ اللہ کی قسم ابھی رسول اللہؐ کا کلام ختم نہیں ہوا تھا کہ جبرائیل آیا اور کہا اے محمدؐ پڑھیے فرمایا کیا پڑھوں کہا پڑھیے (انما ولیکم اللہ ورسولہ ۔۔۔)

ہم سے جعفر بن عبداللہ نے کہا کہ ہم سے کبیر بن عیاش نے انہوں نے ابوالجارود سے انہوں نے امام ابو جعفرؑ سے اللہ کے اس قول کے بارے میں روایت کی ہے (بے شک سوائے اس کے کہ تمہارا حاکم اللہ ہے اس کا رسول اور وہ ایمان والے جو حالت رکوع میں زکواۃ دیتے ہیں) امامؑ نے فرمایا یہود کا ایک گروہ اسلام لے آیا ان میں سے عبداللہ بن سلام، اسد بن ثعلبہ، ابن یامین، ابن صوریا بھی تھے وہ نبیؐ کے پاس آئے اور کہا اے اللہ کے نبیؐ موسیٰؑ نے یوشع بن نون کو وصی بنایا اے اللہ کے رسولؐ آپ کا وصی کون ہے اور آپ کے بعد ہمارا ولی کون ہے پس یہ آیت نازل ہوئی پھر رسول اللہؐ نے فرمایا اٹھو اور مسجد میں آؤ جب سب مسجد کے قریب پہنچے تو دیکھا ایک سوالی مسجد سے نکل رہا تھا آپؐ نے اس سے

فرمایا اے سائل کیا تم کو کسی نے کچھ دیا اس نے کہا جی ہاں یہ انگوٹھی فرمایا کس نے دی ہے کہا کہ اس نماز پڑھنے والے شخص نے فرمایا کس حالت میں دی اس نے کہا رکوع کی حالت میں پس نبیؐ نے تکبیر بلند کی اور اہل مسجد نے بھی تکبیر بلند کی پس نبیؐ نے فرمایا میرے بعد علیؑ ابن ابی طالبؑ تمہارا اولی ہے انہوں نے کہا ہم اللہ کے رب ہونے پر اسلام کے دین ہونے پر اور محمدؐ کے نبی ہونے پر اور علیؑ ابن ابی طالبؑ کے حاکم ہونے پر راضی ہیں پس اللہ عزوجل نے یہ آیت نازل فرمائی۔

عمر ابن الخطاب سے روایت ہے کہ اللہ کی قسم میں نے چالیس انگوٹھیاں خیرات کیں رکوع کی حالت میں تاکہ میرے لیے بھی وہی فضیلت نازل ہو جو علیؑ ابن ابی طالبؑ کے بارے میں نازل ہوئی لیکن کچھ نازل نہ ہوا۔

پس آپؑ کی اس عظیم ولایت کے بارے میں نوے طریقوں سے متصل روایات مخالفین کی کتابوں میں سے آئی ہیں۔

اللہ کا قول (اگر یہ لوگ تورات اور انجیل اور ان کی طرف جو بھی نازل کیا گیا ہے اس پر قائم رہتے تو یہ لوگ اپنے اوپر اور نیچے سے رزق پاتے اور کھاتے ایک جماعت تو ان میں درمیانہ روش کی ہے باقی ان میں سے بہت سے لوگوں کے بہت برے اعمال ہیں)

تاویل۔ الشیخ محمد بن یعقوب نے انہوں نے محمد بن اسماعیل سے انہوں نے الفضل بن شاذان سے انہوں نے حماد بن عیسیٰ سے انہوں نے ربعی سے انہوں نے امام ابو جعفرؑ سے اللہ کے اس قول کے بارے میں روایت کی ہے (اگر وہ تورات اور انجیل اور جو ان پر ان کے رب کی طرف سے اتارا گیا اس پر قائم رہتے) فرمایا ولایت علیؑ پر۔ اس تاویل کے معنی یہ ہیں کہ بنی اسرائیل کہ جو اہل تورات و انجیل ہیں وہ نبیؐ کے زمانے میں ان دو کتابوں پر قائم رہتے اور ان میں تبدیلی نہ کرتے تو اس میں محمدؐ

کا ذکر پاتے کہ وہ سچے رسولؐ ہیں اور علیؑ کی صفات کا ذکر پاتے کہ ان کی ولایت فرض ہے اور مخلوق پر واجب ہے اور تفسیر امام حسن عسکریؑ میں سے سورۃ البقرہ میں اس کے بارے میں بہت سی روایات گزر چکی ہیں۔

محمد بن یعقوب سے انہوں نے محمد بن یحییٰ سے انہوں نے سلمہ بن الخطاب سے انہوں نے علی بن سیف سے انہوں نے العباس بن عامر سے انہوں نے احمد بن رزق الغمشانی سے انہوں نے محمد بن عبدالرحمن سے انہوں نے امام ابو عبداللہؑ سے روایت کی ہے کہ ہماری ولایت اللہ کی ولایت ہے کہ اللہ نے تمام انبیاء کو اسی ولایت کے صدقے میں مبعوث کیا۔

احمد بن محمد سے انہوں نے الحسن بن محبوب سے انہوں نے محمد بن الفصیل سے انہوں نے امام ابو الحسنؑ سے روایت کی ہے کہ آپؑ نے فرمایا ولایت علیؑ تمام انبیاء کے صحیفوں میں موجود تھی اور اللہ نے جتنے بھی انبیاء مبعوث کئے وہ نبوت محمدؐ اور ولایت علیؑ کے صدقے میں کئے۔

اللہ کا قول(اے رسول جو آپ کی طرف آپ کے رب نے نازل کیا ہے اسے پہنچا دیں اگر آپ نے ایسا نہ کیا تو آپ نے رسالت کا کوئی کام ہی نہ کیا اور اللہ آپ کو لوگوں سے محفوظ رکھے گا اللہ کافروں کی قوم کو ہدایت نہیں دیتا)

تاویل۔اللہ عزوجل نے رسول اللہؐ کو حکم دیا تبلیغ کا اور ان کو بچانے اور نصرت کا وعدہ کیا(اے رسول پہنچا دیجئے) کہ اپنی امت کو وہ پیغام سنا دیں کہ جو ولایت علیؑ اور ان کی اطاعت کے بارے میں نازل کیا گیا ہے اور بغیر خوف و تقیہ کے ان کی خلافت کا اعلان کر دیجئے(اور اگر آپ نے ایسا نہ کیا تو آپ نے رسالت خداوندی کا کوئی کام ہی نہیں کیا) کیونکہ یہ پیغام تمام دیگر پیغامات سے بڑا ہے کہ جس کے ذریعے دین مکمل ہوا اور اللہ رب العالمین کی نعمت تمام ہوئی اور مسلمانون کے امور منظم ہوئے اگر یہ

نہ پہنچایا تو کوئی غرض تبلیغ پوری نہ ہوئی گویا کہ آپ نے اس اللہ کی رسالت کا فریضہ ہی سرانجام نہ دیا کیونکہ یہ آخری اور سب سے اہم ترین فریضہ رسالت ہے اور اس آیت میں پانچ چیزیں آئی ہیں پہلا عزت واحترام ہے اللہ کے اس قول کے پیش نظر (اے رسولؐ) دوسرا حکم ہے اس کے قول میں (پہنچادو) تیسرا بیان ہے حکم کا (جو آپ کی طرف نازل کیا گیا ہے)چوتھا اس حکم کے نہ پہنچانے پر سخت ترین تنبیہ (اگر آپ نے نہ پہنچایا تو کار رسالت کا کوئی کام ہی انجام نہ دیا) پانچواں لوگوں کے شر سے حفاظت ہے (اور اللہ آپ کو لوگوں سے محفوظ رکھے گا) پس واقعہ غدیر خاص و عام میں مشہور و معروف ہے ہم اسے یہاں مختصراً بیان کرتے ہیں کہ جو احمد بن حنبل نے اپنی مسند میں ابو سعید الخذری کی اسناد سے نقل کیا ہے کہ غدیر والے دن نبیؐ نے لوگوں کو غدیر خم میں بلایا اور درخت کے نیچے جو کانٹے تھے یا جھاڑیاں تھیں انہیں صاف کرنے کے لیے کہا پھر لوگوں کو علیؑ کی طرف بلایا اور ان کی کلائی سے پکڑا پھر ان کے دونوں بازوؤں کو بلند کیا یہاں تک کہ ان کی بغلوں کی سفیدی نظر آنے لگی اور پھر فرمایا من کنت مولاہ فھذا علی مولاہ اے اللہ تو اسے محبت رکھ کہ جس کو علیؑ سے محبت ہو اور اس کی مدد کر جو اس کی مدد کرے اور جس نے اسے تنہا چھوڑا اسے تنہا چھوڑ دے تو عمر بن الخطاب نے کہا اے ابن ابی طالبؑ آپؑ کو مبارک ہو کہ آپؑ قیامت تک میرے اور ہر مومن و مومنہ کے مولا قرار پائے۔

ابن طاؤس نے طرائف میں اور سعد السعود میں روایات کثیرہ جمہور اہل سنت کے طریقوں سے نقل کی ہیں۔

الشیخ الصدوق محمد بن بابویہ نے امالی میں ایک مختصر ولطیف حدیث روایت کی ہے جو غدیر سے متعلق ہے کہ ہم سے میرے والد نے انہوں نے سعد بن عبداللہ سے انہوں نے احمد بن ابو عبداللہ البرقی

سے انہوں نے اپنے والد سے انہوں نے خلف بن حمار سے انہوں نے ابوالحسن العبدی سے انہوں نے سلیمان بن الاعمش سے انہوں نے عبایہ بن ربعی سے انہوں نے عبداللہ بن عباس سے روایت کی ہے کہ جب رسول اللہؐ معراج ہوئی تو جبرائیل انہیں ایک نہر پر لے گیا جسے النور کہتے ہیں جب اپؐ اس نہر پر پہنچے تو جبرائیل نے کہا اے محمدؐ اللہ کی اس برکت میں غوطہ لگائیں تو اللہ آپؐ کی آنکھ کو نور دے دیگا اس نہر پر سوائے میرے آج تک کسی ملک مقرب یا نبی مرسل نے غوطہ نہیں لگایا میں اس میں ہر دن غوطہ لگاتا ہوں اور باہر نکل کر اپنے پر جھاڑتا ہوں تو ہر قطرے سے اللہ ایک مقرب فرشتہ خلق کرتا ہے اس کے بیس ہزار چہرے ہوتے ہیں اور چالیس ہزار زبانیں ہر زبان کی بولی دوسری زبان سے مختلف ہوتی ہے پس رسول اللہؐ نے غوطہ لگایا یہاں تک کہ حجاب تک پہنچے اور یہ حجاب پانچ سو حجاب تھے ایک حجاب سے دوسرے حجاب کی مسافت پانچ سو سال تھی پھر آپؐ سے جبرائیل نے کہا اے محمدؐ آگے بڑھیے تو جبرائیل نے کہا تم میرے ساتھ کیوں نہیں ہو کہا کہ میرے لیے اس مقام سے آگے جانا جائز نہیں ہے پس رسول اللہؐ اتنا آگے بڑھے جتنا اللہ نے چاہا یہاں تک کہ سنا کہ اللہ فرما رہا تھا میں محمود ہوں اور تو محمدؐ ہے میں نے تمہارا نام اپنے نام سے رکھا جس نے تجھ سے تعلق رکھا میں اس سے تعلق رکھوں گا جس نے تجھ سے قطع کیا میں اس سے قطع کروں گا پس میرے بندوں کے پاس جاؤ اور انہیں میری بزرگی بتاؤ میں نے جتنے بھی انبیاء بھیجے ہیں ان کا وزیر بنایا ہے اور آپؐ میرے رسولؐ ہیں اور علیؑ آپؐ کا وزیر ہے پس رسول اللہؐ اترے اور انہوں نے لوگوں کو یہ بتانا ناپسند کیا اس ڈر سے کہ وہ مجھ پر تہمت لگائیں گے یہاں تک کہ چھ دن گزر گئے پس اللہ نے یہ آیت نازل کی (شاید کہ آپ کی طرف جو وحی کی گئی ہے آپ اس کو اپنے سینے کی تنگی کی وجہ سے چھوڑنا چاہتے ہیں) پس رسول اللہؐ کو احتمال ہوا یہاں تک کہ آٹھ دن گزر گئے اللہ نے یہ آیت نازل فرمائی (اے میرے رسول جو آپ کی طرف اتارا

گیاہے اسے پہنچادو اگر تم نے یہ نہ کیا تو تم نے اس کی رسالت ہی نہیں پہنچائی اور اللہ لوگوں سے تم کو محفوظ رکھے گا) پس رسول اللہؐ نے فرمایا وعید کے بعد دھمکی میں اپنے رب کا حکم پہنچا کر رہوں گا اگرچہ کہ یہ مجھے جھٹلائیں یا تہمت لگائیں یہ مجھے حقیر ہے اس سے کہ مجھے دنیا و آخرت میں میرا رب سزادے اور فرمایا کہ جبرائیل نے علیؑ کو امیر المومنینؑ کہہ کر سلام کیا علیؑ نے فرمایا یا رسول اللہؐ میں اچھا کلام تو سن رہا ہوں مگر اچھا دیکھ نہیں رہا آپؐ نے فرمایا یا علیؑ یہ جبرائیل ہے جو کہ میرے رب کی طرف سے آیا ہے کہ جو مجھ سے وعدہ کیا ہے اسے سچ کر دکھاؤں پھر رسول اللہؐ نے ایک ایک صحابی کو حکم دیا کہ علیؑ کو امیر المومنینؑ کہہ کر سلام کریں پھر فرمایا اے بلال لوگوں کو آواز دو کہ کل کوئی شخص سوائے بیمار کے گھر میں نہ رہے کہ وہ غدیر خم میں نکلے اگلے دن رسول اللہؐ اپنے اصحاب کے ساتھ نکلے اللہ کی حمد و ثناء کی پھر فرمایا اے لوگوں اللہ نے مجھے تمہاری طرف ایک پیغام دے کر بھیجا ہے میں نے اسے اس خوف سے چھپایا کہ تا کہ تم مجھ پر تہمت نہ لگاؤ اور میری تکذیب نہ کرو پس اللہ نے وعید کے بعد وعید نازل کی پس تمہارا جھٹلانا مجھے حقیر ہے اس سے کہ مجھے اللہ دنیا و آخرت میں سزادے اللہ نے فرمایا مجھے معراج کی رات اللہ نے فرمایا اے محمدؐ سنو میں محمود ہوں تم محمدؐ ہو میں نے تمہارا نام اپنے نام سے رکھا ہے جو تجھ سے ملے گا میں اس سے ملوں گا جو تجھ سے قطع رحمی کرے گا میں اس سے تعلق توڑوں گا میرے بندوں کی طرف جا کر انہیں میری کرامت سے آگاہ کرو میں نے کوئی نبی مبعوث نہیں کیا کہ ہر ایک کا وزیر بنایا ہے اور بے شک تو میرا رسولؐ ہے اور علیؑ تیرے وزیر ہیں پھر رسول اللہؐ نے علیؑ کا ہاتھ بلند کیا یہاں تک کہ لوگوں نے ان کی بغل کی سفیدی دیکھ لی جو پہلے کسی نے نہیں دیکھی تھی پھر فرمایا اے لوگوں اللہ میرا مولا ہے اور میں مومنین کا مولا ہوں پس جس کا میں مولا

تو اس سے دشمنی رکھ جو اسے تنہا چھوڑ دے تو اسے تنہا چھوڑ اور جو اس کی مدد کرے تو اس کی مدد کر تو منافقین اور جن کے دلوں میں کفر کی بیماری تھی اور جو کج رو تھے انہوں نے کہا ہم اس پر راضی نہیں ہیں کہ علیؑ ان کے وزیر ہوں تو سلمانؓ، مقدادؓ، ابو زرؓ، عمار بن یاسرؓ نے کہا کہ ابھی تھوڑی دیر ہی گزری تھی کہ یہ آیت نازل ہوئی (آج کے دن میں نے تمہارا دین مکمل کر دیا اور اپنی نعمت تم پر تمام کر دی اور تمہارے لیے دین اسلام کو پسند کیا) پس رسول اللہؐ نے اس آیت کو تین مرتبہ دہرایا پھر فرمایا کہ دین کی تکمیل اور نعمت کا اتمام رب کی رضا، میری رسالت علیؑ کی ولایت سے تکمیل تک پہنچی۔

اللہ کا قول (اطاعت کرو اللہ کی اور اطاعت کرو رسول کی اور ڈرو اگر تم پھر جاؤ تو جان لو کہ ہمارے رسول کہ ذمہ صاف صاف پہنچانا ہے)

تاویل۔ الشیخ محمد بن یعقوب نے انہوں نے محمد بن یحییٰ سے انہوں نے احمد بن محمد سے انہوں نے الحسن بن محبوب سے انہوں نے الحسین بن نعیم الصحاف سے روایت کی ہے کہ میں نے امام ابو عبداللہؑ سے اللہ کے اس قول کے بارے میں پوچھا (اطاعت کرو اللہ کی اور اسکے رسول کی ۔۔۔) فرمایا کہ اللہ کی قسم تم میں سے پہلے اور تمہارے بعد وہی لوگ ہلاک ہوئے یا ہونگے جنہوں نے ہماری ولایت کا انکار کیا اور رسول اللہؐ اس وقت تک دنیا سے نہیں گئے جب تک اس امت کی گردن میں ہماری ولایت کا پٹہ نہیں ڈال دیا۔

(جان لو کہ ہمارے رسول کے ذمہ صاف صاف پہنچانا ہے) امامؑ نے فرمایا کہ اللہ نے اس امت پر ولایت علیؑ واجب قرار دی ہے پس اگر لوگوں نے اسے چھوڑا اور اسے ترک کر دیا تو اللہ فرماتا ہے بے شک ہمارے رسولؐ کے ذمہ صرف صاف صاف پہنچانا ہے۔

(اور اللہ جسے چاہتا ہے صراط مستقیم کی طرف ہدایت دیتا ہے) اس کی تاویل میں امامؑ نے فرمایا اللہ ہماری ولایت صراط مستقیم ہے اللہ جسے چاہتا ہے اس کی طرف ہدایت دیتا ہے۔

اللہ کا قول (اس دن اللہ رسولوں کا جمع کرے گا اور کہے گا کہ تم نے کیا قبول کیا وہ کہیں گے کہ ہمیں علم نہیں بے شک تو نہیں پوشیدہ باتوں کا جاننے والا ہے)

تاویل۔ الشیخ محمد بن یعقوب نے اسناد کے ساتھ الحسن بن محبوب سے انہوں نے ہشام بن سالم سے انہوں نے یزید الکناسی سے روایت کی ہے کہ میں نے امام ابو جعفرؑ سے اللہ کے اس قول کے بارے میں پوچھا (اس دن اللہ رسولوں کو جمع کرے گا تو کہے گا تم نے کیا قبول کیا وہ کہیں گے کہ ہمیں اس کا علم نہیں ہے بے شک تو پوشیدہ باتوں کا جاننے والا ہے) امامؑ نے فرمایا اس کی تاویل یہ ہے کہ اللہ ان سے کہے گا تم نے اپنے اوصیاء کے بارے میں کیا قبول کیا کہ جن کو تم نے اپنی امتوں کے درمیان چھوڑا وہ کہیں گے کہ ہمیں نہیں پتا کہ انہوں نے ہمارے بعد کیا کیا بے شک تو پوشیدہ باتوں کو جانتا ہے۔

پس اس سورۃ میں جو آیات آئمہؑ کی ولایت پر دلالت کرتی تھیں بیان ہو گئیں اس کو چھوڑنے والا جہنم میں جائے گا اور ان سے جڑنے والا جنت میں ہو گا پس ان پر ان کے رب کی طرف سے درود و سلام ہے۔

سورة الانعام

(اس سورہ کی وہ آیات جو آئمہؑ معصومینؑ کی شان میں نازل ہوئیں)

اللہ کا قول(اور یہ قرآن آپ کی طرف وحی کیا گیا تا کہ آپ اس کے ذریعے ڈرائیں)

تاویل۔ الشیخ محمد بن یعقوب نے انہوں نے الحسن بن محمد سے انہوں نے معلی بن محمد سے انہوں نے الوشاء سے انہوں نے احمد بن عائذ سے انہوں نے ابن ازنیہ سے انہوں نے مالک النغی سے روایت کی ہے کہ میں نے امام ابو عبداللہؑ سے اللہ کے اس قول کے بارے میں پوچھا تو آپؑ نے فرمایا جسے آل محمدؑ کی معرفت حاصل ہو جائے وہ ہمارے حق کے ذریعے دوسروں کو ڈرائے جیسا رسول اللہؐ نے ڈرایا۔

اللہ کا قول(اگر انہیں لوٹا دیا جائے تو وہ پھر دشمنی کریں گے اور بے شک وہ جھوٹے ہیں)

تاویل۔ حذف اسناد کے ساتھ جابر بن عبداللہ سے روایت ہے کہ میں نے امیر المومنینؑ علیؑ ابن ابی طالبؑ کو دیکھا کہ آپؑ کوفہ سے باہر تشریف لے جا رہے تھے میں بھی ان کے پیچھے چل پڑا یہاں تک کہ آپؑ یہود کے قبرستان میں پہنچے اور اس کے درمیان کھڑے ہو کر پکارے اے یہود! اے یہود! انہوں نے قبروں سے آواز دی لبیک اے ہمارے آقا فرمایا عذاب کو کیسا پاتے ہو انہوں نے کہا کہ جیسا

ہم نے ہارون کی نافرمانی کر کے پایا پس ہم اور جنہوں نے آپؑ کی نافرمانی کی وہ قیامت تک عذاب میں مبتلا رہیں گے پھر ایک چیخ سنائی دی وہ ایسی تھی کہ قریب تھا کہ آسمان زمین پر گر پڑے پس میں غش کھا کر گر گیا جب مجھے افاقہ ہوا میں نے امیر المومنینؑ کو ایک تخت پر جو کہ سرخ یاقوت کا بنا ہوا تھا تشریف فرما دیکھا اور آپؑ نے سبز حلہ زیب تن کیا ہوا تھا اور آپؑ کا چہرہ مبارک چودھویں کے چاند جیسا تھا میں نے کہا اے میرے سردار یہ عظیم بادشاہت ہے فرمایا ہاں جابر ہماری بادشاہت سلیمان بن داؤد کی بادشاہت سے بھی عظیم ہے پھر ہم کوفہ میں داخل ہوئے اور میں بھی مسجد میں آپؑ کے پیچھے آگیا اور آپؑ فرما رہے تھے نہیں اللہ کی قسم میں نہیں کروں گا نہیں اللہ کی قسم کبھی نہیں میں نے کہا اے میرے مولاؑ آپؑ کس سے مخاطب ہیں جب کہ میں کسی کو بھی نہیں دیکھ رہا فرمایا مجھ سے تمام حجاب اٹھائے گئے تو میں نے دیکھا کہ عالم برزخ میں انہیں عذاب دیا جا رہا ہے انہوں نے مجھے پکارا اے امیر المومنینؑ ہمیں دنیا میں واپس لوٹا دیں ہم آپؑ کی ولایت اور فضیلت کا اقرار کریں گے میں نے کہا اللہ کی قسم میں ایسا نہیں کروں گا میں اللہ کی قسم نہیں کروں گا پھر یہ آیت تلاوت فرمائی (اگر انہیں لوٹا دیا جائے تو وہ پھر دشمنی کریں گے اور بے شک وہ جھوٹے ہیں) پھر فرمایا اے جابر! جس نے کسی نبیؐ کے وصی کی مخالفت کی اللہ اسے قیامت کے میدان میں اندھا محشور کرے گا۔

اللہ کا قول (اور تیرے رب کے کلمات سچ اور عدل کے ساتھ تمام ہوئے وہ اپنے کلمات کو بدلنے والا نہیں بے شک وہ سننے والا اور جاننے والا ہے)

تاویل۔ محمد بن یعقوب نے انہوں نے محمد بن یحییٰ سے انہوں نے محمد بن الحسین سے انہوں نے موسیٰ بن سعدان سے انہوں نے عبداللہ بن القاسم سے انہوں نے الحسن بن راشد سے روایت کی ہے کہ میں نے امام ابو عبداللہؑ کو فرماتے ہوئے سنا کہ جب اللہ تبارک و تعالیٰ امامؑ کو خلق کرنے کا ارادہ کرتا

ہے تو وہ عرش کے نیچے سے پانی لیتا ہے اور اسکے والد کو پلاتا ہے اس پانی سے امامؑ اس دنیا میں ظاہر ہوتا ہے وہ چالیس دن اور راتیں اپنی ماں کے بطن میں رہتا ہے اور کوئی آواز نہیں سنتا پھر اس کے بعد کلام سنتا ہے جب وہ دنیا میں ظاہر ہوتا ہے تو اللہ اسی فرشتے کو اس کی طرف بھیجتا ہے کہ جس نے وہ پانی پلایا تھا تو اس کی آنکھوں کے درمیان لکھ دیتا ہے (تیرے رب کے کلمات سچ اور عدل کے ساتھ تمام ہوئے اور اسکے کلمات کو کوئی تبدیل نہیں کر سکتا بے شک وہ سننے والا اور جاننے والا ہے) جب امامؑ بڑا ہوتا ہے تو اللہ اس کے لیے ایک نور کا مینار بلند کرتا ہے جس کے ذریعے وہ مخلوق کے اعمال دیکھتا ہے۔

اس کی تائید وہ روایت بھی کرتی ہے کہ محمد بن یحییٰ نے احمد بن محمد سے انہوں نے علی بن بدر سے انہوں نے منصور بن یونس سے انہوں نے یونس بن ظبیان سے روایت کی ہے کہ میں نے امام ابو عبد اللہؑ کو فرماتے ہوئے سنا کہ جب اللہ امامؑ کو امامؑ سے خلق کرنے کا ارادہ کرتا ہے تو عرش کے نیچے سے پانی لے کر امامؑ کے پاس آکر اسے پلاتا ہے وہ رحم مادر میں چالیس دن اور رات رہتا ہے اور وہ گفتگو نہیں سنتا پھر اسکے بعد گفتگو سنتا ہے جب اس کی ماں اسے وضع کرتی ہے تو اللہ اس فرشتے کو ہی بھیجتا ہے وہ اس کی دائیں رخسار پر لکھ دیتا ہے (تیرے رب کے کلمات سچ اور عدل کے ساتھ تمام ہو گئے اور تیرے رب کے کلمات کو کوئی تبدیل نہیں کر سکتا بے شک وہ سننے والا اور جاننے والا ہے) جب وہ امامؑ جوان ہو جاتا ہے تو اللہ اس کے لیے ایک نور کا مینار بلند کرتا ہے تو اسکے ذریعے وہ مخلوق کے اعمال دیکھتا ہے۔

اللہ کا قول (وہ کہ جو مردہ ہو ہم نے اسے زندہ کیا اور ان کے لیے نور بنایا کہ جس کے زریعے وہ لوگوں میں چلتا ہے اس کی طرح اس کی مثال ہے کہ وہ اندھیرے میں سے اس سے نکلنے والا نہیں)

تاویل۔ محمد بن یعقوب نے انہوں نے محمد بن یحییٰ سے انہوں نے احمد بن محمد سے انہوں نے محمد بن اسماعیل سے انہوں نے منصور سے انہوں نے برید سے روایت کی ہے کہ میں نے امام ابو جعفرؑ کو فرماتے ہوئے سنا اللہ کے اس قول کے بارے میں کہ اس سے مراد وہ شخص ہے جو امامؑ کی معرفت نہیں رکھتا وہ ایسے مردہ کی طرح ہے جو بظاہر زندہ نظر آتا ہے لیکن باطن میں مردہ ہے (نور کے ذریعے لوگوں میں چلتا ہے) وہ نور امامؑ ہے جس کے زریعے وہ لوگوں کے درمیان زندہ دکھائی دیتا ہے (وہ ایسے ہی ہے جیسے اندھیروں میں ہو اس سے نکلنے والا نہیں) بغیر معرفت امامؑ کے وہ ایسے اندھیرے میں رہتا ہے جہاں سے وہ کبھی نکل نہیں سکتا۔

اللہ کا قول (پس میرا یہ راستہ سیدھا ہے اس کی اتباع کرو اور دوسرے راستوں کی پیروی نہ کرو وہ تم کو اسکے راستے سے ہٹا دیں گے اس کی تم کو وصیت کی جاتی ہے تاکہ تم پرہیز گار بنو)

تاویل۔ علی بن ابراہیم نے اپنی تفسیر میں کہا ہے کہ مجھ سے میرے والد نے انہوں نے نضر بن سوید سے انہوں نے یحییٰ الحلبی سے انہوں نے ابو بصیر سے انہوں نے امام ابو جعفرؑ سے اللہ کے اس قول کے بارے میں روایت کی ہے کہ فرمایا (بے شک میرا یہ راستہ سیدھا ہے اس کی اتباع کرو) فرمایا یعنی امامت کے راستے کی اتباع کرو (اور دوسرے راستوں کی پیروی مت کرو) یعنی دوسرے راستوں کی جو امامت کے سوا ہیں (اس کی اللہ تمہیں وصیت کرتا ہے تاکہ تم پرہیز گار بنو) علی بن یوسف بن جبیر نے اپنی کتاب نہج الایمان میں روایت کی ہے کہ امامؑ نے فرمایا اس آیت میں صراط مستقیم سے مراد علیؑ ابن ابی طالبؑ ہیں۔

ابراہیم الثقفی سے کتاب میں اسناد کے ساتھ ابو بریدہ الاسلمی سے روایت کی ہے کہ رسول اللہؐ نے اللہ کے اس قول کے بارے میں فرمایا (میرا یہ راستہ سیدھا ہے اس کی اتباع کرو اور دوسرے راستوں کی

پیروی نہ کرو کہ تم کو اس کے راستے سے ہٹا دیں گے) میں نے اللہ سے دعا کی اپنا راستہ علیؑ کا راستہ بنا دے پس اللہ نے بنا دیا پس اللہ کے نبیؐ کا یہ قول کہ اسے علیؑ کے لیے بنا دے تو اس سے مراد یہ ہے کہ علیؑ کا راستہ ہی صراط مستقیم ہے۔

اللہ کا قول (کیا وہ یہ انتظار کر رہے ہیں کہ ان کا رب ان کے پاس آئے یا فرشتے آئیں یا تمہارے رب کی بعض نشانیاں آئیں تو اس دن کسی کو اس کا ایمان نفع نہ دے گا کیونکہ وہ اس سے پہلے ایمان نہیں لایا تھا)

تاویل۔ اللہ کا قول (تیرا رب آئے) یعنی اپنی نشانیاں یا معجزات لائے تم کو ہلاک کر کے دکھائے اور ان کو عذاب دے (تیرے رب کی بعض نشانیاں) یعنی سورج کا مغرب سے طلوع ہونا دجال کا آنا اور اس طرح کی دوسری نشانیاں کو علامات ظہور امامؑ ہیں۔ محمد بن یحییٰ سے انہوں نے حمدان سے انہوں نے عبد اللہ بن محمد الیمانی سے اسناد کے ساتھ ہشام بن الحکم سے انہوں نے امام ابو عبد اللہؑ سے اللہ کے اس قول کے بارے میں روایت کی ہے (اس دن سے پہلے جو ایمان نہ لایا ہو گا اس کو کوئی فائدہ نہ ہو گا اس کے ایمان کا) فرمایا میثاق والے دن کہ وہ انبیاء، اوصیاء اور امیر المومنینؑ کا خاص طور پر اقرار کرے اگر اس نے اقرار نہ کیا تو اس دن یعنی قائمؑ کے ظہور والے دن ان کا ایمان لانا ان کو نفع نہ دے گا ایمان ان سے سلب کر لیا جائے گا۔

اس سورہ مبارکہ نے اہل بیتؑ کے تمام جہانوں پر فضیلت کی ضمانت دے دی ہے کہ جو ان پر میثاق سے لے کر فراق تک ایمان لائے اس دن قیامت والے دن وہی نجات پائیں گے اور منافقین کے سوا کوئی ان کی مخالفت نہیں کرے گا پس ان پر لعنت ہی کا حق ہے۔

سورۃ اعراف

(اس سورہ کی وہ آیات جو آئمہ ھدیٰؑ کی شان میں نازل ہوئیں)

اللہ کا قول(جب کسی بے حیائی کا ارتکاب کرتے ہیں تو کہتے ہیں کہ ہم نے اس پر اپنے آباء کو پایا اللہ کی قسم ہمیں اس کا ہی حکم دیا گیا ہے کہہ دیجئے اللہ بے حیائی کا حکم نہیں دیتا کیا تم اللہ کے بارے میں وہ باتیں کہتے ہو کہ جو تم نہیں جانتے)

تاویل۔ محمد بن یعقوب سے انہوں نے ہمارے اصحاب سے انہوں نے احمد بن محمد سے انہوں نے الحسین بن سعید سے انہوں نے ابو وہب سے انہوں نے محمد بن منصور سے روایت کی ہے کہ میں نے امام ابو عبد اللہؑ سے اللہ کے اس قول کے بارے میں پوچھا تو فرمایا کہ تم نے دیکھا ہے کہ کسی نے کہا ہو کہ اللہ عزوجل نے ہمیں زنا کا حکم دیا ہے یا شراب کا یا کسی اور چیز کا جو حرام ہو میں نے کہا بالکل نہیں فرمایا تو پھر یہ کون سی بے حیائی ہے کہ جس کے بارے میں میں وہ کہتے ہیں کہ اللہ نے ہمیں اس کا حکم دیا ہے میں نے کہا اللہ ہی جانتا ہے یا اس کا ولیؑ جانتا ہے فرمایا اس سے مراد ظلم کے اماموں کی اتباع ہے وہ دعویٰ کرتے ہیں کہ اللہ نے ہمیں ان کی اتباع کا حکم دیا ہے پس اللہ نے انکو جواب دیا ہے اور

انہیں بتایا ہے کہ وہ اللہ پر جھوٹ باندھتے ہیں۔

اللہ کا قول (کہہ دیجئے کہ کس نے اس زینت کو حرام کیا ہے کہ جسے اللہ نے اپنے بندوں کے لیے نکالا ہے اور پاکیزہ رزق دیا ہے کہہ دیجئے یہ دنیا کی زندگی میں اور قیامت کے دن خالص ایمان والوں کے لیے ہے)

تاویل۔ الشیخ محمد بن یعقوب نے محمد بن یحییٰ سے انہوں نے احمد بن محمد سے انہوں نے علی بن النعمان سے انہوں نے صالح بن حمزہ سے انہوں نے ابان بن مصعب سے انہوں نے یونس بن ظبیان سے روایت کی ہے کہ میں نے امام ابو عبداللہؑ سے پوچھا کہ آپؑ کے لیے اس زمین میں کیا ہے آپؑ مسکرائے اور فرمایا اللہ نے جبرائیل کو بھیجا اور اسے حکم دیا کہ اپنے پروں سے زمین میں آٹھ نہریں بنائے وہ نہریں سیحان، جیحان، بلخ، الخشوع، مہران یہ نہر ہند ہے، نیل مصر، دجلہ وفرات ہے یہ سب ہمارے لیے ہیں اور جو ہمارے لیے ہے وہی ہمارے شیعوں کے لیے ہے اور ہمارے دشمنوں کے لیے نہیں ہے پھر اس آیت کی تلاوت فرمائی (کہہ دیجئے کہ کس نے اس زینت کو حرام کیا ہے کہ جسے اللہ نے اپنے بندوں کے لیے نکالا ہے اور پاکیزہ رزق دیا ہے کہہ دیجئے یہ دنیا کی زندگی میں اور قیامت کے دن خالص ایمان والوں کے لیے ہے)

اللہ کا قول (کہہ دیجئے کہ میرے رب نے تو صرف بے حیائی کو حرام کیا ہے خواہ وہ ظاہری ہوں یا باطنی)

تاویل۔ محمد بن یعقوب نے احمد بن محمد سے انہوں نے الحسین بن معید سے انہوں نے ابو وہب سے انہوں نے محمد بن منصور سے روایت کی ہے کہ میں نے امامؑ سے اللہ کے اس قول کے بارے میں پوچھا تو فرمایا کہ قرآن کا باطن بھی ہے اور ظاہر بھی پس وہ تمام چیزیں جو اللہ نے قرآن میں حرام کی ہیں

وہ اس کا ظاہر ہے اور اس کے باطن سے مراد ظلم کے امام ہیں اور جو اللہ نے کتاب میں حلال کیا ہے وہ ظاہر ہے اور جو باطن ہے اس سے مراد آئمہؑ ہیں۔

اللہ کا قول(وہ لوگ کہ جنہوں نے ہماری آیات کو جھٹلایا اور تکبر کیا ان کے لیے آسمان کے دروازے نہیں کھولے جائیں گے اور نہ ہی انہیں جنت میں داخل کیا جائے گا یہاں تک کہ وہ اونٹ کو سوئی کی ناکے میں سے گزار دے ہم مجرموں کو یہی سزا دیتے ہیں)

تاویل۔ علی بن ابراہیم نے اپنی تفسیر میں کہا ہے کہ مجھ سے میرے والد نے انہوں نے فضالہ سے انہوں نے ابان بن عثمان سے انہوں نے فریس سے انہوں نے امام ابو جعفرؑ سے روایت کی ہے کہ آپؑ نے فرمایا یہ آیت اہل جمل یعنی طلحہ و زبیر کے بارے میں نازل ہوئی اور یہ اونٹ انہی کا اونٹ ہوگا کیونکہ اہل جمل نے انکار کیا اور اللہ کی آیات کو جھٹلایا اور اللہ کی سب سے بڑی آیت امیر المومنینؑ ہیں اور اس سے تکبر کیا اور بغاوت کی تو ان کے لیے آسمان کے دروازے نہیں کھولے جائیں گے یعنی ان کی خبیث و قبیح ارواح کے لیے۔

اللہ کا قول(انہوں نے کہا کہ اس اللہ کی حمد کہ جس نے ہمیں اس کے لیے ہدایت دی اور ہم ہدایت پانے والے نہ تھے اگر ہم کو اللہ ہدایت نہ دیتا)

تاویل۔ محمد بن یعقوب نے الحسین بن محمد سے انہوں نے معلی بن محمد سے انہوں نے احمد بن ہلال سے انہوں نے امیہ بن علی القیمی سے انہوں نے ابو السفائح سے انہوں نے ابو بصیر سے انہوں نے امام ابو عبد اللہؑ سے اللہ کے اس قول کے بارے میں روایت کی ہے کہ آپؑ نے فرمایا(انہوں نے کہا کہ اس اللہ کی حمد ہے کہ جس نے ہمیں اس کے لیے ہدایت دی اور ہم ہدایت پانے والے نہ تھے اگر اللہ ہمیں ہدایت نہ دیتا) فرمایا جب قیامت کا دن ہو گا تو نبیؐ، امیر المومنینؑ اور ان کی اولاد میں سے آئمہؑ

کو بلایا جائے گا تو جب لوگ ان کے شیعوں کو دیکھیں گے تو رشک کریں گے تو وہ کہیں گے کہ (اس اللہ کی حمد کہ جس نے ہم کو اس کے لیے ہدایت دی اور ہم ہدایت پانے والے نہ تھے اگر اللہ ہدایت نہ دیتا) یعنی آئمہؑ کی ولایت کی طرف۔

اللہ کا قول (پس ایک نداد ینے والے نے ان کے درمیان ندا دی کہ ظالموں پر اللہ کی لعنت ہو)

تاویل۔ کہ جب اہل جنت جنت میں اور اہل دوزخ دوزخ میں چلے جائیں گے تو ایک نداد ینے والا ندا دے گا اور وہ نداد ینے والے امیر المومنینؑ ہوں گے کہ جس کا ذکر علی بن ابراہیم نے اور ابو علی الطبرسی نے بھی کیا ہے کہ امیر المومنینؑ نے فرمایا میں وہ نداد ینے والا ہوں اس پر دلیل اللہ کا قول سورۃ توبہ میں ہے (اور اللہ اور اس کے رسولؐ کی طرح حج اکبر والے دن اعلان ہے) جناب امیرؑ نے فرمایا میں وہی لوگوں کے درمیان ندا ہوں (اذان ہوں) اسناد کے ساتھ ابو صالح سے انہوں نے ابن عباس سے روایت کی ہے کہ علیؑ کا اللہ کی کتاب میں ایک نام ہے جسے لوگ نہیں جانتے وہ اللہ کا قول ہے (ایک نداد ینے والے نے ان کے درمیان ندا دی) پس وہ ان کے درمیان نداد ینے والے ہیں کہ (ظالموں پر اللہ کی لعنت ہو) کہ جنہوں نے میری ولایت کو جھٹلایا اور میرے حق کو چھپایا۔

اللہ کا قول (ان کے درمیان پردہ ہے اور اعراف پر ایسے مرد ہوں گے جو تمام لوگوں کو ان کے پیشانیوں سے پہچان لیں گے)

تاویل۔ ابو علی الطبرسی نے روایت کی ہے کہ امام ابو عبداللہؑ نے فرمایا جنت اور دوزخ دے درمیان اعراف ایک مقام ہے کہ جس پر ہر نبی اور خلیفہ اپنے زمانے کے گناہگاروں کے ساتھ کھڑے ہونگے جس طرح سپہ سالار اپنے لشکر کے کمزور لوگوں کے ساتھ ہوتے ہیں اور نیکوکار جنت کی طرف سبقت لے جاچکے ہوں گے پس وہ خلیفہ ان گناہگاروں سے کہیں گے نیکوکاروں کی طرف دیکھو جو

جنت میں سبقت لے گئے ہیں وہ ان کو سلام کہیں گے یہ اللہ کا قول ہے (اور اصحاب جنت ندا دیں گے کہ تم پر سلام ہو) پھر اللہ نے فرمایا کہ وہ اس میں داخل نہ ہونگے یعنی یہ گناہگار جنت میں داخل نہ ہونگے اور وہ طمع کریں گے کہ اللہ ان کو نبیؐ اور امامؑ کی شفاعت کے ساتھ جنت میں داخل کر دے یہ گناہگار جہنمیوں کی طرف دیکھیں گے اور کہیں گے (اے ہمارے رب ہمیں ان ظالموں کے ساتھ نہ رکھ) اللہ کا قول (اور اعراف پر ایسے افراد ہونگے کہ جن کو ان کی پیشانیوں سے پہچان لیا جاتا ہے)امام ابو جعفر الباقرؑ نے فرمایا کہ آل محمدؑ جس کو پہچانیں گے اور وہ ان کو پہچانے گا وہی جنت میں جائے گا اور کوئی دوزخ میں نہ جائے گا سوائے ان کے جس کا آل محمدؑ انکار کریں گے اور وہ ان کا انکار کرے گا۔

الشیخ ابو جعفر الطوسی نے اپنے رجال سے انہوں نے امام ابو عبد اللہؑ سے روایت کی ہے کہ آپؑ سے اللہ کے اس قول کے بارے میں پوچھا گیا (اور ان کے درمیان پردہ ہوگا) فرمایا جنت اور دوزخ کے درمیان ایک پردہ ہوگا اس پر محمدؐ، علیؑ، حسنؑ، حسینؑ، فاطمہؑ، خدیجہؑ کھڑے ہونگے وہ ندا دیں گے ہم سے محبت کرنے والے کہاں ہیں ہمارے شیعہ کہاں ہیں پس وہ ان کی طرف بڑھیں گے اور وہ ان کو ان کے ناموں سے اور ان کے باپ کے نام سے پہچان لیں گے اور یہ اللہ کا قول ہے (وہ تمام کو ان کی پیشانیوں سے پہچان لیں گے)ان کے ہاتھوں سے پکڑ کر ان کو پل صراط سے گزار دیں گے اور انہیں جنت میں داخل کر دیں گے۔

الشیخ محمد بن یعقوب سے انہوں نے الحسین بن محمد سے انہوں نے معلی بن محمد سے انہوں نے محمد بن جمہور سے انہوں نے عبد اللہ بن عبد الرحمٰن سے انہوں نے الھیثم بن واقد سے انہوں نے مقرن سے روایت کی ہے کہ میں نے امام ابو عبد اللہؑ کو فرماتے ہوئے سان کہ عبد اللہ ابن الکواء امیر المومنینؑ کے پاس آیا اور کہا اے امیر المومنینؑ اللہ عزوجل کا یہ قول (کہ اعراف پر ایسے مرد ہونگے جو تمام

لوگوں کوان کی پیشانیوں سے پہچان لیں گے)اس کا مطلب کیا ہے ؟آپؑ نے فرمایا میں علیؑ اعراف پر ہونگا میں اپنے انصار کوان کی پیشانیوں سے پہچان لوں گا جان لو کہ اللہ کی معرفت میرے ذریعے ہی ممکن ہے پس جنت میں وہ داخل ہو گا جو مجھے پہچان لے گا اور جسے ہم پہچان لیں گے اور دوزخ میں صرف وہی داخل ہو گا کہ جو ہمارا انکار کرے گا یا جس کا ہم انکار کریں گے اگر اللہ چاہتا تو اللہ کے بندوں کو اپنی معرفت دے دیتا لیکن اس نے ہمیں اپنے دروازے اور اپنا راستہ اور اپنی سبیل قرار دیا پس جس نے ہماری ولایت کا انکار کیا یا ہم پر ہمارے غیر کو فضیلت دی تو انہیں منہ کے بل گرادیا جائے گا اس کی تائید یہ روایت کہ امیر المومنینؑ جنت و دوزخ کے تقسیم کرنے والے ہیں۔

اللہ کا قول(پس تم اللہ کی نعمتوں کو یاد کرو تاکہ تم فلاح پاؤ)

تاویل۔ محمد بن یعقوب سے انہوں نے الحسین بن محمد سے انہوں نے معلٰی بن محمد سے انہوں نے محمد بن جمہور سے انہوں نے عبداللہ بن عبدالرحمٰن سے انہوں نے الھیثم بن واقد سے انہوں نے ابو یوسف بزار سے روایت کی ہے کہ امام ابو عبداللہؑ نے اس آیت کی تلاوت فرمائی(تم اللہ کی نعمتوں کو یاد کرو) فرمایا جانتے ہو کہ اللہ کی نعمتیں کیا ہیں؟ میں نے کہا نہیں فرمایا اللہ کی اپنے بندوں پر سب سے بڑی نعمت ہماری ولایت ہے۔

اللہ کا قول(زمین تو اللہ کی ہے جسے چاہے اپنے بندوں میں سے وارث بنائے اور آخرت تو پرہیز گاروں کے لیے ہے)

تاویل۔ محمد بن یعقوب سے انہوں نے محمد بن یحییٰ سے انہوں نے احمد بن محمد بن عیسیٰ سے انہوں نے الحسین بن محبوب سے انہوں نے ہشام بن سالم سے انہوں نے ابو خالد الکابلی سے انہوں نے امام ابو جعفر الباقرؑ سے روایت کی ہے کہ ہم نے کتاب علیؑ میں پایا(زمین اللہ کی ہے کہ وہ جسے چاہے اپنے

بندوں میں سے اس کا وارث بنائے اور آخرت تو پرہیز گاروں کے لیے ہے) فرمایا میں اور میرے اہل بیتؑ وہ ہیں جن کو اللہ نے زمین کا وارث بنایا ہے اور ہم ہی وہ پرہیز گار ہیں اور ساری کی ساری زمین ہمارے لیے ہے پس جس نے مسلمانوں میں سے زمین کو آباد کیا پس وہ اس کا خراج امامؑ کو نکال کر دے یہاں تک کہ قائمؑ ظاہر ہو جائیں اور وہ تلوار سے اسے گھیر لیں گے۔

اللہ کا قول(اور میری رحمت ہر چیز پر وسیع ہے میں اسے ان لوگوں کے لیے لکھ دوں گا کہ جو مجھ سے ڈرتے ہیں زکواۃ دیتے ہیں اور وہ لوگ جو ہماری آیات پر ایمان رکھتے ہیں وہ لوگ جو اس رسول نبی امی کی پیروی کرتے ہیں وہ لوگ کہ اسے اپنے ہاں تورات اور انجیل میں لکھا پاتے ہیں وہ ان کو نیکی کا حکم دیتا ہے اور ان کو برائی سے روکتا ہے ان کے لیے پاکیزہ چیزیں حلال کرتا ہے اور گندی چیزیں حرام کرتا ہے اور ان سے تنگی اور تکلیف دور کر دیتا ہے کہ جس پر وہ تھے پس وہ لوگ جو ایمان لائے ان کی مدد کی اور اس نور کی پیروی کی کہ جو ان کے ساتھ اتارا گیا یہی لوگ فلاح پانے والے ہیں)

تاویل۔الشیخ محمد بن یعقوب سے انہوں نے ہمارے اصحاب سے انہوں نے احمد بن محمد سے انہوں نے حماد بن عثمان سے انہوں نے ابو عبیدہ الحذاء سے روایت کی ہے کہ میں نے امام ابو جعفرؑ سے سوال کیا کہ استطاعت کیا ہے آپؑ نے مجھے جواب دیا کہ جب امامؑ یہاں پہنچے کہ امامؑ کی اطاعت گزاری والے لیے رحمت ہے کہ جیسا اللہ نے فرمایا ہے (اور میری رحمت ہر چیز پر وسیع ہے) اللہ فرماتا ہے کہ امامؑ کا علم وسیع ہے اور جو اس کا علم اس کے علم سے ہے اور ہر چیز اس سے ہے اور ہمارے شیعہ ہیں پھر فرمایا (میں اسے پرہیز گاروں کے لیے لکھ دوں گا) یعنی ولایت امامؑ اور اطاعت امامؑ پھر فرمایا(وہ اسے لکھا پاتے ہیں اپنے ہاں تورات میں اور انجیل میں)یعنی نبیؐ، وصیؑ اور قائمؑ(وہ ان کو نیکی کا حکم دیتا ہے) اطاعت امامؑ کا حکم(وہ ان کو برائی سے روکتے ہیں) اور برائی وہ ہے جو امامؑ کے فضل کے انکار کرے

اور ان پر ظلم کرے(وہ ان کے لیے پاکیزہ چیزیں حلال کرتا ہے) علم کو ان کے اہل سے لینا(اور ان کے لیے گندی چیزیں حرام کرتا ہے) اور خبائث سے مراد وہ گناہ ہیں کہ جس میں وہ امامؑ کی معرفت اور فضیلت جاننے سے پہلے تھے(ان کی مدد کی اور اس نور کی پیروی کی جو ان کے ساتھ اتارا گیا ہے) وہ امیر المومنینؑ اور آئمہؑ ہیں (اور یہی لوگ فلاح پانے والے ہیں) جو ہماری ولایت کا اقرار کرتے ہیں

اللہ کا قول(جب تیرے رب نے بنی آدم سے ان کی پشتوں سے اور ان کی اولاد سے میثاق لیا اور ان کو ان کی جانوں پر گواہ بنایا اور کہا کیا میں تمہارا رب نہیں ہوں انہوں نے کہا کیوں نہیں)

تاویل۔ علی بن ابراہیم نے اپنی تفسیر میں روایت کی ہے کہ امام صادقؑ نے فرمایا اللہ نے لوگوں سے عہد لیا اپنی ربوبیت کا اپنے رسولؐ کی نبوت کا اور امیر المومنینؑ اور آئمہؑ کی امامت کا پھر فرمایا کیا میں تمہارا رب نہیں ہوں اور محمدؐ تمہارے نبی نہیں ہیں اور علیؑ تمہارے امیر اور ہدایت یافتہ آئمہؑ تمہارے ولی نہیں ہیں انہوں نے کہا کیوں نہیں ان میں سے زبان سے اقرار دل کی تصدیق ہے۔

طریق عامہ سے کتاب الفردوس میں ابن شیرویہ سے مرفوعاً حدیث حذیفہ بن یمان سے روایت ہے کہ رسول اللہؐ نے فرمایا کہ اگر لوگ جان لیتے کہ علیؑ کا نام امیر المومنین کب رکھا گیا تو ان کے فضائل کا انکار نہ کرتے انہیں امیر المومنینؑ کا نام اس وقت دیا گیا جب آدم روح اور جسم کے درمیان تھے اللہ نے فرمایا جب تیرے رب نے بنی آدم سے ان کی پشتوں سے اور ان کی ذریت سے عہد لیا اور ان کو ان کی جانوں پر گواہ ٹھہرایا کہ کیا میں تمہارا رب نہیں؟ انہوں نے کہا کیوں نہیں فرمایا کہ فرشتوں نے کہا کیوں نہیں اللہ نے کہا میں تمہارا رب ہوں محمدؐ تمہارے نبی ہیں اور علیؑ تمہارے امیر ہیں۔

الشیخ محمد بن یعقوب سے انہوں نے علی بن ابراہیم سے انہوں نے یعقوب بن یزید سے انہوں نے ابن ابی عمیر سے انہوں نے ابو الربیع سے انہوں نے جابر سے انہوں نے امام ابو جعفرؑ سے روایت کی

ہے کہ آپؐ نے فرمایا کیا تم جانتے ہو کہ علیؑ ابن ابی طالبؑ کا نام امیر المومنینؑ کیوں رکھا گیا؟ فرمایا کہ اللہ نے یہ اپنی کتاب میں نام رکھا اور یہ اللہ کا قول ہے (اور جب تیرے رب نے اولاد آدم سے اور ان کی اولاد سے عہد لیا اور ان کو ان کی جانوں پر گواہ بنایا کیا میں تمہارا رب نہیں ہوں اور محمدؐ میرے رسول اور تمہارے نبی نہیں ہیں اور علیؑ امیر المومنینؑ نہیں ہیں انہوں نے کہا کیوں نہیں)

ابن طاؤس نے اپنی کتاب الیقین بتسمیہ علی امیر المومنینؑ میں محمد بن العباس سے انہوں نے احمد بن موسیٰ سے انہوں نے محمد بن عبداللہ الرازی سے انہوں نے اپنے والد سے انہوں نے الحسن بن محبوب سے انہوں نے ابو زکریا الموصلی سے المعروف کوکب الدم سے انہوں نے جابر الجعفی سے انہوں نے امام باقرؑ سے انہوں نے اپنے والد گرامیؑ سے انہوں نے اپنے داداؑ سے روایت کی ہے کہ فرمایا کہ نبیؐ نے علیؑ سے فرمایا کہ تم وہ ہو کہ جس کے بارے میں اللہ نے ابتداء خلق کے وقت محبت قائم کی کہ کیا میں تمہارا رب نہیں ہوں، محمدؐ اللہ کے رسول نہیں ہیں اور علیؑ امیر المومنینؑ نہیں ہیں انہوں نے کہا کیوں نہیں پس یا علیؑ آپؑ کی ولایت سے بہت سے لوگوں نے تکبر کیا اور اس کا اقرار نہیں کیا اللہ نے انہیں دائمی لعنت کی وعید سنائی اور جنہوں نے اقرار کیا انہیں دائمی رحمت کی نوید سنائی اور اے علیؑ تیری ولایت کا انکار کرنے والے بائیں ہاتھ کے اور اقرار کرنے والے دائیں ہاتھ والے ہیں۔

محمد بن العباس سے انہوں نے احمد بن ہوزہ الباہل سے انہوں نے ابراہیم بن اسحاق النہاوندی سے انہوں نے عبداللہ بن حمار الانصاری سے انہوں نے عمرو بن شمر سے انہوں نے جابر سے انہوں نے ابو جعفر سے اور علی بن عباس البجلی سے انہوں نے محمد بن مروان الغزال سے انہوں نے زید بن المعدل سے انہوں نے ابان بن عثمان سے انہوں نے خالد بن یزید سے انہوں نے امام ابو جعفرؑ سے

روایت کی ہے کہ اللہ نے علیؑ کو وہ نام دیا جو ان سے پہلے کسی کو نہ دیا گیا اور وہ نام امیر المومنینؑ ہے۔

الشیخ المفید اسناد کے ساتھ انس بن مالک سے روایت کرتے ہیں کہ میں رسول اللہؐ کا خادم تھا کہ جس رات ام حبیبہ بیت ابو سفیان کے پاس آپ ٹھہرے تو میں رسول اللہؐ کے پاس برتن لایا فرمایا اے انس اس دروازے سے ابھی تمہارے پاس امیر المومنینؑ خیر الوصیین آئیں گے کہ وہ لوگوں میں سب سے پہلے اسلام لانے والے سب سے زیادہ علم رکھنے والے سب سے زیادہ حلم رکھنے والے ہیں میں نے کہا اے اللہ اسے میری قوم میں سے بنا دے اسی دوران علیؑ ابن ابی طالبؑ داخل ہوئے اور رسول اللہؐ وضو فرما رہے تھے پس رسول اللہؐ نے وہ پانی ان کے چہرے پر پھینکا یہاں تک کہ ان کی آنکھیں پانی سے بھر گئیں فرمایا یا رسول اللہؐ کیا کوئی بات ہوئی ہے؟ تو نبیؐ نے ان سے فرمایا تیرے بارے میں صرف بھلائی ہی واقع ہوتی ہے یا علیؑ تم مجھ سے ہو اور میں تم سے ہوں میری امانت تم دو گے مجھے غسل تم دو گے اور قبر میں بھی تم اتارو گے اور جس چیز میں لوگ میرے بعد اختلاف کریں گے تم اسے واضح کرو گے۔

ابن عباس کی اسناد سے بھی یہ حدیث روایت ہے کہ نبیؐ نے ام سلمہؓ سے فرمایا سنو اور گواہ رہنا یہ علیؑ ابن ابی طالبؑ امیر المومنینؑ اور سید الوصیینؑ ہیں۔

معاویہ بن ثعلبہ کی اسناد کے ساتھ حدیث روایت ہے کہ ابوذرؓ سے کہا گیا کہ وصیت کرو انہوں نے کہا کہ میں نے وصیت کر دی ہے کہا گیا کس کو کہا امیر المومنینؑ کو کہا گیا عثمان کو کہا نہیں مگر حقیقی امیر المومنینؑ صرف علیؑ ابن ابی طالبؑ ہیں۔

بریدہ بن خصاب الاسلمی سے اسناد کے ساتھ روایت ہے کہ رسول اللہؐ نے مجھے حکم دیا اور میں ساتواں تھا ان میں ابو بکر، عمر، طلحہ و زبیر بھی تھے کہ علیؑ کو امیر المومنینؑ کہہ کر سلام کرو پس ہم نے ان کو

ایسے ہی سلام کیااور رسول اللہؐ ہمارے سامنے تھے۔

الحسن بن جبیر نے اپنی کتاب میں اسناد کے ساتھ امام باقرؑ سے روایت کی ہے کہ آپؑ سے اللہ کے اس قول کے بارے میں پوچھا گیا(پس ان لوگوں سے پوچھیں کہ جوآپ سے پہلے کتاب پڑھتے تھے) یہ کون ہیں ؟ فرمایارسول اللہؐ نے فرمایا کہ جب مجھے معراج ہوئی اور میں چوتھے آسمان پر پہنچا تو جبرائیل نے آذان دی اور اقامت کہی نبیوں، صدیقوں، شہداءاور فرشتوں کو جمع کیا پس میں آگے بڑھااور نماز پڑھائی جب میں چلنے لگا تو جبرائیل نے کہاان سے پوچھیں کہ یہ کس چیز کی گواہی دیتے ہیں ؟ کہا کہ ہم گواہی دیتے ہیں کہ اللہ کے سوا کوئی معبود نہیں اور بے شک آپؐ اللہ کے رسول ہیں۔

خطیب خوازرمی نے اسناد کے ساتھ سعید بن جبیر سے انہوں نے ابن عباس سے روایت کی ہے کہ رسول اللہؐ اپنے گھر میں موجود تھے اور دوپہر کا وقت تھا علیؑ رسول اللہؐ کے گھر میں آئے تو رسول اللہؐ صحن میں تھے ان کا سر مبارک وحید الکلبی کی گود میں تھا تو فرمایاآپ پر سلام ہو رسول اللہ آپ کیسے ہیں ؟ تو وحید نے جناب امیرؑ سے کہاآپؑ پر بھی سلام ہو ہم خیریت سے ہیں رسول اللہؐ کے بھائی تو علیؑ نے ان سے کہا اللہ آپ کو ہم اہل بیتؑ کی طرف سے بہترین بدلہ عطا فرمائے تو وحید نے جناب امیرؑ سے کہا میں چاہتا ہوں کہ آپؑ کی مدح بیان کروں آپؑ امیر المومنینؑ، قائد الغرالمحجلین ہیں آپؑ اولاد آدم کے سردار ہیں قیامت والے دن لواء الحمد آپؑ کے ہاتھوں میں ہوگا آپؑ کے اور آپؑ کے شیعہ قیامت والے دن جنت کی طرف جائیں گے جس نے آپؑ سے محبت کی وہ کامیاب ہوااور جس نے آپؑ کو چھوڑا وہ نقصان میں آگیا محمدؐ کے محبت کرنے والے آپؑ کے محبت کرنے والے ہیں اور محمدؐ سے بغض رکھنے والے آپؑ سے بغض رکھنے والے ہیں ان کو شفاعت محمدؐ نصیب نہیں ہوگی اے اللہ کے برگزیدہ میرے قریب آجائیں اور اپنے ابن عم کا سر پکڑلیں آپؑ مجھ سے زیادہ اس کے حقدار ہیں پس جناب

امیرؑ فرماتے ہیں کہ میں نے رسول اللہؐ کا سر پکڑ لیا ایک جھٹکا محسوس ہوا اور وحید نظروں سے غائب ہو گیا رسول اللہؐ سے پوچھا کہ یہ جھٹکا کیسا تھا؟ آپؐ نے فرمایا یہ وحید نہیں تھا یہ جبرائیل تھا جو آپؑ کے فضائل بیان کر رہا تھا جو اللہ نے آپؑ کو عطا کئے ہیں وہی ذات ہے جس نے یا علیؑ تیرے لیے محبت مومنین کے سینوں میں ڈال دی ہے اور کافروں کے دلوں میں تیرے لیے نفرت ہے۔

الشیخ الفقیہ محمد بن جعفر سے حدیث روایت ہے کہ انس بن مالک نے کہا کہ رسول اللہؐ نے علیؑ سے فرمایا اے علیؑ جو تم سے محبت کرے اس کے لیے طوبیٰ ہے اور جو تم سے بغض رکھے اس کے لیے ہلاکت ہے اے علیؑ تم اس امت کے لیے علم ہو جو تم سے محبت کرے گا وہ کامیاب ہے اور جس نے تجھ سے بغض رکھا وہ ہلاک ہوا اے علیؑ میں شہر ہوں اور تم دروازہ ہو اے علیؑ تم امیر المومنینؑ ہو اور روشن پیشانی والوں کے امامؑ ہو اے علیؑ تیرا ذکر تورات میں ہے اور تیرے شیعوں کا ذکر ان کی تخلیق سے قبل اللہ نے کیا اسی طرح یا علیؑ تیرا اور تیرے شیعوں کا ذکر انجیل میں ہے پس اہل انجیل علیؑ اور ان کے شیعوں کی تعظیم کرتے ہیں اور حالانکہ وہ ان کو جانتے نہیں ہیں اور یا علیؑ تو اور تیرے شیعہ ان کی کتابوں میں مذکور ہیں اے علیؑ تیرے اصحاب بڑے عظیم ہیں ان کا ذکر آسمانوں میں افضل و اعظم ہے بہ نسبت جو ذکر ان کا زمین میں ہے پس اس کے ذریعے وہ خوش ہوتے ہیں اور کوشش میں بہت زیادہ ہوتے ہیں تیرے شیعہ حق و استقامت کے راستے پر ہیں۔

کتاب حلیہ الاولیاء میں ابو نعیم سے الجمہور میں مرفوعاً انس بن مالک سے حدیث مروی ہے کہ رسول اللہؐ نے انس سے فرمایا اے انس میرے لیے وضو کے لیے پانی لاؤ پس آپؐ نے دو رکعت نماز پڑھی پھر فرمایا اے انس اس دروازے سے تمہارے پاس امیر المومنینؑ، سید المسلمین، قائد الغرا المحجلین اور خاتم الوصیین آئیں گے انس نے کہا کہ میں نے کہا اے اللہ اے کاش وہ انصار میں سے کوئی شخص ہو اتنے

میں علیؑ آ گئے رسول اللہؐ نے فرمایا اے انس کون آیا ہے؟ میں نے کہا علیؑ پس آپؐ خوشی سے کھڑے ہوئے اور انہیں گلے سے لگا لیا پھر ان کے چہرے سے اپنے چہرے کے ساتھ پسینہ صاف کرنا شروع کر دیا پس علیؑ نے فرمایا یا رسول اللہؐ میں نے پہلے آپؐ کو ایسا کرتے ہوئے نہیں دیکھا فرمایا کہ مجھے کون سی چیز مانع ہے کہ تم میری امانت ادا کرنے والے ہو اور تم ان کو میری آواز سناتے ہو اور وہ چیز ان کے لیے کھول کر بیان کرو گے جس میں وہ اختلاف کریں گے۔

الشیخ الفقیہ محمد بن جعفر نے انس بن مالک کی اسناد سے اور عبد اللہ بن عباس کی اسناد سے روایت کی ہے کہ ہم نبیؐ کے ساتھ بیٹھے تھے کہ علیؑ ابن ابی طالبؑ آ گئے اور فرمایا اے رسول اللہؐ آپؐ پر سلام فرمایا امیر المومنینؑ تم پر بھی سلام اللہ کی رحمتیں اور برکتیں تو علیؑ نے فرمایا یا رسول اللہؐ ابھی تو آپؐ زندہ ہیں فرمایا ہاں کل تم گزر رہے تھے کہ میں جبرائیل سے محو گفتگو تھا اور تم نے سلام نہیں کیا تو جبرائیل نے کہا کہ کیا وجہ ہے کہ امیر المومنینؑ ہمارے پاس سے گزرے ہیں اور انہوں نے ہمیں سلام نہیں کیا اللہ کی قسم اگر وہ ہمیں سلام کرتے تو ہم خوش ہو جاتے اور ان کو جواب بھی دیتے فرمایا یا رسول اللہؐ میں نے دیکھا کہ آپؐ اور وحیہ محو گفتگو ہیں میں نے ناپسند کیا کہ آپؐ کی بات قطع کروں تو نبیؐ نے ان سے فرمایا کہ وہ وحیہ نہیں تھے وہ جبرائیل تھے میں نے کہا اے جبرائیل تم نے انہیں امیر المومنینؑ کیسے کہا؟ فرمایا کہ اللہ نے غزوہ بدر میں میری طرف وحی کی کہ میں محمدؐ کے پاس جاؤں اور انہیں کہوں کہ وہ امیر المومنینؑ علی ابن ابی طالبؑ سے کہیں کہ دو صفوں کے درمیان چلیں ملائکہ ان کو دیکھنا چاہتے ہیں پس اس لیے آسمان میں ان کا نام امیر المومنینؑ ہے وہ آسمان میں زمین میں جو چلے گئے ان کے بھی اور جو باقی ہیں ان کے بھی اور جو آنے والے ہیں ان کے بھی آپ سے پہلوں اور آپ کے بعد والوں سب کے امیر ہیں اور یہ نام اللہ کے سوا کسی اور کو دینا جائز نہیں کہ وہ کسی کو یہ نام دے۔

الشیخ محمد بن یعقوب نے انہوں نے محمد بن یحییٰ سے انہوں نے جعفر بن محمد سے اسناد کے ساتھ عمر بن زاہر سے انہوں نے امام ابو عبداللہؑ سے روایت کی ہے کہ ایک شخص نے آپؑ سے قائمؑ کے بارے میں پوچھا کہ وہ ان کو امیر المومنینؑ کہہ کر سلام کر سکتا ہے فرمایا نہیں یہ وہ نام ہے جو اللہ نے صرف علیؑ کو دیا ہے وہی امیر المومنینؑ ہیں اللہ نے نہ ان سے پہلے کسی کو یہ نام دیا اور نہ بعد میں، میں نے کہا پھر میں کیسے قائمؑ کو سلام کہوں؟ فرمایا کہو السلام علیک یا بقیتہ اللہ پھر یہ پڑھا (بقیتہ اللہ تمہارے لیے بہتر ہیں اگر تم مومن ہو) ۔

سہل بن زیاد سے اسناد کے ساتھ انہوں نے سنان بن طریف سے انہوں نے امام ابو عبداللہؑ سے روایت کی ہے کہ آپؑ نے فرمایا جب اللہ نے آسمانوں اور زمینوں کو بنایا تو ایک منادی نے ندا دی تین مرتبہ کہا اشھدان لاالہ الااللہ تین مرتبہ کہا اشھدان محمد رسول اللہ اور تین مرتبہ کہا اشھدان علیاً امیر المومنین حقاً۔

کراجکی نے کنزالفوائد میں ایک حدیث ابن عباس کی اسناد کے ساتھ روایت کی ہے کہ رسول اللہؐ نے فرمایا اس ذات کی قسم جس نے مجھے حق کے ساتھ بشیر ونذیر بنا کر مبعوث کیا کرسی، عرش، آسمانوں، زمین جو کچھ بھی اللہ نے خلق کیا اس پر لکھا گیا لا الہ الااللہ محمد رسول اللہ علی امیر المومنین۔ جب اللہ نے مجھے معراج کروایا تو مجھے آواز دی اے محمدؐ! میں نے کہا میرے رب میں حاضر ہوں فرمایا میں محمود ہوں اور تو محمدؐ ہے میں نے تیرا نام اپنے نام سے مشتق کیا اور تم کو اپنی مخلوق پر فوقیت دی پس اپنے بھائی کو لوگوں کے لیے علم بنا دے وہ انہیں میرے دین کی طرف ہدایت دے اے محمدؐ میں نے علیؑ کو امیر المومنین بنایا ہے جو اس پر حکم چلائے اس پر لعنت ہے جو اس کی مخالفت کرے گا میں اسے عذاب دونگا جو اس کی اطاعت کرے گا میں اس کے قریب ہونگا اے محمدؐ! میں نے علیؑ کو مسلمانوں کا امامؑ

بنایا ہے جو اس کے آگے بڑھے گا میں اسے پیچھے کر دوں گا بے شک علیؑ سید الوصیین، قائد الغرا المحجلین اور میری تمام مخلوق پر میری حجت ہیں۔

امیر المومنینؑ تمام انبیاء و مرسلین سے افضل ہیں یہ ثابت ہے جیسا کہ سورۃ صافات میں نوحؑ کے بارے میں ہے وہ ہمارے مومن بندوں میں سے تھے اور ابراہیمؑ کے بارے میں ہے وہ ہمارے مومن بندوں میں سے تھے اور موسیٰؑ و ہارونؑ کے بارے میں ہے وہ دونوں ہمارے مومن بندوں میں سے تھے اور الیاسؑ کے بارے میں ہے وہ ہمارے مومن بندوں میں سے تھے پس یہ پانچ انبیاء و مرسلین کہ ان میں نوحؑ، ابراہیمؑ، موسیٰؑ اولالعزم ہیں اور ہارون، الیاس یہ انبیاء ہیں پس یہ مومن ہیں تو امیر المومنینؑ ان سے افضل ہیں کیونکہ انبیاء مومن ہیں اور علیؑ امیر المومنینؑ ہیں۔

اس کی تائید نبیؐ کو یہ قول بھی کرتا ہے کہ ان سے امیر المومنینؑ نے ایک طویل حدیث میں پوچھا کہ آپؐ افضل ہیں یا جبرائیل؟ فرمایا اے علیؑ اللہ نے اپنے مقرب فرشتوں پر انبیاء کو فضیلت دی اور مجھے تمام انبیاء و مرسلین پر فضیلت دی پس میرے بعد فضیلت تمہارے لیے ہے اور تیرے بعد آئمہؑ کے لیے ہے۔ یہ وہ رتبہ ہے جس سے اللہ نے مجھے خاص کیا جو میرے بعد تیرے لیے اور تیرے بعد آئمہؑ کے لیے ہے اور اس پر دلیل کہ وہ اور آئمہؑ ان سے افضل ہیں وہ جو دعا میں آیا ہے پاک ہے وہ ذات کہ جس نے آسمانوں اور زمین کو محمدؐ و آل محمدؑ کے صدقے میں پیدا کیا پاک ہے وہ ذات کہ جس نے محمدؐ و آل محمدؑ کے لیے جنت کو پیدا کیا پاک ہے وہ ذات کہ جس نے جنت کے وارث محمدؐ و آل محمدؑ اور ان کے شیعوں کو بنایا پاک ہے وہ ذات جس نے آگ کو محمدؐ و آل محمدؑ کے دشمنوں کے لیے پیدا کیا پاک ہے وہ ذات جس نے دنیا و آخرت کو خلق کیا اور دن اور رات محمدؐ و آل م محمدؑ کے صدقے میں قائم ہیں پس اللہ کی حمد ہے کہ جس نے ہمیں محمدؐ و آل محمدؑ کے شیعوں میں سے بنایا اور ان کا محب بنایا۔

اللہ کا قول (اور اللہ کے اچھے اچھے نام ہیں ان کے زریعے اسے پکارو اور ایسے لوگوں کو چھوڑ دو جو اسکے ناموں میں کج روی کرتے ہیں ان کو ان کے کیے کی سزا ضرور ملے گی)

تاویل۔ محمد بن یعقوب نے اسناد کے ساتھ اپنے رجال سے انہوں نے معاویہ بن عمار سے انہوں نے امام ابو عبد اللہؑ سے روایت کی ہے کہ میں نے امامؑ کو اللہ کے اس قول کے بارے میں فرماتے ہوئے سنا (اور اللہ کے اچھے اچھے نام ہیں اس کو ان کے زریعے پکارو) فرمایا اللہ کی قسم ہم ہی اللہ کے اسمائے حسنیٰ ہیں کہ اللہ ہماری معرفت کے ذریعے ہی بندوں کے اعمال قبول کرتا ہے۔ اس سے مراد ہے کہ جیسا کہ محمدؐ و آل محمدؑ کے نام اللہ نے اپنے ناموں سے چن کر رکھے ہیں جیسا کہ محمدؐ، علیؑ، فاطمہؑ، حسنؑ اور حسینؑ اور یہ نام اللہ کے ناموں سے ہی مشتق ہیں اس نے اپنے بندوں کو حکم دیا ہے کہ اللہ کو ان ناموں کے ذریعے پکارا جائے اور جیسا کہ آئمہؑ سے وارد ہوا ہے کہ کوئی بھی ان کے نام لے کر سوال کرے تو اللہ اس کی دعا مستجاب کرتا ہے۔

اللہ کا قول (ان لوگوں کو چھوڑ دو کہ جو ان کے ناموں میں کج روی کرتے ہیں) یعنی ان سے پھر جاتے ہیں اور ہم نے ناموں کو جان لیا ہے کہ جن کو پکارنا ہے پس ہم کو یہ بھی حکم دیا گیا ہے کہ ان کے ناموں سے کج روی کرنے والوں کو چھوڑ دیں اور وہاں کے ظالم دشمن ہیں۔

اللہ کا قول (اور ہماری مخلوق میں سے ایسی جماعت ہے جو حق کے ساتھ ہدایت کرتی ہے اور حق کے ساتھ فیصلے کرتی ہے)

تاویل۔ الشیخ محمد بن یعقوب نے الحسین بن محمد سے انہوں نے علی بن محمد سے انہوں نے الوشاء سے انہوں نے عبد اللہ بن سنان سے روایت کی ہے کہ امام ابو عبد اللہؑ نے اللہ کے اس قول کے بارے میں فرمایا کہ اس سے مراد آئمہؑ ہیں اس کی تائید وہ روایت بھی کرتی ہے جو کہ طریقہ جمہور سے مروی ہے

ابو نعیم، ابن مردویہ نے اپنی اسناد کے ساتھ راذان سے انہوں نے جناب امیرؑ سے روایت کی ہے کہ آپؐ نے فرمایا یہ امت تہتر (۷۳) فرقوں میں بٹ جائے گی ان میں سے بہتر (۷۲) دوزخ میں جائیں گے اور ایک جنت میں جائے گا اور وہ یہ ہیں کہ جن کے بارے میں اللہ نے فرمایا ہے (اور ہم نے ان میں سے ایک گروہ پیدا کیا ہے جس حق کے ساتھ ہدایت کرتا ہے اور حق کے ساتھ ہی فیصلہ کرتے ہیں) وہ میں اور میرے شیعہ ہیں۔

بے شک آپؐ نے سچ فرمایا کہ وہ امامؑ اور ان کے شیعہ ہی نجات پانے والا فرقہ ہیں اور اگر وہ نہیں تو کون ہے اس میں سے سب سے پہلا قول خواجہ نصیر الدین محمد الطوسی کا ہے کہ اس سے فرقہ ناجیہ کے بارے میں پوچھا گیا تو انہوں نے کہا کہ ہم نے مذاہب کے بارے میں تحقیق کی اور رسول اللہؐ کے اس قول کے بارے میں بھی تحقیق کی کہ میری امت تہتر فرقوں میں تقسیم ہو جائے گی ان میں سے ایک نجات پانے والا ہے پس ہم نے اس نجات پانے والے گروہ کو فرقہ امامیہ میں ہی پایا کیونکہ انہوں نے اصول عقائد میں تمام مذاہب کی نسبت وضاحت پیش کی ہے اور اس میں منفرد ہے اور تمام مذاہب اس میں مشترک ہیں پس فرقہ امامیہ ہی نجات پانے والا فرقہ ہے اور کیسے نہ ہو وہ نجات کی کشتی میں سوار ہو گئے ہیں اور ہدایت کے ستاروں سے لپٹ گئے ہیں پس اللہ کی قسم وہ اعلیٰ مذاہب والے ہیں اور اہم مرتبوں والے اولی الامر ہیں اور وہ کل ایک خوشحال زندگی میں ہونگے ان سے کہا جائے گا پس تم ہنسی خوشی کھاؤ کہ جو تم نے پچھلے دنوں میں گزارا ہے۔

درود ہو ان روشن شموس پر اور روشن چاندوں پر جو کہ تاریکیوں میں رہنمائی کرتے ہیں جو محمد مصطفیؐ اور ان کی ہدایت دینے والی عترت ہے ان پر ہمیشہ درود ہو۔

سورۃ انفال

(اس سورہ کی وہ آیات جو آئمہ ھدیٰؑ کی شان میں نازل ہوئیں)

اللہ کا قول(اے ایمان والوں اللہ اور اس کے رسول کی بات پر لبیک کہو کہ جب وہ تم کو بلاتے ہیں اور جب تم کو زندگی دیتے ہیں)

تاویل۔ طریق عامہ سے ابن مردویہ نے اسناد کے ساتھ اپنے رجال سے مرفوعاً امام محمد بن علی الباقرؑ سے روایت کی ہے کہ آپؑ نے اللہ کے اس قول کے بارے میں فرمایا(اے ایمان والوں اللہ اور اس کے رسول کے حکم پر لبیک کہو جب وہ تم کو بلاتے ہیں) ولایت علیؑ ابن ابی طالبؑ کی طرف۔ اس کی تائید روایت ابوالجارود کرتی ہے کہ اللہ کا قول(اے ایمان والوں اللہ اور اس کے رسول کے حکم پر لبیک کہو جب وہ تم کو بلاتے ہیں) امامؑ نے فرمایا اللہ اور اس کا رسول مخلوق کو ولایت امیر لمومنینؑ کی طرف بلاتے ہیں اور اللہ نے ایمان والوں کو حکم دیا ہے کہ وہ اللہ اور اس کے رسولؐ کے حکم پر لبیک کہیں یعنی ان کی اطاعت کریں(جب وہ تم کو بلاتے ہیں) یعنی رسول اللہؐ (جب تم کو زندگی بخشتے ہیں) یہ ولایت امیر المومنینؑ ہے اللہ نے اسے زندگی قرار دیا ہے جو ولایت علیؑ کا اقرار کرنے والا ہے وہی

زندہ ہے اور ولایت کا ہر منکر مردہ ہے اور ولایت علیؑ ہی عاقبت کی راحت ہے کیونکہ اس میں ہمیشہ رہنے والی زندگی اور نعمتیں ہیں اور جان لو کہ دل کی زندگی ولایت سے ہے کفر کی موت کے بعد کیونکہ ولایت ایمان ہے اس سے جڑ جاؤ تم اللہ کی رسی کو تھامنے والوں میں سے ہو جاؤ گے۔

اللہ کا قول (اس فتنہ سے ڈرو وہ جو تم میں سے خاص طور پر ظالموں کو پہنچنے والا ہے اور جان لو کہ اللہ سخت سزا دینے والا ہے) اس فتنہ سے کہ جب اللہ نے ایمان والوں کو رسول اللہؐ کے ولایت علیؑ کے حکم کی اطاعت کا حکم دیا اور کہا کہ ولایت علیؑ کی نافرمانی سے ڈر جاؤ اور فتنہ جو ہے وہ آزمائش ہے ولایت کی۔

تاویل۔ الحسن البصری نے کہا کہ یہ فتنہ آزمائش ہے کہ جو انسان کے باطن کا امتحان لیتی ہے اور کہا کہ یہ آیت علیؑ، عمارؓ، طلحہ اور زبیر کے بارے میں نازل ہوئی اور زبیر نے کہا کہ ایک عرصہ ہم یہ آیت پڑھتے رہے لیکن ہم نے اس کے اہل نہیں دیکھے اور ہمیں معلوم ہی نہیں ہو سکا کہ ہم ہی اس کے اصل مراد تھے۔

اور ابو ایوب انصاری کی روایت میں ہے کہ نبیؐ نے عمارؓ سے فرمایا میرے بعد فتنے ظاہر ہونگے یہاں تک کہ تلوار ان کے درمیان میں اختلاف کرے گی اور یہاں تک کہ ایک دوسرے کو لوگ قتل کریں گے اور کچھ ایک دوسرے سے بیزاری اختیار کریں گے جب تم ایسے حالات دیکھو تو میرے دائیں طرف بیٹھے ہوئے کی اتباع کرنا اور وہ علیؑ ابن ابی طالبؑ تھے پھر رسول اللہؐ نے فرمایا اگر تمام لوگ ایک وادی میں ہوں اور علیؑ دوسری وادی میں ہو تو پس تم لوگوں کو چھوڑ کر علیؑ کی طرف آجاؤ اے عمارؓ علیؑ ہدایت کو نہیں چھوڑے گا اے عمارؓ علیؑ کی اطاعت میری اطاعت ہے اور میری اطاعت اللہ کی اطاعت ہے۔

اللہ کا قول (اور جان لو کہ جو تم غنیمت حاصل کرو تو اس کا پانچواں حصہ اللہ کے لیے اور رسول کے لیے ہے اور ذی القربیٰ، یتیموں، مسکینوں اور مسافروں کے لیے ہے اگر تم اللہ پر ایمان رکھتے ہو)

تاویل۔ الشیخ محمد بن یعقوب سے انہوں نے علی بن محمد سے انہوں نے علی بن عباس سے انہوں نے الحسن بن عبدالرحمٰن سے انہوں نے عاصم بن حمید سے انہوں نے ابو حمزہ سے انہوں نے امام ابو جعفرؑ سے روایت کی ہے کہ میں نے امامؑ سے کہا ہمارے بعض اصحاب بہتان باندھتے ہیں اور مخالف پر تہمت لگاتے ہیں فرمایا ان سے رکے رہو یہ بہتر ہے پھر فرمایا اے ابو حمزہ ! اللہ کی قسم تمام لوگ باغیوں کی اولاد ہیں سوائے ہمارے شیعوں کے میں نے کہا کیسے ؟ فرمایا اللہ کی کتاب میں اسکی دلیل ہے اللہ تبارک وتعالیٰ نے ہمارے مال میں تین حصے رکھے ہیں پھر فرمایا (جان لو کہ جو غنیمت تم حاصل کرتے ہو اس میں سے پانچواں حصہ اللہ کا، رسول کا، ذی القربیٰ کا، یتیموں کا، مسکینوں کا اور مسافروں کا ہے) اور ہم اصحاب خمس ہیں اور اللہ نے اسے ہمارے شیعوں کے سوا تمام لوگوں پر حرام کیا ہے اللہ کی قسم اے ابو حمزہ ! اگر کوئی ہمارا مال کھائے تو وہ اپنے تمام مال کا فدیہ دے دے اور نجات طلب کرے تو تب بھی اس کی بخشش نہیں ہو گی اور اللہ نے ہمیں اور ہمارے شیعوں کو بلا عذر اس سے نکالا ہے۔

اللہ کا قول (اگر وہ صلح کے لیے جھکیں تو تم بھی جھکو اور اللہ پر بھروسہ کرو بے شک وہ سننے والا اور جاننے والا ہے)

تاویل۔ (اگر وہ جھکیں) یعنی مائل ہوں اور سلامتی جنگ کی ضد ہے اور جنگ ولایت سے کنایہ ہے کیونکہ جو بھی اسے تسلیم کرے وہ سلامت ہے اور جو اس کا انکار کرے وہ جنت کرتا ہے اللہ نے ولایت کو سلامتی کا نام دیا جیسا کہ فرمایا (اور سلامتی میں پورے کے پورے داخل ہو جاؤ) اور

سلامتی ولایت ہے اس کی وضاحت الشیخ محمد بن یعقوب کی روایت کرتی ہے کہ انہوں نے الحسین بن محمد سے انہوں نے معلی بن محمد سے انہوں نے محمد بن جمہور سے انہوں نے صفوان سے انہوں نے ابن مسکان سے انہوں نے الحلبی سے انہوں نے امام ابو عبداللہؑ سے اللہ کے اس قول کے بارے میں روایت کی ہے کہ فرمایا(اگر وہ صلح کی طرف مائل ہوں تو تم بھی ہو جاؤ) میں نے امامؑ سے فرمایا کہ سلامتی کیا ہے فرمایا ہمارے امر میں داخل ہو جانا۔

اللہ کا قول(وہی ذات ہے کہ جس نے آپ کی تائید اپنی نصرت سے کی)

تاویل۔ابو نعیم نے انی کتاب حلیہ الاولیاء میں اسناد کے ساتھ محمد بن سائب الکلبی سے انہوں نے ابو صالح سے انہوں نے ابو ہریرہ سے انہوں نے رسول اللہؐ سے روایت کی ہے کہ عرش پر لکھا ہوا ہے لا الہ الا اللہ وحدہ لاشریک لہ محمد عبدی ورسولہ ایدتہ بعلی بن ابی طالب (اللہ کے سوا کوئی معبود نہیں محمد میرے بندے اور رسول ہیں ان کی مدد میں نے امیر المومنینؑ علیؑ بن ابی طالبؑ کے ذریعے کی) ۔اور یہ اللہ کا قول ہے(وہی ذات ہے جس نے آپ کی تائید اپنی مدد سے کی اور مومنین کے زریعے کی) یعنی علیؑ ابن ابی طالبؑ کے ذریعے۔

الشیخ الصدوق نے امالی میں بھی ایسی ہی روایت کی ہے اس کی تائید الشیخ ابو جعفر الطوسی کی روایت کرتی ہے کہ ہم کو الشریف ابو نصر محمد بن محمد علی الزینی نے اسناد کے ساتھ ابو حمزہ سے انہوں نے سعید بن جبیر سے انہوں نے ابو الحمراء سے روایت کی ہے کہ میں نے رسول اللہؐ کو فرماتے ہوئے سنا جب مجھے آسمان کی طرف معراج کروائی گئی تو میں نے عرش کے پائے پر لکھا ہوا پایا اللہ کے سوا کوئی معبود نہیں اور محمدؐ میرے رسول اور میری مخلوق میں سے برگزیدہ ہیں میں نے ان کی مدد علیؑ کے ذریعے کی

۔

اللہ کا قول(اے نبی آپ کے لیے اللہ اور آپ کی اتباع کرنے والے مومنین ہی کافی ہیں)

تاویل۔ فرمایا یہ آیت علیؑ ابن ابی طالبؑ کے بارے میں نازل ہوئی اور مومنین سے مراد جناب امیرؑ ہی ہیں جب اللہ نے اپنے بندوں پر جہاد فرض کیا تو اپنے نبی پر واجب قرار دیا اور تمام لوگوں پر دس لوگوں کو قتل کرنا واجب کیا فرمایا(اگر تم میں سے صبر کرنے والے ہونگے تو وہ دوسو پر غالب آجائیں گے) پھر اللہ نے اپنے نبیؐ کے اصحاب کی بزدلی کو بھانپتے ہوئے کہا(تیرے لیے اللہ ہی کافی ہے) اور بے شک وہ(وہ ذات ہے جس نے تیری تائید اپنی نصرت اور مومنین کے زریعے کی) اس سے مراد امیر المومنینؑ ہیں اور ادھر فرمایا(اے نبی تیرے لیے اللہ اور تیری اتباع کرنے والے مومنین کافی ہیں) یعنی جن مومنین نے آپؐ کی اتباع کی اور وہ امیر المومنینؑ ہیں اور اللہ نے اپنے نبیؐ کو تسلی دیتے ہوئے فرمایا آپؐ اپنے اصحاب کی بزدلی کا غم نہ کریں اللہ اور علیؑ آپؐ کے لیے کافی ہیں کیونکہ اللہ نے تمام مواقع پر اپنے نبیؐ کی علیؑ کے ذریعے مدد کی اور جناب امیرؑ ہی اللہ کی نصرت ہیں یہ وہ فضیلت ہے جس کوئی بھی آپؑ کا شریک نہیں پس اللہ اپنے نبیؐ کے قتال کے لیے کافی ہے اور اللہ نے امیر المومنینؑ کا اپنے رسولؐ کا مددگار بنایا یہ دو آیات آپؐ کے تمام فضائل کا مجموعہ ہیں کہ ان کی وضاحت کی ضرورت نہیں پس اللہ اپنے نبیؐ اور ان کی پاکیزہ آلؑ پر درود و سلام بھیجے۔

سورۃ البراۃ (توبہ)

(اس سورہ کی وہ آیات جو آئمہ ھدیٰؑ کی شان میں نازل ہوئیں)

اللہ کا قول (اللہ اور اسکے رسول کی طرف سے حج اکبر کے دن لوگوں کی طرف اذان ہے)

لغت میں اذان سے مراد اعلان کے ہوتے ہیں اس آیت اس سے مراد امیر المومنینؑ کا نام ہے اور یہ مجازاً نام دیا گیا اس مفعول کی جگہ فاعل کے لیے کیونکہ سورۃ برات کے پہنچانے والے جناب امیرؑ ہیں پس وہ اذان دینے والے ہیں اس لیے ان کو یہ نام دیا گیا اس کی وضاحت علی بن ابراہیم نے اپنی تفسیر میں کی ہے کہ ان کے والد سے اسناد کے ساتھ علی بن الحسینؑ سے اللہ کے اس قول کے بارے میں روایت کی ہے (اللہ اور اس کے رسول کی طرف سے اذان ہے) فرمایا اذان امیر المومنینؑ ہیں اور امیر المومنینؑ نے فرمایا میں لوگوں میں اذان ہوں۔

ابو الحسن الدیلمی نے اسناد کے ساتھ اپنے رجال سے انہوں نے عبد اللہ بن سنان سے روایت کی ہے کہ امام صادقؑ نے فرمایا کہ امیر المومنینؑ کا ایک ایسا نام ہے جسے سوائے علماء کے کوئی نہیں جانتا ان میں سے ایک اللہ اور اس کے رسولؐ کی طرف سے اذان ہے پس وہ اذان ہیں۔

حذف اسناد کے ساتھ امام ابو عبد اللہؑ سے اللہ کے اس قول کے بارے میں روایت ہے (اللہ اور اس کے رسول کی طرف سے اذان ہے) فرمایا اذان وہ اسم ہے جو اللہ نے علیؑ کو عطا کیا۔

کیونکہ آپؑ نے اللہ اور اس کے رسولؐ کی طرف سے سورہ برات کو پہنچایا یہ سورہ پہلے ابو بکر کو دے کر بھیجا گیا پس جبرائیل رسول اللہؐ پر نازل ہوئے اور فرمایا اے محمدؐ اللہ آپؐ سے فرماتا ہے اسے صرف آپؐ پہنچا سکتے ہیں یا وہ جو آپؐ میں سے ہو اور وہ علیؑ ہیں کہ جن کو بھیجا گیا پس علیؑ نے ابو بکر سے وہ صحیفہ لے لیا اور اہل مکہ کی طرف چل دیئے اس لیے اللہ نے ان کو یہ نام دیا کہ وہ اللہ اور اسکے رسولؐ کی طرف سے اذان ہے

ابن طاؤس نے محمد بن العباس سے اسناد کے ساتھ تقریباً ایک سو بیس طریقوں سے یہ ہی روایت بیان کی ہے

اللہ کا قول (کیا تم نے گمان کر لیا ہے کہ تم چھور دیئے جاؤ گے اور ابھی تک اللہ نے تم میں سے جہاد سے ممتاز نہیں کیا اور نہ ہی انہوں نے نے اللہ اور اس کے رسول کے اور مومنین کے سوا کسی کو دوست بنایا ہے اور جو تم اعمال کرتے ہو اللہ اس سے باخبر ہے)

اس کے معنی یہ ہیں کہ کیا تم نے گمان کر لیا ہے کہ تم بغیر جہاد کے چھوڑ دیئے جاؤ گے اور اللہ تم میں سے جہاد کرنے والوں کو نہیں جانتا؟ اور اللہ تم میں سے اللہ اس کے رسول اور مومنین کے سوا دوست بنانے والوں کو نہیں جانتا؟

تاویل۔ محمد بن یعقوب سے انہوں نے الحسن بن محمد سے انہوں نے معلی بن محمد سے انہوں نے الوشاء سے انہوں نے المثنی سے انہوں نے عبد اللہ بن عجلان سے انہوں نے امام ابو جعفرؑ سے اللہ کے اس

قول کے بارے میں روایت کی ہے (اور انہوں نے اللہ اسکے رسول اور مومنین کے سوا دوست نہیں بنایا) فرمایا مومنین سے مراد آئمہؑ ہیں کہ ان کے سوا کسی کو دوست نہیں بنایا۔اسی طرح محمد بن یعقوب سے انہوں نے علی بن محمد سے اور محمد بن ابی عبداللہ سے انہوں نے اسحاق بن محمد سے روایت کی ہے کہ ہم سے سفیان بن محمد الضبعی نے کہا میں نے امام ابو محمدؑ کو خط لکھا اور ان سے اسی آیت کے بارے میں پوچھا کہ (دوست) سے کیا مراد ہے فرمایا کہ اس سے مراد وہ ہے جسے تم اولی الامر کے سوا بنا لیتے ہو اور میں تمہارے دل میں جو مومنین کے بارے میں بات ہے وہ بھی بتاتا ہوں کہ اس سے مراد آئمہؑ ہیں جو اللہ پر ایمان رکھتے ہیں۔

اللہ کا قول (اور اگر وہ اپنے وعدوں کے بعد اپنی قسموں کو توڑ ڈالیں اور تم کو تمہارے دین میں طعن کریں تو کفر کے اماموں کو قتل کر دو کیونکہ ان کو کوئی ایمان نہیں شاید کہ وہ باز آجائیں)

تاویل۔ علی بن ابراہیم نے تفسیر میں کہا ہے کہ امیر المومنینؑ سے روایت ہے کہ آپؑ نے فرمایا میں نے اہل جمل و صفین سے جنت قرآن کی اس آیت کے مطابق کی ہے (اگر وہ اپنے وعدوں کو اپنی قسموں کے بعد توڑ ڈالیں اور تم کو تمہارے دین میں طعن کریں تو کفر کے اماموں کو قتل کر دو ان کا کوئی ایمان نہیں)۔

ابو علی الطبرسی نے اپنی تفسیر میں روایت کی ہے کہ جو اس تاویل کی تائید کرتی ہے کہ جناب امیرؑ نے جنگ جمل والے دن اس آیت کی تلاوت فرمائی اور فرمایا کہ رسول اللہؐ نے مجھ سے عہد لیا کہ اے علیؑ تم بیعت توڑنے والے، باغی گروہ اور مارقین سے ضرور جنگ کرو گے ان کا کوئی ایمان نہیں ہے۔

اللہ کا قول (کیا تم نے حاجیوں کو پانی پلانے والا اور مسجد حرام کو آباد کرنے والا اس شخص کی مانند ہے کہ جو اللہ پر آخرت پر ایمان لائے اور اس کے راستے میں جہاد کرے وہ اللہ کے ہاں برابر نہیں ہیں اور

اللہ ظالموں کو ہدایت نہیں دیتا وہ لوگ جو ایمان لائے ہجرت کی اور اللہ کے راستے میں مال اور جانوں سے جہاد کیا ان کے اللہ کے ہاں بڑے درجات ہیں اور یہی لوگ کامیاب ہیں)

ابو علی الطبرسی نے اپنی تفسیر میں اس کا سبب نزول بیان کیا ہے کہ یہ آیت علیؑ ابن ابی طالبؑ، عباس بن عبد المطلب اور طلحہ بن شیبہ کے بارے میں نازل ہوئی کیونکہ انہوں نے فخر کیا عباس نے کہا میں حاجیوں کو پانی پلاتا ہوں اور اس پر قائم ہوں اور شیبہ نے کہا میں مسجد حرام کو آباد کرنے والا ہوں طلحہ نے کہا میرے پاس بیت اللہ کی چابی ہے اگر میں چاہوں تو اس میں رات گزار دوں اور عباس نے کہا میں تو ابھی تک حاجیوں کو پانی پلاتا ہوں علیؑ نے فرمایا میں نہیں جانتا تم دونوں کیا کہہ رہے ہو میں نے تمام لوگوں سے چھ ماہ قبل قبلہ کی طرف رخ کر کے نماز پڑھی اور میں جہاد کرنے والا ہوں۔

یہ ہی روایت الحسن والشعبی اور محمد بن کعب القرظی سے روایت ہے کہ کہا الحاکم ابو القاسم الحسکانی نے اسناد کے ساتھ ابو بریدہ سے انہوں نے اپنے والد سے روایت کی ہے کہ انہوں نے اپنے والد سے روایت کی ہے کہ شیبہ اور عباس آپس میں فخر کر رہے تھے کہ ان دونوں کے پاس سے علیؑ گزرے اور فرمایا تم کیا فخر کر رہے ہو عباس نے کہا مجھے حاجیوں کو پانی پلانے کا شرف حاصل ہے شیبہ نے کہا مجھے مسجد حرام کی آباد کاری دی گئی ہے علیؑ نے فرمایا مجھے تم دونوں سے حیا آتی ہے کہ میں تم دونوں سے کمسن ہوں لیکن مجھے وہ چیز دی گئی ہے جو تم دونوں کو نہیں دی گئی وہ کہنے لگے یا علیؑ آپؑ کو کیا دیا گیا ہے فرمایا میں نے تمہارے پوروں پر تلوار ماری پھر تم دونوں اللہ پر اور اس کے رسولؐ پر ایمان لائے عباس غصے میں اٹھے اور رسول اللہؐ کے پاس آئے اور کہا علیؑ کو بلایئے پس آپؐ نے علیؑ کو بلایا اور فرمایا اے علیؑ تم نے اپنے چچا سے کیا کہا ہے؟ تو فرمایا یا رسول اللہؐ میں نے ان سے حق بیان کیا ہے اب یہ چاہیں تو غصہ کریں اور چاہیں تو نہ کریں پس جبرائیل اترے اور کہا اے محمدؐ آپ کا رب آپ کو سلام کہہ رہا ہے

اور کہہ رہا ہے کہ ان کو یہ آیت تلاوت کر کے بتادیں (کیا حاجیوں کو پانی پلا کر اور مسجد حرام آباد کر کے تم اپنے آپ کو اس جیسا سمجھتے ہو جو اللہ اور قیامت پر ایمان لائے۔۔۔۔۔۔) تو عباس نے (تین مرتبہ) کہا کہ ہم راضی ہوئے۔

علی بن ابراہیم نے اپنی تفسیر میں کہا ہے کہ مجھ سے میرے والد نے انہوں نے صفوان بن یحییٰ سے انہوں نے ابن مسکان سے انہوں نے ابو بصیر سے انہوں نے امام ابو جعفرؑ سے روایت کی ہے کہ یہ آیت علیؑ، حمزہؓ، جعفر، عباس بن عبد المطلب اور شیبہ کے بارے میں نازل ہوئی پس آخر والے دونوں حاجیوں کو پانی پلانے اور مسجد حرام کی آباد کری پر فخر کر رہے تھے کہ عباس نے علیؑ سے کہا اے علیؑ میں تم سے افضل ہوں تو شیبہ نے کہا میں افضل ہوں علیؑ نے فرمایا میں تم دونوں سے افضل ہوں میں تم دونوں سے پہلے اللہ پر ایمان لایا تم دونوں سے پہلے ہجرت کی اور اللہ کے راستے میں جہاد کیا انہوں نے کہا کیا تم اللہ کے رسولؐ کے فیصلے پر راضی ہو انہوں نے کہا جی ہاں فرمایا آؤ ان کے پاس چلیں پس ہر ایک نے رسول اللہؐ کو اپنی فضیلت بتائی پس اللہ نے اپنے رسولؐ پر یہ آیت نازل کی (کیا تم نے حاجیوں کو پانی پلانے اور مسجد حرام کو آباد کرنے کو اس جیسا بنالیا ہے کہ جو اللہ پر ایمان لائے اور آخرت پر ایمان لائے اور اللہ کے راستے میں جہاد کرے وہ اللہ کے ہاں برابر نہیں ہو سکتے اور اللہ ظالموں کو ہدایت نہیں دیتا) پس یہ آیت امیر المومنینؑ کے بارے میں نازل ہوئی کیونکہ اللہ کا قول ہے (وہ لوگ جو ایمان لائے ہجرت کی اور جہاد کیا) اس سے مراد امیر المومنینؑ ہیں اگرچہ یہ لفظ عام ہے

لیکن مراد خاص ہے اور اس کی قرآن مجید میں بہت سی مثالیں ہیں ان میں سے اللہ کا قول ہے (اے ایمان والوں میرے اور اپنے دشمنوں کو دوست نہ بناؤ) اس سے خطاب جو ہے وہ ابن ابی بلتعہ ہے۔

اللہ کا قول (اللہ کے ہاں مہینوں کی تعداد بارہ ہے اللہ کی کتاب میں کہ جب سے اس نے آسمانوں اور

زمینوں کو خلق کیا ہے ان میں سے چار حرمت والے ہیں یہی سیدھا دین ہے پس اس بارے میں تم اپنی جانوں پر ظلم نہ کرو)

تاویل۔الشیخ المفید نے کتاب الغیبہ میں کہا ہے کہ ہم سے علی بن الحسین نے کہا کہ مجھ سے محمد بن یحییٰ نے انہوں نے محمد بن الحسین سے انہوں نے محمد بن علی سے انہوں نے ابراہیم بن محمد سے انہوں نے محمد بن عیسیٰ سے انہوں نے عبدالرزق سے انہوں نے محمد بن سنان سے انہوں نے فضیل البرسان سے انہوں نے ابوحمزہ الثمالی سے روایت کی ہے کہ میں ابو جعفرؑ کے پاس تھا کہ آپؑ نے فرمایا (اللہ کے ہاں مہینوں کی تعداد بارہ ہے اللہ کی کتاب میں کہ جب سے زمین وآسمان خلق ہوئے ہیں ان میں سے چار حرمت والے ہیں یہ سیدھا دین ہے پس ان کے بارے میں اپنی جانوں پر ظلم نہ کرو) جہاں تک مہینوں کی بات ہے وہ محرم، صفر، ربیع الاول اور جون کے بعد ہیں اور میں سے حرمت والے رجب، ذی القعد، ذی الحجہ اور محرم ہیں تو یہ سیدھا دین نہیں ہو سکتا کیونکہ یہود ونصاریٰ، مجوسی اور تمام گروہ موافقین ومخالفین میں سے ان مہینوں کو جانتے ہیں اور ان کے نام گنتے ہیں اس طرح تو نہیں ہو سکتا اصل میں اس سے مراد آئمہؑ ہیں جو اللہ کے دین پر قائم ہیں اور ان میں حرمت والے امیر المومنینؑ ہیں کہ جن کا نام اللہ نے اپنے العلی سے رکھا ہے جس طرح محمدؐ کا نام اپنے نام محمود سے رکھا ہے اور تین ان کی اولاد میں سے علیؑ ہیں اور وہ یہ ہیں علیؑ بن الحسینؑ، علیؑ بن موسیٰ الرضا اور علیؑ بن محمد النقیؑ پس یہ اللہ کے نام سے مشتق ہیں یعنی امیر المومنینؑ علیؑ ابن ابی طالبؑ۔

ہم کو سلامہ بن محمد نے کہا کہ ہم سے ابوالحسن علی بن محمد نے کہا کہ ہم سے حمزہ بن القاسم نے کہا کہ انہوں نے جعفر بن محمد سے انہوں نے عبید بن کثیر سے انہوں نے احمد بن موسیٰ سے انہوں نے داؤد بن کثیر سے کہا کہ میں امام ابو عبداللہؑ جعفرؑ بن محمدؑ کے پاس مدینہ گیا تو آپؑ نے مجھ سے فرمایا تم کو کیا

چیز ہمارے پاس لائی ہے اے داؤد؟ میں نے کہا مجھے کوفہ سے آپؑ کے پاس ایک حاجت لے آئی ہے فرمایا تم نے پیچھے کس کو چھوڑا ہے میں نے کہا میں آپؑ پر قربان جاؤں آپؑ کے چچا زید کو وہ گھوڑے پر سوار مصحف کو لٹکائے ہوئے بلند آواز سے کہہ رہے تھے مجھ سے پوچھ لو مجھ سے پوچھ لو اس سے پہلے کہ تم مجھے کھو دو میں ناسخ و منسوخ ،المثانی و القرآن العظیم کو جانتا ہوں میں تمہارے اور اللہ کے درمیان علم ہوں تو آپؑ نے مجھ سے فرمایا اے داؤد تم بہت سے مذاہب دیکھتے ہو اور ان میں دعوے کرنے والے بھی پھر فرمایا اے سماعہ مجھے کھجوروں کا ٹوکرا لا کر دو پھر آپؑ نے اس میں سے ایک کھجور نوش فرمائی اس کی گھٹلی نکال کر اسے زمین میں کاشت کیا وہ اگ آئی پھر اپنے ہاتھوں سے اسے چیرا اس میں سے ایک سفید رقعہ نکالا اس پر دو سطریں تھیں پہلی سطر میں تھا لا الہ الا اللہ محمد رسول اللہ اور دوسری سطر میں تھا (بے شک اللہ کے ہاں مہینوں کی تعداد بارہ ہے یہ اللہ کی کتاب میں اس دن سے ہے جس دن سے زمین و آسمان کو پیدا کیا ان میں سے چار حرمت والے ہیں یہی سیدھا دین ہے) امیر المومنینؑ علی ابن ابی طالبؑ، الحسنؑ بن علیؑ، الحسینؑ بن علیؑ، علیؑ بن الحسینؑ، محمدؑ بن علیؑ، جعفرؑ بن محمدؑ، موسیٰؑ بن جعفرؑ، علیؑ بن موسیٰؑ، محمدؑ بن علیؑ، علیؑ بن محمدؑ، الحسنؑ بن علیؑ، الخلف الحجہؑ۔ پھر آپؑ نے فرمایا اے داؤد جانتے ہو یہ اس میں کب لکھا گیا میں نے کہا اللہ اور اس کا رسولؐ ہی جانتا ہے فرمایا آدمؑ کی تخلیق سے دو ہزار سال پہلے۔

انہی معنوں میں مقلد بن غالب نے اپنے رجال سے اسناد کے ساتھ عبد اللہ بن سنان الاسدی سے انہوں نے امام جعفرؑ بن محمدؑ سے روایت کی ہے کہ میرے والد گرامیؑ جابر بن عبد اللہ الانصاری سے فرمایا مجھے تم سے تنہائی میں کچھ کام ہے جب وہ ان کے ساتھ تنہا ہوئے تو فرمایا اے جابر مجھے اس لوح کے بارے میں بتاؤ کہ جو تم نے میری والدہ گرامی سیدہ فاطمہؑ کے پاس دیکھی تھی تو جابر نے کہا میں

اللہ کی قسم کھاتا ہوں کہ میں نے اپنی آقا زادی سیدہ فاطمہؑ کو ان کے بیٹے حسنؑ کے ظہور کی مبارک باد دینے کے لیے گیا تو دیکھا ان کے ہاتھ میں زمرد سے زیادہ سبز لوح تھی اس میں سورج سے زیادہ چمکدار اور مشک و عنبر سے زیادہ خوشبودار لکھا ہوا تھا میں نے کہا اے بنت رسول اللہؐ یہ کیا ہے؟ فرمایا یہ لوح ہے اسے اللہ نے میرے والد پر نازل کیا ہے مجھے میرے والد نے کہا کہ اسے یاد کر لو پس میں نے یاد کر لیا اس میں میرے والد اور علیؑ کا نام اور میرے بیٹے کا نام پھر حسینؑ اور ان کے بعد ان کی اولاد کا نام ہے میں نے ان سے کہا یہ مجھے دے دیجیے تا کہ میں اسے نقل کر لوں پس میں نے کر لیا امامؑ فرماتے ہیں کہ میرے والد گرامیؑ نے جابر سے کہا تمہارا وہ نسخہ کہاں ہے جابر نے کہا وہ میرے پاس ہے فرمایا مجھے دکھا سکتے ہو پس جابر اپنے گھر گئے اور ایک سرخ کھال لے کر آئے پس جب امامؑ نے اسے پڑھا تو اس میں تھا بسم اللہ الرحمن الرحیم یہ اللہ کی طرف سے کہ جو بڑا علم والا ہے روح الامین لے کر محمد خاتم النبیینؐ پر اترے اے محمدؐ (بے شک اللہ کے ہاں مہینوں کی تعداد بارہ ہے اس دن سے ہے کہ جب سے اس نے زمین و آسمان کو پیدا کیا ہے ان میں سے چار حرمت والے ہیں اور یہ ہی سیدھا دین ہے پس اپنی جانوں

پر ظلم نہ کرو) اے محمدؐ میرے اسماء کی عظمت بیان کرو میری نعمتوں کا شکریہ ادا کرو اور میری نعمتوں کے ساتھ ظلم نہ کرو میرے سوا کسی سے نہ ڈرو میرے سوا کسی سے امید نہ رکھو کہ جو ایسا کرے گا میں اسے ایسا عذاب دوں گا کہ کسی کو نہ دیا ہوگا اے محمدؐ میں نے تم کو اپنے انبیاء میں سے چن لیا ہے اور میں نے تیرے وصی کو اوصیاء میں سے چن لیا ہے اور اپنے علم کا مرکز حسنؑ کو ان کے والد کے بعد بنایا ہے اور اولین و آخرین میں سے حسینؑ کو بہترین اولاد والا بنایا ہے اس میں امامت ثبت ہے ان کے بعد علیؑ بن الحسینؑ زین العابدینؑ ہیں اور باقرؑ جو کہ علم کے وارث اور میرے راستے کی طرف بلانے والے

ہیں اور جعفرؑ ہیں جو اپنے قول و عمل میں سب سے زیادہ سچے ہیں پس اس کے لیے ہلاکت ہے جو میرے نبیؐ کی عترت کو جھٹلائے اور میری بہترین مخلوق کی تکذیب کرے اور موسیٰؑ جو کہ غصے کو پینے والے ہیں اور علی الرضاؑ جسے ایک کافر گروہ قتل کرے گا اور محمد الہادیؑ جو کہ اپنے نانا میمون کی شبیہ ہونگے اور علیؑ جو میرے راستے کی طرف بلائیں گے اور میرے حرام سے لوگوں کو دور کریں گے پھر حسنؑ ہیں اور پھر ان کے پیچھے محمدؑ ہیں جو آخری زمانے میں اتریں گے ان کے سر پر سفید عمامہ ہوگا پس ان پر سورج سایہ کرے گا اور فصیح زبان میں ندادے گا یہ آل محمدؑ کا مہدیؑ ہے پس وہ زمین کو عدل و انصاف سے بھر دیں گے جیسے ظلم و ستم سے بھری ہوئی ہوگی جان لو کہ ان کو ان بارہ مہینوں سے مثال دی گئی ہے اور اللہ نے ان کو تمام جہانوں پر فضیلت دی ہے اور ان کو اپنی مخلوق میں سے چن لیا ہے۔

اللہ کا قول (کہہ دیجئے عمل کرو پس اللہ اس کا رسول اور مومن تم کو اس کا عمل دکھادیں گے)

اللہ کے اس قول کے معنی یہ ہیں کہ اللہ عزوجل نے اپنے نبیؐ کو حکم دیا کہ متقین سے کہہ دیجئے اس پر عمل کرو جو اللہ نے تم کو حکم دیا ہے اور عنقریب اللہ عزوجل تمہیں وہ عمل دکھادیں گے اور اس کا رسولؐ اور آئمہؑ بھی دکھادیں گے۔

تاویل۔ الشیخ محمد بن یعقوب الکلینی نے انہوں نے ہمارے اصحاب سے انہوں نے احمد بن محمد سے انہوں نے الحسین بن سعید سے انہوں نے النضر بن سوید سے انہوں نے یحییٰ الحلبی سے انہوں نے عبدالحمید الطائی سے انہوں نے یعقوب بن شعیب سے روایت کی ہے کہ میں نے امام ابوعبداللہؑ سے اللہ کے اس قول کے بارے میں پوچھا (کہہ دیجئے عمل کرو پس اللہ، اس کا رسول اور مومنین تمہارے عمل دکھادیں گے) فرمایا اس سے مراد آئمہؑ ہیں۔

ابن طاؤس نے سعد السعود میں کہا ہے کہ محمد بن العباس نے بارہ طریقوں سے روایت کی ہے کہ اعمال رسول اللہؐ اور آئمہؑ کے سامنے پیش ہوتے ہیں۔

بصائر الدرجات میں محمد بن الحسن الصفار سے بھی اسی طرح کی روایت موجود ہے۔

علی بن ابراہیم سے انہوں نے اپنے والد سے انہوں نے القاسم بن محمد الزیات سے وہ امام رضاؑ کے پاس رہتے تھے روایت کرتے ہیں کہ میں نے امام رضاؑ سے کہا کہ میرے اور میرے گھر والوں کے لیے دعا کیجئے فرمایا اللہ کی قسم تمہارے اعمال میرے سامنے ہر دن اور رات پیش ہوتے ہیں پس مجھ پر یہ گراں گزرا تو فرمایا کیا تم اللہ کی کتاب نہیں پڑھتے (کہہ دیجئے عمل کرو عنقریب اللہ اسکا رسول اور مومنین تمہیں تمہارے اعمال دکھا دیں گے) اللہ کی قسم اس سے مراد امیر المومنینؑ علی ابن ابی طالبؑ ہیں۔

احمد بن مہران سے انہوں نے محمد بن علی سے انہوں نے ابو عبداللہ الصامت سے انہوں نے یحییٰ بن مساور سے انہوں نے امام ابو جعفرؑ سے روایت کی ہے کہ آپؑ نے اس آیت کے بارے میں فرمایا کہ اللہ کی قسم مومنین سے مراد علیؑ ابن ابی طالبؑ ہیں۔

ابو علی الطبرسی نے کہا کہ ہمارے اصحاب نے روایت کی ہے کہ امامؑ نے فرمایا امت کے اعمال ہر سوموار اور جمعرات کو رسول اللہؐ اور آئمہؑ کے سامنے پیش ہوتے ہیں۔

اور بے شک مومنین سے مراد آئمہؑ ہیں جب تم یہ جان گئے ہو تو جان لو کہ مخلوق کے اعمال امام عصرؑ حجت خدا کے سامنے پیش ہوتے ہیں ان پر اور ان کے آباء پر درود و سلام ہو۔

اللہ کا قول (وہ اللہ کی قسمیں اٹھاتے ہیں کہ انہوں نے نہیں کہا حالانکہ انہوں نے کہا ہے کلمہ کفر اور

اپنے اسلام کے بعد کافر ہو گئے اور انہوں نے اس کا ارادہ کیا ہے جسے وہ حاصل نہیں کر سکتے)

تاویل۔ علی بن ابراہیم نے اپنی تفسیر میں کہا ہے کہ یہ آیت رسول اللہؐ کے حج سے واپس آنے کے بعد نازل ہوئی ان اصحاب عقبہ کے بارے میں کہ جنہوں نے کعبہ میں قسمیں اٹھائی تھیں کہ وہ خلافت کو ان کے اہل بیتؑ میں نہیں جانے دیں گے پھر وہ آپؐ کے لیے گھاٹی پر بیٹھے تاکہ انہیں قتل کر دیں اس خوف سے کہ جب وہ مدینہ پہنچیں گے تو علیؑ کی بیعت لیں گے پس اللہ نے اپنے رسولؐ کو اس بات سے مطلع فرما دیا کہ جو انہوں نے قتل کا ارادہ کیا ہے اور جس پر عہد کیا ہے جب وہ آپؐ کے پاس آئے تو انہوں نے کہا کہ ہم نے ایسا کچھ نہیں کیا اور نہ ہی ہم اس چیز کا ارادہ رکھتے ہیں پس اللہ نے ان کی تکذیب کے لیے یہ آیت نازل کی

اللہ کا قول (ان میں سے اگر کوئی مر جائے تو ان پر نماز جنازہ نہ پڑھو نہ ہی اس کی قبر پر کھڑا ہونا انہوں نے اللہ اور اس کے رسول کا انکار کیا ہے اور وہ نافرمانی کی حالت میں ہی مر گئے ہیں اور آپ کو ان کا مال اور اولاد تعجب میں نہ ڈالے اللہ تو یہی ارادہ رکھتا ہے کہ ان کو دنیا میں بدترین عذاب دے ان کو اسی کفر کی حالت میں لے جائے)

تاویل۔ الشیخ محمد بن یعقوب نے انہوں نے ابو علی الاشعری سے انہوں نے محمد بن عبد الجبار سے انہوں نے الحسین بن علی بن فضال سے انہوں نے ثعلبہ بن میمون سے انہوں نے ابو امیہ یوسف بن ثابت بن ابی سعیدہ سے روایت کی ہے کہ ایک گروہ امام ابو عبد اللہؑ کے پاس آیا اور کہا ہم آپؑ سے محبت رسول اللہؐ کی قرابت کے لیے کرتے ہیں کہ اللہ نے آپؑ کا حق ہم پر واجب کیا ہے ہم نے آپؑ سے دنیا کے لیے محبت نہیں کی صرف رضائے خدا اور آخرت کے آرام کے لیے کی ہے امام ابو عبد اللہؑ نے فرمایا تم نے سچ کہا جس نے ہم سے محبت کی وہ ہمارے ساتھ یہاں بھی ایسے رہے گا اور

قیامت میں بھی ایسے آئے گا اور آپؑ نے اپنی دونوں انگلیوں کو ملا کر دکھایا پھر فرمایا اگر کوئی شخص دن میں روزہ رکھے اور رات کو قیام کرے پھر اللہ سے اس حالت میں ملے کہ ہم اہل بیتؑ کی ولایت نہ رکھتا ہو تو اللہ کی قسم اللہ کا غضب اس پر نازل ہوگا پھر اللہ کے اس قول کی تلاوت فرمائی (ان میں سے اگر کوئی مر جائے تو ان پر نماز جنازہ نہ پڑھو نہ ہی اس کی قبر پر کھڑا ہونا انہوں نے اللہ اور اس کے رسول کا انکار کیا ہے اور وہ نافرمانی کی حالت میں ہی مر گئے ہیں اور آپ کو ان کا مال اور اولاد تعجب میں نہ ڈالے اللہ تو یہی ارادہ رکھتا ہے کہ ان کو دنیا میں بدترین عذاب دے ان کو اسی کفر کی حالت میں لے جائے)

اللہ کا قول (اللہ نے مومنین سے ان کی جانوں کو ان کے مالوں کو خرید لیا ہے کہ ان کے لیے جنت ہے وہ اللہ کی راہ میں جہاد کرتے ہیں وہ اللہ کی راہ میں لڑتے ہیں اور شہید ہو جاتے ہیں اس کا وعدہ تورات، انجیل اور قرآن میں سچ ہے جس نے اللہ کی طرف سے وعدہ سچ کیا پس تمہاری تجارت پر تمہیں خوشخبری ہے جو تم نے خرید و فروخت کی ہے اور یہ بہت بڑی کامیابی ہے توبہ کرنے والے عبادت کرنے والے حمد کرنے والے رکوع کرنے والے سجدہ کرنے والے نیکی کا حکم دینے والے برائی سے روکنے والے اللہ کی حدود کی حفاظت کرنے والے اور مومنین کو خوشخبری دے دیجئے)

تاویل۔(اللہ سے خرید لیا) یعنی اس کی رضا حاصل کرلی کیونکہ دوسرا خریدنا اس کا ہوتا ہے جو مالک نہ ہو جب مالک ہی وہ ہے تو پھر خریدنا کیسا جیسا کہ اللہ کا قول ہے (کون ہے جو اللہ کا قرض حسنہ دے) یہ صرف اس نے اپنے بندوں پر لطف کے لیے کیا ہے پھر اس نے مومنین سے ان کی جانوں اور مال کو خریدا ہے ان کے اوصاف بیان کئے ہیں (توبہ کرنے والے) یعنی اللہ کی اطاعت کی طرف رجوع کرنے والے (عبادت کرنے والے) وہ جو اللہ کی خلوص کے ساتھ عبادت کرتے ہیں (حمد کرنے والے) وہ کہ جو اللہ کی حمد بیان کرتے ہیں اس کی نعمتوں پر اس کا شکر ادا کرتے ہیں (روزہ رکھنے

والے) (رکوع اور سجدہ کرنے والے) جو نماز پڑھتے ہیں (نیکی کا حکم دیتے ہیں اور برائی سے روکتے ہیں)(اللہ کی حدود کی حفاظت کرنے والے) یعنی اللہ کی اطاعت پر قائم رہنے والے اور اس کے نواہی سے اجتناب کرنے والے (اور مومنین کو بشارت دے دیجئے) جس میں یہ تمام اوصاف موجود ہیں اور یہ کامل اوصاف والے آئمہ معصومینؑ ہیں۔

علی بن ابراہیم نے ابھی اسے اپنی تفسیر میں روایت کیا ہے۔

اللہ کا قول (اے ایمان والوں اللہ سے ڈرو اور سچوں کے ساتھ ہو جاؤ)

اللہ عزوجل نے اپنے مکلف بندوں کو حکم دیا ہے کہ سچوں کے ساتھ ہو جاؤ اور ان کی اتباع کرو ان کی اقتداء کرو اور سچا وہ ہے جو اپنے اقوال میں سچا ہو اور کبھی جھوٹ نہ بولے اور یہ صفات معصوم کی ہیں جیسے کہ ابو علی الطبرسی نے اپنی تفسیر میں روایت کیا ہے کہ کلینی نے ابو صالح سے انہوں نے ابن عباس سے روایت کی ہے کہ اللہ عزوجل کا قول (کہ سچوں کے ساتھ ہو جاؤ) علیؑ اور ان کے اصحاب کے ساتھ۔

جابر نے امام ابو جعفرؑ سے اللہ کے اس قول کے بارے میں روایت کی ہے (اور سچوں کے ساتھ ہو جاؤ) فرمایا اس سے مراد ہم ہیں۔

محمد بن یحییٰ سے انہوں نے احمد بن محمد سے انہوں نے ابن ابی نصر سے انہوں نے امام ابوالحسنؑ سے روایت کی ہے کہ میں نے امامؑ سے اللہ کے اس قول کے بارے میں پوچھا (اے ایمان والوں اللہ سے ڈرو اور سچوں کے ساتھ ہو جاؤ) فرمایا سچے آئمہؑ ہیں اور وہ اپنی اطاعت میں سچے ہیں یعنی اللہ کی اطاعت میں کیونکہ اللہ نے ان کے ساتھ ہونے کا حکم ان کی اطاعت کے لیے دیا ہے اس لیے ان کی اطاعت

رسولؐ کی اطاعت کی طرح واجب ہے اور رسول اللہؐ کی اطاعت اللہ کی اطاعت ہے اس طرح معصومؑ کی نافرمانی اللہ کی نافرمانی ہے۔

اس لیے اے اہل بیتؑ کے موالی تم ان کے گروہ میں شامل ہو جاؤ اور ان سے جڑ جاؤ تا کہ محشر میں ان ہلاک ہونے والے گروہ سے نہ اٹھو اور ان کی شفاعت کے ذریعے جنت میں داخل ہو جاؤ۔

طبرسی نے بھی اسی جیسی روایت نقل کی ہے۔

سورۃ یونس

(اس سورہ کی وہ آیات جو آئمہ ھدیٰؑ کی شان میں نازل ہوئیں)

اللہ کا قول(ایمان والوں کو بشارت دے دیجئے کہ ان کے لیے ان کے رب کے ہاں سچائی ہے)

تاویل۔ الشیخ محمد بن یعقوب نے بیان کیا کہ حسین بن محمد سے انہوں نے معلیٰ بن محمد سے انہوں نے محمد بن جمہور سے انہوں نے یونس سے انہوں نے امام ابو عبد اللہؑ سے اللہ کے اس قول کے بارے میں روایت کی ہے(ایمان والوں کو بشارت دے دیجئے کہ ان کے رب کے ہاں ان کے لیے سچائی مقدم ہے) فرمایا یعنی ولایت امیر المومنینؑ مومنین کو اس کا اجر دیا جائے گا اور انہیں جنت میں عزت والا رزق دیا جائے گا کیونکہ اللہ فرماتا ہے کہ وہ مومنین پر بڑا رحم کرنے والا ہے۔

اللہ کا قول(وہ لوگ کہ جو ہماری ملاقات کی امید نہیں رکھتے وہ کہتے ہیں کہ اس قرآن کے علاوہ کوئی اور قرآن لاؤ یا اسے بدل دو)

تاویل۔ الشیخ محمد بن یعقوب نے علی بن محمد سے انہوں نے سہل بن زیاد سے انہوں نے احمد بن الحسین بن عمیر بن یزید سے انہوں نے محمد بن جمہور سے انہوں نے محمد بن سنان سے انہوں نے

مفضل بن عمر سے روایت کی ہے کہ میں نے امام ابو عبداللہؑ سے اللہ کے اس قول کے بارے میں پوچھا تو آپؑ نے فرمایا قرآن سے مراد علیؑ ہیں لوگوں نے رسول اللہؐ سے مطالبہ کیا کہ علیؑ کے علاوہ کس اور کو خلیفہ بنادیں پس اللہ نے اپنے نبیؐ سے فرمایا(اے رسول ان سے کہہ دیجئے کہ میں کیسے اپنی مرضی سے انہیں تبدیل کر سکتا ہوں جسے اللہ نے مقرر کیا ہے اور جس کی میری طرف وحی کی گئی ہے میں ڈرتا ہوں کہ اپنے رب کی نافرمانی کروں اس کے کھلے احکام میں اور میں اس بڑے دن کے عذاب سے ڈرتا ہوں)

اللہ کا قول(اللہ انہیں سلامتی کی طرف بلاتا ہے اور جسے چاہتا ہے سیدھے راستے کی طرف ہدایت دیتا ہے)

تاویل۔ابو عبداللہ الحسین بن جبیر نے اپنی کتاب المناقب میں اسنا کے ساتھ مرفوعاً عبداللہ بن عباس اور زید بن علیؑ سے اللہ کے اس قول کے بارے میں روایت کی ہے کہ(اللہ تمہیں سلامتی کی طرف بلاتا ہے) یعنی ولایت علیؑ ابن ابی طالبؑ کی طرف(اور جسے چاہتا ہے سیدھے راستے کی طرف ہدایت دیتا ہے) فرمایا یعنی ولایت علیؑ ابن ابی طالبؑ کے بارے میں اللہ جسے چاہتا ہے اس کی طرف ہدایت دیتا ہے اور یہ ہی صراط مستقیم ہے اور سیدھا مضبوط راستہ ہے۔

اللہ کا قول(اور آپ سے پوچھتے ہیں کہ کیا وہ زیادہ حقدار ہے کہہ دیجئے کہ مجھے میرے پروردگار کی قسم میرا رب حق ہے اور تم اسے عاجز نہیں کر سکتے)

تاویل۔ابو عبداللہ الحسن بن جبیر نے کتاب المناقب میں ایک حدیث امام باقرؑ کی اسناد کے ساتھ روایت کی ہے کہ اللہ نے اپنے نبیؐ سے فرمایا اے محمدؐ یہ لوگ آپ سے پوچھتے ہیں کہ کیا علیؑ آپ کے وصی ہیں کہہ دیجئے مجھے میرے پروردگار کی قسم بے شک وہ میرے وصی ہیں۔اس کی تائید محمد بن یعقوب کی

روایت کرتی ہے انہوں نے علی بن ابراہیم سے انہوں نے اپنے والد سے انہوں نے القاسم بن محمد الجوہری سے انہوں نے اپنے بعض اصحاب سے انہوں نے امام ابو عبداللہؑ سے اللہ کے اس قول کے بارے میں روایت کی ہے (اور یہ آپ سے دریافت کرتے ہیں کیا وہ حق ہے) یعنی جو آپؐ علیؑ کے بارے میں کہتے ہیں کیا وہ سچ ہے (کہہ دیجئے میرے پروردگار کی قسم بے شک وہ حق ہے اور تم اسے عاجز نہیں کر سکتے)

اللہ کا قول (کہہ دیجئے اللہ کی رحمت اور فضل کے ساتھ خوش ہو جاؤ)

تاویل۔ ابو علی الطبرسی نے کہا کہ امام ابو جعفر الباقرؑ نے فرمایا اللہ کا فضل رسول اللہؐ ہیں اور اللہ کی رحمت علیؑ ابن ابی طالبؑ ہیں۔

الشیخ محمد بن یعقوب نے انہوں نے احمد بن محمد سے انہوں نے عمر بن عبدالعزیز سے انہوں نے محمد بن الفضیل سے انہوں نے امام رضاؑ سے روایت کی ہے کہ میں نے امامؑ سے اللہ کے اس قول کے بارے میں پوچھا (کہہ دیجئے اللہ کے فضل اور رحمت سے خوش ہو جاؤ وہ اس سے بہتر ہے جو تم جمع کرتے ہو) فرمایا محمدؐ و آل محمدؐ کی ولایت اس سے بہتر ہے کہ جو تم سونا اور چاندی اور دنیا کا مال جمع کرتے ہو۔

علی بن ابراہیم نے اپنی تفسیر میں کہا ہے کہ اللہ کا قول (خوش ہو جایا کرو) اس سے مراد شیعہ ہیں۔

محمد بن سعود نے اصبغ بن نباتہ سے انہوں نے امیر المومنینؑ سے اللہ کے اس قول کے بارے میں روایت کی ہے (کہہ دیجئے اللہ کے فضل اور رحمت سے خوش ہو جایا کرو) فرمایا ہمارے شیعہ ہماری ولایت سے خوش ہو جاتے ہیں اور ہماری ولایت اس سے کہیں بہتر ہے جو ہمارے دشمنوں کو مال دنیا سونا چاندی دیا گیا ہے یعنی ہمارے شیعہ ولایت اور ہماری محبت سے خوش ہو جاتے ہیں (اور وہ اس سے

بہتر ہے جو وہ جمع کرتے ہیں) اور ان کے دشمن دنیا کے مال سے خوش ہیں۔

الشیخ ابو جعفر محمد بن بابویہ نے انہوں نے علی بن احمد بن عبداللہ البرقی سے انہوں نے اپنے والد سے انہوں نے اپنے دادا احمد بن ابو عبداللہ البرقی سے انہوں نے اپنے والد محمد بن خالد سے متصل اسناد کے ساتھ محمد بن الیقین المختار سے انہوں نے اپنے والد سے انہوں نے امام ابو جعفرؑ سے انہوں نے اپنے والد گرامیؑ سے انہوں نے اپنے داداؑ سے روایت کی ہے کہ ایک دن رسول اللہؐ نے فرمایا اور وہ سوار تھے اور علیؑ ان کے ساتھ پیدل چل رہے تھے تو آپؐ نے فرمایا اے علیؑ یا تو سوار ہو جاؤ یا چلے جاؤ اللہ نے مجھے حکم دیا ہے کہ جب میں سوار ہوں تم بھی سوار ہو اور جب میں پیدل چل رہا ہوں تو تم بھی پیدل ہو اور جب میں بیٹھا ہوا ہوں تم بھی بیٹھو اللہ کی اٹھنے اور بیٹھنے کی جو حدود میرے لیے ہیں وہی تمہارے لیے بھی ہیں اور اللہ نے مجھے جتنی برتری دی ہے اتنی ہی تمہیں دی ہے اللہ نے مجھے نبوت ورسالت کے لیے چنا ہے اور اس امر میں تجھے میرا مددگار بنایا ہے اس ذات کی قسم جس نے مجھے مبعوث کیا ہے جس نے تیرا انکار کیا وہ مجھ پر ایمان نہیں لایا اور جس نے تجھ پر ظلم کیا وہ میرا اقرب نہیں پا سکتا اور جس نے تیرا انکار کیا وہ اللہ پر ایمان نہیں لایا بے شک تیری فضیلت میری فضیلت ہے اور میری فضیلت اللہ کی فضیلت ہے اور یہ میرے رب کا قول ہے (کہہ دیجئے اللہ کے فضل اور رحمت کے ساتھ خوش ہو جایا کرو یہ اس سے بہتر ہے جو تم جمع کرتے ہو) پس اللہ کا فضل میری نبوت ہے اور اللہ کی رحمت اے علیؑ تیری ولایت ہے پھر فرمایا اے ہمارے شیعوں نبوت و ولایت کے ساتھ خوش ہو جایا کرو یہ اس سے بہتر ہے جو آل محمدؐ کے دشمن مال اور اولاد جمع کرتے ہیں دنیا میں۔ اے علیؑ اللہ کی قسم میری خلقت اس لیے ہوئی کہ اپنے رب کی عبادت کروں اور تیرے ذریعے مخلوق کو اللہ کی طرف بلاؤں یا علیؑ تیرے ذریعے ہی دین کے راستے پہچانے جاتے ہیں جو تجھ سے گمراہ ہوا وہ اللہ سے گمراہ ہوا اور وہ اللہ کی طرف

ہدایت پا گیا جس نے تیری اور تیری ولایت کی طرف ہدایت پائی اور یہ میرے رب کا قول ہے (اور میں توبہ کرنے والے، ایمان لانے والے اور نیک عمل کرنے والے کو بخشنے والا ہوں پھر وہ ہدایت پا گیا) یعنی تیری ولایت کی طرف اور میرے رب نے مجھے حکم دیا ہے کہ جو اپنے حق میں سے فرض کیا ہے تیرے حق میں فرض کروں بے شک جو مجھ پر ایمان لائے اس پر تیرا حق فرض ہے اگر تم نہ ہوتے تو اللہ کا گروہ نہ پہچانا جاتا اور تیرے ذریعے ہی اللہ کے دشمن پہچانے جاتے ہیں یعنی تیری ولایت سے اے علیؑ اللہ نے میری طرف حکم نازل کیا (اے رسول جو آپ کی طرف اتارا گیا ہے اسے پہنچا دیجئے) یعنی تیری ولایت اے علیؑ اور اللہ نے مجھے تنبیہ کرتے ہوئے فرمایا (اگر تم نے یہ کام نہ کیا تو تو نے کوئی کار رسالت سرانجام نہیں دیا) اللہ نے مجھ سے فرمایا اگر میں نے تیری ولایت کا حکم نہ پہنچایا تو میرے اعمال ضائع ہو جائیں گے اور جس نے تیری ولایت کے بغیر اللہ سے ملاقات کی تو اس کا کوئی عمل قبول نہیں کیا جائے گا۔

اسی طرح کی روایت امام حسن عسکریؑ کی تفسیر میں ہے۔

اللہ کا قول (جان لو کہ اللہ کے اولیاء پر نہ کوئی خوف ہوتا ہے اور نہ وہ غمگیں ہوتے ہیں جو لوگ ایمان لائے اور وہ پرہیز گار تھے ان کے دنیا و آخرت میں خوشخبری ہے اللہ کے کلمات تبدیل نہیں ہوتے اور یہ بڑی کامیابی ہے)

(اللہ کے اولیاء) یہ وہ لوگ ہیں جو اللہ کے اولیاء سے دوستی رکھتے ہیں اور ان کے دشمنوں سے دشمنی رکھتے ہیں پس یہ ہی وہ لوگ ہیں (کہ ان پر کوئی خوف نہیں اور نہ ہی وہ غمگیں ہوں گے) پھر ان کا وصف بیان کیا (کہ وہ ایمان لائے اور پرہیز گاری اختیار کی) اور وہ اللہ پر اور اس کے رسولؐ پر ایمان لائے اور وہ اس کے دوست ہیں اور پرہیز گار ہیں اور وہ ان کی اور ان کے امر و نواہی کی مخالفت سے

ڈرتے ہیں یہ ہی وہ لوگ ہیں کہ جن کے لیے دنیامیں زندگی میں بشارت ہے اور ان کے لیے یہ بشارت رسول اللہ ؐ کی زبان سے ہوئی ہے (ان کو ان کے رب کی طرف سے رحمت اور رضا کی بشارت دے دیجئے) (اور مومنین کو بشارت دے دیجئے) پس یہ خوشخبری آخرت میں جنت کی ہے اور یہ خوشخبری فرشتے موت کے وقت دیں گے قبروں سے اٹھائے جانے کے وقت دینگے۔

تاویل۔ ابو علی الطبرسی سے روایت ہے کہ عقبہ بن خالد نے انہوں نے امام ابو عبد اللہ ؑ سے روایت کی ہے کہ آپ ؑ نے فرمایا اے عقبہ ! اللہ ان لوگوں سے عمل قبول نہیں کرے گا سوائے اس کے جو اس دین پر ہوگا جس پر تم ہو پھر فرمایا اللہ کی کتاب گواہ ہے اور یہ آیت پڑھی (جو لوگ ایمان لائے اور پرہیزگاری اختیار کی ان کے لیے دنیا اور آخرت کی زندگی میں بشارت ہے اور اللہ کے کلمات تبدیل نہیں ہوتے یہ بڑی کامیابی ہے) اس کی تائید یہ روایت بھی کرتی ہے کہ الشیخ ابو جعفر بن بابویہ نے اپنے رجال سے انہوں نے اسناد کے ساتھ مرفوعاً امام ابو جعفر الباقر ؑ سے روایت کی ہے کہ آپ ؑ نے اپنے شیعوں کے لیے فرمایا جب کسی کی جان یہاں پہنچتی ہے (اور اپنا ہاتھ مبارک اپنی شہ رگ کی طرف بڑھایا) تو وہ گھبرا جاتا ہے تو اس پر فرشتہ نازل ہوتا ہے جو اس سے کہتا ہے جو تم امید کیا کرتے تھے تمہیں دیا جائے گا اور جس سے تم ڈر رہے ہو اس سے تم کو امان ہے اور اس کے گھر میں جنت کا دروازہ کھول دیتا ہے اور کہتا ہے جنت میں اپنا گھر دیکھو پس یہ رسول اللہ ؐ ہیں، یہ علی ؑ، حسن ؑ اور حسین ؑ ہیں اور ان کے ساتھ ان کے ساتھی ہیں پھر امام بو جعفر ؑ نے فرمایا اور یہ اللہ کا قول ہے (جو لوگ ایمان لائے اور پرہیزگاری اختیار کی ان کے لیے دنیا و آخرت میں خوشخبری ہے اللہ کے کلمات تبدیل نہیں ہوتے یہ بہت بڑی کامیابی ہے)

اللہ کا قول (ہم نے موسیٰ ؑ کی طرف وحی کی اور اس کے بھائی کی طرف کہ اپنی قوم کے لیے مصر میں گھر

بناؤ اور ان کے گھروں کو قبلہ بناؤ)

تاویل ۔ مامون کے دربار میں امام رضاؑ اور اہل باطل کے درمیان جو مشہور مناظرہ ہوا اس میں جو سوالات آپؑ سے پوچھے گئے ان میں یہ چوتھا سوال تھا آپؑ نے فرمایا کہ نبیؐ نے تمام لوگوں کو مسجد سے نکال دیا تو لگوں پر یہ گراں گزرا اور عباس بولے اور کہا یا رسول اللہ آپؐ نے علیؑ کو رہنے دیا اور ہمیں نکال دیا تو رسول اللہؐ نے فرمایا میں نے تم کو نہیں نکالا اور نہ ہی علیؑ کو رہنے دیا ہے لیکن اللہ نے یہ حکم دیا ہے کہ سب کو نکال دیا جائے سوائے میرے اور علیؑ کے اور رسول اللہؐ کا یہ قول اس کے لیے وضاحت ہے تیری مجھ سے وہی نسبت ہے جو ہارونؑ کی موسیٰؑ سے تھی پس اہل باطل کے علماء نے کہا یہ قرآن میں کہاں ہے؟ تو امام ابوالحسنؑ نے فرمایا اگر میں تم کو قرآن میں سے لا کر دوں تو؟ انہوں نے کہا لائیں تو آپؑ نے اللہ کا یہ قول تلاوت فرمایا(ہم نے موسیٰ اور اس کے بھائی کی طرف وحی کی کہ اپنی قوم کے لیے مصر میں گھر بناؤ اور اپنے گھروں کو قبلہ بناؤ) اور اللہ کے اس قول سے رسول اللہؐ کے قول کی وضاحت ہو جاتی ہے کہ کسی کے لیے مسجد میں حالت جنابت میں داخل ہونے کی اجازت نہیں ہے سوائے محمدؐ و آل محمدؐ کے اس وقت دوسرے علماء نے کہا اے ابوالحسنؑ یہ وضاحت سوائے آپ آلؑ محمدؐ کے کسی اور کے پاس موجود نہیں فرمایا اس بارے میں ہمارا کون انکار کر سکتا ہے کہ رسول اللہؐ نے فرمایا میں علم کا شہر ہوں اور علیؑ اس کا دروازہ ہے جو شہر سے آنا چاہے وہ دروازے سے آئے۔

اللہ کا قول(اور جو ہم نے آپ کی طرف نازل کیا ہے اگر آپ اس میں شک کر رہے ہیں تو ان لوگوں سے پوچھو کہ جو آپ سے پہلے کتاب پڑھتے رہے ہیں حق تیرے رب کی طرف سے آچکا ہے پس تم شک کرنے والوں میں سے نہ ہو جاؤ)

تاویل۔ علی بن ابراہیم نے اپنی تفسیر میں کہا ہے کہ مجھ سے میرے والد نے انہوں نے عمرو بن سعید

الراشدی سے انہوں نے عبداللہ بن مسکان سے انہوں نے امام ابوعبداللہؑ سے روایت کی ہے کہ فرمایا جب رسول اللہؐ کو معراج ہوئی تو اللہ نے ان کو علیؑ کی عزت و شرف کے بارے میں وحی کی اور علیؑ بیت المعمور میں ظاہر ہوئے اور اللہ نے تمام انبیاء کو جمع کیا انہوں نے علیؑ کے پیچھے نماز پڑھی پس اس وقت رسول اللہؐ کے دل میں علیؑ کی عظمت کے بارے میں کچھ خیال پیدا ہوا تو اللہ نے ان کی طرف وحی کی (اگر آپ اس چیز میں شک کر رہے ہیں جو علیؑ کے بارے میں نازل ہوئی ہے پس ان لوگوں سے پوچھو جو آپ سے پہلے کتاب پڑھتے ہیں)یعنی انبیاء جو علیؑ کی عظمت سے بہت اچھی طرح واقف ہیں اور ان کی کتابوں میں علیؑ کی فضیلت نازل ہوئی (حق تیرے پروردگار کی طرف سے آچکا ہے پس آپ شک کرنے والوں میں سے نہ ہو جائیں) رسول اللہؐ کے دل میں علیؑ کی عظمت کے بارے میں شک پیدا ہوا تو اللہ نے فوراً اپنے نبیؐ کو تنبیہ کرتے ہوئے فرمایا کہ جو آپ سے پہلے رسول آئے آپ ان سے علیؑ کے بارے میں پوچھیں اور آپ شک کرنے والوں میں سے نہ ہو جائیں۔

امام جعفر صادقؑ سے مروی ایک روایت میں ہے کہ رسول اللہؐ نے شک نہیں کیا تھا اور اللہ کا یہ قول رسول اللہؐ کے لیے نہیں بلکہ امت میں سے علیؑ کے فضائل کے بارے میں شک کرنے والوں کے لیے ہے۔

اللہ کا قول (پس یہ نشانیاں اور ڈرانا ایمان نہ لانے والوں کو بے نیاز نہیں کر سکتیں)

تاویل۔ الشیخ محمد بن یعقوب نے انہوں نے الحسین بن محمد سے انہوں نے معلیٰ بن محمد سے انہوں نے احمد بن محمد سے انہوں نے احمد بن ہلال سے انہوں نے امیہ بن علی سے انہوں نے داؤد الرقی سے روایت کی ہے کہ امام ابوعبداللہؑ سے اللہ کے اس قول کے بارے میں روایت ہے کہ آپؑ نے فرمایا آیات سے مراد ہم آئمہؑ ہیں اور ڈرانے سے مراد انبیاء ہیں کہ ان پر اللہ کا درود و سلام ہو۔

سورۃ ھود

(اس سورہ مبارکہ کی وہ آیات جو آئمہ ھدیٰؑ کی شان میں نازل ہوئیں)

اللہ کا قول (پس ہر فضل والے کو وہ اس کا فضل دیتا ہے)

اس کا معنی یہ ہے کہ اللہ عزوجل ہر صاحب فضل یعنی نیک عمل کرنے والے کو اس کی جزاوثواب دنیا و آخرت دے دیتا ہے پس دنیا میں یہ ہے کہ اسے مخلوق کی محبت و مودت دے دیتا ہے اور آخرت میں یہ ہے کہ اس کے دشمنوں کو دوزخ میں اور اسکے دوستوں کو جنت میں بھیجے گا۔

ابن مردویہ نے عامہ کی اسناد کے ساتھ رجال سے انہوں نے ابن عباس سے اللہ کے اس قول کے بارے میں روایت کی ہے (اور ہر صاحب فضل کو اس کا فضل دیتا ہے) اس سے مراد علیؑ ہیں۔

اللہ کا قول (شاید کہ آپ اس وحی میں سے کچھ کو چھوڑنے والے ہیں کہ جو آپ کی طرف نازل کیا گیا ہے اور آپ کو سینہ اس سے تنگ پڑتا ہے)

تاویل۔ علی بن ابراہیم نے اپنی تفسیر میں اپنے والد سے انہوں نے نضر بن سوید سے انہوں نے یحییٰ الحلبی سے انہوں نے ابن مسکان سے انہوں نے عمار بن سوید سے انہوں نے امام ابو عبداللہؑ سے اس

آیت کے بارے میں روایت کی ہے کہ آپؑ نے فرمایا اس کا سبب یہ ہے کہ ایک دن رسول اللہؐ نے علیؑ سے فرمایا اے علیؑ! میں نے اللہ سے سوال کیا کہ تم کو میرا وزیر بنادے پس اس نے بنادیا میں نے اللہ سے سوال کیا کہ تجھے میرا وصی بنادے اس نے بنادیا میں نے اللہ سے سوال کیا کہ تجھے میرا خلیفہ بنادے اس نے بنادیا تو قریش میں سے ایک آدمی نے کہا اللہ کی قسم جو محمدؐ اللہ سے مانگ رہا ہے مجھے اس سے کھجوروں کی ایک مشت محبوب ہے اللہ کی قسم میں نے اللہ سے کوئی دعا ایسی نہیں علیؑ کے بارے میں مانگی جو اللہ نے قبول نہ کی ہو پس اللہ نے یہ آیت نازل فرمائی۔ اس کی تائید الشیخ محمد بن یعقوب نے انہوں نے محمد بن یحییٰ سے انہوں نے احمد بن محمد سے انہوں نے محمد بن خالد سے انہوں نے الحسین بن سعید سے انہوں نے نصر بن سوید سے انہوں نے یحییٰ الحلبی سے انہوں نے ابن مسکان سے انہوں نے عمار بن سوید سے روایت کی ہے کہ میں نے امام ابو عبد اللہؑ کو فرماتے ہوئے سنا اسی آیت کے بارے میں کہ جب رسول اللہؐ غدیر میں اترے تو علیؑ سے فرمایا اے علیؑ میں نے اپنے رب سے سوال کیا کہ میرے اور تمہارے درمیان محبت ڈال دے اس نے ڈال دی اور میں نے اپنے رب سے سوال کیا کہ تمہیں میرا وصی بنادے اس نے بنادیا پس قریش میں سے دو آدمیوں نے کہا کہ اللہ کی قسم اس سے بہتر تو ہمیں کھجورون کی ایک صاع ہے کہ جو محمدؐ اپنے رب سے سوال کرتا ہے اللہ کی قسم میں نے اللہ سے جتنی بھی دعائیں کی ہیں اللہ نے انہیں قبول فرمایا ہے پس اللہ عزوجل نے اسی لیے یہ آیت نازل کی۔

اللہ کا قول (وہ کہ جو اپنے رب کی طرف سے دلیل پر ہو اور ان کے ساتھ ایک گواہ ہو)

تاویل۔ ابو علی الطبرسی نے اپنی تفسیر میں روایت کی ہے کہ (جو اپنے رب کی طرف سے دلیل پر ہو) وہ رسول اللہؐ ہیں (اور ان کے ساتھ ایک گواہ ہو) وہ گواہ علیؑ ابن ابی طالبؑ ہیں کیونکہ محمدؐ اور علیؑ

ایک دوسرے کے ساتھ ساتھ ہیں اور وہ ایک دوسرے سے ہی ہیں جیسا کہ رسول اللہؐ نے فرمایا میں علیؑ سے ہوں اور علیؑ مجھ سے ہے۔ یہ روایت امام ابو جعفر الباقرؑ سے مروی ہے اور علی بن موسیٰؑ الرضاؑ سے اور اسے طبری نے بھی جابر بن عبد اللہ کی اسناد کے ساتھ علیؑ ابن ابی طالبؑ سے روایت کیا ہے اور ابن طاؤس نے محمد بن العباس سے روایت کی ہے چھیاسٹھ طریقوں اور اسناد کے ساتھ۔

علی بن ابراہیم نے اپنی تفسیر میں روایت کی ہے کہ اللہ کا قول (جو اپنے رب کی طرف سے دلیل پر ہو) یعنی محمدؐ (اور ان کے ساتھ ایک گواہ ہو) یعنی امیر المومنینؑ۔

علی بن ابراہیم سے انہوں نے اپنے والد سے انہوں نے یحییٰ بن عمران سے انہوں نے یونس سے انہوں نے ابو بصیر سے اور فضیل سے انہوں نے امام ابو جعفرؑ سے روایت کی ہے کہ یہ آیت نازل ہوئی (وہ جو کہ اپنے رب کی طرف سے دلیل پر ہو اور اسکے ساتھ گواہ ہو) فرمایا اس سے مراد محمدؐ او ر علیؑ ہیں امیر المومنینؑ محمدؐ کے ساتھ ساتھ رہے اور گواہ وہ ہوتا ہے جو ان کی واضح گواہی دے اور وعدے کے دن ان کی گواہی دے اللہ کا فرمان ہے (ہم نے ان کو تمہارے لیے امام بنایا جو اسے قبول نہیں کرے گا وہ دنیا وہ آخرت میں ذلیل ہو گا اور جو ان کا اقرار کرے گا وہ دنیا وآخرت میں خوش بخت ہو گا)

اللہ کا قول (اور وہ اختلاف شدہ ہی رہیں گے سوائے اس کے جس پر تیرے رب نے رحم کیا اور اسی لیے ہی ان کو پیدا کیا)

تاویل۔ یعنی وہ اپنے مذاہب اور گرہوں میں رسولوں کے آجانے کے بعد بھی مختلف رہیں گے اللہ کے اس قول کی رو سے (انہوں نے علم کے آجانے کے بعد بھی سرکشی کی وجہ سے اختلاف کیا) اور نبیؐ کا یہ قول میرے بھائی موسیٰ کی امت اکہتر (۷۱) فرقوں میں تقسیم ہوئی ان میں سے ایک نجات پانے

والا ہے اور باقی دوزخ میں ہونگے اور میرے بھائی عیسیٰؑ کی امت بہتر (۷۲) فرقوں میں تقسیم ہوئی ان میں سے اکہتر دوزخ میں ہونگے ایک جنت میں اور میری امت تہتر (۷۳) فرقوں میں تقسیم ہو جائے گی ان میں سے ایک نجات پانے والا ہو گا اور باقی دوزخ میں ہونگے اور اللہ کے اس قول سے وہی مراد ہیں (سوائے اس کے کہ جس پر تیرا رب رحم کرے)

الشیخ محمد بن یعقوب نے کہا کہ ہمارے اصحاب سے انہوں نے احمد بن محمد سے انہوں نے ابن ابی نصر سے انہوں نے حماد بن عثمان سے انہوں نے ابو عبیدہ الحذاء سے روایت کی ہے کہ میں نے امام ابو جعفرؑ سے استطاعت کے بارے میں پوچھا تو آپؑ نے یہ آیت تلاوت فرمائی (اور وہ آپس میں اختلاف شدہ ہی رہیں گے سوائے اس کے جس پر تیرا رب رحم کرے) فرمایا جن پر اللہ نے رحم کیا وہ ہمارے شیعہ ہیں اور اس نے انہیں اپنی رحمت سے خلق کیا ہے اور یہ اللہ کا قول ہے (اور اسی لیے ان کو پیدا کیا) اور اس پر اس کا قول دلالت کرتا ہے وہ سب ہلاک ہونے والے ہیں (سوائے اس کے کہ جس پر تیرا رب رحم کرے) ان سے مراد شیعہ ہیں کیونکہ وہی نجات پانے والا فرقہ ہے۔

یہ بحث گذشتہ صفحات میں گزر چکی ہے پس یہ غور و فکر کرنے والوں کے لیے نصیحت ہے۔

سورۃ یوسف

(اس سورہ کی وہ آیات جو آئمہ ھدیٰؑ کی شان میں نازل ہوئیں)

اللہ کا قول (کہہ دیجئے یہ میرا راستہ ہے اللہ کی طرف بصیرت پر دعوت دو میں اور جس نے میری اتباع کی)

تاویل۔ الشیخ محمد بن یعقوب سے انہوں نے محمد بن یحییٰ سے انہوں نے الحسن بن محبوب سے انہوں نے الاحول سے انہوں نے سلام بن المستنیز سے انہوں نے امام ابو جعفرؑ سے روایت کی ہے (کہہ دیجئے یہی میرا راستہ ہے اللہ کی طرف بصیرت پر بلاؤ میں اور جس نے میری اتباع کی) فرمایا وہ ذات رسول اللہؐ اور

امیر المومنینؑ اور ان دونوں کے بعد ان کے اوصیاء ہیں پس رسول اللہؐ ان کے راستے کی طرف بلاتے ہیں اور وہ ہی اس کے حکم سے بصیرت پر ہیں اور اسطرح ان کی جس نے اتباع کی وہ امیر المومنینؑ اور ان کے بعد اوصیاء ہیں کہ جنہوں نے ان کی اتباع کی اور ان پر ان کے رب کی طرف سے سلام ودرود ہے۔

سورۃ الرعد

(اس سورہ کی وہ آیات جو آئمہ ھدیٰؑ کی شان میں نازل ہوئیں)

اللہ کا قول (پس زمین میں تقسیم شدہ ٹکڑے ہیں اور انگوروں کے باغ ہیں کھیتاں ہیں کھجوریں ہیں جن کو ایک ہی پانی سے سیراب کیا جاتا ہے)

تاویل۔ ابو علی الطبرسی نے اپنی تفسیر میں کہا کہ جابر بن عبداللہ الانصاری سے روایت ہے کہ میں نے رسول اللہؐ کو فرماتے ہوئے سنا کہ اے علیؑ لوگ مختلف شجروں سے ہیں اور میں اور تم ایک ہی شجر سے ہیں پھر یہ آیت تلاوت فرمائی (پس زمین میں تقسیم شدہ ٹکڑے ہیں اور انگوروں کے باغ ہیں کھیتاں ہیں کھجوریں ہیں جن کو ایک ہی پانی سے سیراب کیا جاتا ہے) اس کے معنی یہ ہیں کہ محمدؐ اور علیؑ ایک ہی شجر سے ہیں یعنی شجر

نبوت سے اور یہ مبارک شجر ہے جو شجرۃ ابراہیمیہ اور شجرہ طیبہ ہے اس کی جڑیں زمین میں ہیں اور اس کی شاخیں آسمان میں ہیں کہ ان پر اور ان کی پاکیزہ آلؑ پر درود و سلام ہو ہر صبح و شام۔

اللہ کا قول (بے شک آپ تو ڈرانے والے ہیں اور ہر قوم کے لیے ایک ہادی ہے)

ابن طاؤس نے اپنی کتاب میں اسناد کے ساتھ محمد بن العباس سے انہوں نے اسحاق بن محمد بن مروان سے انہوں نے اپنے والد سے انہوں نے اسحاق بن یزید سے انہوں نے سہل بن سلیمان سے انہوں نے محمد بن سعید سے انہوں نے اصبغ بن نباتہ سے روایت کی ہے کہ امیر المومنینؑ نے لوگوں کو خطبہ دیا اللہ کی حمد و ثناء کی پھر فرمایا اے لوگوں مجھ سے پوچھو اس سے پہلے کہ تم مجھے کھو دو میں یعسوب المومنین ہوں، میں پہلوں کی غایت ہوں، میں امام المتقین ہوں، میں قائد الغرا لمحلبین ہوں، میں خاتم الوصیین ہوں اور میں وارث الوارث ہوں، میں دوزخ کو تقسیم کرنے والا ہوں اور جنتوں کا خازن ہوں، میں صاحب حوض ہوں اور میں ہادی ہوں اور ہم میں سے ہر ایک اپنے مومن کو ولایت سے جاننے والا ہے اور یہ اللہ کا قول ہے (بے شک آپ تو ڈرانے والے ہیں اور ہر قوم کے لیے ایک ہادی ہے)

علی بن ابراہیم نے اپنی تفسیر میں اپنے والد سے انہوں نے حمار سے انہوں نے ابو بصیر سے انہوں نے امام ابو عبد اللہؑ سے اللہ کے اس قول کے بارے میں روایت کی ہے کہ (بے شک آپ تو ڈرانے والے ہیں اور ہر قوم کے لیے ایک ہادی ہے) فرمایا ڈرانے والے رسول اللہؐ ہیں اور ہدایت دینے والے امیر المومنینؑ ہیں اور ان کے بعد آئمہؑ ہیں۔

محمد بن یعقوب نے انہوں نے علی بن ابراہیم سے انہوں نے اپنے والد سے انہوں نے ابن ابی عمیر سے انہوں نے ابن اذنیہ سے انہوں نے برید العجلی سے انہوں نے امام ابو جعفرؑ سے اللہ کے اس قول کے بارے میں روایت کی ہے کہ آپؑ نے فرمایا ہر زمانے میں ہم میں سے ایک ہدایت دینے والا ہوتا ہے جو مخلوق کو نبیؐ کے لائے ہوئے دین کی طرف ہدایت دیتا ہے پس ان کے بعد ہادی علیؑ اور پھر ان کی اولاد میں سے اوصیاء ہیں جو یکے بعد دیگرے ہیں۔

ابو علی الطبرسی نے روایت کی ہے کہ ابن عباس سے روایت ہے کہ جب یہ آیت نازل ہوئی تو رسول اللہؐ نے فرمایا میں ڈرانے والا ہوں اور میرے بعد علیؑ ہادی ہیں اے علیؑ آپؑ کے ذریعے ہی ہدایت پانے والے ہدایت پاتے ہیں۔

اور ابوالقاسم الحسکانی سے اسناد کے ساتھ انہوں نے ابراہیم بن الحکم بن ظہیر سے انہوں نے اپنے والد سے انہوں نے حکم بن جبیر سے انہوں نے ابو بریدہ اسلمی سے روایت کی ہے کہ رسول اللہؐ وضو کے لیے دعا کی اور ان کے پاس علیؑ ابن ابی طالبؑ تھے پس رسول اللہؐ نے علیؑ کا ہاتھ پکڑا اور اسے اپنے سینے سے لگایا اور فرمایا کہ میں ڈرانے والا ہوں اور علیؑ ہادی ہے۔

ابن طاؤس نے سعد السعود میں محمد بن العباس سے یہی روایت پچاس طریقوں سے کی ہے۔

اللہ کا قول (کیا وہ جو جانتا ہے کہ یہ تمہارے رب کی طرف سے اتارا گیا ہے اور وہ جو اس سے جاہل ہے کہ وہ اس اندھے کی طرح ہے بے شک نصیحت تو صرف عقل مند ہی قبول کرتے ہیں جو اللہ کے عہد کو پورا کرتے ہیں اور میثاق کو نہیں توڑتے اور اس کو جوڑتے ہیں کہ جسے اللہ نے جوڑنے کا حکم دیا ہے اور اپنے رب سے ڈرتے ہیں اور برے عذاب سے ڈرتے ہیں)

تاویل۔ اللہ کا قول (کیا وہ جو جانتا ہے) کہ وہ ہدایت میں مساوی ہو جو جانتا ہے (یہ تمہاری طرف تمہارے رب کی طرف سے حق کے ساتھ نازل کیا گیا ہے اور وہ جو اس سے جاہل ہے وہ اس اندھے کی طرح ہے) یہ استفہام ہے جس سے مراد انکار ہے اور اس کے معنی ہیں کہ اللہ نے دوست اور دشمن کے درمیان فرق واضح کر دیا ہے پس دوست وہ ہے جو یہ یقین رکھتا ہے کہ جو محمدؐ کی طرف نازل کیا گیا ہے وہ حق ہے اور دشمن وہ اندھا ہے جو بے خبر ہے کیا یہ دونوں درجات میں برابر ہیں؟ یہ اللہ کے ہاں بالکل برابر نہیں ہو سکتے پس عالم جاہل کی طرح نہیں اور نہ ہی دیکھنے والا اندھے کی طرح

ہے پس عالم اور ولی امیر المومنینؑ ہیں اور اندھا ان کا دشمن ہے۔

ابن مردویہ نے اپنے رجال کے ساتھ ابن عباس سے روایت کی ہے کہ (کیا وہ جو جانتا ہے کہ یہ تیری طرف تیرے رب کی طرف سے حق کے ساتھ اتارا گیا ہے) علیؑ ابن ابی طالب ہیں اور اس کی تائید ابو عبداللہ الحسین بن جبیر سے المناقب سے ایک حدیث اسناد کے ساتھ روایت کی ہے کہ انہوں نے ابو الورد الامامی سے انہوں نے امام ابو جعفرؑ سے روایت کی ہے کہ اللہ کا قول (کیا وہ جو جانتا ہے کہ یہ اللہ کی طرف سے حق ہے) وہ علیؑ ابن ابی طالبؑ ہیں اور اندھے سے مراد ان کا دشمن ہے اور (عقل مندوں) سے مراد ان کے شیعہ ہیں جو ان صفات سے موصوف ہیں۔

اللہ کا قول (وہ لوگ جو اللہ کے عہد کو پورا کرتے ہیں اور میثاق کو نہیں توڑتے) یعنی میثاق ولایت کو نہیں توڑتے پھر اللہ نے ان کا وصف بیان کیا ہے اور فرمایا (وہ لوگ جو اسے جوڑتے ہیں جسے اللہ نے جوڑنے کا حکم دیا ہے) کہ وہ رحم آل محمدؑ ہے کہ جن سے اللہ نے صلہ رحمی کا حکم دیا ہے اور ان کی مودت ہے۔

علی بن ابراہیم نے محمد بن الفضیل سے انہوں نے امام ابو الحسن موسیٰؑ سے روایت کی ہے کہ آپؑ نے فرمایا رحم آل محمدؑ عرش سے معلق ہے جو کہتا ہے (اے اللہ جو مجھ سے تعلق جوڑے تو اس سے جوڑ اور جو مجھے توڑے تو اس سے توڑ) اور یہ ہر رحم میں جاری ہے۔

تفسیر امام عسکریؑ میں ہے کہ امیر المومنینؑ نے فرمایا کہ وہ رحم جس سے اللہ نے (الرحمن) کو مشتق کیا ہے وہ رحم آل محمدؑ ہے اور اعظام اللہ سے مراد اعظام محمد ہے اور اعظام سے مراد اعظام رحم محمد ہے اور ہر مومن و مومنہ ہمارے شیعوں میں سے وہ رحم محمد ہے اور ان کے اعظام اعظام محمد ہے پس جس نے محمدؐ کی حرمت میں سے کسی چیز کی کمی کی اس کے لیے ہلاکت ہے اور جس نے ان کی تعظیم کی اس

کے لیے طوبیٰ ہے پھر اللہ نے انہیں اس وصف سے موصوف کیا(اولی الباب) یعنی عقل مند ہیں۔

اللہ کا قول(اور وہ لوگ کہ جو اس عہد کو پورا نہیں کرتے اور جو اس کو پورا کرنے کے بعد توڑتے ہیں)

تاویل۔ علی بن ابراہیم نے اپنی تفسیر میں روایت کی ہے اللہ کے اس قول سے مراد امیر المومنینؑ کی ولایت کا عہد ہے جو ان سے غدیر خم میں لیا گیا(اور اس چیز کو قطع کرتے ہیں جس کو اللہ نے صلہ رحمی کا حکم دیا ہے) یعنی آل محمدؐ کی صلہ رحمی سے (اور زمین میں فساد برپا کرتے ہیں ان کے لیے ہی لعنت ہے اور ان کے لیے برا گھر ہے) اور وہ لوگ جو آل محمدؐ سے قطع رحمی کر کے زمین پر فساد برپا کرتے ہیں ان کے لیے دائمی لعنت اور ہمیشہ کی دوزخ ہے۔

اللہ کا قول(وہ لوگ جو ایمان لائے ان کے دل مطمئن ہیں اللہ کے ذکر سے جان لو کہ اللہ کے ذکر سے دلوں کو اطمنان ہو جاتا ہے)

تاویل۔اسناد کے ساتھ ابن عباس سے روایت ہے کہ رسول اللہؐ نے فرمایا(وہ لوگ جو ایمان لائے ان کے دل مطمئن ہیں اللہ کے ذکر سے جان لو کہ اللہ کے ذکر سے دلوں کو اطمنان ہو جاتا ہے) پھر مجھ سے فرمایا اے ابن ام سلیم جانتے ہو یہ کون ہیں میں نے کہا یا رسول اللہؐ وہ کون ہیں ؟ فرمایا ہم اہل بیتؑ اور ہمارے شیعہ پھر اللہ نے وضاحت کی کہ کن کے دلوں کو اطمینان ہوتا ہے فرمایا(وہ لوگ جو ایمان لائے اور نیک عمل کئے ان کے لیے طوبیٰ ہے اور انکے لیے اچھا ٹھکانہ ہے) یعنی آخرت میں انہیں جنت ملے گی۔

ابن طاؤس نے اپنی کتاب میں محمد بن العباس بن مروان سے انہوں نے احمد بن محمد بن موسیٰ النوفلی اور جعفر بن محمد الحسینی اور محمد بن احمد الکاتب اور محمد بن الحسین البزار سے روایت کی ہے کہ انہوں

نے کہا کہ ہم سے عیسیٰ بن مہران نے انہوں نے محمد بن بکار الہمدانی سے انہوں نے یوسف السراج سے انہوں نے ابو مغیرہ العماری سے جو کہ عمار بن یاسرؓ کی اولاد میں سے ہیں انہوں نے امام جعفرؑ بن محمدؑ سے انہوں نے اپنے آباءؑ سے انہوں نے امیر المومنینؑ سے روایت کی ہے کہ فرمایا جب یہ آیت نازل ہوئی (ان کے لیے طوبیٰ ہے اور اچھا ٹھکانہ ہے) تو مقداد نے کہا یا رسول اللہؐ طوبیٰ کیا ہے ؟ فرمایا یہ جنت میں ایک درخت ہے اس کی شاخیں سرخ

یاقوت ہیں اور سبز زمرد ہیں اور اس کی مٹی مشک و عنبر ہے۔

علی بن ابراہیم سے انہوں نے اپنے والد سے انہوں نے الحسن بن محبوب سے انہوں نے علی بن رئاب سے انہوں نے ابو عبیدہ الحذاء سے انہوں نے امام ابو عبد اللہؑ سے روایت کی ہے کہ رسول اللہؐ سیدہ فاطمہؑ کے بہت زیادہ بوسے لیا کرتے تھے تو بعض عورتوں کو یہ ناگوار گزرا تو رسول اللہؐ نے فرمایا فاطمہؑ کی خوشبو شجر طوبیٰ کی خوشبو ہے جب بھی میں جنت کا مشتاق ہوتا ہوں تو فاطمہؑ بوسہ لیتا ہوں۔

الشیخ ابو جعفر محمد الطوسی سے انہوں نے اپنے رجال سے انہوں نے الفضل بن شاذان سے اپنی کتاب میں مرفوعاً سلمان فارسیؓ سے روایت کی ہے کہ میں نے ایک دن سیدہ فاطمہؑ کے گھر گیا تو دیکھا کہ حسنؑ اور حسینؑ ان کے درمیان کھیل رہے تھے آپؑ ان دونوں کو دیکھ کر بہت خوش ہو رہی تھیں ابھی تھوڑی دیر گزری تھی کہ رسول اللہؐ تشریف لائے میں نے کہا یا رسول اللہؐ مجھے ان کی فضیلت کے بارے میں بتائیں فرمایا اے سلمانؓ جب میں معراج کی رات آسمان پر گیا تو مجھے جبرائیل نے آسمانوں کی اور جنت کی سیر کروائی پس میں جنت کی گلیوں ، محلات اور باغوں کی سیر کر رہا تھا کہ میں نے ایک نہایت ہی پاکیزہ خوشبو سونگھی مجھے وہ خوشبو بہت بھلی لگی میں نے کہا اے میرے دوست جبرائیل یہ خوشبو کیسی ہے کہ جس نے تمام جنت پر غلبہ کیا ہوا ہے کہ اے محمدؐ یہ اس سیب کی خوشبو

ہے جسے اللہ نے اپنے ہاتھ سے تین لاکھ سال پہلے خلق کیا تھا ہم نہیں جانتے کہ اس کا اس سے کیا ارادہ ہے ابھی تھوڑی دیر ہی ہوئی تھی کہ فرشتے آگئے اور ان کے پاس وہ سیب تھا انہوں نے کہا اے محمدؐ ہمارا رب آپؐ کو سلام کہہ رہا ہے اور اس نے آپؐ کو یہ سیب تحفہ دیا ہے رسول اللہؐ نے فرمایا کہ میں نے اس سیب کو پکڑا اور اسے جبرائیل کے پر کے نیچے رکھا جب میں زمین پر اترا تو میں نے وہ سیب کھالیا پس اللہ نے اس کے پانی کو میری پشت میں جمع کر دیا جب فاطمہؑ کا اس دنیا میں ظہور ہوا تو اللہ نے میری طرف وحی کی کہ تیرے ہاں ایک عظیم بیٹی کا ظہور ہو گا اس نور کی شادی نور سے کرنا فاطمہؑ کی علیؑ سے میں نے ان کی شادی آسمان پر کر دی ہے اور پانچ زمینوں کو فاطمہؑ کا مہر قرار دیا ہے پس ان دونوں سے پاکیزہ اولاد پیدا ہو گی وہ دونوں جنت کے سورج ہوں گے حسنؑ اور حسینؑ اور حسینؑ کے صلب سے آئمہؑ کا ظہور ہو گا کہ جنہیں قتل کیا جائے گا اور تنہا چھوڑا جائے گا پس ان کے قاتلوں پر لعنت ہے۔

اللہ کا قول (اور تحقیق ہم نے آپ سے پہلے رسول بھیجے اور ان کے لیے بیویاں اور اولاد بنائی)

تاویل۔ ابو علی الطبرسی نے روایت کی ہے کہ امام ابو عبداللہؑ نے اس آیت کو پڑھا اور اپنے بیٹے کی طرف ہاتھ بڑھا کر فرمایا اللہ کی قسم ہم ذریت رسول اللہؐ ہیں اس کی تائید الشیخ ابو جعفر محمد الطوسی کی روایت کرتی ہے کہ انہوں نے محمد بن محمد سے کہا کہ مجھ سے ابو الحسن احمد بن محمد بن الحسن بن الولید نے کہا کہ مجھ سے میرے والد نے انہوں نے الحسن بن صفار سے انہوں نے احمد بن محمد بن عیسیٰ سے انہوں نے الحسن بن علی بن ابی حمزہ سے انہوں نے عبداللہ بن الولید سے روایت کی ہے کہ ہم امام ابو عبداللہؑ کے پاس بنو مروان کے زمانے میں گئے تو فرمایا کہ تم کن میں سے ہو ہم نے کہا کہ اہل کوفہ میں سے فرمایا اللہ نے تمہیں اس امر کی ہدایت دی ہے کہ جس سے لوگوں کو جاہل رکھا پس تم نے ہمیں قبول کیا لوگوں نے ہم نے بغض رکھا اور تم نے ہماری اتباع کی اور لوگوں نے ہماری مخالفت کی تم نے

ہماری تصدیق کی اور لوگوں نے ہمیں جھٹلایا اللہ نے تم کو ہم جیسی زندگی بخشی اور ہم جیسی موت بخشی اور میں گواہی دیتا ہوں کہ میرے والد گرامیؑ فرماتے تھے کہ وہ اہل بیتؑ نبوت اور ان کی ذریت ہم ہیں کہ جن کے بارے میں اللہ نے فرمایا(اور ہم نے آپ سے پہلے رسول بھیجے اور انکے لیے بیویاں اور اولاد بنائی) پس ہم ہی ذریت رسول اللہؐ ہیں۔

اللہ کا قول(کافر لوگ کہتے ہیں کہ آپ رسول نہیں کہہ دیجئے کہ میرے لیے میرے اور تمہارے درمیان گواہی کے لیے اللہ کافی ہے اور وہ کہ جس کے پاس کتاب کا علم ہے)

تاویل۔الشیخ محمد بن یعقوب نے انہوں نے علی بن ابراہیم سے انہوں نے اپنے والد سے انہوں نے محمد بن ابی عمیر سے انہوں نے ابن ازنیہ سے انہوں نے برید بن معاویہ العجلی سے انہوں نے امام ابو جعفرؑ سے اللہ کے اس قول کے بارے میں روایت کی ہے(اور جس کے پاس کتاب کا علم ہے) فرمایا اس سے مراد ہم ہیں اور علیؑ ہم میں سے پہلے اور بہترین ہیں اور سب سے افضل ہیں۔

انہی کے رجال سے اسناد کے ساتھ جابر سے روایت ہے کی ہے کہ میں نے امام ابو جعفرؑ کو فرماتے ہوئے سنا کہ جو کوئی بھی دعویٰ کرے کہ اس نے قرآن کو ایسے ہی جمع کیا ہے کہ جیسے وہ نازل ہوا تو وہ کذاب ہے پس جس طرح یہ نازل ہوا اور اسے حفظ کیا تو وہ علیؑ ابن ابی طالبؑ اور ان کے بعد آئمہؑ ہیں۔

محمد بن یحییٰ سے انہوں نے محمد بن الحسین سے انہوں نے محمد بن عیسیٰ سے انہوں نے ابو عبداللہ المومن سے انہوں نے عبدالاعلی آل سام کے غلام سے روایت کی ہے کہ میں نے امام ابو عبداللہؑ کو فرماتے ہوئے سنا کہ اللہ کی قسم میں اللہ کی کتاب کو اس کے شروع سے لے کر آخر تک جانتا ہوں گویا کہ وہ میری ہتھیلی میں ہے اس میں آسمانوں اور زمینوں کی خبریں ہیں جو ہو چکا ہے اور جو ہونے والا ہے سب کچھ موجود ہے اللہ عزوجل نے فرمایا(یہ ہر چیز کو کھول کھول کر بیان کرنے والی ہے)۔

محمد بن یحییٰ سے اسناد کے ساتھ انہوں نے مرفوعاً عبدالرحمٰن بن کثیر سے انہوں نے امام ابو عبداللہؑ سے روایت کی ہے کہ آپؑ نے اللہ کا یہ قول تلاوت فرمایا(اس نے کہا کہ جس کے پاس کتاب میں سے کچھ علم تھا کہ میں آپ کو پلک جھپکنے سے پہلے لے آؤں گا) پھر امام ابو عبداللہؑ نے اپنا ہاتھ اٹھایا اسے اپنے سینہ پر رکھا اور فرمایا اللہ کی قسم ہم وہ ہیں کہ جن کے پاس پوری کتاب کا علم ہے۔

الاحتجاج میں الطبرسی نے کہا کہ محمد بن ابی عمیر سے انہوں نے عبداللہ بن الولید السمان سے روایت کی ہے کہ مجھ سے امام ابو عبداللہؑ نے فرمایا تمہارے اصحاب اولی العزم پیغمبروں اور تمہارے آقا علیؑ کے بارے میں کیا کہتے ہیں میں نے کہا وہ علیؑ کو کسی اولی العزم پیغمبر پر مقدم نہیں کرتے فرمایا کہ اللہ نے موسیٰؑ کے بارے میں فرمایا(اور ہم نے الواح میں ان کے لیے ہر چیز میں سے کچھ لکھ دیا) اور یہ نہیں کہا کہ ہر چیز لکھ دی اور عیسیٰؑ کے بارے میں فرمایا(میں تمہارے لیے بعض وہ چیزیں واضح کروں گا جن میں وہ اختلاف کرتے ہیں) اور یہ نہیں کہا کہ ہر وہ چیز واضح کردوں گا جس میں وہ اختلاف کرتے ہیں اور تمہارے آقا علیؑ کے بارے میں فرمایا(کہہ دیجئے کہ میرے لیے گواہی کے لیے میرے اور تمہارے درمیان اللہ ہی کافی ہے اور وہ کہ جس کے پاس پوری کتاب کا علم ہے) اور اللہ نے فرمایا(کوئی خشک و تر چیز ایسی نہیں ہے کہ جس کا ذکر کتاب میں نہ ہو) اور علیؑ کے پاس اس کتاب کا پورا علم ہے۔

الشیخ المفید نے رجال سے سلمان فارسیؓ کی سند کے ساتھ روایت کی ہے کہ امیر المومنینؑ نے فرمایا اے سلمانؓ تمام ہلاکت اس کے لیے ہے جو ہماری معرفت نہیں رکھتا اور ہماری فضیلت کا انکار کرتا ہے فرمایا اے سلمانؓ محمدؐ اور نبی سلیمانؑ میں سے کون افضل ہے؟ فرمایا محمدؐ فرمایا اے سلمانؓ! آصف بن برخیا جو طاقت رکھتا تھا کہ پلک جھپکنے میں تخت بلقیس کو حاضر کردے وہ اس لیے یہ طاقت رکھتا تھا

کیونکہ اس کے پاس کتاب میں سے تھوڑا سا علم تھا اور میری طاقت کیا ہو گی کہ میرے پاس ہزار کتاب کا علم ہے کہ جسے اللہ نے شیث بن آدم پچاس صحیفہ نازل کئے اور ادریس پر تین صحیفے ابراہیمؑ خلیل اللہ پر بیس صحیفے اور تورات و زبور وانجیل کا علم اور قرآن کا علم ہے میں نے کہا اے میرے سردار آپؑ نے سچ فرمایا پھر جناب امیرؑ نے فرمایا اے سلمانؑ آگاہ رہو ہماری ولایت، امور اور علوم میں شک کرنے والا ہماری معرفت اور حقوق میں شک کرنے والے کی طرح ہے اور اللہ نے ہماری ولایت اپنی کتاب میں فرض کی ہے۔

پس آگاہ رہو کہ مولا علیؑ کی فضیلت قرآن میں کئی مقامات پر آئی ہے جیسا کہ اللہ نے فرمایا(کہہ دیجئے کہ کیا وہ لوگ جو علم رکھتے ہیں اور وہ جو جاہل ہیں برابر ہو سکتے ہیں ؟) اللہ کا قول (کہہ دیجئے میرے اور تمہارے درمیان گواہی کے لیے اللہ ہی کافی ہے اور وہ جس کے پاس پوری کتاب کا علم ہے) اللہ کا قول(اے نبی آپ کے لیے اللہ اور آپ کی اتباع کرنے والے مومنین ہی کافی ہیں) اور مومنین سے مراد علیؑ ہیں یہ فضیلت سوائے امیر المومنینؑ کے کوئی حاصل نہیں کر سکا پس ان پر اور ان کی پاکیزہ آلؑ پر رہتی دنیا تک سلام ہو۔

سورۃ ابراہیم

(اس سورہ کی وہ آیات جو آئمہ ھدیؑ کی شان میں نازل ہوئیں)

اللہ کا قول(اوران کو اللہ کے ایام یاد کروائیں)

تاویل۔ علی بن ابراہیم نے اپنی تفسیر میں روایت کی ہے کہ اللہ کے دن تین ہیں ایک وہ کہ جب قائمؑ قیام کریں

گے، موت کا دن اور قیامت کا دن۔

اللہ کا قول(کیا تم نہیں دیکھا کہ اللہ نے کس طرح کلمہ طیبہ کی مثال شجرہ طیبہ سے دی ہے کہ اس کی جڑیں زمین میں ہیں اور شاخیں آسمان میں ہیں)

تاویل۔ علی بن ابراہیم نے اپنی تفسیر میں روایت کی ہے کہ امام ابو جعفرؑ سے روایت ہے کہ آپؑ نے فرمایا(شجرہ طیبہ کہ جس کی جڑیں زمین میں ہیں اور آسمان میں شاخیں ہیں) پس شجرہ رسول اللہؐ ہیں اور ان کا نسب ہاشم میں ہے اور شجر کا تنا علیؑ ابن ابی طالبؑ ہیں اور اس کی شاخیں حسنؑ اور حسینؑ ہیں اور اسکے پتے ان کے شیعہ ہیں۔

الشیخ محمد بن یعقوب نے اسناد کے ساتھ اپنے رجال سے انہوں نے سوید بن غفلہ سے انہوں نے امیر المومنینؑ سے روایت کی ہے کہ فرمایا کہ ابن آدم جب دنیا کے آخری دن اور آخرت کے پہلے دن میں ہو گا تو اس کے سامنے اس کا مال اور اس کا عمل رکھا جائے گا پس وہ اپنے مال کی طرف متوجہ ہو گا اور کہے گا اللہ کی قسم میں تجھ پر حریص تھا میرے لیے تیرے پاس کیا ہے؟ وہ کہے گا مجھ سے اپنا کفن لے لے پس وہ اولاد کی طرف متوجہ ہو گا اور کہے گا اللہ کی قسم میں تمہارے لیے محبت رکھتا تھا پس تمہارے پاس میرے لیے کیا ہے وہ کہیں گے ہم تجھ کو تیری قبر تک پہنچا دیں گے وہ اپنے عمل کی طرف متوجہ ہو گا اور کہے گا اللہ کی قسم میں تم میں زہد کرنے والا تھا اگرچہ تو مجھ پر بھاری تھا پس تمہارے پاس میرے لیے کیا ہے وہ کہے گا میں قبر و نشر میں تیرا ساتھی ہونگا یہاں تک کہ میں تیرے ساتھ تیرے رب کے سامنے آؤں گا اگر تم اللہ کے دوست ہوئے تو تمہاری ہوا پاکیزہ ہگی اور تم بہترین دکھنے والے ہو گے اور تمہیں جنت و ریحان کی خوشخبری ہو گی پس ان سے کہا جائے گا تم کون ہو وہ کہے گا کہ میں تمہارا نیک عمل ہوں کہ میں تم کو دنیا سے جنت میں لے آیا ہوں پس جب بندہ قبر میں آتا ہے تو اس کے پروردگار کی طرف سے دو فرشتے آتے ہیں ان کی آواز کڑک کی طرح ہوتی ہے ان کی آنکھیں بھی چمکدار بجلی کی طرح ہوتی ہیں وہ اس سے پوچھتے ہیں تیرا رب کون ہے، تیرا نبیؐ کون ہے ، تیرا امامؑ کون ہے وہ کہتا ہے اللہ میرا رب ہے اسلام میرا دن ہے محمدؐ میرے نبی ہیں اور علیؑ میرے امام ہیں وہ کہتے ہیں پس اللہ نے تیرے لیے اپنی رضا و خوشنودی لکھ دی ہے اور یہ اللہ کا قول ہے (اللہ ایمان والوں کے لیے اپنا قول دنیا و آخرت میں ثابت کر دے گا) پھر اس کی قبر میں جنت کے دروازوں میں سے دروازے کھول دیئے جاتے ہیں اور فرشتے اس سے کہتے ہیں چین کی نیند سو جاؤ کہ جس طرح ایک جوان چین کی نیند سوتا ہے پس جب کوئی اہل بیتؑ کا دشمن مرتا ہے تو اس کے پاس دو

نہایت بد شکل والے فرشتے آتے ہیں اور اس سے کہتے ہیں تیرا رب کون ہے؟ تیرا نبیؐ کون ہے تیرا امام کون ہے؟ وہ کہتا ہے میں نہیں جانتا وہ دونوں کہتے ہیں تم ہدایت یافتہ نہ تھے پس اسے اپنے گرز سے ماریں گے پھر اس کی قبر میں دوزخ کا دروازہ کھول دیں گے پھر اس سے کہیں گے کہ بری حالت اور بڑی گھبراہٹ میں سو وہ اپنے پنجوں سے اپنا دماغ باہر نکالے گا اور اپنا گوشت نوچ لے گا اس پر اللہ سانپ اور بچھو مسلط کرے گا جو اسے قیامت کے روز تک کاٹتے رہیں گے۔

ہم اللہ کے اس عذاب سے ان کی پناہ چاہتے ہیں۔

اللہ کا قول (کیا تم نے ان لوگوں کو نہیں دیکھا کہ جنہوں نے کفران نعمت سے اللہ کی نعمت کو بدل ڈالا اور اپنی قوم کا ٹھکانہ جہنم بنا دیا کہ جس میں وہ ہمیشہ ہمیشہ رہیں گے)

تاویل۔ علی بن ابراہم نے اپنی تفسیر میں اپنے والد سے انہوں نے ابن ابی عمیر سے انہوں نے عمر بن ازنیہ سے انہوں نے زید الشحام سے انہوں نے امام ابو عبداللہؑ سے اللہ کے اس قول کے بارے میں روایت کی ہے کہ آپؑ نے فرمایا یہ قریش کے دو فاجروں کے بارے میں نازل ہوئی بنو امیہ اور بنو مغیرہ کے بارے میں پس بنو مغیرہ کی جڑیں اللہ نے بدر والے دن کاٹ ڈالیں اور بنو امیہ ابھی تک فائدہ لے رہے ہیں اس کی تائید ابو علی الطبرسی کی روایت کرتی ہے کہ ایک شخص نے امیر المومنینؑ سے اس آیت کے بارے میں پوچھا تو فرمایا یہ قریش کے دو فاجر گروہوں کے بارے میں ہے بنو امیہ اور بنو مغیرہ بنو امیہ کی رسی ابھی تک ڈھیلی ہے اور بنو مغیرہ کی جڑ اللہ نے بدر والے دن کاٹ دی۔

محمد بن یعقوب نے انہوں نے الحسین بن محمد سے انہوں نے محمد بن اورمہ سے انہوں نے علی بن حسان سے انہوں نے عبدالرحمٰن بن کثیر سے روایت کی ہے کہ میں نے امام ابو عبداللہؑ سے اللہ کے اس قول کے بارے میں پوچھا تو فرمایا اس سے مراد قریش ہیں جنہوں نے رسول اللہؐ سے عداوت کی

اور ان پر جنگ مسلط کی اور علیؑ جو کہ وصی رسول اللہؐ ہیں ان پر ظلم کیا۔

محمد بن یعقوب سے انہوں نے الحسین بن محمد سے انہوں نے معلیٰ بن محمد سے انہوں نے بسطام بن مرۃ سے انہوں نے اسحاق بن حسان سے انہوں نے الھیثم بن واقد سے انہوں نے علی بن الحسین سے انہوں نے سعد الاسکاف سے انہوں نے اصبغ بن نباتہ سے روایت کی ہے کہ امیر المومنینؑ نے فرمایا کہ لوگ ابھی تک رسول اللہؐ کی سنت تبدیل کر رہے ہیں اور ان کے اوصیاء پر ظلم ڈھا رہے ہیں اور وہ اس بات سے نہیں ڈرتے کہ ان پر اللہ کا عذاب نازل ہو گا پھر آپؑ نے اس آیت کی تلاوت فرمائی (کیا تم نے ان لوگوں کو نہیں دیکھا کہ جنہوں نے اللہ نے نعمت کو بدل ڈالا اور اپنی قوم کا ٹھکانہ جہنم بنا دیا) پھر فرمایا کہ ہم وہ نعمت ہیں کہ جو اللہ نے اپنے بندوں پر کی ہے اور جو بھی قیامت والے دن کامیاب ہو گا وہ ہمارے زریعے ہی ہو گا۔

اللہ کا قول (اے ہمارے رب میں نے اپنی اولاد کو ایسی وادی میں ٹھہرا دیا ہے کہ جس میں کوئی کھیتی نہیں ہے تیرے حمرت والے گھر کے نزدیک تاکہ اے ہمارے رب وہ نماز قائم کریں پس تو کچھ لوگوں کو ان کی طرف مائل کر دے ان کو پھلوں کا رزق دے تاکہ وہ شکر گزاری کریں)

تاویل۔ ابو علی الطبرسی نے کہا کہ اللہ کا قول (میں نے اپنی اولاد میں سے) یعنی کچھ اولاد ہو اور اس میں کوئی اختلاف نہیں کہ اس سے مراد اسماعیلؑ کی اولاد ہے اور اللہ کا قول (بغیر کھیتی کے زمین میں) یہ وادی مکہ ہے اور اللہ کا قول (پس تو کچھ لوگوں کو ان کی طرف مائل کر دے) یعنی ان کی طرف وہ میلان رکھیں اور یہ ابراہیمؑ کی دعا ہے اپنی اولاد میں سے حضرت اسماعیلؑ کے لیے اور ان کی اولاد میں سے برگزیدہ لوگوں کے لیے اور وہ نبیؐ اور آئمہؑ ہیں۔

امام باقرؑ سے روایت ہے کہ ہم اسی عترت کی بقاء ہیں اور ابراہیمؑ کی دعا خاص ہمارے لیے تھی پس اللہ

نے ابراہیمؑ کی دعا کو اپنے برگزیدہ بندوں کے لیے قبول کر لیا۔

انہی معنوں میں الشیخ محمد بن یعقوب نے اپنے رجال سے انہوں نے زید الشحام سے روایت کی ہے کہ قتادہ ابو جعفر الثانیؑ کے پاس آیا اور اس نے امامؑ سے اللہ کے اس قول کے بارے میں پوچھا(اور وہ اس میں دن اور رات میں چلتے پھرتے ہیں) قتادہ نے کہا کیا اس سے مراد وہ ہے جو اپنے گھر سے نکلے سواری اور زادہ راہ لے کر اور ساتھ حلال خوراک لے وہ اس بیت اللہ کی طرف آئے تو وہ امن میں رہے گا یہاں تک کہ وہ اپنے اہل کی طرف پلٹ جائے ؟ امام ابو جعفرؑ نے اس سے فرمایا اے قتادہ ! میں تم کو اللہ کی قسم دیتا ہوں کہ بتاؤ جو بندہ گھر سے نکلے زاز راہ لے کر، حلال خوراک اور سواری لے کر اس بیت اللہ کی طرف تو اس کا خرچ چلا جائے اور اس کے راستہ روکا جائے اور وہ مارا جائے تو کیا ہو گا ؟ اس نے کہا ہاں یہ تو ہے آپؑ ہی مجھے بتائیں تو امام ابو جعفرؑ نے فرمایا اے قتادۃ اگر تم اپنی مرضی سے قرآن کی تفسیر کرو گے تو خود بھی ہلاک ہو جاؤ گے اور لوگوں کو بھی ہلاک کرو گے اور اگر تم بندوں سے تفسیر کراؤ گے تو تم بھی ہلاک ہو جاؤ گے اور لوگوں کو بھی ہلاک کرواؤ گے اے قتادۃ یہ ہے کہ جو اپنے گھر سے زاد راہ، حلال لے کر ہمارے حق کی معرفت رکھتے ہوئے ہماری زیارت کے لیے نکلا تو اللہ اسے امن میں رکھے گا جیسے کہ اللہ نے فرمایا ہے (پس تو لوگوں کو ان کی طرف مائل کر دے) اس سے مراد بیت اللہ نہیں پس اللہ کی قسم ہم ابراہیمؑ کی دعا ہیں اے قتادہ جب بھی کوئی ہماری زیارت کے لیے نکلے گا تو عذاب جہنم سے امن میں رہے گا قیامت والے دن۔

سورۃ الحجر

(اس سورہ کی وہ آیات جو آئمہ ھدیٰؑ کی شان میں نازل ہوئیں)

اللہ کا قول(یہ راستہ مجھ پر سیدھا ہے)

تاویل۔الشیخ محمد بن یعقوب نے اسناد کے ساتھ انہوں نے احمد سے انہوں نے عبدالعظیم سے انہوں نے ہشام بن الحکم سے انہوں نے امام ابو عبداللہؑ سے روایت کی ہے کہ آپؑ نے اللہ کے اس قول کی یوں تلاوت فرمائی(علیؑ کا راستہ سیدھا ہے) یعنی علیؑ ابن ابی طالبؑ کا راستہ سیدھا ہے اس میں کجی نہیں ہے۔

اللہ کا قول(میرے بندوں پر تیرا کوئی زور نہیں)

تاویل۔الشیخ محمد بن بابویہ نے اپنے رجال سے اسناد کے ساتھ امام جعفرؑ بن محمدؑ سے روایت کی ہے کہ آپؑ نے ابو بصیر سے فرمایا اے ابا محمد اللہ نے تمہارا ذکر اپنی کتاب میں فرمایا ہے کہ(میرے بندوں پر تیرا کوئی زور نہیں) فرمایا اللہ کی قسم اسے مراد آئمہؑ اور ان کے شیعہ ہیں پھر فرمایا اے ابو محمد کیا تم خوش ہوئے؟ میں نے کہا میں آپؑ پر قربان بے شک میں بہت خوش ہوا ہو۔

اللہ کا قول (بے شک پرہیزگار جنت میں اور چشموں میں ہونگے اس میں سلامتی اور امن کے ساتھ داخل ہو جاؤ ہم نے ان کے سینوں میں سے تنگی کو دور کر دیا ہے اور وہ تختوں پر ایک دوسرے کے سامنے بیٹھے ہونگے

تاویل۔ طریق عامہ سے ابونعیم الحافظ سے انہوں نے اپنے رجال سے انہوں نے ابوہریرہ سے روایت کی ہے کہ علیؑ ابن ابی طالبؑ نے فرمایا یارسول اللہؐ آپؐ کو کون زیادہ محبوب ہے میں یا فاطمہؑ ؟ فرمایا فاطمہؑ مجھے تم سے زیادہ محبوب ہے اور تم مجھے اس سے زیادہ عزیز ہو گویا کہ میں تمہارے ساتھ حوض پر ہوں اور تم اس سے لوگوں کو دور کر رہے ہو اور اس پر آسمان کے ستاروں کے برابر پیالے ہیں تم ، حسنؑ، حسینؑ، حمزہؓ، جعفرؓ جنت میں ہو (اور تختوں پر ایک دوسرے کے سامنے بیٹھے ہوئے ہیں) اور تو میرے ساتھ ہے اور تیرے شیعہ بھی پھر رسول اللہؐ نے یہ آیت پڑھی (ہم نے ان کے دلوں کی سختی کو دور کر دیا وہ بھائی ایک دوسرے کے سامنے تختوں پر بیٹھے ہوئے ہونگے)

الشیخ ابو جعفر محمد بن بابویہ نے اسناد کے ساتھ اپنے رجال سے انہوں نے محمد بن مروان سے انہوں نے امام ابوعبداللہؑ سے روایت کی ہے کہ آپؑ نے فرمایا تم میں سے کوئی ایسا مرد و عورت نہیں ہے کہ جس کے پاس اللہ کے فرشتے اللہ کی طرف سے سلام نہ لاتے ہوں اور تم ہی وہ لوگ ہو کہ جن کے بارے میں اللہ نے فرمایا (اور ہم نے ان کے سینوں سے تنگی کو دور کر دیا اور وہ بھائی بھائی تختوں پر ایک دوسرے کے سامنے بیٹھے ہونگے) اس کی تائید وہ روایت بھی کرتی ہے جو الشیخ محمد بن یعقوب نے اپنے اصحاب سے انہوں نے سہل بن زیاد سے انہوں نے محمد بن الحسن بن شمعون سے انہوں نے عبداللہ بن عبدالرحمٰن سے انہوں نے عبداللہ بن القاسم سے انہوں نے عمرو بن ابوالمقدام سے انہوں نے امام ابوعبداللہؑ سے روایت کی ہے کہ آپؑ نے فرمایا ہر چیز کا جوہر ہے اور آدم کی اولاد کے

لیے جو ہر ہم اور ہمارے شیعہ ہیں کہ ان سے زیادہ اللہ کے عرش کے نزدیک کوئی نہیں ہے اور اللہ قیامت والے دن ان سے اچھا سلوک کرے گا اور تم ہی وہ لوگ ہو کہ جن کے بارے میں اللہ نے فرمایا(اور ہم نے ان کے سینوں کی تنگی کو دور کر دیا اور وہ بھائی بھائی تختوں پر ایک دوسرے کے سامنے بیٹھے ہونگے) بے شک ہمارے شیعہ چار آنکھوں والے ہیں ان کی دو آنکھیں سر پر اور دو آنکھیں دل میں ہوتی ہیں جان لو کہ اللہ نے تمہاری آنکھیں کھول دی ہیں اور دوسری مخلوقات کی آنکھیں اندھی ہیں حالانکہ ان کی بھی چار چار آنکھیں ہیں۔

اللہ کا قول(اس میں نصیحت حاصل کرنے والوں کے لیے بڑی نشانیاں ہیں)

تاویل۔الشیخ محمد بن یعقوب نے احمد بن مہران سے انہوں نے عبدالعظیم بن عبداللہ الحسینی سے انہوں نے ابن ابی عمیر سے روایت کی ہے کہ مجھے اسباط نے کہا میں امام ابو عبداللہؑ کے پاس تھا کہ ان سے ایک شخص نے اللہ کے اس قول کے بارے میں پوچھا(اس میں نصیحت حاصل کرنے والوں کے لیے نشانیاں ہیں اور بے شک وہ راستے کے ساتھ مقیم ہے) فرمایا ہم ہیں وہ نصیحت حاصل کرنے والے اور راستہ ہم میں ہی مقیم ہے۔

محمد بن یحییٰ سے انہوں نے الحسن بن علی سے انہوں نے عبیس بن ہشام سے انہوں نے عبداللہ بن سلیمان سے انہوں نے امام ابو عبداللہؑ سے اللہ کے اس قول کے بارے میں روایت کی ہے(اس میں نصیحت حاصل کرنے والوں کے لیے نشانیاں ہیں اور وہ ایک راستے میں مقیم ہے) فرمایا وہ آئمہؑ ہیں جو مقیم ہے وہ امامت ہے جو ہم میں سے کبھی نہیں نکلے گی۔

محمد بن یحییٰ سے انہوں نے محمد بن الحسین سے انہوں نے محمد بن اسلم سے انہوں نے ابراہیم بن

ایوب سے انہوں نے عمرو بن شمر سے انہوں نے جابر سے انہوں نے امام ابو جعفرؑ سے روایت کی ہے کہ آپؑ نے فرمایا رسول اللہؐ اور ان کے بعد ان کی اولاد میں سے آئمہؑ ہی نصیحت حاصل کرنے والے ہیں۔

فضل بن شاذان نے اسناد کے ساتھ اپنے رجال سے انہوں نے عمار بن ابی مطروف سے انہوں نے امام ابو عبداللہؑ سے روایت کی ہے کہ میں نے ان کو فرماتے ہوئے سنا کہ ہر پیشانی پر لکھا ہوتا ہے کہ وہ مومن ہے یا کافر یہ تمام مخلوقات سے پردہ میں ہوتا ہے سوائے آئمہؑ اور اوصیاء کے پس ان سے کچھ پوشیدہ نہیں ہوتا پھر آپؑ نے یہ آیت تلاوت فرمائی (اس میں نصیحت قبول کرنے والوں کے لیے نشانیاں ہیں) پھر فرمایا ہم ہی وہ نصیحت حاصل کرنے والے ہیں۔

سورۃ النحل

(اس سورہ کی وہ آیات جو آئمہ ھدیٰؑ کی شان میں نازل ہوئیں)

اللہ کا قول (پس اللہ کا امر آچکا اس میں جلدی نہ کرو)

تاویل ۔المفید نے کتاب الغیبہ میں اسناد کے ساتھ عبدالرحمٰن بن کثیر سے انہوں نے امام ابو عبداللہؑ سے اللہ کے اس قول کے بارے میں روایت کی ہے (اللہ کا امر آچکا پس تم اس میں جلدی نہ کرو) فرمایا وہ ہمارا امر ہے یعنی ہمارے قائمؑ کا قیام اور اللہ نے حکم دیا ہے کہ اس میں جلدی نہ کرو یعنی ظہور امامؑ کا انتظار کرو۔

اس کی تائید وہ روایت کرتی ہے کہ جب تین گروہ آئیں گے فرشتے، مومنین اور رعب والے اور ان کا خروج ایسے ہوگا جیسے کہ رسول اللہؐ کا مکہ سے خروج ہوا تھا اور یہ اللہ کا قول ہے (جیسے کہ آپ کے رب نے آپ کو آپ کے گھر سے حق کے ساتھ نکالا)

اللہ کے اس قول کے معنی ہیں (اللہ کا امر آچکا ہے) یعنی ہر امر جو آنے والا ہے آکر رہے گا اور وہ قریب ہے اور اس طرح کے اور بھی قول اللہ کی کتاب میں موجود ہیں (اصحاف اعراف نے مردوں کو پکارا)

اور جیسے کہ اللہ کا یہ قول (اور اصحاب دوزخ نے اصحاب جنت کو پکارا) اور اللہ کا قول (اس میں جلدی نہ کرو) یعنی قیام قائمؑ کو جھٹلانے والوں سے خطاب ہے۔

اللہ کا قول (اور علامات اور ستارے کے ذریعے ہدایت پاتے ہیں)

تاویل۔الشیخ محمد بن یعقوب نے انہوں نے الحسین بن محمد سے انہوں نے معلیٰ بن محمد سے انہوں نے ابوداؤد المتسرق سے روایت کی ہے کہ ہم سے داؤد الحصاص نے کہا کہ میں نے امام ابو عبداللہؑ کو فرماتے ہوئے سنا (اور علامات اور ستارے کے ذریعے ہدایت پاتے ہیں) فرمایا ستارہ رسول اللہؐ ہیں اور علامات ہم ہیں۔

میں نے امام رضاؑ سے اللہ کے اس قول کے بارے میں پوچھا (اور ستارے اور علامات کے ذریعے ہدایت پاتے ہیں) فرمایا ستارہ رسول اللہؐ ہیں اور علامات ہم ہیں۔

علی بن ابراہیم نے اپنی تفسیر میں اپنے والد سے انہوں نے نصر بن سوید سے انہوں نے القاسم بن سلمان سے انہوں نے معلی بن محمد سے انہوں نے الوشاء سے روایت کی ہے کہ امام ابو عبداللہؑ نے فرمایا علامات آئمہؑ ہیں اور ستارہ رسول اللہؐ اور امیر المومنینؑ ہیں۔

ابو علی الطبرسی نے تفسیر میں کہا ہے کہ امام ابو عبداللہؑ نے فرمایا ہم علامات ہیں اور ستارہ رسول اللہؐ ہیں اور فرمایا کہ اللہ نے آسمان والوں کے لیے ستاروں کو امان بنایا اور ہم اہل بیتؑ کو زمین والوں کے لیے امان بنایا۔

اللہ کا قول (اور وہ اللہ کی قسمیں کھاتے ہیں کہ اللہ ان کو موت کے بعد مبعوث نہیں کرے گا جن لو کہ اس کا وعدہ حق ہے لیکن اکثر لوگ نہیں جانتے)

تاویل۔الشیخ محمد بن یعقوب نے انہوں نے سہل سے انہوں نے محمد سے انہوں نے اپنے والد سے انہوں نے ابو بصیر سے روایت کی ہے کہ میں نے امام ابوعبداللہؑ سے اس آیت کے بارے میں پوچھا تو فرمایا اے ابو بصیر! تم اس آیت کے بارے میں کیا کہتے ہو؟ میں نے کہا کہ مشرکین گمان کرتے ہیں اور قسمیں اٹھاتے ہیں کہ اللہ مردوں کو زندہ نہیں کرے گا۔ امامؑ نے فرمایا کہ مشرکین لات وعزیٰ کی قسم کھاتے ہیں یا اللہ کی؟ میں نے کہا ہم انہیں ایسا ہی پاتے ہیں تو فرمایا اے ابو بصیر اگر ہمارے قائمؑ قیام کریں گے تو ان کے شیعہ تلواریں لے کر ان کے ساتھ ہوں گے پس یہ انکار قائمؑ کے متعلق ہے اور ان کے شیعوں کے بارے میں ہے کہ جو ان کے اعوان وانصار ہونگے اسی طرح ابن طاؤس نے کہا پس اللہ عز وجل نے ان کی تکذیب کے لیے کہا (کیوں نہیں اللہ کا وعدہ حق ہے لیکن اکثر لوگ نہیں جانتے) اور وہ اللہ کے دشمن ہیں اور اہل بیتؑ کے دشمن ہیں امامؑ کا فرمان ہے کہ یہ آیت اس طرح نازل ہوئی (تاکہ ان کے لیے واضح کر دے ان کے شیعوں اور دشمن دونوں کے لیے جو اس میں اختلاف کرتے ہیں مردوں کو اٹھانے اور ان کو زندہ کرنے میں تاکہ کافر لوگ جان لیں اور وہ ان کے دشمن ہیں) گویا کہ وہ جھوٹے ہیں کہ ہماری کسی چیز کے لیے گفتگو ہے کہ جب ہم چاہتے ہیں مردوں کو زندہ کرنے میں کہ ہم ان سے کہیں کہ ہو جاؤ پس وہ ہو جاتا ہے) اور یہ دلیل بڑی واضح ہے رجعت کے بارے میں۔

اللہ کا قول (پس اگر تم نہیں جانتے تو اہل ذکر سے پوچھو)

تاویل۔ابو علی الطبرسی نے کہا کہ اہل ذکر سے مراد اہل قرآن ہیں جو آئمہؑ ہیں اسی کے قریب ترین جابر بن یزید اور محمد بن مسلم سے روایت ہے کہ انہوں نے امام ابو جعفرؑ سے روایت کی ہے کہ ہم اہل ذکر ہیں۔

اور اللہ نے اپنے رسولؐ کو ذکر کا نام دیا ہے اس آیت میں (ذکرا رسولا) اس رو سے بھی وہ اہل ذکر ہیں۔

اس کی تائید الشیخ محمد بن یعقوب کی روایت بھی کرتی ہے انہوں نے الحسین بن محمد سے انہوں نے معلیٰ بن محمد سے انہوں نے الوشاء سے انہوں نے عبداللہ بن عجلان سے انہوں نے امام ابو جعفرؑ سے اللہ کے اس قول کے بارے میں روایت کی ہے کہ (پس اگر تم نہیں جانتے تو اہل ذکر سے پوچھو) رسول اللہؐ نے فرمایا ذکر میں ہوں اور اہل ذکر آئمہؑ ہیں۔

الحسین بن محمد سے انہوں نے معلیٰ بن محمد سے انہوں نے محمد بن اورمہ سے انہوں نے علی بن حسان سے انہوں نے اپنے چچا عبدالرحمٰن بن کثیر سے روایت کی ہے کہ میں نے امام ابو عبداللہؑ سے اللہ کے اس قول کے

بارے میں پوچھا (اگر تم نہیں جانتے تو اہل ذکر سے پوچھو) فرمایا کہ ذکر محمدؐ اور ہم ان کے کے اہل ہیں۔

الحسین بن محمد سے انہوں نے معلی بن محمد سے انہوں نے الوشاء سے روایت کی ہے کہ امام رضاؑ سے سوال کیا کہ میں نے ان سے کہا میں آپؑ پر قربان اللہ کا قول (اگر تم نہیں جانتے تو اہل ذکر سے پوچھو) فرمایا ہم اہل ذکر ہیں اور ہم ہی سے سوال کیا جائے گا تو میں نے کہا آپؑ سے سوال کیا جائے گا اور ہم سوال کرنے والے ہیں ؟ فرمایا ہاں میں نے کہا کہ ہم پر واجب ہے کہ ہم آپؑ سے سوال کریں ؟ فرمایا ہاں میں نے کہا کہ آپؑ پر جواب دینا واجب ہے ؟ فرمایا نہیں یہ ہماری مرضی ہے اگر چاہیں تو جواب دیں نہ چاہیں تو نہ دیں کیا تم نے اللہ کا یہ قول نہیں سنا (یہ ہماری عطا ہے احسان کریں یا بغیر حساب دے دیں)

اللہ کا قول(اور تیرے رب نے نحل کی طرف وحی کی کہ تم پہاڑوں اور درختوں اور چھتوں میں گھر بناؤ)

تاویل۔ علی بن ابراہیم نے اپنے والد سے انہوں نے الحسن بن علی الوشاء سے انہوں نے ایک مرد سے انہوں نے حریز بن عبداللہ سے انہوں نے امام ابوعبداللہؑ سے اللہ کے اس قول کے بارے میں روایت کی ہے(تیرے رب نے نحل کی طرف وحی کی) فرمایا اللہ کی قسم ہو وہی نحل ہیں کہ جس کی طرف اللہ نے وحی کی کہ وہ عرب و عجم میں اپنے محب بنائیں(وہی ذات ہے کہ جو اس کے پیٹ سے مختلف رنگوں کی شراب نکالتا ہے) یعنی علم جو آل محمدؑ سے نکلتا ہے۔ باطن تاویل میں اہل بیتؑ سے مروی ہے کہ الحسن بن الحسن الدیلمی سے اسناد کے ساتھ ان کے رجال سے انہوں نے ابو بصیر سے انہوں نے امام ابوعبداللہؑ سے اللہ کے اس قول کے بارے میں روایت کی ہے کہ فرمایا(تیرے پروردگار نے شہد کی مکھی کی طرف وحی کی کہ پہاڑوں، درختوں اور چھتوں پر گھر بناؤ)فرمایا ابھی شہد کی مکھی اس درجہ پر نہیں کہ اس پر وحی کی جائے پس وہ نحل ہم ہیں اور ہم اللہ کے حکم سے اس کی زمین پر قائم ہیں اور پہاڑ ہمارے شیعہ ہیں اور درخت ہماری مومنہ عورتیں ہیں(ان کے پیٹ سے مختلف رنگوں کا پانی نکلتا ہے جو لوگوں کے لیے شفا ہے) یعنی جو علم آل محمدؑ سے جاری ہوتا ہے جس سے مومنین کے دل سیراب ہوتے ہیں یعنی بہت سارے علوم جن میں لوگوں کے لیے جہالت کی بیماری سے نجات ہے پس نحل کے معنی اور بھی ہیں کہ امیر المومنینؑ کے اسماء میں سے ایک نام امیر النحل بھی ہے اور نحل سے مراد آئمہؑ ہیں اور امیر المومنینؑ ان کے امیر ہیں اور پہاڑوں سے مراد شیعہ ہیں انہیں اس لیے پہاڑ کیا گیا ہے کیونکہ پہاڑ زمین کی میخیں ہوتی ہیں(اور تیرے رب نے نحل کی طرف وحی کی) فرمایا آئمہؑ کی طرف(پہاڑوں میں گھر بناؤ) ان سے مراد ان کے شیعہ ہیں(گھر بناؤ) وہ اس میں پناہ حاصل

کرتے ہیں۔

اللہ کا قول (اللہ دو مردوں کی مثال بیان کرتا ہے جن میں سے ایک گونگا ہے وہ کسی چیز پر قدرت نہیں رکھتا اس کا مالک اسے جہاں بھی بھیجتا ہے وہ بھلائی نہیں لاتا کیا برابر ہو سکتا ہے اس کے کہ جو عدل کا حکم دیتا ہے سیدھے راستے پر ہے)

تاویل۔ابو علی الطبرسی نے کہا کہ اللہ کا قول (اللہ دو آدمیوں کی مثال بیان فرماتا ہے ان میں سے ایک گونگا ہے کسی چیز پر قدرت نہیں رکھتا) یعنی نہ تو وہ کلام اللہ سمجھ سکتا ہے اور نہ ہی سمجھا سکتا ہے (اور وہ اپنے مالک پر بوجھ ہے) یعنی اس کے لیے وبال ہے (کیا وہ برابر ہو سکتا ہے) یعنی وہ گونگا اس کے (جو عدل کا حکم دیتا ہے اور وہ سیدھے راستے پر ہے) یعنی واضح دین پر قائم ہے وہ نیکی کا حکم دیتا ہے اور برائی سے روکتا ہے اس کو کوئی شک لاحق نہیں ہوتا اس سے مراد ہے کہ وہ برابر نہیں ہو سکتے (اور وہ صراط مستقیم پر ہے) اور صراط مستقیم امیر المومنینؑ ہیں۔

ابو عبداللہ الحسین سے کتاب المناقب میں اسناد کے ساتھ حدیث میں حمزہ بن عطاء سے انہوں نے امام ابو جعفرؑ سے اللہ کے اس قول کے بارے میں روایت کی ہے (کیا وہ جو عدل کا حکم دیتا ہے اور صراط مستقیم پر ہے) فرمایا اس سے مراد امیر المومنینؑ ہیں جو عدل کا حکم دیتے ہیں اور صراط مستقیم پر ہیں۔

اللہ کا قول (اور اس دن ہم ہر امت میں سے گواہ لائیں گے)

تاویل۔ابو علی الطبرسی نے کہا اس دن ہم ہر امت میں سے ایک گواہ بلائیں گے یعنی قیامت کے دن اللہ نے بیان کیا ہے کہ وہ ہر امت میں سے گواہ لائے گا اور وہ ہر زمانے کے عادل انبیاء ہونگے جو لوگوں کے اعمال کی گواہی دیں گے اور امام صادقؑ نے فرمایا ہر زمانے اور امت کے لیے ایک امام ہوتا ہے ہر

امت اپنے امام کے ساتھ ہو گی۔

علی بن ابراہیم نے اپنی تفسیر میں کہا ہر امت کے لیے امام ہے یعنی ان پر قیامت کے دن وہ امام گواہ ہو گا اور اللہ کا قول (اور اس دن ہم ہر امت میں سے گواہ لائیں گے اور آپ کو ان پر گواہ لائیں گے) علی بن ابراہیم نے کہا کہ اللہ کا قول (اس دن ہم ہر امت میں سے گواہ لائیں گے جو انہیں میں سے ہو گا) یعنی آئمہ ؑ ہیں پھر اپنے نبیؐ سے فرمایا (اور پھر ہم آپ کو ان پر گواہ بنائیں گے) یعنی آئمہ ؑ پر۔

اللہ کا قول (بے شک اللہ عدل واحسان کا رشتہ داروں کو حکم دیتا ہے اور برائی بے حیائی اور بغاوت سے روکتا ہے

اور تم کو نصیحت کرتا ہے تاکہ تم نصیحت حاصل کرو)

اس کی تاویل میں امام ؑ سے مروی ہے فرمایا عدل سے مراد یہ ہے کہ یہ گواہی دے کہ میں گواہی دیتا ہوں کہ اللہ کے سوا کوئی معبود نہیں اور محمدؐ اس کے رسول ہیں اور احسان سے مراد امیر المومنین ؑ ہیں ذی القربیٰ سے مراد آئمہ ؑ ہیں اور وہ جس بے حیائی، برائی اور سرکشی سے روکتے ہیں وہ ان کے دشمن ہیں اللہ تمہیں نصیحت کرتا ہے تاکہ تم نصیحت حاصل کرو اس سے مراد یہ ہے کہ اللہ نے تمہیں تین چیزوں کا حکم دیا ہے عدل، احسان اور رشتہ داروں کو دینے کا اور عدل سے مراد رسول اللہؐ ہیں احسان سے مراد ان کے وصی ؑ ہیں اور ذی القربیٰ سے مراد آئمہ ؑ ہیں یہ حقیقت ہے مجاز نہیں کیونکہ وہ عدل و احسان کے زیادہ قریب ہیں اور اللہ نے تین چیزوں سے روکا ہے وہ بے حیائی، برائی اور سرکشی ہیں اور یہ ان کے دشمنوں کے نام ہیں اس کی تائید الحسن بن ابوالحسن الدیلمی سے انہوں نے رجال سے اسناد کے ساتھ عطیہ بن الحارث سے انہوں نے امام ابو جعفر ؑ سے اللہ کے اس قول کے بارے میں روایت کی ہے کہ آپ ؑ نے فرمایا (عدل) سے مراد توحید و رسالت کی گواہی ہے (احسان) سے مراد ولایت

امیر المومنینؑ ہے اور ان کی اطاعت ہے اور (ذی القربیٰ) سے مراد حسنؑ، حسینؑ اور ان کی اولاد میں سے آئمہؑ ہیں (اور وہ برائی، بے حیائی اور سرکشی سے روکتا ہے) یہ ان کے قاتل، ان پر ظلم کرنے والے اور ان کے حقوق روکنے والے ہیں۔

اللہ کا قول (اور اللہ کے عہد کو پورا کرو اور اس کی قسموں کو پکا کرنے کے بعد مت توڑ ڈالو اور جب کہ تم نے اس پر اللہ کو کفیل بنالیا ہے اللہ جانتا ہے جو تم کرتے ہو اس کی طرح مت ہو جاؤ کہ جس عورت نے سوت کاتنے کے بعد اسے مضبوط کرنے کے بعد توڑ ڈالا ہو بے شک اللہ تم کو آزمائے گا اور جن چیزوں میں تم اختلاف کرتے ہو قیامت والے دن انہیں تمہارے لیے واضح کردے گا اگر اللہ چاہتا تو تمہیں ایک ہی گروہ بناتا مگر وہ جسے چاہے گمراہ کرتا ہے اور جسے چاہے ہدایت دیتا ہے اور جو تم کرتے تھے اس کے بارے میں تم سے ضرور سوال کیا جائے گا)

تاویل۔ الشیخ محمد بن یعقوب نے انہوں نے محمد بن یحییٰ سے انہوں نے محمد بن الحسین سے انہوں نے محمد بن اسماعیل سے انہوں نے مقصود بن یونس سے انہوں نے زید بن الھیم سے انہوں نے امام ابو عبد اللہؑ سے روایت کی ہے کہ میں نے امامؑ کو فرماتے ہوئے سنا جب ولایت علیؑ نازل ہوئی تو رسول اللہؐ نے لوگوں سے فرمایا علیؑ کو امیر المومنینؑ کہہ کر سلام کرو پس اللہ نے ان دونوں کو اس دن اس قسم کی تاکید کی تو رسول اللہؐ نے دونوں کو حکم دیا کہ کھڑے ہو جاؤ اور علیؑ کو امیر المومنینؑ کہہ کر سلام کرو انہوں نے کہا یہ حکم اللہ کی طرف سے ہے یا اس کے رسولؐ کی طرف سے تو فرمایا اللہ اور اس کے رسولؐ دونوں کی طرف سے پس جب انہوں نے علیؑ کو امیر المومنینؑ کہہ کر سلام کیا تو یہ آیت نازل ہوئی (اور اللہ کے عہد کو پورا کرو اور اس کی قسموں کو پکا کرنے کے بعد مت توڑ ڈالو اور جب کہ تم نے اس پر اللہ کو کفیل بنالیا ہے اللہ جانتا ہے جو تم کرتے ہو اس کی طرح مت ہو جاؤ کہ جس عورت

نے سوت کاتنے کے بعد اسے مضبوط کرنے کے بعد توڑ ڈالا ہو) فرمایا کہ انہوں نے ولایت علیؑ کا اقرار کرنے کے بعد اسے توڑ ڈالا (اور اللہ تم کو آزمائے گا) علیؑ ابن ابی طالبؑ کی ولایت کے ذریعے (قیامت والے دن انہیں تمہارے لیے واضح کر دے گا اگر اللہ چاہتا تو تمہیں ایک ہی گروہ بناتا مگر وہ جسے چاہے گمراہ کرتا ہے اور جسے چاہے ہدایت دیتا ہے اور جو تم کرتے تھے اس کے بارے میں تم سے ضرور سوال کیا جائے گا)

علی بن ابراہیم نے اپنی تفسیر میں کہا ہے کہ اللہ کا قول (اور جب تم اللہ سے عہد کرو تو اسے پورا کرو)یعنی عہد امیر المومنینؑ کہ جو رسول اللہؐ نے لیا تھا پھر فرمایا(اس عورت کی طرح مت ہو جانا جس نے سوت کاتنے کے بعد اسے توڑ ڈالا ہو) مکہ میں ایک عورت تھی جو اپنی کنیزوں کو حکم دیتی کہ سوت کاتو وہ اسے کاتیں پھر وہ انہیں کہتی کہ جو تم نے صبح سے لے کر شام تک سوت کاتا ہے اسے توڑ ڈالو پس یہ مثل بیان کی گئی ہے کہ اگر تم عہد امیر المومنینؑ کو توڑو گے تو تم اس عورت کی طرح ہی ہو (بے شک اللہ تم کو اس کے ذریعے آزمائے گا) یعنی اللہ اور اس کے رسولؐ کے عہد کے بارے میں جو اس نے امیر المومنینؑ کے بارے میں لیا ہے

اللہ کا قول (امام یہ تمہارے اماموں میں سے پاکیزہ تر ہے) یعنی آئمہؑ پاکیزہ ہیں اور معصوم ہیں وہ آئمہؑ معصومین ، طیبین اور طاہرین ہیں اور ان آئمہؑ کے دشمن گمراہ اور مشرک ہیں جو نجس ہیں پس ان پر عذاب ہو گا جس کے وہ حقدار ہیں۔

اللہ کا قول (پس جب تم قرآن پڑھو تو شیطان مردود سے اللہ کی پناہ مانگ لیا کرو اس کا ایمان والوں پر کوئی زور نہیں اور وہ اپنے رب پر بھروسہ کرتے ہیں اس کا زور ان لوگوں پر ہے جو اس سے پھر جاتے ہیں اور وہ اپنے پروردگار کے ساتھ شرک کرتے ہیں)

تاویل۔ علی بن ابراہیم سے انہوں نے اپنے والد سے انہوں نے حماد بن عیسیٰ سے مرفوعاً اسناد کے ساتھ امام ابو عبداللہؑ سے روایت کی ہے کہ میں نے امامؑ سے اللہ کے اس قول کے بارے میں پوچھا (کہ اس کا زور ایمان والوں پر نہیں ہے اور اپنے رب پر بھروسہ رکھتے ہیں) تو امام ابو عبداللہؑ نے فرمایا کہ اس کا زور نہیں ہے کہ وہ ولایت پر ایمان رکھنے والوں کو اس سے گمراہ کرے پس گناہ ان سے بھی ایسے ہی کرواتا ہے جیسے کہ ان کے اغیار سے کرواتا ہے اس کی تائید الشیخ محمد بن یعقوب سے انہوں نے علی بن الحسن سے انہوں نے منصور بن یونس سے انہوں نے ابو بصیر سے انہوں نے امام ابو عبداللہؑ سے روایت کی ہے کہ میں نے امامؑ سے اللہ عزوجل کے قول (جب تم قرآن پڑھو تو شیطان مردود سے اللہ کی پناہ مانگ لیا کرو اس کا زور ایمان والوں پر نہیں ہے اور وہ اپنے رب پر بھروسہ کرتے ہیں) فرمایا اے ابو محمد! شیطان مومن بندے پر مسلط ہو جاتا ہے اس کے دین پر مسلط نہیں ہو سکتا جیسے وہ ایوبؑ پر مسلط ہوا ان کے دین پر نہیں پس وہ مومنین کے بدن پر مسلط ہوتا ہے ان کے دین پر نہیں۔ اللہ کا قول (اس کا زور ان پر ہوتا ہے جو پھر جاتے ہیں اور وہ اپنے رب کے ساتھ شرک کرتے ہیں) امامؑ نے فرمایا کہ جو اللہ کا انکار کرتے ہیں اور اس کے ساتھ شرک کرتے ہیں تو شیطان ان کے بدن اور دین دونوں پر مسلط ہو جاتا ہے اس کی تاویل کے معنی یہ ہیں کہ جو ایمان والے ہیں وہ شیعہ ہیں جو ولایت امیر المومنینؑ پر ایمان رکھنے والے ہیں کہ جن پر شیطان کا ولایت کے بارے میں کوئی زور نہیں چلتا کیونکہ وہ اللہ کے حکم سے ولایت واطاعت امیر المومنینؑ اختیار کئے ہوئے ہوتے ہیں اور وہ شیطان اور سرکشوں سے محبت نہیں کرتے اس لیے شیطان کا ان پر کوئی زور نہیں چلتا (اس کا زور صرف ان پر ہوتا ہے جو پھر جاتے ہیں اور اپنے رب کے ساتھ شرک کرتے ہیں) اور اس بات سے دلیل ہے کہ جن پر شیطان کا زور چلتا ہے وہ اہل ولایت کی ضد ہیں کیونکہ (وہ لوگ جو ایمان لائے اور

اپنے رب پر بھروسہ کرتے ہیں) یعنی وہ اللہ پر اس کے رسولؐ پر اور ولایت امیر المومنینؑ پر ایمان رکھتے ہیں اور وہ اللہ اس کے رسولؐ اور اس کے وصی جناب امیرؑ سے محبت کرتے ہیں اور انہیں اپنا حاکم تسلیم کرتے ہیں اللہ کے اس قول کے پیش نظر (بے شک تمہارے حاکم اللہ ہے اس کا رسول اور وہ ایمان والے جو نماز قائم کرتے ہیں اور حالت رکوع میں زکواۃ دیتے ہیں) پس ولایت کو تھامنے والے مومنین آپ کے لیے بشارت ہے آپ سب سے بڑی مصیبت سے نجات پانے والے ہیں کہ آپ زمرہ بنی واہل بیتؑ نبی میں ہوں گے کہ اللہ کا ان آئمہؑ پر درود و سلام ہو۔

سورۃ اسراء

(اس سورہ کی وہ آیات جو آئمہ ھدیٰؑ کی شان میں نازل ہوئیں)

اللہ کا قول (پاک ہے وہ ذات جو لے گئی اپنے بندے کو راتوں رات مسجد حرام سے مسجد اقصیٰ تک جس کے ارد گرد ہم نے برکت رکھی ہے تاکہ ہم ان کو اپنی نشانیاں دکھا سکیں بے شک وہ سننے والا اور جاننے والا ہے)

تاویل۔ابن طاؤس نے سعد السعود میں محمد بن العباس سے اللہ عزوجل کے اس قول کی تاویل میں روایت کی ہے جو انہوں نے مخالفین سے امیر المومنینؑ کی فضیلت میں روایت کی ہے اسناد کے ساتھ رسول اللہؐ سے روایت ہے کہ فرمایا رات کو میں سو رہا تھا کہ جبرائیل آیا اس نے مجھے جگایا اور مجھے پرندے جیسی نظر آنے والی ایک سواری پر سوار کیا تو میں نے پلک جھپکی تو جبرائیل نے کہا کیا آپؐ جانتے ہیں کہ آپؐ اس وقت کہاں ہیں؟ میں نے کہا اے جبرائیل نہیں تو کہا یہ بیت المقدس ہے اس میں حشر ہوگا اور نشر بھی پھر جبرائیل کھڑا ہوا اس نے اپنی دائیں انگلی کان میں رکھی اور اذان دی کہ جس میں کہا حی علیٰ خیر العمل دو مرتبہ پھر جب اذان مکمل کی تو اقامت کہی اس کے آخر میں کہا قد قامت الصلوٰۃ

پس انبیاء کی قبریں کھلیں اور وہ جلدی سے جبرائیل کی آواز پر آگئے پس میرے سامنے ایک لاکھ چوبیس ہزار انبیاء موجود تھے پس جبرائیل نے مجھے پکڑا اور کہا اے محمدؐ! آگے بڑھیں پس میں نے دائیں دیکھا تو میرے باپ ابراہیمؑ تھے ان کے دائیں طرف بھی دو فرشتے تھے اور بائیں جانب بھی دو فرشتے تھے پھر میں نے بائیں دیکھا تو میرا وصی علیؑ ابن ابو طالبؑ موجود تھے ان پر دو سفید حلے تھے ان کے دائیں طرف بھی دو فرشتے تھے اور بائیں بھی پس میں خوش ہو گیا جب نماز مکمل ہو گئی تو میں ابراہیمؑ کے پاس کھڑا ہوا انہوں نے مجھ سے مصافحہ کیا اور کہا اے صالح نبی، اے صالح کے فرزند، اے صالح بھیجے جانے والے اور صالح زمانے میں بھیجے جانے والے پھر علیؑ ابن ابی طالبؑ سے مصافحہ کیا انہیں دائیں ہاتھ سے پکڑا اور کہا اے صالح، اے صالح کے فرزند، اے صالح وصی، اے ابوالحسنؑ تو میں نے کہا ان کی کنیت ابوالحسنؑ کیسے ہو گئی جبکہ ان کی تو کوئی اولاد بھی نہیں ہے فرمایا میں نے اپنے صحیفے میں اپنے رب کے غیب کے علم سے جانا ہے کہ ان کا نام علیؑ ان کی کنیت ابوالحسنؑ اور ابوالحسینؑ ہے آپؐ خاتم الانبیاء کے وصی ہیں میں نے آپؐ کو تو یہ بات بتا دی ہے لیکن آپؐ کی امت ان کو جھٹلائے گی۔ابن طاؤس کہتے ہیں کہ یہ رسول اللہؐ کی شاید دوسرے معراج تھی۔

انہی سے کتاب (الیقین فی تتمہ امیر المومنینؑ میں ہے) اسناد کے ساتھ محمد بن العباس المذکور سے انہوں نے احمد بن ادریس سے انہوں نے محمد بن ابوالقاسم سے انہوں نے محمد بن الحسین بن ابوالخطاب سے کہا کہ ہم سے محمد بن حمار الکوفی سے انہوں نے نصر بن مزاحم سے انہوں نے ابو داؤد الطھروی سے انہوں نے ثابت بن ابی حمزہ سے انہوں نے مرفوعاً امیر المومنینؑ علیؑ ابن ابی طالبؑ سے روایت کی ہے رسول اللہؐ نے فرمایا کہ میں حجرے میں سویا ہوا تھا کہ جبرائیل میرے پاس آیا اور مجھے ہلکی سی حرکت دی اور مجھے کہا اے محمدؐ اٹھیں اور سوار ہو جائیں اور جبرائیل میرے پاس ایک چوپایہ

لے کر آیا جو خچر یا گدھے سے بڑا تھا اس کی لمبائی تاحد نظر تھی اس کے اوپر پر تھے اس سواری کا نام البراق ہے پس میں اس پر سوار ہوا کہ ایک شخص میرے پاس آکر کھڑا

ہوا جس کے بال اس کے کندھوں تک تھے اس نے مجھ سے کہا اے سب سے پہلے آپؐ پر سلام اے سب سے آخری آپؐ پر سلام اے حاشر آپؐ پر سلام جبرائیل نے مجھے کہا کہ ان کو جواب دیجئے پس میں نے ان کو جواب دیا پس ابھی تھوڑی سا آگے بڑھا تو ایک سفید چہرے والا اور چھوٹے بالوں والا شخص آگیا اس نے پہلے والے کی طرح مجھے سلام کیا میں نے سلام کا جواب دیا تو اس نے مجھ سے کہا اے محمدؐ اپنے وصی علیؑ ابن ابی طالبؑ کو سلام کہیئے گا جو اللہ کے مقرب ہیں پس اس کے بعد میں بیت المقدس پہنچ گیا وہاں ایک بہت ہی خوبصورت چہرے والی اور بہت ہی خوبصورت جسم والی ایک ہستی تھی اس نے مجھ سے کہا اے اللہ کے نبیؐ آپؐ پر سلام ہو اے اول آپؐ پر سلام ہو اور جیسے پہلے شخص نے سلام کیا تھا ویسے ہی سلام کیا اور مجھے کہا کہ اپنے وصی علیؑ کو تین مرتبہ سلام کہیے گا جو اپنے رب کے مقرب ہیں اور آپ کے حوض پر آپؐ کے امین ہیں آپؐ کی جنت کے صاحب شفاعت ہیں پس میں اپنی سواری سے اترا جبرائیل نے میرا ہاتھ پکڑا اور مجھے مسجد میں داخل کر دیا اور میں مسجد میں داخل ہوا تو ایک آواز آئی اے محمدؐ! آگے بڑھیے میں آگے بڑھا اور میں نے وہاں نماز پڑھی پھر میرے لیے آسمان کی طرف سے ایک سیڑھی آئی جو موتی سے بنی ہوئی تھی پس جبرائیل نے میرا ہاتھ پکڑا اور مجھے آسمان کی طرف لے گیا پس جبرائیل نے دروازہ کھٹکھٹایا آواز آئی کون ہے کہا میں جبرائیل ہوں آواز آئی تمہارے ساتھ کون ہے اس نے کہا میرے ساتھ محمدؐ ہیں آواز آئی تمہیں ان کی طرف بھیجا گیا تھا جبرائیل نے کہا جی ہاں پس ہمارے لیے دروازہ کھول دیا گیا آواز آئی اے اللہ کے رسولؐ آپؐ کو اور آپؐ کے بھائی اور خلیفہ علیؑ ابن ابی طالبؑ پر سلام کہ نہ تو ان جیسا کوئی خلیفہ ہے اور نہ کوئی بھائی اور آپؐ انبیاء کے خاتم ہیں اور

آپؐ کے بعد کوئی نبی نہیں ہے پھر یاقوت کی ایک اور سیڑھی لگائی گئی پھر ہم دوسرے آسمان کی طرف چلے جبرائیل نے دروازہ کھٹکھٹایا اور یہاں بھی ویسا ہی مکالمہ ہوا جیسا پہلے آسمان پر ہوا تھا اور جبرائیل نے بھی وہی مکالمہ کیا جو پہلے آسمان پر کیا تھا اور پھر ہمارے لیے دروازہ کھول دیا گیا پھر ہمارے لیے ایک نور کی سیڑھی رکھی گئی پھر ہم تیسرے، چوتھے اور پانچویں، چھٹے اور ساتویں آسمان پر چڑھے کہ میں نے ایک چیخ سنی تو میں نے کہا اے جبرائیل یہ آواز کیسی ہے کہا اے محمدؐ! یہ طوبیٰ کی آواز ہے جو آپؐ کی مشتاق ہے پس آپؐ نے فرمایا مجھ پر خوف طاری ہوا پھر مجھے جبرائیل نے کہا اپنے رب کے قریب ہو جائیں آپؐ کے قدم آج اس جگہ کو چھوئیں گے جہاں آج سے پہلے کبھی کسی کا گزر نہیں ہوا پس مجھ پر سے ستر حجاب ہٹا دیئے گئے پس میں سجدے میں گر گیا آواز آئی اے محمدؐ! میں نے کہا اے رب العزت میں حاضر ہوں اللہ کی آواز آئی اپنا سر اٹھایئے اور شفاعت کیجئے آپؐ کی شفاعت قبول کی جائے گی اے محمدؐ! تو میرا حبیب، میرا برگزیدہ، میرا رسول اور میرے بندوں پر میرا امین ہے جب تو میری طرف آیا تو کس کو پیچھے چھوڑا میں نے کہا اے میرے رب تو مجھ سے زیادہ جاننے والا ہے وہ میرا بھائی، میرا چچا زاد، میرا مددگار، میرا وزیر اور تیرے وعدوں کو پورا کرنے والا ہے تو میرے پروردگار نے مجھ سے کہا مجھے میری عزت و جلال اور بزرگی کی قسم میں جس کا بھی ایمان قبول کروں گا تو تیری نبوت اور علیؑ کی ولایت کی وجہ سے کروں گا فرمایا اے محمدؐ کیا میں تم کو علیؑ کی بادشاہت آسمانوں پر دیکھاؤں؟ میں نے کہا اے میرے رب وہ کیسے؟ میں نے تو علیؑ کو زمین پر چھوڑا ہے فرمایا اپنا سر اٹھاؤ میں نے اٹھایا تو میں نے علیؑ کو ملائکہ مقربین کے ساتھ آسمان پر دیکھا پس میں ہنسا یہاں تک کہ میرے دندان نظر آنے لگے میں نے کہا اے میرے پروردگار آج میری آنکھیں ٹھنڈی ہو گئیں پھر اللہ نے مجھ سے فرمایا اے محمدؐ میں نے کہا اے میرے عزت والے پروردگار میں حاضر ہوں فرمایا میں نے تجھ سے

علیؑ کے بارے میں ایک عہد لینا ہے میں نے کہا اے میرے پروردگار وہ عہد کیا ہے فرمایا علیؑ رایتہ الھدی (علیؑ ہدایت کا پرچم ہے) علیؑ نیکوکاروں کا امام ہے ، فاجروں کا قاتل ہے میرے مطیع اور اطاعت گزاروں کا امام ہے علیؑ وہ کلمہ ہے جس کو میں نے پرہیزگاروں کے لیے لازم قرار دیا ہے میں نے علیؑ کو اپنے علم کا وارث بنایا ہے جس نے علیؑ سے محبت کی اس نے مجھ سے محبت کی جس نے اس سے بغض رکھا اس نے مجھ سے بغض رکھا علیؑ وہ آزمائش ہے جس کے زریعے مخلوق کو آزمایا جائے گا پس اے محمدؐ انہیں بشارت دے دیجیئے پھر جبرائیل میرے پاس آیا اور کہا اللہ آپؐ سے کہہ رہا ہے اے محمدؐ (ان (مومنین) پر تقویٰ کو لازم قرار دو وہ اس کے حقدار بھی ہیں اور ولایت علیؑ ابن ابی طالبؑ کے اہل بھی ہیں)

علی بن ابراہیم نے اپنے والد سے انہوں نے عبداللہ بن المغیرہ سے انہوں نے ہشام بن الحکم سے انہوں نے امام ابو عبداللہؑ سے اللہ کے اس قول کے بارے میں روایت کی ہے (پاک ہے وہ ذات جس نے اپنے بندے کو سیر کرائی) فرمایا رسول اللہؐ سے روایت ہے کہ میں سنگریزوں والی زمین (یعنی مکہ) میں سویا ہوا تھا علیؑ میرے دائیں تھے اور جعفرؑ میرے بائیں حمزہؓ میرے سامنے کہ مجھے فرشتوں کے پر سے ہلکی سی ہوا دی گئی تو کہنے والے نے کہا اے جبرائیلؑ تجھ کو ان چاروں میں سے کس کی طرف بھیجا گیا ہے تو جبرائیل نے میری طرف اشارہ کیا اور کہا ان کی طرف کہ جو اولاد آدم کے سردار ہیں اور یہ ان کے وزیر و وصی ہیں ان کی امت میں ان کے خلیفہ ہیں یہ ان کے چچا سید الشہداء حمزہؓ ہیں اور یہ ان کے چچازاد جعفرؑ ہیں اللہ نے ان کو دو پر عطا کئے ہیں ان کے زریعے یہ

آسمان میں فرشتوں کے ساتھ پرواز کرتے ہیں ۔۔۔ آگے وہی حدیث معراج ہے جو اوپر بیان ہو چکی ہے۔

اسی طرح الشیخ الصدوق نے کتاب اخبار الزہراء میں، ابن طاؤس نے انہی سے نقل کیا ہے کہ انہوں نے الحسن بن محمد بن سعید الہاشمی سے انہوں نے فرات بن ابراہیم بن فرات سے انہوں نے محمد بن علی الہمدانی سے انہوں نے ابوالحسن بن خلف بن توی سے انہوں نے عبدالاعلیٰ الصنعانی سے انہوں نے عبدالرزاق سے انہوں نے معمر سے انہوں نے ابویحییٰ سے انہوں نے مجاہد سے انہوں نے ابن عباسؓ سے روایت کی ہے کہ جب رسول اللہؐ نے علیؑ سے فاطمہؑ کی شادی فرمائی تو قریش کی اور دوسری عورتوں نے ان سے کہا رسول اللہؐ نے آپؑ کی شادی ایک تنگدست سے کر دی کہ جس کے پاس مال نہیں ہے تو نبیؐ نے فرمایا اے فاطمہؑ کیا تم راضی نہیں ہو کہ اللہ نے اس زمین سے دو آدمیوں کو چن لیا ایک تیرا والد ہے اور دوسرا تیرا شوہر اے فاطمہؑ میں اور علیؑ آدم کی تخلیق سے پہلے اللہ کی تسبیح بیان کرنے والے ہیں تقریباً چودہ ہزار سال پہلے جب اللہ نے آدم کو خلق کیا تو ہمارے نور کو دو حصوں میں تقسیم کیا ایک حصہ میں اور دوسرا علیؑ ہے پھر قریش نے اس عقد کے بارے میں گفتگو کرنا شروع کی تو نبیؐ نے بلال سے کہا کہ لوگوں کو جمع کرو پس بلال نے حکم کی تعمیل کی اور رسول اللہؐ مسجد کی طرف چلے اور لوگوں کو علیؑ کے وہ فضائل بیان کئے جو اللہ نے ان کو عطا فرمائے اور جس بزرگی و عزت و اکرام سے اللہ نے علیؑ و فاطمہؑ کو خاص کیا تھا آپؐ نے فرمایا اے لوگوں! مجھے تمہاری گفتگو کے بارے میں معلوم ہوا ہے پس سنو اور یاد رکھو جب مجھے معراج ہوئی اور میں ساتویں آسمان پر پہنچا اور تمام ملائکہ مجھ سے پیچھے رہ گئے اور میں اپنے رب کے پاس ستر حجابوں سے گزرنے کے بعد داخل ہوا اور ایک حجاب سے دوسرے حجاب میں حجاب عزت سے حجاب قدرت، بہاء، کرامت، کبریا، عظمت، نور ، ظلمت، وقار یہاں تک کہ میں حجاب

جلال تک پہنچا اور اپنے رب سے سرگوشیاں کیں میں نے اپنے لیے جو بھی مانگا اس نے عطا کیا اور مجھ

سے اس نے میرے شیعوں کی شفاعت کا وعدہ کیا پھر مجھ سے اس عزت والے نے کہا اے محمدؐ تم کو میری مخلوق میں سے کون محبوب ہے میں نے کہا مجھے وہ محبوب ہے اے میرے پروردگار جو تجھے محبوب ہے تو اللہ نے فرمایا مجھے علیؑ محبوب ہے اور وہ مجھے محبوب ہے جو اس سے محبت کرے پس میں سجدے میں گر گیا اور اپنے پروردگار کا شکر ادا کیا تو اللہ نے مجھ سے فرمایا اے محمدؐ علیؑ میرا ولی، میری مخلوق پر میری حجت ہے میں نے اسے آپ کا بھائی بنا کر چن لیا ہے اور آپ کا وصی، صفی، وزیر، خلیفہ بنا کر چن لیا ہے اے محمدؐ مجھے میری عزت و بزرگی کی قسم اگر میں آپؐ کو خلق نہ کرتا تو آدمؑ کو خلق نہ کرتا اور اگر علیؑ نہ ہوتے تو میں کچھ بھی خلق نہ کرتا اور علیؑ اور ان کی اولاد میں سے آئمہؑ کی وجہ سے ہی میں اپنے دشمنوں سے انتقام لوں گا دنیا میں بھی اور آخرت میں بھی اے محمدؐ میں نے ان کی وجہ سے ہی جنت اور دوزخ خلق کی ہے ان کے محب جنت میں اور ان کے دشمن دوزخ میں جائیں گے پس جنت میں ان کا دشمن داخل نہ ہو گا اور نہ ہی ان کے کسی محب کو آگ میں داخل کروں گا پھر میں چلا اور اپنے رب کے حجابات سے نکلا یہاں تک کہ میں نے اپنے پیچھے سے ندا سنی، اے محمدؐ! علیؑ سے محبت کرو اور علیؑ کی عزت کرو اے محمدؐ علیؑ کو خلیفہ بناؤ اے محمدؐ علیؑ کو ولی بناؤ اے محمدؐ علیؑ کو بھائی بناؤ اے محمدؐ علیؑ اور ان کے شیعہ بہترین مخلوق ہیں جب میں فرشتوں کے پاس پہنچا تو انہوں نے مجھے مبارکباد دینا شروع کر دی اور مجھے کہنا شروع کر دیا یا رسول اللہ آپؐ کے لیے خوشخبری ہے کہ آپؐ کے لیے اور علیؑ کے لیے بزرگی ہے اے لوگوں دنیا و آخرت میں علیؑ میرا بھائی، میرا رازدار، اللہ کے رازوں کا امین ہے اور علیؑ میرا خلیفہ ہے میری زندگی میں بھی اور میری زندگی کے بعد بھی اور مجھے میرے رب نے بتایا ہے کہ علیؑ مسلمانوں کے سردار، متقین کے امام اور امیر المومنین ہیں علیؑ میرے اور تمام انبیاء کے وارث ہیں اور رب العالمین کے رسول کے وصی ہیں روشن پیشانی والوں کے امام ہیں اللہ اپنے حکم سے

قیامت والے دن مقام محمود عطا کرے گا ان کے ہاتھ میں لواء الحمد ہو گا کہ جس کے نیچے تمام آدم کی اولاد انبیاء و شہداء صالحین جمع ہونگے اور جس کا اللہ نے وعدہ فرمایا ہے بے شک وہ اپنے وعدے کے خلاف نہیں کرتا۔

الشیخ الصدوق نے خصال میں اور کتاب المعراج میں امام ابو عبد اللہؑ سے روایت کی ہے کہ نبیؐ کو ایک سو بیس مرتبہ معراج ہوئی اور ہر مرتبہ اللہ نے اپنے رسولؐ کو ولایت علیؑ اور ولایت آئمہؑ کی دیگر فرائض سے زیادہ تاکید کی۔

الشیخ ابو جعفر محمد الطوسی نے امالی میں رجال سے مرفوعاً انہوں نے عبداللہ بن عباس سے روایت کی ہے کہ میں نے رسول اللہؐ کو فرماتے ہوئے سنا کہ اللہ نے مجھے پانچ چیزیں دی ہیں اور علیؑ کو بھی پانچ چیزیں دی ہیں مجھے جوامع الکلم دیئے گئے اور علیؑ کو جوامع العلم دیئے گئے مجھے نبی بنایا گیا علیؑ کو وصی بنایا گیا مجھے کوثر دی گئی علیؑ سلسبیل دی گئی مجھے وحی دی گئی علیؑ کو الہام دیا گیا مجھے معراج ہوئی اور میرے لیے آسمان کے دروازے کھولے گئے اور حجاب دور کئے گئے پھر رسول اللہؐ رونے لگے میں نے کہا یا رسول اللہؐ میرے ماں باپ آپؐ پر قربان آپؐ کیوں رو رہے ہیں؟ فرمایا اے ابن عباس کہ جب سب سے پہلے میرے رب نے مجھ سے کلام کیا تو کہا اے محمدؐ اپنے نیچے دیکھو میں نے دیکھا کہ آسمان کے دروازے کھلے ہوئے ہیں اور علیؑ کو دیکھا کہ وہ اپنا سر اٹھائے ہوئے تھے انہوں نے مجھ سے کلام کیا میں نے کہا یا رسول اللہؐ آپؐ کے رب نے آپؐ سے کیا کلام کیا فرمایا میرے رب نے مجھ سے کہا یا محمدؐ میں نے علیؑ کو وصی، وزیر، خلیفہ بنایا ہے پس میں اپنے پروردگار کے سامنے تھا تو میں نے کہا کہ میں نے قبول کیا اور اطاعت کی پس اللہ نے فرشتوں کو حکم دیا کہ وہ انہیں سلام کریں پس انہوں نے ایسا ہی کیا پس میں جس فرشتے کے پاس سے بھی گزرا اس نے مجھے مبارکباد دی انہوں نے کہا اے محمدؐ اس

ذات کی قسم جس نے آپؐ کو حق کے ساتھ مبعوث کیا تمام ملائکہ خوش ہیں آپؐ کے چچازاد کی خلافت سے پس عرش کو اٹھانے والوں نے بھی اپنے سر زمین کی طرف جھکائے ہوئے تھے میں نے کہا اے جبرائیل انہوں نے اپنے سر کیوں جھکائے ہوئے ہیں؟ کہا یا محمدؐ ہر فرشتہ علیؑ ابن ابی طالبؑ کو دیکھ کر انہیں مبارکباد دے رہا ہے اور انہوں نے اللہ سے اجازت طلب کی ہے کہ علیؑ کے چہرے کی طرف دیکھ لیں پس اللہ نے ان کو اجازت دے دی اور علیؑ سے بھی حجاب ہٹا لئے گئے تو ابن عباس نے کہا یا رسول اللہؐ مجھے وصیت کیجئے فرمایا اے ابن عباس تم پر علیؑ ابن ابی طالبؑ کی محبت واجب ہے فرمایا مجھے وصیت کیجئے فرمایا تم پر علیؑ کی مودت واجب ہے اس ذات کی قسم جس نے مجھے حق کے ساتھ مبعوث کیا فرمایا اللہ بندے سے کوئی بھی نیکی قبول نہیں کرتا جب تک کہ وہ اس سے علیؑ کی محبت کے بارے میں سوال نہ کرلے اور اللہ اسے جانتا ہے اگر وہ ان کی ولایت کے ساتھ آیا تو اس کے اعمال قبول کرلے گا اگر ولایت علیؑ نہ ہوئی تو کچھ بھی قبول نہیں کرے گا۔

اللہ کا قول (پس ہم نے بنی اسرائیل کے لیے فیصلہ کر دیا کہ تم زمین میں دو مرتبہ فساد ضرور کرو گے جب ان دونوں میں سے پہلا وعدہ آگیا تو ہم نے تمہاری طرف اپنے بندے بھیجے وہ تمہارے گھروں میں گھس گئے اور وہ بڑے جنگجو تھے اور اسکا وعدہ ہو کر رہے گا ہم نے پھر ان کو تمہاری طرف دوبارہ پلٹا دیا اور مال واولاد کے ذریعے ان کی مدد کی اور ان کو بڑے گروہ والا بنایا)

تاویل۔ الشیخ محمد بن یعقوب نے اپنے اصحاب سے انہوں نے سہل بن زیاد سے انہوں نے محمد بن الحسن بن شمون سے انہوں نے عبداللہ بن عبدالرحیم الاصم سے انہوں نے عبداللہ بن القاسم الطبل سے انہوں نے امام ابو عبداللہؑ سے اللہ کے اس قول کے بارے میں روایت کی ہے کہ ان دو فسادوں میں سے پہلا فساد امیر المومنینؑ علیؑ ابن ابی طالبؑ سے قتال ہے اور ان کا قتل ہے اور دوسری مرتبہ

امام حسنؑ کا قتل اور (جو بہت بڑا فساد ہے) وہ قتل حسینؑ ہے (جب ان دونوں میں سے پہلے کا وعدہ آگیا) یعنی حسینؑ کے خون کا انتقام (ہم نے تمہاری طرف بندوں کو بھیجا جو تمہارے گھروں میں گھس گئے اور وہ بڑے جنگجو تھے) یعنی اللہ ان کو قائمؑ کے خروج سے پہلے نازل کرے گا پس وہ آل محمدؑ کے دشمنوں کو قتل کریں گے (اور واللہ کا وعدہ پورا ہو کر رہے گا) یعنی قائمؑ کا خروج (پھر ہم ان کو تم پر پلٹا دیں گے) یعنی امام حسینؑ کا دوبارہ آنا اپنے ستر ہزار اصحاب کے ساتھ تو لوگوں کو ندا دی جائے گی یہ حسینؑ ہیں تاکہ مومنین ان کے بارے میں شک نہ کریں اور حجت القائمؑ ان کے سامنے ہونگے جب ان کی معرفت مومنین کے دلوں میں آجائے گی کہ وہ حسینؑ ہیں تو امام حجتؑ پر موت آجائے گی پس امام حسینؑ ان کو غسل و کفن دے کر ان کو قبر میں اتاریں گے اور وہ حسینؑ بن علیؑ ہونگے کہ ان جیسا کوئی وصی نہیں ہوگا۔

اللہ کا قول (یہ قرآن اس راستے کی طرف ہدایت دیتا ہے جو سیدھا ہے اور وہ مومنین کو بشارت دیتا ہے)

تاویل۔ محمد بن یعقوب نے انہوں نے علی بن ابراہیم سے انہوں نے اپنے والد سے انہوں نے ابن ابی عمیر سے انہوں نے ابراہیم بن عبدالحمید سے انہوں نے موسیٰ بن اکیل التمیری سے انہوں نے علاء بن سبابہ سے انہوں نے امام ابو عبداللہؑ سے اللہ کے اس قول کے بارے میں روایت کی ہے کہ (یہ قرآن اس کی ہدایت دیتا ہے جو سیدھا ہے) فرمایا امامؑ کی طرف رہنمائی کرتا ہے اس کا مطلب یہ ہے کہ قرآن میں ایسی دلیلیں موجود ہیں جو واضح کرتی ہیں کہ یہ قرآن آئمہؑ کی طرف راہنمائی کرتا ہے جیسے کہ اللہ کا قول (تمہارا حاکم اللہ ہے اس کا رسول ہے اور وہ ایمان والے جو نماز قائم کرتے ہیں اور حالت رکوع میں زکواۃ دیتے ہیں) اور اللہ کا قول (اے ایمان والوں اللہ کی اطاعت کرو اور رسول کی اطاعت کرو اور تم میں جو اولی الامر ہیں ان کی اطاعت کرو) اور اس کی قرآن میں بہت ساری مثالیں

ہیں پس جان لو کہ قرآن امامؑ کی معرفت دیتا ہے اور امامؑ قرآن کی کیونکہ یہ دونوں مضبوط رسے ہیں جو ایک دوسرے سے جڑے ہوئے ہیں۔

اللہ کا قول (اور اس جان کو قتل نہ کرو جس کو اللہ نے حرام قرار دیا ہے سوائے حق کے اور جو مظلوم موت مارا جائے ہم نے اس کے ولی کو اس کا حاکم بنایا ہے پس وہ قتل میں اسراف نہیں کرتے بے شک وہ مدد کیا گیا ہے)

تاویل۔ علی بن ابراہیم نے انہوں نے اپنے والد سے انہوں نے عثمان بن سعید سے انہوں نے المفضل بن صالح سے انہوں نے جابر سے انہوں نے امام ابو جعفرؑ سے اللہ کے اس قول کے بارے میں روایت کی ہے (اور جو مظلومی کی موت مارا جائے ہم نے اس کے ولی کو اس کا حاکم بنایا ہے پس وہ قتل میں اسراف نہیں کرتے) فرمایا کہ یہ آیت قتل حسینؑ کے بارے میں نازل ہوئی اس کے معنی یہ ہیں کہ حسینؑ مظلومی کی موت مارے گئے اور اللہ نے قائمؑ کو ان کا ولی بنایا ہے اور ان کو اللہ کے امر سے قیام کیا اگر وہ ان کے تمام دشمنوں کو بھی قتل کر دیں تو وہ اسراف نہیں کہلائے گا جس طرح ثقہ راویوں نے اسناد کے ساتھ امام ابو عبداللہؑ سے روایت کی ہے کہ آپؑ سے اس آیت کے بارے میں پوچھا گیا (اور جو مظلومی کی موت مارا جائے تو ہم نے اس کے ولی کو اس کا حاکم بنایا ہے پس وہ قتل میں اسراف نہیں کرتا) فرمایا یہ آیت حسینؑ کے بارے میں نازل ہوئی اگر ان کے قصاص میں پوری کائنات کو بھی قتل کر دیا جائے تو یہ کم ہے پس ان کے ولی قائمؑ ہیں۔

اللہ کا قول (اور وعدے کو پورا کرو بے شک وعدے کے بارے میں سوال کیا جائے گا اور جب تم وزن کرو تو پورا کرو)

سہیل سے انہوں نے محمد بن اسماعیل سے انہوں نے عیسیٰ بن داؤد النجار سے انہوں نے امام ابوالحسن موسیٰ بن جعفرؑ سے انہوں نے اپنے والد گرامیؑ سے اللہ کے اس قول کے بارے میں روایت کی ہے (اور وعدے کو پورا کرو بے شک وعدے کے بارے میں سوال کیا جائے گا اور جب تم وزن کرو تو پورا کرو) فرمایا عہد سے مراد وہ عہد ہے جو نبیؐ سے لیا گیا ہماری مودت کے بارے میں اور امیر المومنینؑ کی اطاعت کے بارے میں اور میزان سے مراد امامؑ ہے جو کہ تمام مخلوق کے لیے عادل ہے اور اللہ نے اپنی کتاب میں فرمایا(یہ بہترین تاویل ہے) یعنی کہ آئمہؑ ہی قرآن جانتے ہیں۔

اللہ کا قول(جو ہم نے آپ کو دکھلایا ہے وہ صرف لوگوں کے لیے آزمائش ہی تھی اور اسی طرح وہ درخت بھی کہ جو ملعونہ ہے جس سے اظہار نفرت کیا گیا ہے ہم انہیں ڈرا رہے ہیں لیکن یہ انہیں اور بڑی سرکشی میں بڑھا رہا ہے)

تاویل۔(اور جو ہم نے آپ کو دکھایا ہے) علی بن ابراہیم نے اپنی تفسیر میں روایت کی ہے کہ رسول اللہؐ نے خواب میں دیکھا کہ بندر ان کے منبر پر چڑھ رہے ہیں ایک اترتا ہے تو دوسرا چڑھ جاتا ہے پس ان کو یہ برا لگا اور شدید غم ہوا تب اللہ نے آپؐ کو بتایا کہ کس طرح بنو امیہ آپؐ کی لائی ہوئی سنت و شریعت کو پامال کریں گے اور آپؐ کے اہل بیتؑ پر ظلم و ستم روا رکھیں گے اس کی تائید ابو علی الطبرسی کی روایت کرتی ہے کہ وہ خواب جو رسول اللہؐ نے دیکھا کہ بندر ان کے منبر پر چڑھتے ہیں اور اترتے ہیں تو یہ ان کو بہت برا لگا اور اس خواب سے آپؐ شدید غمناک ہوئے پس اس کے بعد آپؐ کو کسی نے ہنستے ہوئے نہیں دیکھا یہاں تک کہ آپؐ وفات پا گئے۔

سہل بن سعید نے انہوں نے اپنے والد سے انہوں نے امام ابو جعفرؑ اور امام ابو عبد اللہؑ سے روایت کی ہے کہ اللہ کا قول(یہ لوگوں کے لیے آزمائش ہے) یعنی امتحان ہے وہ دور جو یہ دیکھیں گے اور اللہ کا

قول(وہ شجرہ کہ جس پر قرآن میں لعنت کی گئی ہے) فرمایا کہ اس شجرہ کے اہل بنوامیہ ہیں ان پر ہی قرآن میں لعنت کی گئی ہے۔

علی بن ابراہیم اور ابو علی الطبرسی نے بھی ایسا ہی ذکر کیا ہے اس آیت کی تاویل میں کہ جو بندر نبیؑ نے دیکھے تھے وہ بنوامیہ کے تھے جو ان کے منبر پر چڑھے اور ان کی سنت کو تبدیل کر دیا اور ان کی ذریت کو قتل کیا۔

منہال بن عمرو سے روایت ہے کہ میں علیؑ بن الحسینؑ کے پاس گیا تو میں نے ان سے کہا اے فرزند رسولؐ آپؑ کیسے ہیں فرمایا اللہ کی قسم ہم بنی اسرائیل کی طرح ہیں کہ ان کے بیٹوں کو ذبح کیا گیا اور ان کی عورتوں کو زندہ رکھا گیا اور نبیؑ کے بعد سب سے افضل مخلوق پر منبروں پر لعنت کی گئی جان لو کہ جو نبیؑ نے خواب دیکھا وہ اس

لیے کہ مومنین کو کافروں سے پہچان لیا جائے پس تمام لوگ سوائے چند لوگوں کے مرتد ہو گئے پس اللہ نے اپنے نبیؐ کو بعد میں پیش آنے والے حالات سے آگاہ کر دیا پس نبیؑ نے ان کو آدمیوں کی صورت میں نہیں دیکھا بلکہ ان کو بندروں کی صورت میں دیکھا۔

اللہ کا قول(اس دن ہم تمام لوگوں کو ان کے اماموں کے ساتھ بلائیں گے)

تاویل۔ابو علی الطبرسی نے کہا کہ سعید بن جبیر سے روایت ہے انہوں نے ابن عباس سے انہوں نے امیر المومنین علیؑ سے روایت کی ہے کہ اماموں کی دو قسمیں ہیں ہدایت کے امام اور گمراہی کے امام۔

اور عام و خاص سے انہوں نے امام رضاؑ سے صحیح اسناد کے ساتھ روایت کی ہے کہ آپؑ نے اپنے آباءؑ سے روایت کی ہے کہ فرمایا قیامت کے دن تمام لوگوں کو ان کے اماموں یعنی ان کے زمانے کے امام کے

ساتھ بلایا جائے گا ان کے رب کی کتاب اور سنت نبیؐ کے ساتھ پکارا جائے گا۔

امام صادقؑ سے روایت ہے کہ آپؑ نے فرمایا کیا تم اس بات سے راضی نہیں ہو کہ جب قیامت کا دن ہوگا تو تمام لوگوں کو ان کے محبوبوں کے ساتھ پکارا جائے گا وہ گھبرا کر رسول اللہؐ کی طرف دوڑیں گے اور تم ہماری طرف پس ہم تم کو لے کر کہاں جائیں گے؟ فرمایا جنت کی طرف رب کعبہ کی قسم جنت کی طرف اور آپؑ نے یہ تین مرتبہ فرمایا۔

اسی کی تائید علی بن ابراہیم کی روایت کرتی ہے کہ جب قیامت کا دن ہوگا ایک ندا دینے والا ندا دے گا کیا یہ عدل نہیں کہ ہر آدمی اسی کے ساتھ آئے کہ جس کے ساتھ وہ دنیا میں محبت کرتا رہا ہو گا وہ کہیں گے کیوں نہیں اے ہمارے پروردگار تو ان سے کہا جائے گا کہ ہر بندہ اپنے امام سے ملحق ہو جائے پھر امام کے ساتھ انہیں بلایا جائے گا پس ابو بکر کے پیروکار اس کے ساتھ، عمر کے پیروکار اس کے ساتھ، عثمان کے پیروکار اس کے ساتھ اور علیؑ کے شیعہ ان کے ساتھ آئیں گے۔

الشیخ محمد بن یعقوب سے انہوں نے محمد بن یحییٰ سے انہوں نے احمد بن محمد سے انہوں نے الحسن بن محبوب سے انہوں نے عبداللہ بن غالب سے انہوں نے جابر سے انہوں نے امام ابو جعفرؑ سے روایت کی ہے کہ جب یہ آیت نازل ہوئی (اس دن ہم تمام لوگوں کو ان کے اماموں کے ساتھ بلائیں گے) تو مسلمانوں نے کہا یا رسول اللہؐ کیا آپؐ تمام لوگوں کے امام نہیں ہیں؟ فرمایا میرے بعد لوگوں میں سے بھی امام ہونگے اور اللہ کی طرف سے میرے اہل بیتؑ میں سے بھی امام ہونگے کفر کے امام ان پر اور ان کے پیروکاروں پر ظلم ڈھائیں گے پس جان لو جس نے آئمہ معصومینؑ سے محبت کی اور ان کی اتباع کی اور ان کی تصدیق کی تو وہ مجھ سے ہے اور مجھ سے ہی ملے گا اور جس نے ان کو جھٹلایا اور ان پر ظلم کیا وہ مجھ سے نہیں ہے اور میں ان سے بری ہوں۔

تاویل الآیات   209

اللہ کا قول (اور قریب ہے کہ ہم نے آپ کی طرف وحی کیا ہے اس سے آپ کو فتنے میں مبتلا کر دیں تاکہ تم ہم پر بہتان باندھو اور وہ تم کو دوست بنا لیں اگر ہم آپ کو ثابت قدم نہ رکھتے تو شاید آپ بقدرے ان کی طرف مائل ہو ہی جاتے)

تاویل۔ الشیخ محمد بن العباس نے انہوں نے احمد بن القاسم سے انہوں نے احمد بن محمد الیساری سے انہوں نے محمد بن خالد البرقی سے انہوں نے ابن الفضیل سے انہوں نے ابو حمزہ سے انہوں نے امام ابو جعفرؑ سے اس آیت کے بارے میں روایت کی ہے (اور قریب ہے کہ جو ہم نے آپ کی طرف وحی کیا ہے اس کی بابت فتنے میں مبتلا کر دیں) فرمایا علیؑ کے بارے میں۔

محمد بن ھمام نے انہوں نے محمد بن اسماعیل العلوی سے انہوں نے عیسیٰ بن داؤد النجار سے انہوں نے امام ابو الحسن موسیٰ بن جعفرؑ سے انہوں نے اپنے والد گرامیؑ سے روایت کی ہے کہ فرمایا ایک گروہ نے ارادہ کیا کہ نبیؐ کے علیؑ کے بارے میں حکم کو شک میں ڈالیں پس اللہ نے یہ آیت نازل کی (اور قریب ہے کہ یہ آپ کو اس کی بابت شک میں ڈالیں کہ جو آپ کی طرف نازل کیا گیا ہے) علیؑ کے بارے میں (تاکہ آپ ہم پر بہتان باندھیں اور پھر یہ آپ کو دوست بنا لیں اور اگر ہم آپ کو ثابت قدم نہ رکھتے تو شاید آپ بقدرے ان کی طرف مائل ہو ہی جاتے) یعنی اگر ہم آپ کو نبوت وعصمت کے سبب آپ کے دل کو ولایت علیؑ کے لیے ثابت قدم نہ رکھتے تو آپ ان کی طرف تھوڑا سا مائل ہو ہی جاتے۔

اللہ کا قول (اور رات کے کچھ حصہ میں تہجد پڑھ لیا کریں عنقریب آپ کا رب آپ کو مقام محمود پر جگہ دے گا)

تاویل۔ کتاب کشف الغمہ میں حذف اسناد کے ساتھ انہوں نے انس بن مالک سے روایت کی ہے کہ

رسول اللہؐ کو ایک دن میں نے علیؑ کی طرف بڑھتے ہوئے دیکھا اور وہ اس آیت کی تلاوت کر رہے تھے (رات کے کچھ حصہ میں تہجد پڑھ لیا کریں کہ آپ کا رب آپ کو مقام محمود پر کھڑا کرے) پھر فرمایا اے علیؑ مجھے اللہ نے اہل توحید کے بارے میں شفاعت عطا کی ہے اور تیرے بعد تیرے اور تیری اولاد کے دشمن کے لیے ناجائز بنا دیا ہے۔ اس کا مطلب یہ ہے کہ مقام محمود وہ شفاعت ہے جو صرف علیؑ کے اور ان کی آلؑ کے پیروکاروں کے لیے ہے۔

الشیخ نے امالی میں الفحام سے انہوں نے المنصوری سے انہوں نے اپنے والد کے چچا سے انہوں نے امام علیؑ بن محمدؑ سے آپؑ نے اپنے آباء علیہم السلام سے روایت کی ہے کہ امیر المومنینؑ نے فرمایا میں نے نبیؐ کو فرماتے ہوئے سنا کہ جب قیامت والے دن لوگوں کو جمع کیا جائے گا تو ایک منادی ندا دے گا یا رسول اللہؐ آپؐ کو اللہ نے اختیار دیا ہے کہ آپؐ اپنے محبت رکھنے والوں اور اپنے اہل بیتؑ سے محبت رکھنے والوں کے بارے میں جو چاہیں کہیں تو میں کہوں گا کہ اے پروردگار انہیں جنت میں جگہ دے دے پس یہی مقام محمود ہے جس کا مجھ سے وعدہ کیا گیا ہے۔

اللہ کا قول (اور کہہ دیجیے کہ حق آگیا اور باطل مٹ گیا بے شک باطل مٹنے والا ہی ہے)

تاویل۔ الشیخ ابو جعفر الطوسی نے اس کی تاویل میں کہا کہ ہم سے اسناد کے ساتھ نعیم بن حکیم سے انہوں نے ابو مریم الثقفی سے انہوں نے امیر المومنینؑ سے روایت کی ہے کہ رسول اللہؐ میرے ساتھ چلے یہاں تک کہ کعبہ میں آئے تو مجھ سے فرمایا بیٹھ جاؤ پس میں کعبہ کے پہلو میں بیٹھ گیا رسول اللہؐ نے میرے کندھوں پر سوار ہوئے پھر فرمایا اب اٹھو جب میں اٹھا تو مجھ میں کمزوری محسوس کر کے فرمایا بیٹھ جاؤ پس وہ اترے اور بیٹھ گئے پھر فرمایا میرے کندھے پر سوار ہو جاؤ پس میں ان کے کندھوں پر سوار ہو گیا اور وہ اٹھے جب اٹھے تو ایسا تھا کہ اگر میں چاہتا تو آسمان چھو لیتا پس میں کعبہ کے اوپر چڑھا

اور رسول اللہؐ نے مجھ سے فرمایا کہ ان کا سب سے بڑا بت توڑ ڈالو وہ لوہے کی میخوں کے ساتھ زمین میں گڑا گیا تھا اور رسول اللہؐ اس آیت کی تلاوت فرمارہے تھے (حق آگیا اور باطل مٹ گیا بے شک باطل کو مٹنا ہی ہے) پس میں نے اسے اکھاڑ پھینکا۔

نبیؐ کے علیؑ کو اٹھانے میں جو بتوں کو توڑنے کے لیے اٹھایا معنی یہ ہے کہ یہ رسول اللہؐ کو محبوب علیؑ ہی تھے کہ وہ اللہ کے دین کے مددگار و معاون تھے۔

حذف اسناد کے ساتھ ثقہ راویوں سے انہوں نے عبدالجبار بن کثیر سے روایت کی ہے کہ میرے مولا امام جعفرؑ بن محمدؑ الصادقؑ نے فرمایا کہ کیا تم نے نہیں دیکھا کہ جب علیؑ رسول اللہؐ کے کندھوں پر بلند ہوئے تو فرمایا کہ میں اتنا بلند ہوا کہ اگر میں چاہتا تو آسمان کو چھولیتا کیا تم نہیں جانتے کہ وہ چراغ ہدایت کہ اس کی جڑ اور اس کی شاخ کیا ہے پس علیؑ نے فرمایا کہ میں رسول اللہؐ کے ساتھ ایسے ہوں جیسے چراغ سے چراغ اور کیا تم نہیں جانتے کہ محمدؐ اور علیؑ تخلیق آدم سے پہلے دو ہزار سال قبل اللہ کے نور تھے اور جب ملائکہ نے اس نور کو دیکھا کہ اس میں ایک نور پھوٹ رہا ہے اور چمک رہا ہے تو انہوں نے کہا اے ہمارے معبود! اے ہمارے سردار! یہ نور کیسا ہے؟ پس اللہ نے ان کی طرف وحی کی یہ نور نبوت کا نور ہے اور اس کی شاخ امامت ہے پس نبوت محمدؐ کے لیے ہے

جو میرے بندے اور رسول ہیں اور امامت علیؑ کے لیے ہے جو میرے ولی ہیں اور اسکی پاکیزہ اولاد کے لیے ہے جو میرے منتخب اور برگزیدہ ہیں اگر یہ دونوں نہ ہوتے تو میں مخلوق کو پیدا ہی نہ کرتا پھر امامؑ نے فرمایا کیا تم نے نہیں جانتے کہ رسول للہؐ نے علیؑ کا ہاتھ غدیر خم میں بلند کیا یہاں تک کہ لوگوں نے ان کی بغل کی سفیدی دیکھ لی اور ان کو یعنی امیرالمومنینؑ کو امام بنایا اور جب بنی نجار کے پہلے والے دن حسنؑ اور حسینؑ کو اٹھایا تو کچھ اصحاب نے کہا یارسول اللہؐ ان دونوں میں سے ایک کو ہمیں دے

دیں فرمایا کتنے اچھے سوار ہیں اور ان کا باپ ان دونوں سے افضل ہے اور رسول اللہؐ اپنے اصحاب کو نماز پڑھا رہے تھے کہ ان کا سجدہ طویل ہو گیا ان سے کہا گیا یا رسول اللہؐ یہ سجدہ بڑا طویل ہو گیا فرمایا میرا بیٹا حسینؑ میری پشت پر سوار ہو گیا تھا پس اللہ نے حکم دیا کہ جب تک حسینؑ تمہاری پشت سے اتر نہیں جاتا سجدے سے سر نہ اٹھانا پس رسول اللہؐ نبی ہیں اور علیؑ امام ہیں اور اللہ کے ولی ہیں اور علیؑ نبی نہیں ہیں اسی لیے رسول اللہؐ نے علیؑ کو اپنے کاندھوں پر سوار کیا کہ جب آپؑ نے کعبے کے بتوں کو توڑا راوی کہتا ہے میں نے امامؑ سے عرض کی کہ کچھ مزید فرمائیں آپؑ نے فرمایا یہی کافی ہے اگر میں تم کو اس کے معانی و مفاہیم بتانا شروع کر دوں تو تم کہو گے کہ جعفرؑ بن محمدؑ مجنون ہے۔

اللہ کا قول (اور ہم قرآن میں سے وہ اتارتے ہیں جو شفاء ہے اور مومنین کے لیے رحمت ہے اور ظالموں کے لیے صرف نقصان میں اضافہ کرتے ہیں)

تاویل۔ محمد بن العباس نے کہا کہ ہم نے محمد بن خالد البرقی سے انہوں نے محمد بن علی الصیرفی سے انہوں نے ابن فضیل سے انہوں نے ابو حمزہ سے انہوں نے امام ابو جعفرؑ سے روایت کی ہے کہ آپؑ نے فرمایا یہ آیت اس طرح نازل ہوئی (اور جو ہم قرآن میں اتارتے ہیں وہ مومنین کے لیے شفا اور رحمت ہے اور آل محمدؑ پر ظلم کرنے والے ظالموں کے لیے اور ان کا حق غصب کرنے والے ظالموں کے لیے صرف نقصان میں ہی اضافہ ہوتا ہے)

محمد بن ہمام سے انہوں نے ابن اسماعیل العلوی سے انہوں نے عیسیٰ بن داؤد سے انہوں نے امام ابو الحسنؑ سے انہوں نے اپنے والد گرامیؑ سے روایت کی ہے کہ فرمایا یہ آیت ایسے نازل ہوئی (اور جو ہم نے قرآن میں اتارا وہ مومنین کے لیے شفا اور رحمت ہے اور آل محمدؑ پر ظلم کرنے والے ظالموں کے نقصان میں اضافہ ہی ہوتا ہے) پس قرآن میں شفا اور رحمت مومنین کے لیے ہے کیونکہ وہی اس

سے فائدہ حاصل کرتے ہیں اور خسارہ آل محمدؑ پر ظلم کرنے والوں کے لیے ہے اس دنیا میں بھی آخرت میں بھی۔

اللہ کا قول (اور ہم نے اس قرآن میں لوگوں کے لیے ہر مثال واضح بیان کر دی ہے پس اکثر لوگ تکبر سے اس کا انکار کرنے والے ہیں)

تاویل۔ محمد بن العباس نے کہا ہم سے علی بن عبداللہ بن اسد نے انہوں نے ابراہیم الثقفی سے انہوں نے علی بن ہلال الاحمی سے انہوں نے الحسن بن وہب سے انہوں نے ابن بجیرہ سے انہوں نے جابر سے انہوں نے امام ابو جعفرؑ سے اللہ کے اس قول کے بارے میں روایت کی ہے کہ فرمایا یہ ولایت امیر المومنینؑ کے بارے میں نازل ہوئی۔

ہم سے احمد بن قتادہ نے انہوں نے ابراہیم بن اسحاق سے انہوں نے عبداللہ بن حماد سے انہوں نے عبداللہ بن سنان سے انہوں نے امام ابو عبداللہؑ سے روایت کی ہے کہ یہ آیت اس طرح نازل ہوئی (اکثر لوگوں نے ولایت علیؑ کا انکار تکبر سے ہی کیا)

اس کی تائید الشیخ محمد بن یعقوب نے انہوں نے احمد سے انہوں نے عبدالعظیم سے انہوں نے محمد بن الفضیل سے انہوں نے ابو حمزہ سے انہوں نے امام ابو جعفرؑ سے روایت کی ہے کہ جبرائیل یہ آیت یوں لے کر نازل ہوئے (پس اکثر لوگوں نے ولایت علیؑ کا تکبر کے باعث انکار کر دیا)

سورۃ الکھف

(اس سورہ کی وہ آیات جو آئمہ ھدیٰؑ کی شان میں نازل ہوئیں)

اللہ کا قول(تا کہ اپنے پاس کی سخت سزا سے ہوشیار کر دے)

تاویل۔ محمد بن العباس نے کہا ہم سے احمد بن محمد بن عیسیٰ نے انہوں نے الحسین بن محمد سے انہوں نے محمد بن الفضیل سے انہوں نے ابو حمزہ سے روایت کی ہے کہ میں نے امام ابو جعفرؑ سے اللہ کے اس قول کے بارے میں پوچھا(تا کہ وہ اپنے ہاں سخت سزا سے ہوشیار کر دے) امام ابو جعفرؑ نے فرمایا اللہ کی شدید سزا علیؑ ہیں وہ رسول اللہؐ کی طرف سے ان کے دشمنوں سے لڑنے والے ہیں۔

اللہ کے اس قول کے معنی(تا کہ وہ ڈرائے) یعنی رسول اللہؐ(سخت سزا سے) اس سے مراد علیؑ ہیں (اپنے ہاں سے) یعنی اپنی طرف سے اور اہل بیتؑ کی طرف سے کہ اللہ کا ان پر درود و سلام ہو۔

اللہ کا قول(کہہ دیجئے کہ حق تمہارے رب کی طرف سے ہے پس جو چاہے ایمان لائے اور جو چاہے کفر کرے ہم نے ظالموں کے لیے جہنم کی آگ تیار کر رکھی ہے جس کی تنابیں انہیں ایسے گھیر لیں گی کہ اگر وہ فریاد رسی چاہیں گے تو انکی فریاد رسی ایسے کی جائے گی جیسے تیل کی تلچھٹ جو چہرے بھون

دے گی بڑا ہی برا پانی اور بڑی ہی بری آرام گاہ ہے دوزخ اور وہ لوگ جو ایمان لائے اور نیک عمل کئے تو ہم کسی نیک عمل کرنے والے کا ثواب ضائع نہیں کرتے ان کے لیے ہمیشہ رہنے والی جنتیں ہیں ان کے نیچے نہریں جاری ہونگی وہاں انہیں سونے کے کنگن پہنائے جائیں گے اور سبز رنگ کے نرم و باریک اور موٹے ریشم کے لباس پہنائے جائیں گے وہاں تختوں کے اوپر تکیے لگائے ہوئے ہونگے کیا خوب بدلہ ہے اور کس قدر عمدہ آرام گاہ ہے)

تاویل۔ محمد بن العباس نے کہا کہ ہم سے احمد بن القاسم نے انہوں نے احمد بن محمد الیساری سے انہوں نے محمد بن خالد البرقی سے انہوں نے الحسین بن سیف سے انہوں نے اپنے بھائی سے انہوں نے اپنے والد سے انہوں نے ابو حمزہ سے انہوں نے امام ابو جعفرؑ سے اللہ کے اس قول کے بارے میں روایت کی ہے کہ آپؑ نے فرمایا(کہہ دیجئے کہ حق تمہارے پروردگار کی طرف سے ہے جو ولایت علیؑ ہے پس جو چاہے علیؑ پر ایمان لائے اور چاہے کفر کرے بے شک ہم نے آل محمدؐ پر ظلم کرنے والوں کے لیے آگ تیار کی ہے ایسی آگ کہ جس کی قناتیں گھیر لیں گی)

ہم سے محمد بن ھمام سے انہوں نے محمد بن اسماعیل سے انہوں نے عیسیٰ بن داؤد سے انہوں نے امام ابو الحسن موسیٰ بن جعفرؑ سے انہوں نے اپنے والد گرامی سے اللہ کے اس قول کے بارے میں روایت کی ہے(اور کہہ دیجئے کہ حق تمہارے پروردگار کی طرف سے ہے ولایت علیؑ کے بارے میں پس جو چاہے ایمان لائے اور جو چاہے کفر کرے) پھر امامؑ نے فرمایا نبیؐ سے کہا گیا (جو آپ کو حکم دیا گیا ہے اسے پھیلایئے)یعنی علیؑ کے بارے میں (بے شک حق تمہارے پرودگار کی طرف سے ہے جو چاہے ایمان لائے جو چاہے انکار کرے) پس اللہ نے علیؑ کی نافرمانی کو کفر قرار دیا ہے اور فرمایا(ہم نے ظالموں کے لیے خوفناک عذاب تیار کیا ہے جو آل محمدؐ پر ظلم کرتے ہیں) (ایسی آگ جس کی قناتیں

ظالموں کو گھیر لیں گی) پھر فرمایا(جو جوگ ایمان لائے اور نیک عمل کئے ہم کسی نیکو کار کا اجر ضائع نہیں کرتے)اس سے مراد آل محمدؑ ہیں۔

الشیخ محمد بن یعقوب نے انہوں نے احمد سے انہوں نے عبدالعظیم سے انہوں نے محمد بن الفضیل سے انہوں نے ابو حمزہ سے انہوں نے امام ابو جعفرؑ سے روایت کی ہے کہ آپؑ نے فرمایا جبرائیل یہ آیت اس طرح لے کر نازل ہوئے (اور کہہ دیجیئے کہ حق آپ کے پروردگار کی طرف سے ہے علیؑ کی ولایت کے بارے میں پس جو چاہے ایمان لائے اور جو چاہے کفر کرے پس ہم نے آل محمدؑ پر ظلم کرنے والوں کے لیے آگ تیار کر رکھی ہے)

علی بن ابراہیم نے تفسیر میں روایت کی ہے کہ امام ابو عبداللہؑ نے فرمایا یہ آیت اس طرح نازل ہوئی (اور کہہ دیجیئے کہ حق تمہارے رب کی طرف سے ہے ولایت علیؑ کے بارے میں پس جو چاہے ایمان لائے اور چاہے کفر کرے ہم نے آل محمدؑ پر ظلم کرنے والوں کے لیے آگ تیار کر رکھی ہے)

اللہ کا قول (ان سے دو ایسے اشخاص کی مثال بیان کر دیجیئے کہ جن میں سے ایک کو ہم نے انگوروں کے دو باغ دے رکھے ہیں جسے کھجوروں نے گھیر رکھا ہے اور ان دونوں کے درمیان ہم نے ایک کھیتی رکھی ہے دونوں باغ اپنا پھل خوب لائے اور اس میں کسی قسم کی کمی نہ تھی)

اس آیت کی تاویل ظاہری و باطنی بھی ہے پس ظاہر تو ظاہر ہے اور باطن یہ ہے کہ محمد بن العباس نے کہا کہ ہم سے الحسین بن عامر سے انہوں نے محمد بن الحسین سے انہوں نے احمد بن محمد بن ابو نصر سے انہوں نے ابان بن عثمان سے انہوں نے القاسم بن مروۃ سے انہوں نے امام ابو عبداللہؑ سے اللہ کے اس قول کے بارے میں روایت کی ہے کہ (ان کے لیے دو آدمیوں کی مثال بیان کریں کہ ان میں سے ایک کے لیے دو انگوروں کے باغ بنائے اور ان دونوں کو کھجوروں نے گھیر اان دونوں کے

درمیان ایک کھیتی رکھی دونوں باغ اپنا پھل خوب لائے اور اس میں کسی قسم کی کمی نہ کی) فرمایا ان دونوں میں سے ایک علیؑ ہیں اور دوسرا ایک اور ہے پس اللہ کا قول (ہم نے ان دونوں میں سے ایک کے لیے دو باغ بنائے) یہ دنیا میں سے عبارت ہے پس دونوں میں سے باغ ان کی زندگی ہے اور دوسرا اس کی وفات کے بعد ہے اور وہ کافر کے لیے ہے کیونکہ دنیا مومن کے لیے قید خانہ ہے اور کافر کے لیے جنت ہے۔

اللہ کا قول (اور باقی رہنے والی نیکیاں تیرے رب کے نزدیک بہتر ثواب اور بہتر توقع رکھتی ہیں)

تاویل۔ محمد بن العباس نے کہا کہ ہم سے احمد بن محمد بن سعید سے انہوں نے محمد بن الفضیل سے انہوں نے اپنے والد سے انہوں نے نعمان سے انہوں نے عمرو الجعفی سے روایت کی ہے کہ ہم سے محمد بن اسماعیل سے روایت کی ہے کہ میں اور میرا چچا حصین بن عبدالرحمٰن امام ابو عبداللہؑ کے پاس گئے ان کو سلام کیا اور ان کے قریب ہو گیا تو فرمایا اے بیٹے یہ تمہارے ساتھ کون ہے؟ میں نے کہا میرا بھتیجا اسماعیل ہے فرمایا اللہ اسماعیل پر رحم کرے کیسے ہو؟ میں نے کہا ہم سے خیر و عافیت سے ہیں کہ اللہ ہمیں آپؑ کی مودت پر باقی رکھے فرمایا اے حصین! ہماری مودت کو حقیر نہ سمجھو یہ باقیات صالحات میں سے ہے تو میں نے کہا اے فرزند رسولؐ ہم نے اسے حقیر نہیں جانا بلکہ اس پر ہمیشہ اللہ کی حمد کی ہے فرمایا جو اس پر اللہ کی حمد کرے اسے چاہیے کہ کہے اس اللہ کی حمد جس نے ہم کو نعمت اولیٰ عطا کی میں نے کہا یہ نعمت اولیٰ کیا ہے فرمایا یہ ہم اہل بیتؑ کی ولایت ہے۔

اللہ کا قول (اور جو ایمان لایا اور نیک عمل کئے تو اس کے لیے بہتر جزا ہے)

تاویل۔ محمد بن العباس سے کہ ہم سے الحسن بن علی بن عاصم سے انہوں نے ہیثم بن عبداللہ سے روایت کی ہے کہ ہم نے اپنے مولا علیؑ بن موسیٰ الرضاؑ سے انہوں نے اپنے والد گرامیؑ سے انہوں

نے اپنے آباءؑ سے انہوں نے امیر المومنینؑ سے روایت کی ہے کہ رسول اللہؐ نے فرمایا میرے پاس جبرائیل اپنے رب کی طرف سے آئے اور وہ کہہ رہے تھے میرا پروردگار آپؐ کو سلام کہہ رہا ہے اے محمدؐ مومنین کو بشارت دے دیجئے کہ جو نیک عمل کرتے ہیں اور آپؐ پر ایمان رکھتے ہیں اور آپؐ کے اہل بیتؑ پر ایمان رکھتے ہیں تو ان کے لیے میرے پاس بہترین بدلہ ہے وہ جنت میں داخل ہو جائیں گے اور اچھے بدلہ سے مراد اہل بیتؑ کی ولایت ہے اور جنت میں داخل ہو کر رہنے سے مراد ان کے پڑوس میں رہنا ہے۔

اللہ کا قول (بے شک وہ لوگ جو ایمان لائے اور نیک عمل کئے ان کے لیے جنت الفردوس ہے اس میں وہ ہمیشہ رہیں گے)

محمد بن العباس نے کہا کہ ہم سے محمد ن ھمام نے انہوں نے محمد بن اسماعیل العلوی سے انہوں نے عیسیٰ بن داؤد النجار سے انہوں نے مولا موسیٰؑ بن جعفرؑ سے انہوں نے اپنے والد گرامیؑ سے اللہ کے اس قول کے بارے میں روایت کی ہے (بے شک وہ لوگ جو ایمان لائے اور نیک عمل کئے ان کے لیے باغ بہشت ہے اس میں ہمیشہ رہیں گے) فرمایا یہ آیت آل محمدؑ کے بارے میں نازل ہوئی۔

ہم سے محمد بن الحسن الخثعمی نے انہوں نے محمد بن یحییٰ سے انہوں نے عمر بن فخر الہندی سے انہوں نے الصباح بن یحییٰ سے انہوں نے ابو اسحاق سے انہوں نے الحارث سے انہوں نے امیر المومنینؑ سے روایت کی ہے کہ فرمایا جنت الفردوس محمدؐ وآل محمدؑ کے لیے ہے۔ اللہ کا درود و سلام ہو محمدؐ وآل محمدؑ پر۔

سورۃ مریم

(اس سورہ کی وہ آیات جو آئمہ ھدیٰ کی شان میں نازل ہوئیں)

اللہ کا قول(کھیعص تیرے رب کی رحمت کا ذکر ہے جو اس نے اپنے بندے زکریا پر کی)

تاویل۔الطبرسی نے الاحتجاج میں مرفوعاً سعد بن عبداللہ بن ابی خلف سے روایت کی ہے کہ میں تقریباً چالیس سے اوپر مسائل تیار کئے جن کا جواب کسی کے پاس نہ تھا پس میں اپنے مولا ابو محمد الحسن العسکریؑ کے پاس سر من رائے گیا پس جب ہم دروازے پر پہنچے تو اجازت طلب کی اور اجازت کے لیے ایک بچہ جو بالکل امامؑ کی شبیہ تھا وہ آیا کہ ان کا چہرہ ایسا تھا جیسے چودھویں کا چاند پس ہم داخل ہوئے سلام کیا امامؑ نے نرمی سے جواب دیا اور ہمیں بیٹھنے کے کہے کہا جب ہم بیٹھے تو ان کے شیعہ جو وہاں موجود تھے ان سے دین کے متعلق سوالات پوچھے پس امام محمد الحسنؑ نے بچے کی طرف دیکھا اور فرمایا اے بیٹے ان محبت رکھنے والے شیعوں کو ان کے سوالات کے جوابات دو کہ جو ان کے دلوں میں ہیں سوال کئے بغیر ان کے جوابات دو پھر امامؑ ہماری طرف متوجہ ہوئے اور کہا اے سعد کیسے آئے ہو؟ میں نے کہا شوق ملاقات تھا تو فرمایا کہ اور وہ مسائل کہ جن کے بارے میں نے تم نے پوچھنا تھا تو میں نے

کہا اے فرزند رسولؑ مجھے اس کی تاویل بتایئے (کھیعص) فرمایا یہ حروف غیب کی خبریں ہیں کہ جنہیں اللہ نے زکریاؑ کے سامنے ظاہر کیں پھر انہیں محمدؐ سے بیان کیا پس زکریاؑ نے اللہ سے کہا کہ ان کو وہ پانچ اسماء سکھائے پس جبرائیل ان کی طرف اترے اور ان کو تعلیم دی پس جب زکریا ان کا تذکرہ کرتے تو محمدؐ، علیؑ، فاطمہؑ حسنؑ کے ذکر سے خوش اور ان کے دکھ سے غمگیں ہو جاتے اور جب حسینؑ کا نام لیتے تو ان پر غم چھا جاتا تو ایک دن کہا اے میرے معبود کیا وجہ ہے جب میں ان چار ہستیوں کا نام لیتا ہوں تو میرا غم دور ہو جاتا ہے لیکن جب پانچواں نام لیتا ہوں تو میری آنکھوں سے آنسو بہہ پڑتے ہیں تو اللہ نے انہیں یہ قصہ بیان فرمایا (کھیعص) پس کاف سے کربلا، ھاء سے عترت کا قتل، یاء سے یزید جو حسینؑ پر ظلم کرنے والا ہے عین سے عطش (پیاس) اور صاء سے صبر پس جب زکریاؑ کو پتہ چلا تو انہوں نے تین دن تک مسجد نہیں چھوڑی اور لوگوں کو اس میں داخل ہونے سے منع کر دیا اور روتے رہے اور مناجات کرتے رہے کہ اے میرے مبعود ! کیا تم یہ اپنی مخلوق میں سے سب سے بہتر کو تکلیف دو گے ان کے بیٹے کے ذریعے اے میرے معبود کیا تم یہ مصیبت ان پر نازل کرو گے اے میرے معبود کیا تم علیؑ، فاطمہؑ کو مصیبت کا یہ لباس پہناؤ گے اے میرے معبود مجھے ایک بیٹا دے کہ میری آنکھیں بڑھاپے میں اس سے ٹھنڈی ہو جائیں اسے میرا وارث بنا کہ اس کا ٹھکانہ مجھ سے حسینؑ کی طرح ہو کہ جیسے ان کا محمدؐ سے ہے جو تو مجھے بیٹا دے تو مجھے اس کی محبت دے پھر مجھے اس کے ذریعے ایسے کرب میں مبتلاء کر جیسے اپنے حبیب محمدؐ کو حسینؑ کے کرے گا پس اللہ نے ان کو یحییٰ عطا کیا اور ان کے ذریعے ان کو تکلیف دی حضرت یحییٰؑ کا حمل چھ ماہ تھا اور امام حسینؑ کا حمل اور مدت ولادت بھی چھ مال تھی۔ اور ان کے اس قول کے معنی کہ مجھے اس کے ذریعے مصیبت میں مبتلا کر جیسے تو محمدؐ کو کرے گا جبکہ محمدؐ تو حسینؑ کے قتل سے پہلے ہی فوت ہو گئے تھے لیکن یہ زکریاؑ کا قول اس

بات پر دلالت کرتا ہے کہ انبیاء زندہ ہوتے ہیں اور اپنے رب کے ہاں سے رزق پاتے ہیں پس اس قول کی وجہ سے امام حسینؑ اور زکریاؑ کے درمیان کچھ مماثلتیں پیدا ہوئیں ان کی مدت حمل چھ ماہ ہے دونوں مظلومی کی حالت میں قتل کئے گئے اور یہ کہ یحییٰؑ کا سر بھی بنی اسرائیل کے سرکشوں کی طرف بھیجا گیا اور حسینؑ کا سر بھی بنو امیہ کے سرکشوں میں سے ایک سرکش کی طرف بھیجا گیا کیونکہ وہ اللہ کی بدترین مخلوق ہیں اور ان پر کلی و جزوی لعنت ہے۔

اللہ کا قول (مجھے اپنے رشتہ داروں کا خوف ہے اپنے پیچھے اور میری عورت بھی بانجھ ہے پس مجھے اپنی جناب سے وارث عطا فرما جو میرا اور آل یعقوب کا ورثہ پائے اور اے اللہ اسے مقبول بندہ بنا)

تاویل۔ محمد بن العباس نے کہا کہ ہم سے محمد بن ہمام بن سہیل سے انہوں نے محمد بن اسماعیل العلوی سے انہوں نے عیسیٰ بن داؤد النجار سے انہوں نے کہا مجھ سے امام ابوالحسن موسیٰؑ بن جعفرؑ نے روایت کی ہے کہ ایک دن میں اپنے والد گرامیؑ کے ساتھ بیٹھا ہوا تھا یہاں تک کہ ایک شخص آیا اور اس نے کہا کیا آپ باقر العلوم محمدؑ بن علیؑ ہیں؟ فرمایا ہاں پس وہ کافی دیر بیٹھا رہا تو کہا اے فرزند رسولؐ مجھے اللہ کے اس قول کے بارے میں بتایئے (میں اپنے پیچھے رشتہ داروں سے ڈرتا ہوں اور میری عورت بانجھ ہے) فرمایا کہ چچا کے بیٹوں جیسے رشتہ دار نہیں ہوئے پس اللہ نے پسند کیا کہ ان کو ان کے صلب سے وارث عطا کرے اور زکریاؑ نے کہا اے میرے سردار مجھے میرے صلب میں سے پاکیزہ اولاد دے کہ ان میں نبوت ہو فرمایا اے زکریاؑ میں نے محمدؐ کے لیے ایسے ہی کیا ہے لیکن ان کے بعد نبوت نہیں ہے لیکن امامت ان کے چچا زاد ان کے بھائی علیؑ ابن ابی طالبؑ کے لیے ہے اور انکے بعد پھر انکی اولاد کے صلب میں سے ہے کہ ان کے بطن سے فاطمہؑ بنت محمدؐ سے ان سے پھر ایک دوسرے میں منتقل ہو گی ان میں سے آئمہؑ میری حجتیں ظاہر ہونگیں اور میں تیرے صلب سے ایسا وارث دوں گا جو تیرا اور

آل یعقوب کا وراث ہو گا پس اللہ نے ان کو یحییٰؑ عطا کیے۔

اللہ کا قول (اس سے پہلے ہم نے یہ نام کسی کا نہیں رکھا)

تاویل۔ محمد بن العباس نے کہا کہ ہم سے حمید بن زیاد سے انہوں نے احمد بن الحسین سے انہوں نے الحسن بن علی بن فضال سے اسناد کے ساتھ عبد الخالق سے روایت کی ہے کہ میں نے امام ابو عبد اللہؑ کو فرماتے ہوئے سنا اللہ کے اس قول کے بارے میں (اس سے پہلے کسی کا یہ نہیں رکھا گیا) فرمایا کہ یحییٰ بن زکریاؑ کہ اس طرح کا نام پہلے کسی کو نہیں دیا گیا اسی طرح حسینؑ نام پہلے کسی کا نہیں رکھا گیا اور ان کے سوا کسی پر آسمان چالیس دن نہیں رویا میں نے کہا اس کی بکاء کیا تھی؟ فرمایا سورج سرخ رنگ کا طلوع ہوتا تھا اور فرمایا کہ حسینؑ کا قاتل زنا کی پیداوار تھا اور یحییٰ بن زکریاؑ کا قاتل بھی ولد الزنا ہی تھا۔

اس کی تائید علی بن ابراہیم کی روایت کرتی ہے کہ انہوں نے اپنے دادا سے انہوں نے محمد بن خالد سے انہوں نے اپنے دادا سے انہوں نے محمد بن خالد سے انہوں نے عبد اللہ بن بکیر سے انہوں نے زرارۃ سے انہوں نے عبد الخالق سے روایت کی ہے کہ میں نے امام ابو عبد اللہؑ کو فرماتے ہوئے سنا اللہ کے اس قول کے بارے میں (ہم نے اس سے پہلے یہ نام کسی کا نہیں رکھا) فرمایا کہ نہ ہی حسینؑ نام پہلے رکھا گیا اور نہ ہی یحییٰ بن زکریا کسی کا نام رکھا گیا اور کسی پر سوائے حسینؑ کے آسمان چالیس دن نہیں رویا میں نے کہا آسمان کیسے روتا تھا؟ فرمایا جب سورج طلوع ہوتا تو سرخ رنگ کا ہوتا اور سرخ رنگ میں ہی غروب ہوتا اور قاتل حسینؑ بھی ولد الزنا تھا اور قاتل یحییٰ بن زکریاؑ بھی ولد الزنا تھا۔

محمد بن العباس نے امام صادقؑ کی اسناد کے ساتھ اللہ کے اس قول کے بارے میں روایت کی ہے (اس سے پہلے یہ نام کسی کو نہیں دیا گیا) فرمایا یحییٰ بن زکریاؑ بھی کسی کا نام اس سے پہلے نہیں رکھا گیا اور اسی

طرح حسینؑ نام پہلے کسی کا نہ تھا پس آسمان ان دونوں کے سوا کسی پر نہیں رویا میں نے کہا اس کا رونا کیسا تھا؟ فرمایا کہ سورج سرخ ہی طلوع ہوتا تھا اور سرخ ہی غروب ہوتا تھا اور حسینؑ کا قاتل ولد الزنا تھا اور یحییٰ بن زکریا کا قاتل بھی ولد الزنا تھا۔

اللہ کا قول (ہم نے اسے بچپن میں ہی دانائی عطا فرمادی)

تاویل۔ محمد بن العباس نے کہا کہ ہم سے علی بن سلیمان الرازی نے انہوں نے محمد بن خالد الطیاسی سے انہوں نے سیف بن عمیرۃ سے انہوں نے حکم بن ایمن سے روایت کی ہے کہ میں نے امام ابو جعفرؑ کو فرماتے ہوئے سنا کہ اللہ کی قسم علیؑ کو بچپن میں ہی دانائی عطا فرمادی گئی جس طرح کہ یحییٰ بن زکریا کو بچپن میں ہی دانائی دی گئی۔

ابو علی الطبرسی نے کہا کہ العیاشی نے اسناد کے ساتھ علی بن اسباط سے روایت کی ہے کہ میں مدینہ آیا اور مصر جانا چاہتا تھا پس میں امام ابو جعفر محمد بن علی الرضاؑ کے پاس آیا اور میں مصر جانا چاہتا تھا پس آپؑ نے مجھے دیکھا اور فرمایا اے علی! اللہ نے امامت کا عہد بھی ایسے ہی لیا جیسا کہ نبوت کا لیا اور ان کا چناؤ بھی ایسے ہی ہوا جیسا نبوت کا ہوا اور فرمایا یوسفؑ کے بارے میں (جب وہ لڑکپن کو پہنچے تو ہم نے ان کو علم و حکمت عطا کی) اور یحییٰؑ کے بارے میں فرمایا (ہم نے انہیں بچپن میں ہی دانائی عطا کی)۔

اللہ کا قول اور انکو اپنی رحمت عطا کی اور ان کے لیے سچائی کی زبان علیؑ کو بنایا)

تاویل۔ الشیخ ابو جعفر بن بابویہ نے کتاب اکمال الدین میں کہا ہے کہ پھر ابراہیمؑ دوسری مرتبہ غیبت میں گئے اللہ نے ان کا ذکر فرماتے ہوئے کہا (اور ہم نے ان کو اسحاق و یعقوب دیئے اور ان سب کو نبی بنایا اور انکو اپنی رحمت عطا کی اور ان کے لیے سچائی کی زبان علیؑ کو بنایا) اس سے مراد علیؑ ابن ابی طالبؑ

ہیں کیونکہ ابراہیمؑ نے اللہ سے دعا کی تھی کہ انہیں آخرین میں سچائی کی زبان بنادیں پس اللہ نے ان کے لیے اسحاق ویعقوب کے لیے علیؑ کو سچائی کی زبان بنادیا۔

علی بن ابراہیم نے انہوں نے اپنے والد سے انہوں نے اپنے دادا سے روایت کی ہے کہ میں نے امام ابو الحسنؑ کو ایک خط لکھا اس میں اس آیت کی تفسیر کے بارے میں پوچھا(ہم نے ان کو اپنی رحمت دی اور ان کے لیے سچائی کی زبان کو بلند کردیا) پس آپؑ نے اس خط کے نیچے خط کھینچا اور فرمایا اس سے مراد علیؑ ابن ابی طالبؑ ہیں

محمد بن العباس نے کہا کہ ہم سے احمد بن القاسم نے کہا کہ ہم سے احمد بن محمد الیساری نے انہوں نے یونس بن عبدالرحمٰن سے روایت کی ہے کہ میں نے امام ابوالحسن الرضاؑ سے کہا کہ قوم علیؑ ابن ابی طالبؑ کا نام قرآن میں تلاش کرتی تھی میں نے ان سے کہا کہ اللہ کا یہ قول (وجعلنا لھم لسان صدق علیاً) فرمایا تم نے سچ کہا یہ ایسے ہی ہے۔

اور اس قول کے معنی (سچائی کی زبان) یعنی ان کو ایسا بیٹا عطا کیا جو سچا تھا پس ہر سچائی والا صادق معصوم ہے اور معصوم علیؑ ابن بی طالبؑ ہیں۔

اللہ کا قول (یہی وہ لوگ ہیں کہ اللہ نے انبیاء میں سے آدم کی اولاد سے اور جنہیں نوحؑ نے اپنے ساتھ سوار کیا ابراہیم واسرائیل کی اولاد میں سے ان پر انعام کیا اور جنہیں ہدایت دی اور انہیں چن لیا جب ان کے سامنے آیات کی تلاوت کی جاتی ہے تو وہ روتے ہیں اور سجدوں میں گر جاتے ہیں)

تاویل۔ محمد بن العباس نے کہا کہ ہم سے جعفر بن محمد الرازی نے انہوں نے محمد بن الحسین سے انہوں نے محمد بن ابی عمیر سے انہوں نے ابن ازنیہ سے انہوں نے برید بن معاویہ سے انہوں نے محمد

بن مسلم سے انہوں نے امام ابو جعفرؑ سے روایت کی ہے کہ آپؑ نے فرمایا جب علیؑ بن الحسینؑ سوار ہوتے تو سورۃ مریم کی یہ آیت تلاوت فرماتے تو سجدہ میں گر جاتے اور فرماتے کہ ہم ہی وہ ہیں کہ جن کو اللہ نے منتخب کر لیا ہے۔

اس کی تائید یہ روایت بھی کرتی ہے کہ ہم سے محمد بن ھمام نے انہوں نے محمد بن اسماعیل العلوی سے انہوں نے عیسیٰ بن داؤد النجار سے انہوں نے امام ابوالحسن موسیٰؑ بن جعفرؑ سے روایت کی ہے کہ میں نے آپؑ سے اللہ کے اس قول کے بارے میں پوچھا تو فرمایا کہ ابراہیم کی ذریت ہم ہیں اور ہم ہی وہ ہیں کہ جن کو نوحؑ کے ساتھ اٹھایا گیا اور اللہ نے ہمیں ہی چن لیا ہے اور اللہ کا قول (کہ جن کو ہم نے ہدایت دی اور ان کو چن لیا) اللہ کی قسم اس سے مراد ہمارے شیعہ ہیں کہ جن کو اللہ نے ہماری مودت کے لیے چن لیا پس وہ اسی پر زندہ رہے اور اسی پر مر گئے اللہ نے ان کو عبادت خشوع و خضوع اور رقت القلب کا وصف دیا اور فرمایا(جب ان کے سامنے رحمٰن کی آیات کی تلاوت کی جاتی ہے تو وہ روتے ہوئے سجدے میں گر جاتے ہیں) فرمایا جب علیؑ بن الحسینؑ اس آیت کو پڑھتے تھے تو سجدے میں گر جاتے تھے۔

اللہ کا قول (اور جب ان کے سامنے ہماری روشن آیات کی تلاوت کی جاتی ہے تو کافر لوگ ایمان والوں سے کہتے ہیں ہم دونوں میں سے کس جماعت کا مرتبہ زیادہ ہے اور کس کی مجلس شاندار ہے ۔۔۔اللہ کے اس قول تک اور لوگوں کو ڈرا دے)

تاویل۔الشیخ محمد بن یعقوب نے انہوں نے محمد بن یحییٰ سے انہوں نے سلمہ بن الخطاب سے انہوں نے الحسن بن عبدالرحمٰن سے انہوں نے علی بن ابی حمزہ سے انہوں نے ابو بصیر سے انہوں نے امام ابو عبداللہؑ سے اللہ کے اس قول کے بارے میں روایت کی ہے کہ رسول اللہؐ نے قریش کو ہماری ولایت

کی طرف دعوت دی پس انہوں نے انکار کر دیا تو قریش میں سے ہماری ولایت کا انکار کرنے والوں نے ان ایمان والوں سے کہ جو ولایت علیؑ پر ایمان رکھتے تھے کہا (کہ ان دونوں جماعتوں میں سے کون سی جماعت کا مرتبہ زیادہ ہے) پس اللہ نے اس کا رد اس قول سے کیا (اور ہم نے ان سے پہلے کتنی ہی امتوں کو تباہ کر دیا) میں نے امامؑ سے اللہ کے اس قول کے بارے میں پوچھا (کہہ دیجئے کہ جو گمراہی میں ہو اللہ اس کو بڑھاتا رہتا ہے) فرمایا وہ تمام کے تمام گمراہی میں ہیں جو ولایت امیر المومنینؑ اور ہماری ولایت پر ایمان نہیں رکھتے پس وہ گمراہ ہیں تو اللہ ان کو ان کی گمراہی اور سرکشی میں بڑھاتا رہتا ہے۔

اللہ کا قول (پس عنقریب وہ اسے جان لیں گے کہ جو ان سے وعدہ کیا گیا ہے)

تاویل۔ امامؑ نے اس آیت کی تاویل میں فرمایا کہ یہ خروج قائمؑ ہے (پس عنقریب وہ جان لیں گے) یہ وہ دن ہوگا جب ان پر اللہ کا عذاب قائمؑ کے ہاتھوں آئے گا۔

اللہ کا قول (اور اللہ ہدایت یافتہ لوگوں کو اور بھی ہدایت دیتا ہے)

اللہ کے اس قول کی تفسیر میں امامؑ نے فرمایا کہ جو قائمؑ کی اتباع کرنے والے ہونگے نہ تو وہ ان کا انکار کریں گے اور نہ ہی ان پر ظلم کریں گے اللہ کے اس قول سے مراد یہی لوگ ہیں۔

اللہ کا قول (اس دن وہی شفاعت کا حقدار ہوگا جس سے رحمٰن نے وعدہ کیا ہوگا)

امامؑ نے فرمایا کہ صرف وہ کہ جس پر اللہ نے ولایت امیر المومنینؑ اور ان کے بعد آئمہؑ کی ولایت کا احسان کیا ہوگا۔

اللہ کا قول (بے شک وہ لوگ جو ایمان لائے اور نیک عمل کئے اللہ عنقریب ان کو خوش کر دے گا)

امامؑ نے فرمایا ولایت امیر المومنینؑ ہی وہ خوشی ہے جس سے اللہ مومنین کو خوش کرے گا۔

اللہ کا قول (اس دن ہم پرہیز گاروں کو رحمٰن کے سامنے گروہ میں جمع کریں گے اور مجروں کو جہنم میں گھسیٹتے ہوئے لے جائیں گے)

تاویل۔ علی بن ابراہیم نے اپنے والد سے انہوں نے عبداللہ بن شریک العامری سے انہوں نے عبداللہ بن سنان سے انہوں نے امام ابو عبداللہؑ سے روایت کی ہے کہ رسول اللہؐ نے علیؑ سے فرمایا اے علیؑ ایک گروہ قیامت والے دن اپنی قبروں سے یوں نکلے گا کہ ان کے چہرے برف کی طرح سفید ہونگے ان پر سفید کپڑے ایسے ہونگے جیسے دودھ ان لوگوں نے سونے کے جوتے پہنے ہوں گے ان کی سواریاں نور کی ہونگی جن پر سونے چاندی موتی اور یاقوت کی کاٹھیاں ہونگی وہ ان پر سوار ہونگے یہاں تک کہ رحمٰن کے عرش کے قریب پہنچ جائیں گے اور لوگ حساب و کتاب میں مصروف ہونگے جب کہ یہ لوگ کھاپی رہے ہونگے تو امیر المومنینؑ نے رسول اللہؐ سے فرمایا یا رسول اللہؐ یہ کون لوگ ہونگے ؟ فرمایا اے علیؑ یہ تیرے شیعہ ہونگے اور تم ان کے امامؑ ہوگے اور یہ اللہ کا قول ہے (اس دن ہم پرہیز گاروں کو رحمٰن کی طرف گروہ بنا کر سواریوں پر جمع کریں گے اور مجرموں کو جہنم رسید کریں گے) اور وہ آپؑ کے دشمن ہیں جن کو بلا حساب جہنم میں لے جایا جائے گا۔

اللہ کا قول (وہ لوگ جو ایمان لائے اور نیک عمل کئے عنقریب اللہ ان کے لیے محبت رکھ دے گا)

تاویل۔ علی بن ابراہیم نے کہا کہ امیر المومنینؑ سے روایت ہے کہ وہ ایک دن رسول اللہؐ کے سامنے بیٹھے ہوئے تھے تو آپؐ نے فرمایا اے علیؑ کہو اے اللہ میری محبت مومنین کے دلوں میں پیدا فرمادے تو امیر المومنینؑ نے فرمایا اے اللہ میری محبت مومنین کے دلوں میں پیدا فرمادے پس اللہ نے اپنے نبیؐ پر یہ آیت نازل کی (بے شک وہ لوگ جو ایمان لائے اور نیک عمل کئے عنقریب اللہ ان کے لیے محبت

پیدا کر دے گا)

فضلہ بن ایوب سے انہوں نے ابان بن عثمان سے انہوں نے ابو حمزہ الثمالی سے انہوں نے امام ابو جعفرؑ سے اللہ کے اس قول کے بارے میں روایت کی ہے کہ فرمایا(وہ لوگ جو ایمان لائے اور نیک عمل کیے) فرمایا جو امیر المومنینؑ پر ایمان لائے اور ان کی معرفت کے بعد نیک عمل کرے۔

محمد بن العباس نے کہا ہم سے محمد بن عثمان بن ابی شیبہ نے انہوں نے عون بن سلام سے انہوں نے بشر بن عمارہ الخثعمی سے انہوں نے ابو ردق سے انہوں نے الضحاک سے انہوں نے ابن عباس سے روایت کی ہے کہ فرمایا یہ آیت علیؑ ابن ابی طالبؑ کے بارے میں نازل ہوئی(وہ لوگ جو ایمان لائے اور نیک عمل کئے تو عنقریب اللہ نے لیے محبت پیدا کر دے گا) فرمایا مومنین کے دلوں میں علیؑ کی محبت پیدا کر دے گا۔

ہم سے عبد العزیز بن یحییٰ سے انہوں نے محمد بن زکریا سے انہوں نے یعقوب بن جعفر بن سلیمان سے انہوں نے علی بن عبد اللہ بن العباس سے انہوں نے امام ابو عبد اللہؑ سے اللہ کے اس قول کے بارے میں روایت کی ہے کہ (بے شک وہ لوگ جو ایمان لائے اور نیک عمل کئے عنقریب اللہ ان کے لیے مومنین کے دلوں میں محبت پیدا کر دے گا) فرمایا یہ آیت علیؑ ابن ابی طالبؑ کے بارے میں نازل ہوئی فرمایا کہ ہی مومن کے دل میں علیؑ ابن ابی طالبؑ کی محبت ہے۔

اللہ کا آپؑ پر سلام اور آپؑ کی پاکیزہ آلؑ پر درود و سلام ہو۔

سورۃ طہ

(اس سورہ مبارکہ کی وہ آیات جو آئمہ ھدیٰؑ کی شان میں نازل ہوئیں)

اللہ کا قول۔ طہ

تاویل۔ کتاب نہج الایمان میں ہے کہ تفسیر بغلی میں ہے کہ امام جعفر بن محمد الصادق علیہ السلام نے فرمایا کہ اللہ کے اس قول سے مراد طہارت اہل بیت محمدؐ ہے کہ اللہ نے انہیں رجس سے پاک رکھا اور پھر اس آیت کی تلاوت فرمائی (انما یرید اللہ لیذھب عنکم الرجس ویطھرکم تطھیرا)

اللہ کا قول (اے اللہ میرا سینہ کشادہ فرما میرا کام میرے لیے آسان کر دے اور میری زبان کی گرہ کھول دے اور وہ میری بات سمجھیں اور میرے لیے میرے اہل میں سے میرے بھائی ہارون کو میرا وزیر بنا اور اس کے زریعے میرے بوجھ کو ہلکا کر دے اسے میرے کام میں میرا شریک بنا تا کہ ہم تیری زیادہ تسبیح کریں اور تیرا زیادہ ذکر کریں بے شک تو ہم کو دیکھنے والا ہے)

تاویل۔ محمد بن العباس سے روایت ہے کہ ہم سے محمد بن الحسن الخثعمی نے انہوں نے عباد بن یعقوب سے انہوں نے علی بن ہاشم سے انہوں نے عمرو بن حارث سے انہوں نے عمران بن سلیمان سے

انہوں نے حصین التغلبی سے انہوں نے اسماء بنت عمیس سے روایت کی ہے کہ میں نے رسول اللہؐ کو فرماتے ہوئے سنا اے اللہ میں تجھ سے وہی دعا کرتا ہوں جو میرے بھائی موسیٰؑ نے کی تھی کہ تو میرا سینہ کشادہ کردے اور میرا کام میرے لیے آسان کردے میری زبان کی گرہ کھول دے تاکہ وہ میری بات کو سمجھیں اور میرے لیے میرے اہل میں سے میرے بھائی علیؑ کو میرا وزیر بنادے اس کے ذریعے میرا بوجھ ہلکا کردے اسے میرے کام میں شریک بنا تاکہ ہم تیری زیادہ تسبیح بیان کرسکیں اور تیرا ذکر زیادہ کریں۔

اس کی تائید یہ روایت بھی کرتی ہے کہ ابو نعیم الحافظ نے اسناد کے ساتھ اپنے رجال سے انہوں نے ابن عباس سے روایت کی ہے کہ نبیؐ نے علیؑ کا ہاتھ پکڑا اور میرا ہاتھ پکڑا اور ہم مکہ میں تھے آپؐ نے چار رکعت نماز پڑھی پھر علیؑ کا ہاتھ بلند کیا اور فرمایا اے اللہ تیرے نبی موسیٰ بن عمران نے تجھ سے جو مانگا میں محمدؐ تیرا نبی بھی تجھ سے مانگتا ہوں اے میرے پروردگار ! میرا سینہ کھول دے میرا کام میرے لیے آسان فرمادے اور میری زبان کی گرہ کھول دے تاکہ وہ سمجھ سکیں میری بات کو اور میرے لیے میرے اہل میں سے میرے بھائی علیؑ ابن ابی طالبؑ کو میرا وزیر بنادے اس کے ذریعے میرا بوجھ ہلکا کردے اور اسے میرے کام میں میرا شریک بنا۔

جان لیجئے کہ یہ سوال تامل سے بے نیاز ہے اللہ نے ہمارے مولا امیر المومنینؑ کو بڑی بلند منزلت عطا کی ہے کہ وہ منزلت ہے کہ انہیں خاتم النبین سے جیسے ہارون کو موسیٰؑ سے تھی تمام جہانوں کے سوا عطا کی ہے۔

الشیخ ابو جعفر الطوسی نے رجال سے اسناد کے ساتھ فضل بن شاذان سے مرفوعاً بریدہ اسلمیٰ سے روایت کی ہے کہ رسول اللہؐ نے علیؑ سے فرمایا اے علیؑ! اللہ عزوجل نے مجھے تیرے ساتھ ساتھ ہر

جگہ رکھا ہے ان میں سے پہلا معراج کی رات آسمان پر کہ جب جبرائیل نے مجھے کہا کہ آپؐ کا بھائی کہاں ہے میں نے کہا میں اسے پیچھے چھوڑ آیا ہوں کہا کہ اللہ سے دعا کیجئے کہ وہ ان کو آپؐ کے پاس لے آئے گا پس میں نے اللہ سے دعا کی تو اے علیؑ تم میرے ساتھ تھے اور ملائکہ صفوں میں تھے میں نے کہا جبرائیل یہ کون ہیں فرمایا کہ یہ ملائکہ ہیں اللہ نے ان کو مبارکباد دینے کے لیے کھڑا کیا ہے پس دوسری مرتبہ جبرائیل میرے پاس آیا اور مجھے معراج ہوئی تو اس نے مجھ سے کہا کہ آپؐ کا بھائی کہاں ہے فرمایا کہ میں اسے پیچھے چھوڑ آیا ہوں کہا کہ اللہ سے دعا کیجئے کہ انہیں آپؐ کے پاس لے آئے پس میں نے اللہ سے دعا کی تو تم میرے ساتھ تھے اور ہم نے سات آسمانوں اور زمینوں کی سیر کی تیسری مرتبہ کہ جب میں جنوں کی طرف گیا اور تم میرے ساتھ نہ تھے تو میرے بھائی جبرائیل نے کہا آپؐ کا بھائی کہاں ہے میں نے کہا میں انہیں پیچھے چھوڑ آیا ہوں فرمایا کہ اللہ سے دعا کیجئے وہ آپؐ کو ان سے ملا دے گا میں نے اللہ سے دعا کی تو تم میرے ساتھ تھے اور چوتھی مرتبہ کہ میں نے جو بھی تمہارے لیے مانگا اللہ نے دیا سوائے نبوت کے اور کہا اے محمدؐ میں نے تمہارے لیے نبوت کو خاص بنا دیا ہے اور تم پر ہی اس کا خاتمہ کیا ہے پانچویں مرتبہ اس نے ہمیں شب قدر میں خاص کیا اور ہمارے غیر کو خاص نہ کیا چھٹی مرتبہ جبرائیل میرے پاس آیا اور معراج پر لے گیا تو مجھے کہا کہ آپؐ کے بھائی کہاں ہیں میں نے کہا میں انہیں پیچھے چھوڑ آیا ہوں کہا کہ اللہ سے دعا کیجئے وہ انہیں آپ کے پاس لے آئے گا پس میں نے اللہ سے دعا کی کہ تم میرے ساتھ تھے پس جبرائیل نے اذان دی پس میں نے تمام آسمان والوں کو نماز پڑھائی اور تو میرے ساتھ تھا اور ساتویں جگہ پر ہم دونوں ساتھ ہونگے اور تمام گروہ ہمارے ہاتھوں سے ہلاک ہوں گے۔

پس رسول اللہؐ کا یہ قول اس بات پر دلالت کرتا ہے کہ وہ دنیا میں دوبارہ آئیں گے اور اس میں تب تک

رہیں

گے جب تک اللہ چاہے گا جس طرح کہ معصومینؑ کی رجعت کے بارے میں احادیث ہیں اسی طرح ایک امام سے دوسرے امامؑ کو ایک بعد ایک ان میں امامت منتقل ہوتی رہی اللہ نے ان کو ارکان زمین بنایا اور وہ زمین پر اللہ کی حجتیں ہیں اور زمین کے نیچے بھی کیا تم نہیں جانتے کہ امیر المومنینؑ کا فرمان ہے کہ میں اللہ کی جنت اور دوزخ تقسیم کرنے والا ہوں میں فاروق اکبر ہوں میں صاحب عصا و میسم ہوں اور میرا اقرار تمام فرشتوں اور روحوں نے کیا ہے کہ جس طرح ہم نے محمدؐ کا اقرار کیا ہے اور مجھے وہ دیا گیا ہے جو پہلے کسی کو نہیں دیا گیا مجھے اموات اور قضاء کا علم دیا گیا اور مجھے فصل الخطاب دیا گیا۔

اللہ کا قول(اس میں عقلمندوں کے لیے بہت سی نشانیاں ہیں)

تاویل۔ علی بن ابراہیم نے اپنی تفسیر میں کہا کہ امامؑ سے روایت ہے کہ ہم ہی عقلمند ہیں اللہ نے اپنے نبیؐ کو آگاہ کیا کہ ان کی قوم خلافت کا دعویٰ کرے گی پس رسول اللہؐ نے امیر المومنینؑ کا آگاہ کر دیا پس ہم ہی عقلمند ہیں اور تمام علم ہمارے پاس ہی ہے۔

اس کی تائید وہ روایت ہے جو محمد بن العباس سے انہوں نے احمد بن ادریس سے انہوں نے عبداللہ بن محمد بن عیسیٰ سے انہوں نے الحسن بن محبوب سے انہوں نے علی بن رئاب سے انہوں نے عمار بن مروان سے روایت کی ہے کہ میں نے امام ابو عبد اللہؑ سے اللہ کے اس قول کے بارے میں پوچھا(اس میں عقلمندوں کے لیے بہت سی نشانیاں ہیں) فرمایا اللہ کی قسم وہ عقلمند ہم ہی ہیں میں نے کہا کہ عقلمندوں سے کیا مراد ہے فرمایا اللہ نے اپنے رسولؐ کو اپنے بعد دعویٰ خلافت کرنے والوں کے بارے میں آگاہ کیا اور اس پر وہ دونوں قیام کریں گے اور ان دونوں کے بعد بنو امیہ ہونگے پس رسول اللہؐ نے علیؑ کو آگاہ کر دیا تھا کہ جس طرح اللہ نے اپنے رسولؐ کو آگاہ کر دیا تھا اور جن نشانیوں کا ذکر اللہ نے کیا

ہے (اس میں عقلمندوں کے لیے نشانیاں ہیں) پس ہم ہی وہ عقلمند ہیں کہ ہمارے پاس سارا علم ہے پس ہم نے اس پر صبر کیا پس ہم اللہ کی مخلوق کے محافظ اس کے دین کے امین ہیں ہم رسول اللہؐ کے طریقہ پر ہیں ہم لوگوں کو اللہ کے دین کی طرف بلاتے ہیں اور اسی کی طرف دعوت دیتے ہیں

اللہ کا قول (جو توبہ کرے ایمان لائے اور نیک عمل کرے تو میں اسے بخش دوں گا پھر وہ ہدایت پا جائے گا)

تاویل۔ ابو علی الطبرسی نے روایت کی ہے کہ امام ابو جعفر الباقرؑ نے فرمایا پھر وہ ہم اہل بیتؑ کی طرف ہدایت پا گیا اللہ کی قسم اگر کوئی بندہ اللہ کی عبادت کرے رکن و مقام کے درمیان پھر وہ مر جائے اور ہماری ولایت نہ رکھتا ہو اللہ اسے منہ کے بل جہنم میں گرائے گا۔

اسی روایت کو امام حاکم نے ابو القاسم الحسکانی سے اسناد کے ساتھ اور العیاشی نے اپنی تفسیر میں کئی طریقوں سے روایت کی ہے۔

محمد بن سلیمان نے اسناد کے ساتھ داؤد بن کثیر الرقی سے روایت کی ہے کہ میں امام ابو عبد اللہؑ کے پاس گیا اور آپؑ سے کہا میں آپؑ پر قربان جاؤں مجھے اللہ کے اس قول کے بارے میں بتائیے (جو توبہ کرے ایمان لائے اور نیک عمل کرے تو میں اسے بخش دوں گا پھر وہ ہدایت پا جائے گا) میں نے پوچھا یہ توبہ اور یمان کے بعد ہدایت کیا ہے ؟ فرمایا یہ ائمہؑ کی معرفت ہے اللہ کی قسم امامؑ کے بعد امامؑ مراد ہیں۔

علی بن ابراہیم نے انہوں نے اپنے والد سے انہوں نے ابن ابی عمیر سے انہوں نے عمر بن ازنیہ سے انہوں نے الفضیل سے انہوں نے زرارۃ سے انہوں نے امام ابو جعفرؑ سے اللہ کے اس قول کے

بارے میں روایت کی ہے کہ (پھر وہ ہدایت پا جائے گا) فرمایا ہماری طرف ہدایت پا جائے گا۔

محمد بن العباس نے کہا کہ ہم سے علی بن العباس نے انہوں نے کہا کہ ہم سے عباد بن یعقوب نے انہوں نے علی

بن ہاشم سے انہوں نے جابر بن الحر سے انہوں نے جابر الجعفی سے انہوں نے امام ابو جعفرؑ سے روایت کی ہے کہ آپؑ نے اللہ کے اس قول کے بارے میں فرمایا (بے شک جو توبہ کرے ایمان لائے اور عمل صالح کرے میں اسے بخش دوں گا پھر وہ ہدایت پا جائے گا) فرمایا ہماری ولایت کی طرف۔

ہم سے الحسین بن عامر نے انہوں نے محمد بن الحسین سے انہوں نے محمد بن سنان سے انہوں نے عمار بن مروان سے انہوں نے المنخل سے انہوں نے جابر سے انہوں نے امام ابو جعفرؑ سے اللہ کے اس قول کے بارے میں روایت کی ہے کہ فرمایا (جو توبہ کرے گا اور ایمان لائے گا اور نیک عمل کرے گا میں اسے بخشنے والا ہوں پھر وہ ہدایت پا جائے گا) فرمایا ولایت امیر المومنینؑ کی طرف۔

اللہ کا قول (جس دن لوگ پکارنے والے کے پیچھے چلیں گے جس میں کوئی کجی نہ ہو گی)

تاویل۔امامؑ نے فرمایا کہ پکارنے والے امیر المومنینؑ ہوں گے اور یہ آیت رجعت پر دلالت کرتی ہے پھر اللہ نے فرمایا (اور اللہ رحمٰن کے سامنے تمام آوازیں پست ہو جائیں گی اور سوائے کھسر پھسر کے کچھ سنائی نہ دے گا

تاویل۔ علی بن ابراہیم سے انہوں نے اپنے والد سے انہوں نے اپنے والد سے انہوں نے الحسن بن محبوب سے انہوں نے ابو محمد الوالشبی سے انہوں نے ابو الورد سے انہوں نے امام ابو جعفرؑ سے روایت

کی ہے کہ آپؐ نے فرمایا جب قیامت کا دن ہو گا تو اللہ تمام لوگوں کو ایک میدان میں جمع کرے گا اور وہ عریاں ہونگے وہ محشر میں کھڑے ہونگے یہاں تک کہ انہیں بہت زیادہ پسینہ آجائے گا اور ان کی سانسیں تیز ہو جائیں گی اور وہ وہاں پچاس سال کے برابر کھڑے رہیں گے اور یہ اللہ کا قول ہے (اور اسی دن اللہ رحمٰن کے سامنے تمام آوازیں پست ہو جائیں گی سوائے کھسر پھسر کے) پھر ایک عرش کے نیچے سے ندا دے گا کہ نبی امی کہاں ہیں پس وہ دوبارہ ان کو پکارے گا نبی رحمت محمدؐ بن عبداللہ کہاں ہیں پس رسول اللہؐ لوگوں کے سامنے آئیں گے یہاں تک کہ حوض پر پہنچ جائیں گے پھر وہ تمہارے آقا یعنی امیر المومنینؑ کو پکارے گا پس وہ بھی لوگوں کے سامنے آکر آپؐ کے سامنے کھڑے ہو جائیں گے پھر لوگوں کو حوض کوثر پر لایا جائے گا اور کچھ کو پھیر دیا جائے گا کہ اچانک رسول اللہؐ دیکھیں گے گے کہ ہم سے محبت رکھنے والوں کو پھیر دیا گیا ہے تو وہ رونے لگیں گے آواز آئے گی اے محمدؐ! آپؐ کیوں رو رہے ہیں تو آپؐ فرمائیں گے کہ اے ہمارے پروردگار علیؑ کے شیعوں کو ان کے حوض کوثر پر نہیں آنے دیا گیا تو فرشتہ کہے گا اللہ فرماتا ہے کہ اے محمدؐ! میں انہیں تم کو عطا کر دیا اور ان کے گناہ مٹا دیئے انہیں تم سے ملحق کر دیا اور وہ تم سے محبت رکھتے تھے میں نے ان کو تمہارے زمرے میں رکھ دیا ہے امام ابو جعفرؑ نے فرمایا کہ وہ ہم سے محبت رکھنے والے اور ہمارے دشمنوں سے اظہار نفرت کرنے والے ہونگے۔

اللہ کا قول (اس دن کسی کو کوئی شفاعت نفع نہ دے گی سوائے کہ جس کو رحمٰن نے اجازت دی ہو گی)

تاویل۔ محمد بن العباس نے کہا کہ ہم سے محمد بن ھمام نے انہوں نے محمد بن اسماعیل العلوی سے انہوں نے عیسیٰ بن داؤد سے انہوں نے امام ابو الحسن موسیٰ بن جعفر علیہ السلام سے انہوں نے اپنے والد

گرامیؑ سے روایت کی ہے کہ میں نے اپنے والد گرامیؑ کو فرماتے ہوئے سنا کہ ان سے ایک شخص نے اللہ کے اس قول کے بارے میں پوچھا(اس دن کسی کو کوئی شفاعت نفع نہ دے گی سوائے کہ جس کو رحمٰن نے اجازت دی ہو گی) فرمایا قیامت کے دن شفاعت محمدؐ اس شخص کے سوا کسی کو نہیں ملے گی جو آل محمدؑ کا مطیع ہو گا ان کے قول و عمل سے راضی رہا اور اس نے ہم آل محمدؑ کی مودت پر زندگی بسر کی اور اسی مودت پر مر گیا اور وہ آل محمدؐ سے محبت رکھتا ہو گا اور ان کے دشمنوں سے بیزاری کرتا ہو گا۔

اللہ کا قول (اور ہم نے آدم کو پہلے ہی حکم دے دیا تھا لیکن اس نے اسے بھلا دیا اور ہم نے اس میں کوئی عزم نہیں دیکھا)

تاویل۔آئمہؑ سے اس آیت کی تاویل میں مروی ہے کہ اللہ نے آدم کو محمدؐ وآل محمدؑ کی ولایت کے عہد کا حکم دیا تھا لیکن انہوں نے اسے ترک کر دیا اور ان کو محمدؐ وآل محمدؑ کی عظمت کے بارے میں معرفت نہ تھی اور یہی وجہ ہے کہ اولی العزم پیغمبروں کو اولی العزم اسی لیے کہا جاتا ہے کہ انہوں نے محمدؐ وآل محمدؑ کے عہد کو یاد رکھا اور ان میں اسے عہد کے بارے میں پورا عزم تھا۔

الحسین بن محمد سے انہوں نے معلیٰ بن محمد سے انہوں نے جعفر بن محمد بن عبداللہ سے انہوں نے محمد بن عیسیٰ القمی سے انہوں نے محمد بن سلمان سے انہوں نے عبداللہ بن سنان سے انہوں نے امام ابو عبداللہؑ سے اللہ کے اس قول کے بارے میں روایت کی ہے کہ (اور ہم نے اس سے پہلے ہی آدم کو حکم دے دیا تھا محمدؐ، علیؑ، فاطمہؑ حسنؑ، حسینؑ اور ان کی اولاد میں سے آئمہؑ کے بارے میں پس انہوں نے اسے بھلا دیا اور ہم نے ان میں کوئی عزم نہیں دیکھا) فرمایا اللہ کی قسم یہ آیت محمدؐ پر اس طرح نازل ہوئی۔

اس کی تائید الشیخ المفید کی روایت کرتی ہے کہ انہوں نے اسناد کے ساتھ اپنے رجال سے انہوں نے

حمران بن اعین سے انہوں نے امام ابو جعفرؑ سے روایت کی ہے کہ فرمایا کہ اللہ نے انبیاء سے عہد لیا اور فرمایا کیا میں تمہارا رب نہیں ہوں انہوں نے کہا کیوں نہیں اور یہ محمدؐ میرا رسول نہیں ہے اور علیؑ مومنین کا امیر انہیں ہے انہوں نے کہا کیوں نہیں پس ان کو نبوت مل گئی پھر الوالعزم رسولوں سے عہد لیا کہ میں تمہارا پروردگار ہوں اور محمدؐ میرے رسولؐ اور علیؑ مومنین کے امیر ہیں اور ان کے بعد ان کے اوصیاء میرے امر کے ولی، میرے علم کے خازن ہیں اور مہدیؑ میرے دین کو سربلند کریں گے اور میرے اعداء سے انتقام لیں گے اور ان کو چاہتے ناچاہتے ہوئے میری عبادت پر لائیں گے انہوں نے کہا کہ ہم نے اقرار کیا اے ہمارے پروردگار اور گواہی دی پس آدمؑ نے نہ انکار کیا اور نہ ہی اقرار پس ان پانچ رسولوں نے مہدیؑ کے بارے میں عزم کو پختہ کیا لیکن آدم کا عزم پختہ نہ تھا اور یہ اللہ کا قول ہے (اور ہم نے آدم سے پہلے ہی عہد لیا تھا لیکن وہ بھول گیا اور ہم نے اس میں عزم نہیں دیکھا)

اللہ کا قول (پس جس نے اللہ کی ہدایت کی پیروی کی وہ نہ گمراہ ہوگا نہ بدبخت ۔۔اس قول تک ۔۔سورج کے طلوع اور غروب ہونے سے پہلے)

تاویل۔ محمد بن العباس سے کہا ہم سے محمد بن ھمام نے انہوں نے محمد بن اسماعیل العلوی سے انہوں نے عیسیٰ بن الورالنجار سے انہوں نے امام ابوالحسن موسیٰ بن جعفرؑ سے روایت کی ہے کہ انہوں نے اپنے والد گرامیؑ سے اللہ کے اس قول کے بارے میں روایت کی ہے (جس نے اللہ کی ہدایت کی پیروی کی وہ نہ گمراہ ہوگا اور نہ ہی بدبخت)

رسول اللہؐ نے فرمایا اے لوگوں اللہ کی ہدایت کی پیروی کرو تم ہدایت پا جاؤ گے پس جس نے میری ہدایت کی پیروی کی اس نے اللہ کی ہدایت کی پیروی کی پس جس نے اللہ کی ہدایت کی پیروی کی تو وہ

میری ہدایت ہے اور میری ہدایت علیؑ ابن ابی طالبؑ کی ہدایت ہے جس نے میری زندگی میں اور زندگی کے بعد ان کی ہدایت کی پیروی کی تو اس نے اللہ کی ہدایت کی پیروی کی پس یہ اللہ کا قول ہے (جس نے اللہ کی ہدایت کی پیروی کی نہ وہ گمراہ ہوگا اور نہ ہی بد بخت) پس اے محمدؐ تو اور تیری اولاد جو ہم نے تم پر اکرام کیا ہے اس پر اپنے رب کی تسبیح بیان کریں (سورج کے طلوع ہونے سے پہلے اور سورج کے غروب ہونے سے پہلے) پس اس قول کا معنی کہ قرآن میں اس کی مثل نہیں ہے یعنی اس کی مثال (کہ اس میں عقلمندوں کے لیے نشانیاں ہیں) جس طرح کہ قرآن میں آیا ہے (کہ عقلمندوں کے لیے اس میں نشانیاں ہیں) ان سے مراد آئمہؑ ہیں پس اس آیت کی تفسیر گزشتہ ابواب میں گزر چکی ہے۔

محمد بن یحییٰ سے انہوں نے سلمہ بن الخطاب سے انہوں نے الحسین بن عبدالرحمن سے انہوں نے علی بن ابی حمزہ سے انہوں نے ابو بصیر سے انہوں نے امام ابو عبداللہؑ سے اللہ کے اس قول کے بارے میں روایت کی ہے کہ (جس نے میرے ذکر سے منہ پھیرا) یعنی ولایت علیؑ سے (ہم قیامت کے دن ان کو اندھا اٹھائیں گے) یعنی دنیا میں ان کا دل اندھا ہوگا اور آخرت میں آنکھوں سے اندھا ہوگا اور وہ آخرت میں حیران ہوگا اور کہے گا (تم نے مجھے اندھا کیوں اٹھایا ہے جب کہ میری بصیرت تو درست تھی فرمایا اسی طرح ہی تمہارے پاس ہماری نشانیاں آئیں) فرمایا کہ نشانیوں سے مراد آئمہؑ ہیں (پس تم نے انہیں تب بھلا دیا) یعنی ان کو چھوڑ دیا اور آج ہم تم کو دوزخ میں چھوڑیں گے جس طرح تم نے آئمہؑ کو چھوڑ دیا اور ان کے امر کی پیروی نہ کی اور ان کی اطاعت نہ کی (پس ہم اسی طرح اسراف کرنے والوں کو اور اپنے پروردگار کی آیات پر ایمان نہ لانے والوں کو سزا دیں گے) فرمایا کہ جو عداوت امیر المومنینؑ میں بہت بڑھ گیا اور ان کے غیر کی اتباع کی اور ولایت کو ترک کر دیا اور اللہ کے

اس قول کے معنی (تیرے پاس ہماری آیات آئیں اور جو اپنے رب پر ایمان نہ لایا) فرمایا کہ آیات آئمہؑ ہیں اور جو ان پر ایمان نہ لایا وہ کافر ہے۔

اللہ کا قول (اور اپ اپنے اہل کو نماز کا حکم دو اور اس پر ڈٹ جاؤ)

تاویل۔ محمد بن العباس نے کہا کہ ہم سے عبدالعزیز بن یحییٰ نے انہوں نے محمد بن عبدالرحمٰن بن سلام سے انہوں نے احمد بن عبداللہ بن عیسیٰ بن مصقلہ القمی سے انہوں نے زرارۃ بن اعین سے انہوں نے امام ابو جعفر الباقرؑ سے انہوں نے اپنے والد گرامیؑ سے اللہ کے اس قول کے بارے میں روایت کی ہے کہ (اپنے گھر والوں کو نماز کا حکم دو اور اس پر ڈٹ جاؤ) فرمایا یہ علیؑ، فاطمہؑ، حسنؑ اور حسینؑ کے بارے میں نازل ہوئی اور رسول اللہؐ روزانہ صبح فاطمہؑ کے دروازے پر آتے اور فرماتے اے اہل بیتؑ تم پر اللہ کی رحمتیں اور برکتیں ہوں اللہ تم پر رحم کرے نماز۔۔۔ نماز (اور اللہ کا تو بس یہی ارادہ ہے کہ اے اہل بیتؑ کہ تم سے رجس کو دور رکھے اور تم کو ایسے پاک و پاکیزہ رکھے جیسے پاک رکھنے کا حق ہے)

اللہ کا قول (کہہ دیجئے کہ ہر ایک انجام کا منتظر ہے پس تم بھی انتظار میں رہو تم عنقریب جان لوگے کہ کون سیدھے راستے پر ہے اور کون ہدایت یافتہ ہے)

تاویل۔ علی بن ابراہیم نے کہا کہ نضر بن سوید سے انہوں نے القاسم بن سلیمان سے انہوں نے جابر سے انہوں نے امام ابو جعفرؑ سے اللہ کے اس قول کے بارے میں روایت کی ہے (کہہ دیجئے ہر ایک انتظار میں ہے۔۔۔ اس قول تک۔۔۔ اور جو ہدایت یافتہ ہیں) فرمایا ہماری ولایت کے بارے میں۔

محمد بن العباس نے کہا کہ ہم سے علی بن عبداللہ بن اسد نے انہوں نے ابراہیم بن محمد الثقفی سے

انہوں نے ابراہیم بن محمد بن میمون سے انہوں نے عبدالکریم بن یعقوب سے انہوں نے جابر سے روایت کی ہے کہ امام محمد بن علی الباقرؑ سے اللہ کے اس قول کے بارے میں پوچھا گیا (پس عنقریب جان لوگے کہ کون سیدھے راستے پر ہے اور کون ہدایت یافتہ ہے) فرمایا یعنی ہماری ولایت کے بارے میں۔

اسی طرح روایت ہے کہ ہم سے علی بن عبداللہ نے انہوں نے ابراہیم بن محمد سے انہوں نے اسماعیل بن بشار سے انہوں نے علی بن جعفر سے انہوں نے جابر سے انہوں نے امام ابو جعفرؑ سے اللہ کے اس قول کے بارے میں روایت کی ہے (پس تم عنقریب جان لوگے کہ کون سیدھے راستے والے ہیں اور کون ہدایت یافتہ ہیں) فرمایا سیدھا راستہ علیؑ کا راستہ ہے (اور کون ہدایت یافتہ ہیں) یعنی ہماری ولایت کے بارے میں۔

ہم سے محمد بن ھمام نے انہوں نے محمد بن اسماعیل العلوی سے انہوں نے عیسیٰ بن داؤد النجار سے انہوں نے امام ابوالحسن موسیٰؑ بن جعفرؑ سے روایت کی ہے کہ میں نے اپنے والد گرامیؑ سے اللہ کے اس قول کے بارے میں پوچھا (پس عنقریب تم جان لوگے کہ کون سیدھے راستے والے ہیں اور کون ہدایت یافتہ) فرمایا سیدھے راستے سے مراد قائمؑ ہیں اور ہدایت یافتہ سے مراد وہ جوان کو مطیع ہو گا جیسا کہ اللہ کی کتاب میں اللہ کا قول ہے (اور بے شک جو توبہ کرے اور ایمان لائے نیک عمل کرے میں اسے بخشنے والا ہوں پھر وہ ہدایت پا جائے گا) امامؑ نے فرمایا وہ ہماری ولایت کی طرف ہدایت پا جائے گا۔

سورۃ الانبیاء

(اس سورہ مبارکہ کی وہ آیات جو آئمہ ھدیٰ کی شان میں نازل ہوئیں)

اللہ کا قول(اوران ظالموں نے چپکے چپکے سرگوشیاں کیں)

تاویل۔ محمد بن العباس نے کہا کہ ہم سے احمد بن القاسم نے انہوں نے احمد بن محمد السیاری سے انہوں نے محمد بن خالد البرقی سے انہوں نے محمد بن علی سے انہوں نے علی بن حمار سے انہوں نے عمرو بن شمر سے انہوں نے جابر سے انہوں نے امام ابو عبداللہؑ سے روایت کی ہے کہ اللہ کے اس قول کے بارے میں (ظالموں نے) فرمایا ظالموں سے مراد آل محمدؑ کے حق پر ظلم کرنے والے ہیں۔

اللہ کا قول(اوراگر تم نہیں جانتے تو اہل ذکر سے پوچھو)

تاویل۔ محمد بن العباس نے کہا کہ ہم سے احمد بن محمد بن سعید نے انہوں نے احمد بن الحسن سے انہوں نے اپنے والد سے انہوں نے الحسین بن نحارق سے انہوں نے سعد بن طریف سے انہوں نے اصبغ بن نباتہ سے انہوں نے امیر المومنینؑ سے اللہ کے اس قول کے بارے میں روایت کی ہے(اگر تم نہیں جانتے تو اہل ذکر سے پوچھو) فرمایا کہ ہم ہی اہل ذکر ہیں۔

ہم سے علی بن سلیمان الرازی نے انہوں نے محمد بن خالد الطیاسی سے انہوں نے العلاء بن رزین سے انہوں نے محمد بن مسلم سے انہوں نے امام ابو جعفرؑ سے روایت کی ہے کہ میں نے امامؑ سے کہا کہ کچھ لوگ خیال کرتے ہیں کہ اللہ کے اس قول (اگر تم نہیں جانتے تو اہل ذکر سے پوچھو) سے مراد یہود و نصاریٰ ہیں آپؑ نے فرمایا تاکہ وہ تم کو اپنے دین کی طرف دعوت دیں؟ پھر اپنے سینے کی طرف ہاتھ بڑھایا اور فرمایا ہم ہی اہل ذکر ہیں اور ہم سے ہی پوچھو۔

پس ذکر کے دو معنی ہیں ایک تو اللہ نے اپنے نبیؐ کا نام ذکر رکھا ہے اور دوسرا ذکر قرآن ہے اور اس سے مراد آئمہؑ ہیں اور وہ ہی اصل قرآن ہیں اور اہل بیتؑ نبی ہیں۔

علی بن ابراہیم نے محمد بن جعفر سے انہوں نے عبداللہ بن محمد سے انہوں نے ابو داؤد سلیمان بن سفیان سے انہوں نے ثعلبہ سے انہوں نے زرارۃ سے انہوں نے امام ابو جعفرؑ سے روایت کی ہے اور اسی روایت کی کلینی نے بہت سے طریقوں سے روایت کیا ہے۔

اللہ کا قول (ہم نے آپ کی طرف کتاب نازل کی جس میں تمہارا ذکر ہے)

تاویل۔ محمد بن العباس نے کہا ہم سے محمد بن ھمام نے انہوں نے محمد بن اسماعیل سے انہوں نے عیسیٰ بن داؤد النجار سے انہوں نے امام ابو الحسن موسیٰ بن جعفرؑ سے اللہ کے اس قول کے بارے میں روایت کی ہے (ہم نے آپ کی طرف کتاب نازل کی جس میں تمہارا ذکر ہے) فرمایا نبیؐ کے بعد امامؑ کی اطاعت ہے (کتاب نازل فرمائی) اس کے معنی یہ ہیں کہ اس کتاب میں رسول اللہؐ کا ذکر، شرف، عزت مذکور ہے اور نبیؐ کے بعد امامؑ کی اطاعت ہے۔

اللہ کا قول (انہوں نے ہمارے عذاب کو محسوس کر لیا تو اس سے بھاگنے لگے)

تاویل۔ ہم سے علی بن عبداللہ بن اسد نے انہوں نے ابراہیم بن محمد الثقفی سے انہوں نے اسماعیل بن بشار سے انہوں نے علی بن جعفر الحضرمی سے انہوں نے جابر سے روایت کی ہے کہ میں نے امام ابو جعفرؑ سے اللہ کے اس قول کے بارے میں روایت کی ہے (جب انہوں نے ہمارے عذاب کو محسوس کر لیا تو اس سے بھاگنے لگے) فرمایا کہ قیام قائمؑ کے وقت۔

ہم سے الحسین بن احمد نے انہوں نے محمد بن عیسیٰ سے انہوں نے یونس سے انہوں نے منصور سے انہوں نے اسماعیل بن جابر سے انہوں نے امام ابو عبداللہ الصادقؑ سے اللہ کے اس قول میں روایت کی ہے (جب انہوں نے ہمارے عذاب کو محسوس کر لیا) فرمایا قیام قائمؑ کے وقت (تو اس سے بھاگنے لگے) فرمایا اس خزانے سے کہ جسے وہ جمع کر کے رکھتے تھے انہوں نے کہنا شروع کیا ہائے ہلاکت ہم ظالم تھے۔

الشیخ محمد بن یعقوب سے انہوں نے علی بن ابراہیم سے انہوں نے اپنے والد سے انہوں نے ابن فضال سے انہوں نے ثعلبہ بن میمون سے انہوں نے بدر بن الخلیل الاسدی سے روایت کی ہے کہ میں نے امام ابو جعفرؑ کو فرماتے ہوئے سنا اللہ کے اس قول کے بارے میں (جب انہوں نے ہمارے عذاب کو محسوس کر لیا تو اس سے بھاگنے لگے اب مت بھاگو اور جہاں تم کو آسودگی دی گئی تھی اور اپنے گھروں میں چلے جاؤ تاکہ تم سے سوال تو کر لیا جائے) فرمایا جب قیام قائمؑ ہوگا تو بنو امیہ شام سے بھاگ کر روم کی طرف چلے جائیں گے تو ان سے رومی کہیں گے ہم تم کو اس وقت تک داخل نہیں کریں گے جب تک تم ہمارے دین میں داخل نہیں ہو جاتے پس وہ ان کی گردنوں میں صلیب ڈالیں گے اور انہیں داخل کر لیں گے پس اصحاب قائمؑ ان کو پالیں گے تو وہ امان اور صلح طلب کریں گے تو اصحاب قائمؑ کہیں گے ہم ایسا ہرگز نہیں کریں گے یہاں تک کہ تم ان کو ہمارے حوالے کر دو پس وہ

ان کو ان کے حوالے کر دیں گے اس لیے اللہ کا قول ہے (اب تم بھاگ دوڑ نہ کرو اور وہاں لوٹ جاؤ جہاں تمہیں آسودگی دی گئی تھی اور اپنے گھروں کی طرف لوٹ جاؤ تاکہ تم سے سوال تو کر لیا جائے) فرمایا وہ ان سے خزانوں کے بارے میں پوچھیں گے تو وہ کہیں گے کہ ہائے ہلاکت ہم ظلم کرنے والے تھے پس ابھی وہ یہ کہہ ہی رہے ہونگے کہ تلواروں سے ان کی گردنیں جھکا دی جائیں گی۔

اللہ کا قول (یہ اس کا ذکر ہے جو میرے ساتھ ہے اس کا ذکر ہے جو مجھ سے پہلے تھا)

ہم سے محمد بن ھمام نے انہوں نے محمد بن اسماعیل العلوی سے انہوں نے عیسیٰ بن داؤد النجار سے انہوں نے ہمارے مولا امام ابوالحسن موسیٰ بن جعفر علیہ السلام سے اللہ کے اس قول کے بارے میں روایت کی ہے (یہ اس کا ذکر ہے جو میرے ساتھ ہے) یعنی علیؑ (اور اس کا ذکر ہے جو مجھ سے پہلے تھے) یعنی انبیاء واوصیاء۔

یعنی اس قرآن میں تمام انبیاء کا ذکر ہے اور جو کچھ ہو گزرا ہے یا ہو گا اس سب کا علم ہے پس اسے تھامے رہو اور اسکے ذریعے ہدایت پا جاؤ۔

اللہ کا قول (انہوں نے کہا رحمٰن کا بیٹا ہے وہ پاک ہے اور سب اس کے باعزت بندے ہیں کسی بات میں اللہ سے آگے نہیں بڑھتے بلکہ اس کے فرمانبردار ہیں اور وہ اس کے قول سے سبقت نہیں لے جاتے اور اسکے حکم پر ہی عمل کرتے ہیں)

تاویل۔ ہم سے محمد بن الحسن بن علی بن مہزیار نے انہوں نے اپنے والد سے انہوں نے اپنے والد علی بن حدید سے انہوں نے منصور بن یونس سے انہوں نے ابوالسفائج سے انہوں نے جابر سے روایت کی ہے کہ میں نے امام ابو جعفرؑ کو اس آیت کے بارے میں فرماتے ہوئے سنا (کہ وہ اس کے قول پر

سبقت نہیں لے جاتے اور اسکے حکم پر ہی عمل کرتے ہیں) امامؑ نے اپنا ہاتھ اپنے سینے کی طرف بڑھایا اور فرمایا وہ ہم ہیں۔

اللہ کا قول(اور ہم نے ان کو امام بنایا دیا اپنے حکم سے اور ان کی طرف نیکی کے کاموں نماز قائم کرنے اور زکواۃ دینے کی وحی کی کہ وہ صرف ہماری ہی عبادت کریں)

تاویل۔ محمد بن العباس نے کہا ہم سے جعفر بن محمد نے انہوں نے محمد بن الحسن سے انہوں نے محمد بن علی سے انہوں نے محمد بن الفضیل سے انہوں نے ابو حمزہ سے انہوں نے امام ابو جعفرؑ سے اللہ کے اس قول کے بارے میں روایت کی ہے کہ (اور ہم نے ان کو امام بنادیا وہ ہمارے حکم سے ہدایت دیں) امام ابو جعفرؑ نے فرمایا آئمہؑ اولاد فاطمہؑ میں سے کہ ان کی طرف وحی کی جاتی ہے ان کے سینوں میں ڈال کر پھر فرمایا کہ اللہ نے ان کو عزت و شرف عطا کیا ہے اور فرمایا کہ نیکی کے کاموں کی تلقین کی ہے۔

اللہ کا قول(اے میرے پروردگار مجھے تنہا مت چھوڑنا اور بے شک تو بہتر وارث ہے)

تاویل۔ محمد بن العباس نے اپنی تفسیر میں کہا ہے کہ ہم سے احمد بن محمد بن موسیٰ النوفلی نے اسناد کے ساتھ علی بن داؤد سے انہوں نے ربیعہ بن عبد مناف سے روایت کی ہے کہ جب رسول اللہؐ نے علیؑ کو عمرو بن عبدود کے مقابلہ میں بھیجا تو اپنے ہاتھ اٹھائے اور فرمایا اے اللہ تو نے عبیدہ بن الحارث کو بدر والے دن لے لیا اور احد والے دن حمزہؓ کو لے لیا پس یہ علیؑ ہے (تو مجھ کو تنہا نہ چھوڑ بے شک تو بہتر وارث ہے)

اللہ کا قول(بے شک وہ لوگ جن کے لیے ہماری طرف سے نیکی پہلے ہی ٹھہر چکی ہے وہ سب جہنم

سے دور ہی رکھے جائیں گے)

تاویل۔ محمد بن العباس نے روایت کی ہے کہ ہم سے ابو جعفر الحسن بن علی بن الولید القوی نے اسناد کے ساتھ نعمان بن بشیر سے روایت کی ہے کہ ایک رات ہم علیؑ ابن ابی طالبؑ کے پاس تھے کہ آپؑ نے اس آیت کو پڑھا (وہ لوگ کہ جن کے لیے ہماری طرف سے نیکی پہلے ہی ٹھہر چکی ہے) فرمایا میں انہی میں سے ہوں پس آپؑ نماز قائم کرنے کے لیے اٹھے اور چادر اوڑھ کر مسجد میں داخل ہوئے اور نماز کے لیے تکبیر کہی۔

ہم سے ابراہیم بن محمد بن سہل نیشاپوری نے کہا کہ ہم سے مرفوعاً ربیع بن قریع کی اسناد کے ساتھ روایت کی ہے کہ ہم عبداللہ بن عمر کے پاس تھے کہ اس سے بنو تمیم کے ایک آدمی نے کہا کہ جس کا نام حسان بن رالبضہ تھا اے عبدالرحمٰن! میں نے دو آدمیوں کو علیؑ اور عثمان کا تذکرہ کرتے ہوئے سنا تو ابن عمر نے کہا اگر دونوں نے ان دونوں پر لعنت کی ہے تو اللہ ان دونوں پر لعنت کرے پھر کہا اے اہل عراق تمہاری ہلاکت ہو کہ تم اس شخص کو گالی دیتے ہو کہ جس کی نسبت رسول اللہؐ سے ہے اور اپنے ہاتھ سے علیؑ کے گھر کی طرف اشارہ کرتے ہوئے کہا یہ ان لوگوں میں سے ہیں جن کے بارے میں اللہ نے اپنی کتاب میں کہا (جن کے لیے پہلے ہی نیکی لکھدی گئی ہے) اس سے مراد علیؑ ہیں۔

الشیخ الصدوق ابو جعفر محمد بن بابویہ نے کہا کہ مجھ سے محمد بن علی نے انہوں نے اپنے والد سے اسناد کے ساتھ جمیل بن دراج سے انہوں نے ابان بن تغلب سے روایت کی ہے کہ امام ابو عبداللہؑ نے فرمایا کہ اللہ ہمارے شیعوں کو قیامت والے دن ایسے مبعوث کرے گا کہ ان پر کوئی گناہ اور عیب نہ ہو گا ان کے چہرے سفید ہونگے ان کے ستر ڈھانپے ہوئے ہونگے ان سے سختیاں دور ہونگی اور وہ

جنت کے درمیان گھوم رہے ہونگے وہ کھا رہے ہونگے اور لوگ ابھی حساب دے رہے ہونگے ان کے لیے طرح طرح کے دستر خوان بچھے ہوئے ہونگے یہ اللہ کا قول ہے (ان کے لیے ہماری طرف سے پہلے ہی نیکی لکھ دی گئی ہے اور یہی جہنم سے دور رہیں گے)

اللہ کا قول (اسی بڑی گھبراہٹ بھی غمگیں نہ کر سکے گی اور فرشتے انہیں ہاتھوں ہاتھ لیں گے اور کہیں گے کہ یہی وہ دن ہے کہ جس کا تم سے وعدہ کیا جاتا رہا تھا)

تاویل۔ محمد بن العباس نے کہا کہ ہم سے حمید بن زیاد نے اسناد کے ساتھ مرفوعاً ابو جمیلہ سے انہوں نے عمر بن رشید سے انہوں نے امام ابو جعفرؑ سے روایت کی ہے کہ رسول اللہؐ نے فرمایا بے شک علیؑ اور اس کے شیعہ قیامت والے دن مشک و عنبر کے تخت پر ہونگے لوگ گھبراہٹ کا شکار ہونگے جب کہ وہ بالکل نہیں گھبرائیں گے لوگ غمگیں ہونگے اور وہ بالکل غمگیں نہیں ہوں گے اور یہ اللہ کا قول ہے (ان کو بڑی مصیبت بھی غمگیں نہیں کر سکے گی اور ملائکہ ان کو ہاتھوں ہاتھ لیں گے اور کہیں گے کہ یہی وہ دن ہے جس کا تم سے وعدہ کیا جاتا رہا تھا)

اس کی تائید یہ روایت بھی کرتی ہے الصدوق ابو جعفر محمد بن بابویہ نے انہوں نے اپنے والد سے کہا کہ مجھ سے سعد بن عبداللہ نے مرفوعاً اسناد کے ساتھ ابو بصیر سے انہوں نے امام ابو عبداللہؑ سے روایت کی ہے کہ آپؑ نے اپنے آباء علیھم السلام سے انہوں نے امیر المومنینؑ سے روایت کی ہے کہ مجھے رسول اللہؐ نے فرمایا اے علیؑ اپنے بھائیوں کو خبر دیجئے کہ اللہ ان سے راضی ہو کہ جب وہ تمہاری قیادت پر راضی ہونگے اے علیؑ تم امیر المومنینؑ اور قائد المغرا لمحجلین ہو اے علیؑ اگر تم اور تمہارے شیعہ نہ ہوتے تو اللہ کا دین قائم نہ ہوتا اور اگر تم اور وہ زمین پر نہ ہوتے تو آسمان سے بارش نہ برستی اے علیؑ جنت میں تیرے لیے خزانہ ہے جسے تو تقسیم کرے گا اور تیرے شیعہ اللہ کے گروہ سے جانے

جائیں گے اے علیؑ تو اور تیرے شیعہ انصاف پر قائم ہونگے اور اللہ کی مخلوق میں سے بہترین مخلوق ہونگے اے علیؑ سب سے پہلے مٹی سے میں سر نکالوں گا اور میرے ساتھ تم ہوگے اور پھر ساری مخلوق آئے گی اے علیؑ تو اور تیرے شعہ اپنے محبت رکھنے والوں کو پانی پلائیں گے اور تم جس کو ناپسند کروگے اسے دور کروگے اور تم بڑی مصیبت والے دن میں اللہ کی امان میں ہوگے لوگ گھبرائے ہوئے ہونگے اور تم نہیں گھبراؤ گے لوگ غمگیں ہونگے اور تم غمگیں نہ ہوگے اور تمہارے بارے میں یہ آیات نازل ہوئیں (بے شک وہ لوگ کہ جن کے لیے ہماری نیکی پہلے ہی ٹھہر چکی ہے وہ جہنم سے دور ہونگے ان کو بڑی مصیبت بھی غمگیں نہ کرسکے گی ان کو فرشتے ہاتھوں ہاتھ لیں گے اور کہیں گے کہ یہی وہ دن ہے جس کا تم سے وعدہ کیا جاتا رہا ہے)

اللہ کا قول (اور ہم نے زبور میں لکھ دیا پند و نصاع کے بعد کہ اس زمین کے وارث تو میرے نیک بندے ہی ہونگے)

تاویل۔ محمد بن العباس نے کہا کہ ہم سے احمد بن محمد نے انہوں نے احمد بن الحسن سے انہوں نے اپنے والد سے انہوں نے الحسین بن مخارق سے انہوں نے ابوالورد سے انہوں نے امام ابو جعفرؑ سے روایت کی ہے کہ اللہ کا قول (بے شک میری زمین کے وارث میرے نیک بندے ہی ہوں گے) اس سے مراد آل محمدؑ ہیں۔

ہم سے محمد بن علی نے کہا کہ مجھ سے میرے والد نے انہوں نے اپنے والد سے انہوں نے علی بن الحکم سے انہوں نے سفیان بن ابراہیم الجریری سے انہوں نے ابو صادق سے روایت کی ہے کہ میں نے امام ابو جعفرؑ سے اللہ کے اس قول کے بارے میں پوچھا (اور ہم نے زبور میں لکھ دیا) فرمایا اس سے مراد ہم ہیں (اس میں عبادت گزاروں کے لیے بڑی نصیحت ہے) فرمایا اس سے مراد ہمارے

تاویل الآیات   249

شیعہ ہیں۔

ہم سے محمد بن ھمام نے انہوں نے محمد بن اسماعیل سے انہوں نے عیسیٰ بن داؤد سے انہوں نے امام ابو الحسن موسیٰ بن جعفر علیہ السلام سے اللہ کے اس قول کے بارے میں روایت کی ہے (ہم نے زبور میں نصیحت کے بعد لکھ دیا کہ میری زمین کے وارث میرے نیک بندے ہونگے) فرمایا کہ اس سے مراد اہل بیت محمدؐ ہیں اور صاحب نصیحت وہ لوگ ہیں جو ہمارے اطاعت گزار ہیں (اور زمین) زمین سے مراد جنت کی زمین ہے۔

ہم سے احمد بن محمد نے انہوں نے احمد بن الحسن سے انہوں نے اپنے والد سے انہوں نے حسین بن محمد سے انہوں نے اپنے والد سے انہوں نے امام ابو جعفرؑ سے روایت کی ہے کہ اللہ کا قول (زمین کے وارث میرے نیک بندے ہیں) فرمایا اس سے مراد آخری زمانے کے اصحاب جو مہدیؑ کے ساتھ ہونگے وہ ہیں۔

اور اس پر دلالت خاص و عام کی روایت کرتی ہے جو نبیؐ سے روایت ہے کہ آپؐ نے فرمایا اگر دنیا میں ایک دن بھی باقی رہا تو اللہ اس دن کو بہت طویل کر دے گا یہاں تک کہ اللہ ہمارے اہل بیتؑ میں سے ایک فرد کو مبعوث کرے گا تو وہ زمین کو عدل و انصاف سے اس طرح بھر دے گا جس طرح کہ وہ ظلم و ستم سے بھی چکی ہو گی۔

سورة الحج

(اس سورہ مبارکہ کی وہ آیات جو آئمہ ھدیٰؑ کی شان میں نازل ہوئیں)

اللہ کا قول (پس کچھ ایسے لوگ ہیں کہ جو اللہ کے بارے میں بغیر علم و ہدایت اور روشن کتاب کے بحث و مباحثہ کرتے ہیں اپنی کروٹ موڑنے والا بن کر اس لیے کہ اللہ کی راسہ سے بہکادے اسے دنیا میں بھی رسوائی ہو گی اور قیامت کے دن بھی ہم اسے جہنم میں جلنے کا عذاب چکھائیں گے)

تاویل۔اہل بیتؑ سے تفسیر باطن میں آیا ہے کہ یہ قول (لوگوں میں سے ایسے بھی ہیں کہ جو اللہ کے بارے میں علم وہدایت کے بغیر اور روشن کتاب کے بغیر بحث و مباحثہ کرتے ہیں اپنی کروٹ موڑنے والا بن کر تاکہ لوگوں کو اس کی راہ سے بہکادے) فرمایا اس سے مراد پہلا ہے اور کروٹ بدلنے والا دوسرا ہے۔

اللہ کا قول (جس کا یہ خیال ہے کہ اللہ اپنے رسول کی مدد دنیا و آخرت میں نہیں کرے گا وہ اونچائی پر ایک رسہ باندھ کر کاٹ لے پھر دیکھ لے کہ اس کی چالاکیوں سے وہ بات ہٹ جاتی ہے جو اسے تڑپا رہی ہے)

تاویل۔ محمد بن العباس نے کہا کہ ہم سے محمد بن ھمام نے انہوں نے محمد بن اسماعیل العلوی سے انہوں نے عسیٰ بن داؤد النجار سے روایت کی ہے کہ امام موسیٰ بن جعفرؑ نے فرمایا کہ مجھ سے میرے والد گرامیؑ نے انہوں نے اپنے والد گرامیؑ سے روایت کی ہے کہ امام ابو جعفر الباقرؑ نے فرمایا کہ ایک دن رسول اللہؐ نے فرمایا میرے رب نے مجھ سے اپنی مدد کا وعدہ فرمایا ہے کہ وہ فرشتوں سے اور میرے بھائی علیؑ کے زریعے میری مدد کرے گا پس یہ بات قوم پر بڑی گراں گزری تو اللہ نے یہ آیت نازل فرمائی (جو لوگ یہ گمان کرتے ہیں کہ اللہ اپنے رسول کی مدد علیؑ کے ذریعے دنیا و آخرت میں نہیں کرے گا تو وہ آسمان کی طرف ایک رسہ باندھ لے پھر اسے کاٹ لے پھر دیکھے کہ اس کی چالاکیوں سے وہ بات ہٹ جاتی ہے)

اللہ کا قول (یہ دونوں اپنے رب کے بارے میں اختلاف کرنے والے ہیں پس کافروں کے لیے آگ کے کپڑے ہیں جو بیونت کر کے کاٹے جائیں گے اور ان کے سروں کے اوپر سے سخت کھولتا ہوا پانی بہایا جائے گا۔۔۔اس قول تک۔۔۔کہا جائے گا جلنے کا عذاب چکھو)

تاویل۔ آئمہ معصومینؑ کی روایات میں مروی ہے کہ یہ آیت عتبہ، ولید اور شیبہ کے بارے میں اور اہل بدر کے بارے میں نازل ہوئی۔

اللہ کا قول (پس اللہ ایمان والوں اور نیک عمل کرنے والوں کو جنت میں داخل کرے گا کہ جس کے نیچے نہریں بہہ رہی ہیں۔۔۔اس قول تک۔۔۔۔اور بہت زیادہ حمد والے کے راستے پر)

تاویل۔ روایات آئمہؑ سے مروی ہے کہ یہ آیت علیؑ، حمزہؓ اور عبیدۃ کے بارے میں بدر والے دن نازل ہوئی محمد بن العباس نے انہوں نے ابراھیم بن عبداللہ بن مسلم بن الحجاج بن المنہال سے اسناد کے ساتھ قیس بن عباد سے انہوں نے امیر المومنینؑ علیؑ ابن ابی طالبؑ سے روایت کی ہے کہ فرمایا سب

سے پہلے میں اپنے رب کے سامنے اپنے زانو فیصلہ کے لیے جھکاؤں گا۔

محمد بن یعقوب سے انہوں نے علی بن ابراہیم سے انہوں نے احمد بن محمد البرقی سے انہوں نے اپنے والد سے انہوں نے محمد بن الفضیل سے انہوں نے ابو حمزہ سے انہوں نے امام ابو جعفرؑ سے اللہ کے اس قول کے بارے میں روایت کی ہے (کہ یہ دونوں جو اپنے رب کے بارے میں جھگڑا کرنے والے ہیں) فرمایا ولایت علیؑ کے بارے میں ان کو آگ کے کپڑے پہنائے جائیں گے۔

الحسین بن محمد سے انہوں نے معلیٰ بن محمد سے اسناد کے ساتھ عبدالرحمٰن بن کثیر سے انہوں نے امام ابو عبد اللہؑ سے اللہ کے اس قول کے بارے میں روایت کی ہے (اللہ ایمان والوں اور نیک عمل کرنے والوں کو جنت میں داخل کرے گا کہ جس کے نیچے نہریں بہہ رہی ہیں) فرمایا اس مراد حمزہؓ ، جعفرؓ، عبیدہؓ، سلمانؑ، ابوذرؓ، مقدادؓ اور عمارؓ ہیں جن کو امیر المومنینؑ کی طرف بھیجا گیا۔

اللہ کا قول (جو ظلم کے ساتھ الحاد کرے گا ہم اسے دردناک عذاب چکھائیں گے)

تاویل۔ محمد بن یعقوب نے الحسین بن محمد سے متصل اسناد کے ساتھ عبدالرحمٰن بن کثیر سے روایت کی ہے کہ میں نے امام ابو عبد اللہؑ سے اللہ کے اس قول کے بارے میں پوچھا (جو ظلم کے ساتھ الحاد کرے گا ہم اسے دردناک عذاب چکھائیں گے) فرمایا یہ آیت امیر المومنینؑ پر ظلم کرنے والوں کے بارے میں نازل ہوئی جب انہوں نے کعبہ میں داخل ہو کر آپس میں عہد و پیمان کئے اپنے کفر و ستم پر امیر المومنینؑ کے بارے میں پھر انہوں نے رسول اللہؐ کے ولی کے گھر میں داخل ہو کر ان پر ظلم ڈھائے۔

اللہ کا قول (میرے گھر کا طواف کرنے والوں ، قیام کرنے والوں ، رکوع کرنے والوں اور سجدہ کرنے والوں کے لیے پاک کرو)

تاویل۔ محمد بن العباس سے روایت ہے کہ ہم سے محمد بن ھمام سے انہوں نے محمد بن اسماعیل العلوی سے انہوں نے عیسیٰ بن داؤد سے روایت کی ہے کہ امام موسیٰ بن جعفرؑ نے اللہ کے اس قول کے بارے میں فرمایا (پس میرے گھر کو طواف کرنے والوں ، قیام کرنے والوں رکوع اور سجود کرنے والوں کے لیے پاک کرو) اس سے مراد آل محمدؑ ہیں۔

اللہ کا قول (پھر وہ اپنا میل کچیل دور کریں اور اپنی نذروں کو پورا کریں)

تاویل۔ محمد بن العباس نے کہا ہم سے احمد بن ہور سے مرفوعاً اسناد کے ساتھ عبداللہ بن سنان سے انہوں نے زریح المحاری سے روایت کی ہے کہ میں نے امام ابو عبداللہؑ سے اللہ کے اس قول کے بارے میں پوچھا (پھر وہ اپنا میل کچیل دور کریں اور اپنی نذروں کو پورا کریں) امامؑ نے فرمایا کہ نذر سے مراد امامؑ کی ملاقات ہے۔

اللہ کا قول (جو اللہ کے محرمات کی تعظیم کرے تو وہ اس کے لیے اس کے رب کے ہاں بہتر ہے)

تاویل۔ محمد بن العباس نے کہا کہ ہم سے محمد بن ھمام نے انہوں نے محمد بن اسماعیل العلوی سے انہوں نے عیسیٰ بن داؤد النجار سے انہوں نے امام موسیٰؑ سے انہوں نے اپنے والد گرامی امام جعفرؑ سے سے اللہ کے اس قول کے بارے میں روایت کی ہے (اور جو اللہ کے محرمات کی تعظیم کرے تو وہ اس کے لیے اس کے رب کے ہاں بہتر ہے) فرمایا تین حرمتیں واجب ہیں جس نے ایک حرمت کو بھی قطع کیا تو اسے نے اللہ کے ساتھ کفر کیا

فرمایا پہلی حرمت بیت اللہ کی حرمت ہے دوسرا کتاب کو معطل کرنا اور تیسرا ہماری ولایت و مودت کو قطع کرنا ہے جسے اللہ نے واجب قرار دیا ہے۔

اللہ کا قول (اور عاجزی کرنے والوں کو خوشخبری سنا دیجئے کہ جب ان کے سامنے اللہ کا ذکر کیا جاتا ہے تو ان کے دل خوف سے تھرا جاتے ہیں مصائب میں اس پر صبر کرتے ہیں نماز قائم کرتے ہیں اور جو ہم ان کو رزق دیتے ہیں اس میں سے خرچ کرتے ہیں)

تاویل۔ محمد بن العباس نے کہا کہ ہم سے محمد بن ھمام نے انہوں نے محمد بن اسماعیل العلوی سے انہوں نے عیسیٰ بن داؤد سے روایت کی ہے کہ امام موسیٰ بن جعفرؑ نے فرمایا میں نے اپنے والد گرامی سے اللہ کے اس قول کے بارے میں روایت کی ہے کہ (عاجزی کرنے والوں کو خوشخبری دے دیجئے) یعنی جو اپنے رب کے سامنے جھکتے ہیں اور ظلم نہیں کرتے اور پھر اللہ نے ان کا وصف بیان کیا ہے (کہ جب ان کے سامنے اللہ کا ذکر کیا جاتا ہے تو ان کے دل تھرا جاتے ہیں) یعنی جب وہ اللہ سے ڈرتے ہیں (اور جو انہیں مصیبت پہنچتی ہے اس پر صبر کرتے ہیں) مصیبتوں اور بلاؤں میں اللہ کی اطاعت کرتے ہیں (نماز قائم کرتے ہیں) ان کے اوقات میں اور حدوں میں رہ کر (اور جو ہم نے ان کو رزق دیا ہے اس میں سے خرچ کرتے ہیں) پس یہ آئمہؑ کی صفات ہیں۔

اللہ کا قول (اور اللہ ایمان والوں سے دشمنوں کو خود دور کر دیتا ہے اور بے شک اللہ ہر خیانت کرنے والے ناشکرے کو پسند نہیں کرتا)

تاویل۔ محمد بن العباس سے روایت ہے کہ ہم سے محمد بن الحسن بن علی نے کہا کہ مجھ سے میرے والد نے انہوں نے اپنے والد سے انہوں نے ابن ابی عمیر سے انہوں نے منصور بن یونس سے انہوں نے اسحاق بن عمار سے روایت کی ہے کہ میں نے امام ابو عبداللہؑ سے اللہ کے اس قول کے بارے میں

پوچھا(اللہ ایمان والوں سے ان کے دشمنوں کو خود ہی دور کر دیتا ہے)فرمایا وہ ہم ہیں کہ جو ایمان والے ہیں اور ہم سے اور ہمارے شیعوں سے اللہ تمام تکلیفوں کو دور کر دیتا ہے اور بے شک اللہ ہر خیانت کرنے والے کو جو اہل بیتؑ کی مودت سے خیانت کرتا ہے اور ناشکرا ہماری ولایت کا انکار کرنے والا ہے اللہ اس سے شدید نفرت کرتا ہے۔

اللہ کا قول (جن سے جنگ کر رہے ہیں کہ ان کو بھی مقابلے کی اجازت دی جاتی ہے اور بے شک اللہ ان کی مدد پر قادر ہے)

تاویل۔ابو علی الطبرسی نے کہا یہ آیت پہلی آیت ہے جو جہاد کرنے والوں کے بارے میں نازل ہوئی کہ مومنوں کو اجازت دی گئی کہ وہ جہاد کریں کیونکہ ان کو ان کے گھروں سے نکال دیا گیا اور یہ بھی کہ ہم سے الحسین بن عامر نے انہوں نے محمد بن عیسیٰ بن عبید سے انہوں نے صفوان بن یحییٰ سے انہوں نے حکیم الحناط سے انہوں نے ضریس سے انہوں نے امام ابو جعفرؑ کو فرماتے ہوئے سنا کہ (جن لوگوں سے جنگ کرتے ہیں ان کو بھی جنگ کی اجازت دی جاتی ہے کیونکہ ان پر ظلم کیا گیا اور بے شک اللہ ان کی نصرت پر قادر ہے) فرمایا حسنؑ اور حسینؑ کی نصرت پر۔

ہم سے الحسین بن احمد المالکی نے انہوں نے محمد بن عیسیٰ سے انہوں نے یونس سے انہوں نے المثنی الحناط سے انہوں نے عبداللہ بن عجلان سے انہوں نے امام ابو جعفرؑ سے اللہ کے اس قول کے بارے میں روایت کی ہے آپؑ نے فرمایا کہ یہ آیت قائمؑ اور ان کے اصحاب کے بارے میں نازل ہوئی۔

اللہ کا قول (وہ لوگ کہ جن کو ان کے گھروں سے ناحق نکالا گیا کہ وہ صرف یہ کہتے تھے کہ ہمارا رب اللہ ہے

تاویل ۔ محمد بن العباس نے کہا ہم سے عبد العزیز بن یحییٰ نے انہوں نے محمد بن عبد الرحمٰن بن الفضل سے انہوں نے جعفر بن الحسین الکوفی سے انہوں نے محمد بن زید امام ابو جعفرؑ کے غلام سے انہوں نے اپنے والد سے روایت کی ہے کہ میں نے اپنے مولا امام ابو جعفرؑ سے اللہ کے اس قول کے بارے میں روایت کی ہے (جن کو ان کے گھروں سے ناحق نکالا گیا کہ انہوں نے کہا ہمارا رب اللہ ہے) فرمایا کہ یہ آیت علیؑ و حمزہؓ و جعفرؑ کے بارے میں نازل ہوئی اور یہی آیت حسینؑ کے بارے میں بھی نازل ہوئی کہ جب وہ مدینہ سے عازم کربلا ہوئے

ہم سے محمد بن ھمام نے انہوں نے محمد بن اسماعیل سے انہوں نے عیسیٰ بن داؤد النجار سے روایت کی ہے کہ ہم سے ہمارے مولا امام موسیٰؑ بن جعفرؑ نے انہوں نے اپنے والد گرامیؑ سے اللہ کے اس قول کے بارے میں روایت کی ہے (جن کو ان کے گھروں سے ناحق نکالا گیا) فرمایا یہ خاص طور پر ہمارے بارے میں یعنی امیر المومنینؑ اور ان کی ذریت کے بارے میں نازل ہوئی۔

اللہ کا قول (وہ لوگ اگر اللہ نہیں زمین میں ٹھکانہ دے تو وہ نماز قائم کریں زکواۃ دیں نیکی کا حکم دیں اور برائی سے روکیں اور تمام کاموں کا انجام اللہ کے اختیار میں ہے)

تاویل۔ محمد بن العباس نے کہا کہ ہم سے احمد بن محمد بن سعید نے انہوں نے محمد بن الحسن سے انہوں نے اپنے والد سے انہوں نے حصین بن محارق سے انہوں نے امام موسیٰ بن جعفرؑ سے انہوں نے اپنے والد گرامیؑ سے انہوں نے اپنے آباءؑ سے اللہ کے اس قول کے بارے میں روایت کی ہے فرمایا کہ اس آیت سے مراد ہم ہی ہیں۔

ہم سے احمد بن محمد نے انہوں نے احمد بن الحسن سے انہوں نے اپنے والد سے انہوں نے حصین بن مخارق سے انہوں نے عمرو بن ثابت سے انہوں نے امام ابو عبد اللہؑ انہوں نے اپنے والد گرامیؑ سے

انہوں نے اپنے والد گرامیؑ سے اللہ کے اس قول کے بارے میں روایت کی ہے (اگر اللہ انہیں زمین میں جگہ دے تو وہ نماز قائم کریں گے اور زکواۃ دیں گے نیکی کا حکم دیں گے اور برائی سے روکیں گے) فرمایا یہ آیت ہم اہل بیتؑ کے بارے میں نازل ہوئی۔

ہم سے محمد بن ہمام نے انہوں نے محمد بن اسماعیل العلوی سے انہوں نے عیسیٰ بن داؤد سے انہوں نے امام ابو الحسن موسیٰؑ بن جعفرؑ سے روایت کی ہے کہ میں ایک دن مسجد میں اپنے والد گرامیؑ کے پاس تھا کہ ایک آدمی آیا اور ان کے سامنے کھڑا ہو گیا اور کہا اے فرزند رسولؐ مجھے اس آیت کے بارے میں پوچھنا ہے کہ اس سے مراد کون ہے میں نے جابر بن یزید سے پوچھا تو اس نے مجھے آپؑ کے پاس بھیجا ہے فرمایا کونسی آیت ؟اس نے کہا اللہ کا یہ قول (اگر ان لوگوں کو اللہ زمین میں جگہ دے تو وہ نماز قائم کریں گے زکواۃ دیں گے نیکی کا حکم دیں گے اور برائی سے روکیں گے اور تمام کاموں کا انجام اللہ ہی کے اختیار میں ہے) تو میرے والد گرامیؑ نے فرمایا کہ ہاں یہ آیت ہمارے بارے میں نازل ہوئی اس لیے کہ فلاں فلاں اور ان کا گروہ نبیؐ کے پاس آیا اور کہا یا رسول اللہؐ آپؐ کے بعد اس امر کو وارث کون ہے اللہ کی قسم اگر یہ آپؐ کے گھر والوں میں چلا گیا تو ہمیں جان کے لالے پڑ جائیں گے اور اگر ان کے سوا کسی اور طرف چلا گیا تو ہو سکتا ہے کہ اسے ہمارے سوا لوگ زیادہ قریب عزیز ہوں پس رسول اللہؐ کو جلال آگیا اور فرمایا اللہ کی قسم اگر تم اللہ اور اس کے رسولؐ پر ایمان رکھتے ہوتے تو میرے اہل بیتؑ کا بغض نہ رکھتے کیونکہ ان کا بغض میرا بغض ہے اور میرا بغض کفر ہے اللہ کی قسم اگر اللہ انہیں زمین میں جگہ دے تو وہ نماز قائم کریں گے زکواۃ دیں گے نیکی کا حکم دیں گے اور برائی سے روکیں گے پس اللہ نے یہ آیت نازل کی تو قوم نے قبول نہ کیا پس اللہ نے یہ آیت نازل فرمائی (اگر وہ آپ کو جھٹلائیں تو ان سے پہلے قوم نوح، قوم عاد و ثمود اور قوم ابراہیم اور قوم لوط

،اصحاب ردین اور موسیٰ کی قوم نے ان کو جھٹلایا)

ہم سے محمد بن الحسین بن حمید نے انہوں نے جعفر بن عبداللہ سے انہوں نے کثیر بن عیاش سے انہوں نے ابوالجارود سے انہوں نے امام ابو جعفرؑ سے اللہ کے اس قول کے بارے میں روایت کی ہے کہ یہ آیت آل محمدؑ کے قائمؑ کے بارے میں نازل ہوئی اور ان کے اصحاب کے بارے میں نازل ہوئی کہ اللہ نے انہیں زمین کے مشرق و مغرب میں حکومت دے گا اور باطل کو اور اصحاب بدعت کو موت دے گا اور وہ نیکی کا حکم دیں گے اور برائی سے روکیں گے۔

اللہ کا قول (رکے ہوئے کنویں اور بلند محل)

تاویل۔ محمد بن العباس نے کہا کہ ہم سے الحسین بن عامر نے انہوں نے محمد بن الحسین سے انہوں نے ربیع بن محمد سے انہوں نے صالح بن سہل سے روایت کی ہے کہ میں نے امام ابو عبداللہؑ کو فرماتے ہوئے سنا کہ اللہ کا قول (کنویں اور بلند محل) فرمایا امیر المومنینؑ بلند محل ہیں اور کنویں سے مراد فاطمہؑ ہیں کہ جن کی اولاد کو خلافت سے محروم رکھا گیا۔

الشیخ محمد بن یعقوب نے انہوں نے محمد بن الحسین سے اور علی بن محمد سے انہوں نے سہل بن زیاد سے انہوں نے موسیٰ بن القاسم البجلی سے انہوں نے علی بن جعفر سے انہون نے اپنے امام موسیٰؑ سے اللہ کے اس قول کے بارے میں روایت کی ہے کہ فرمایا کہ (رکے ہوئے کنویں اور بلند محل) رکے ہوئے کنویں سے مراد امام صامت ہے اور بلند محل سے مراد امام ناطق ہے۔

ابو عبداللہ الحسین بن جبیر سے مرفوعاً امام صادقؑ سے اللہ کے اس قول کے بارے میں روایت ہے (رکے ہوئے کنویں اور بلند محل) فرمایا کہ رسول اللہؐ نے فرمایا رکے ہوئے کنویں اور بلند محل سے

مراد علیؑ ہیں۔

علی بن ابراہیم نے کہا کہ اللہ کے قول (رکے ہوئے کنویں اور بلند محل) یہ مثال آل محمدؑ اور امام قائمؑ کے لیے ہے جو ان کی غیبت پر دلالت کرتی ہے اور بلند محل آل محمدؑ کی عزت و شرف کی طرف اشارہ ہے پس ان کی بزرگی کے محل کا کوئی اندازہ نہیں کر سکتا اور نہ ہی ان کے علم کے کنویں کی گہرائی کو کوئی ماپ سکتا ہے۔

اللہ کا قول (پس وہ لوگ جو ایمان لائے اور نیک عمل کئے ان کے لیے بخشش اور عزت والی روزی ہے اور جن لوگوں نے ہماری آیات کے بارے میں دوڑ دھوپ کی وہ عاجز آگئے یہی جہنم والے ہیں)

تاویل۔ محمد بن العباس نے کہا کہ ہم سے محمد بن ھمام نے انہوں نے محمد بن اسماعیل العلوی سے انہوں نے عیسیٰ بن داؤد سے انہوں نے امام موسیٰؑ بن جعفرؑ سے انہوں نے اپنے والد گرامیؑ سے اللہ کے اس قول کے بارے میں روایت کی ہے (وہ لوگ جو ایمان لائے اور نیک عمل کئے ان کے لیے بخشش اور عزت والی روزی ہے) فرمایا اس سے مراد آل محمدؑ ہیں (اور جن لوگوں نے آل محمدؑ کی مودت قطع کرنے میں دوڑ دھوپ کی وہ عاجز آگئے وہی جہنم والے ہیں) فرمایا یہ گروہ، بنو تیم، عدی اور امیہ کے گروہ ہیں۔

اللہ کا قول(اور ہم نے آپ سے پہلے جتنے بھی نبی یا رسول بھیجے ہیں اور محدث)

تاویل۔ محمد بن العباس نے کہا کہ ہم سے جعفر بن محمد الجعفی نے انہوں نے ادریس بن زیاد الحناط سے انہوں نے الحسن بن محبوب سے انہوں نے جمیل بن صالح سے انہوں نے زیاد بن سوقہ سے انہوں نے الحکم بن عتیبہ سے روایت کی ہے کہ مجھ سے امام علیؑ بن الحسینؑ نے کہا اے حکم ! کیا تم اس آیت

کو جانتے ہو جس کے ذریعے علیؑ نے اپنے قاتل کو پہچان لیا اور جس کے زریعے وہ لوگوں کے معاملات کو جانتے تھے میں نے کہا نہیں اللہ کی قسم اے ابن رسول اللہؐ مجھے وہ آیت بتائیں فرمایا یہ اللہ کا قول ہے (اور ہم نے آپ سے پہلے جتنے نبی اور رسول بھیجے اور بیان کرنے والے (محدث)) میں نے کہا کیا بیان کرنے والے علیؑ ہیں ؟آپؑ نے فرمایا ہاں اور ہم میں سے ہر امامؑ بیان کرنے والا ہے۔

ہم سے الحسین بن عامر سے انہوں نے محمد بن الحسین بن ابی الخطاب سے انہوں نے صفوان بن یحییٰ سے انہوں نے داؤد بن فرقد سے انہوں نے الحارث بن المغیرہ النصری سے روایت کی ہے کہ مجھ سے حکم بن عتبیہ سے روایت کی ہے کہ مجھ سے میرے مولا امام علیؑ بن الحسینؑ نے مجھے فرمایا کہ علیؑ کا سارا علم ایک آیت میں ہے پس حمدان بن اعین ان سے پوچھنے نکلا تو پتا چلا کہ وہ شہید ہو گئے تو اس نے امام ابو جعفرؑ سے کہا کہ حکم نے مجھے بتایا ہے کہ علیؑ بن الحسینؑ نے فرمایا کہ علیؑ کا سارا علم ایک ہی آیت میں تھا تو امام ابو جعفرؑ نے فرمایا کیا تم نہیں جانتے کہ یہ آیت کون سی ہے میں نے کہا نہیں فرمایا یہ اللہ کا قول ہے (اور ہم نے آپ سے پہلے جتنے بھی انبیاء ورسول اور محدث بھیجے) فرمایا وہ بیان کرنے والے علیؑ ہیں پھر آپؑ نے رسول، نبی اور محدث (بیان کرنے والے) کے فضائل بیان کئے۔

ہم سے الحسین بن احمد نے انہوں نے محمد بن عیسیٰ سے انہوں نے القاسم بن عروۃ سے انہوں نے برید العجلی سے روایت کی ہے کہ میں نے امام ابو جعفرؑ سے رسول، نبی اور محدث کی شان کے بارے میں دریافت کیا تو فرمایا کہ رسول وہ ہیں جن کے پاس فرشتے آتے ہیں اور اللہ کا پیغام پہنچاتے ہیں پس نبی وہ ہے کہ جو خواب میں دیکھے وہ حقیقت میں بھی ایسے ہی دیکھتا ہے اور محدث وہ ہے جو فرشتوں کی باتیں سنے اور دیکھے اور اس کے دل میں وحی کی جاتی ہے۔

علی بن ابراہیم نے اپنی تفسیر میں امام ابو عبد اللہؑ سے روایت کی ہے کہ آپؑ نے اس آیت کی تفسیر میں

فرمایا (ہم نے آپ سے پہلے جتنے بھی نبی رسول اور محدث بھیجے) فرمایا محدث ہم ہیں۔

اللہ کا قول (پس وہ لوگ جنہوں نے اللہ کی راہ میں ہجرت کی پھر وہ قتل کر دیئے گئے یا مر گئے تو اللہ ان کو بہترین رزق دے گا اور بے شک اللہ بہترین رزق دینے والا ہے)

تاویل۔ محمد بن العباس سے انہوں نے کہا کہ ہم سے محمد بن ھمام نے انہوں نے محمد بن اسماعیل سے انہوں نے عیسیٰ بن داؤد سے انہوں نے کہا کہ ہم سے امام موسیٰ بن جعفرؑ نے انہوں نے اپنے والد گرامیؑ سے اللہ کے اس قول کے بارے میں روایت کی ہے (وہ لوگ جنہوں نے اللہ کے راستے میں ہجرت کی پھر وہ قتل ہوگئے یا مارے گئے) فرمایا یہ آیت امیر المومنینؑ کے بارے میں نازل ہوئی۔

اللہ کا قول (یہ اس لیے کہ جس نے بدلہ لیا اسی کے برابر جو اس کے ساتھ کیا گیا تھا پھر اگر اس سے زیادتی کی جائے تو یقیناً اللہ خود اس کی مدد فرمائے گا بے شک اللہ در گزر کرنے والا اور بخشنے والا ہے)

تاویل۔ اسناد کے ساتھ امام موسیٰ بن جعفرؑ سے انہوں نے اپنے والد گرامیؑ سے روایت کی ہے کہ میں نے اپنے والد گرامی محمدؑ بن علیؑ سے پوچھا اے جان کیا یہ آیت خاص طور پر امیر المومنینؑ کے بارے میں نازل ہوئی فرمایا جی ہاں۔

اللہ کا قول (اور ہم نے ہر گروہ کے لیے عبادت کا طریقہ مقرر کر دیا ہے پس وہ اس پر بھی عبادت کریں پس وہ آپ سے اس امر کو دور نہ کر دیں پس آپ اپنے رب کی طرف لوگوں کو بلائیے بے شک آپ سیدھے راستے پر ہیں)

تاویل۔ محمد بن العباس نے اسناد کے ساتھ عیسیٰ بن داؤد سے انہوں نے کہا کہ ہم سے امام موسیٰ بن جعفرؑ نے انہوں نے اپنے والد گرامیؑ سے روایت کی ہے کہ جب یہ آیت نازل ہوئی (اور ہم نے ہر

گروہ کے لیے ایک عبادت کا طریقہ مقرر کر دیا وہ اسی پر عبادت کرتے رہیں پس وہ آپ کو دور نہ کر دیں) رسول اللہؐ نے ان کو جمع کیا پھر فرمایا اے مہاجرین و انصار اللہ فرماتا ہے (ہم نے ہر گروہ کے لیے عبادت کا طریقہ مقرر کر دیا پس وہ اسی پر عبادت کریں) فرمایا وہ امام ہیں کہ جو ہر امت میں نبی کے بعد ہوتا ہے یہاں تک کہ دوبارہ نبی آجائیں پس جان لو کہ جس امام کی اطاعت واجب ہے اور وہ دین جس پر چلا جائے وہ علیؑ ابن ابی طالبؑ ہیں کہ جو میرے بعد تمہارے امام ہیں پس قوم اٹھ کھڑی ہوئی اور کہا کہ اللہ کی قسم ہم ان سے اس امر کو چھین لیں گے اور ان کو اس سے دور کر دیں گے پس اللہ نے یہ آیت نازل کی (پس تم اپنے رب کی طرف بلاؤ بے شک آپ سیدھے راستے پر اور ہدایت پر ہیں) ۔

اللہ کا قول (اور جب ان کے سامنے ہماری روشن آیات تلاوت کی جاتی ہیں تو آپ کافروں کے چہرے پر صاف ناگواری پہچان لیتے ہیں قریب ہے کہ وہ ہماری آیات سنانے والوں پر حملہ کر دیں کہہ دیجئے کہ کیا میں تم کو اس سے بھی بدتر خوشخبری نہ دوں وہ آگ ہے کہ جس کا اللہ نے کافروں سے وعدہ کیا ہے اور وہ بہت برا ٹھکانہ ہے)

تاویل ۔ محمد بن العباس نے کہا کہ ہم سے محمد بن ھمام نے انہوں نے محمد بن اسماعیل العلوی سے انہوں نے عیسیٰ بن داؤد سے انہوں نے امام موسیٰ بن جعفرؑ سے انہوں نے اپنے والد گرامیؑ سے اللہ کے اس قول کے بارے میں روایت کی ہے (اور جب ان کے سامنے ہماری روشن آیات تلاوت کی جاتی ہیں تو آپ کافروں کے چہرے پر صاف ناگواری پہچان لیتے ہیں قریب ہے کہ وہ ہماری آیات سنانے والوں پر حملہ کر دیں) فرمایا کہ جب کوئی آیت علیؑ کی شان میں نازل ہوتی تو قوم ناراض ہو جاتی اور غصے میں آجاتی اور اسے ناپسند کرتے یہاں تک کہ رسول اللہؐ پر اس رات کو گھاٹی پر قتل کرنے کا ارادہ کر لیا غصے

اور حسد کی وجہ سے۔

اللہ کا قول (اے ایمان والوں رکوع اور سجود کرو اور اپنے پروردگار کی عبادت کرو۔۔۔اللہ کے اس قول تک۔۔۔پس اس جیسا کوئی مولا ہے اور نہ ہی مددگار)

تاویل۔ علی بن ابراہیم نے روایت کی ہے کہ اللہ نے آئمہ ؑ کو مخاطب کیا اور فرمایا (اے ایمان والوں رکوع کرو اور سجدہ کرو اور اپنے رب کی عبادت کرو اور بھلائی کے کام کرو تاکہ تم فلاح پا جاؤ اور اللہ کے راستے میں اسے جہاد کرو کہ جیسا جہاد کرنے کا حق ہے اس نے تم کو چن لیا ہے اور دین میں تم پر کوئی حرج نہیں رکھا کہ جو تمہارے باپ ابراہیم کا دین ہے اس نے تم کو مسلمانوں کا نام دیا اس سے پہلے اور اس میں یعنی قرآن میں تاکہ تم پر رسول گواہ رہیں اے آئمہ ؑ پس تم لوگوں پر گواہ رہو پس نماز قائم کرو زکواۃ ادا کرو اور اللہ کی رسی کو مضبوطی سے پکڑ لو وہ تمہارا مولا ہے اور بہت بہتر مولا ہے اور بہت بہتر مددگار ہے)

الشیخ محمد بن یعقوب الکلینی نے انہوں نے علی بن ابراہیم سے انہوں نے اپنے والد سے انہوں نے ابن ابی عمیر سے انہوں نے ابن ازنیہ سے انہوں نے برید العجلی سے روایت کی ہے کہ میں نے امام ابو جعفر ؑ سے اللہ کے اس قول کے بارے میں پوچھا (اے ایمان والوں رکوع کرو سجدہ کرو اپنے پروردگار کی عبادت کرو اور بھلائی کے کام کرو تاکہ تم فلاح پا جاؤ اور اللہ کے راستے میں ایسے جہاد کرو جیسے جہاد کرنے کا حق ہے اس نے تم کو چن لیا ہے) فرمایا اس سے مراد ہم ہیں اور اللہ نے (دین میں ہم پر کوئی حرج نہیں رکھا) اور اللہ نے ہمیں تمام کتب میں مسلمانوں کا نام دیا اور اس قرآن میں بھی (تاکہ رسول تم پر گواہ رہیں اور تم لوگوں پر گواہ رہو) پس رسول اللہ ؐ ہم پر گواہ ہیں کہ جو ہم تک اللہ کی طرف سے انہوں نے پہنچایا ہے اور ہم لوگوں پر گواہ ہیں جس نے ہم کو مانا ہم اس کی تصدیق کریں

گے اور جس نے ہمیں جھٹلایا ہم قیامت کے دن اسے جھٹلائیں گے۔

محمد بن العباس نے کہا کہ ہم سے محمد بن ھمام نے انہوں نے محمد بن سعید العلوی سے انہوں نے عیسیٰ بن داؤد سے انہوں نے کہا کہ ہم سے امام موسیٰ بن جعفرؑ نے انہوں نے اپنے والد گرامیؑ سے اللہ کے اس قول کے بارے میں روایت کی ہے (اے ایمان والوں رکوع کرو اور سجدہ کرو) فرمایا تم کو رکوع و سجود اور اللہ کی عبادت کا حکم دیا گیا ہے کہ جس کو فرض قرار دیا گیا ہے اس کا حکم دیا گیا ہے پس جو بھلائی کا کام ہے وہ اطاعت امیر المومنینؑ ہے اور اللہ کے راستے میں جہاد ایسے ہے کہ جیسا جہاد کرنے کا حق ہے اس نے تم کو چن لیا ہے اے آل محمدؑ کے شیعوں اور دین میں تم پر کوئی حرج نہیں رکھا اور اسی نے تم کو مسلمانوں کا نام دیا تاکہ رسول اللہؐ تم پر گواہ رہیں (اے آل محمدؑ) اور تم لوگوں پر گواہ رہو کہ انہوں نے تمہارا حق چھین لیا اور تم سے قطع رحمی کی اللہ کی کتاب سے مذاق کیا پس نماز قائم کرو زکواۃ دو اور اللہ کو مضبوطی سے تھام لو اے آل محمدؐ اور ان کے اہل بیتؑ (وہ تمہارا مولا ہے تم اور تمہارے شیعہ پس اس جیسا نہ کوئی مولا ہے اور نہ مددگار)

سورۃ المومنون

(اس سورہ مبارکہ کی وہ آیات جو آئمہ ھدیٰؑ کی شان میں نازل ہوئیں)

اللہ کا قول (وہ مومن جو فلاح پاگئے جو اپنی نماز میں خشوع کرتے ہیں ۔۔اس قول تک ۔۔۔جو فردوس کا ورثہ پائیں گے اس میں ہمیشہ رہیں گے)

تاویل۔ محمد بن العباس نے کہا کہ ہم سے محمد بن ھمام نے انہوں نے محمد بن اسماعیل سے انہوں نے عیسیٰ بن داؤد سے انہوں نے امام موسیٰ بن جعفرؑ سے انہوں نے اپنے والد گرامیؑ سے اللہ کے اس قول کے بارے میں روایت کی ہے (وہ مومن جو فلاح پاگئے جو اپنی نماز میں خشوع کرتے ہیں۔۔اس قول تک ۔۔۔جو فردوس کا ورثہ پائیں گے اس میں ہمیشہ رہیں گے) فرمایا یہ آیت رسول اللہؐ ،امیر المومنینؑ، فاطمہؑ، حسنؑ اور حسینؑ کے بارے میں نازل ہوئی۔

اللہ کا قول (یقیناً تمہاری امت ایک ہی امت ہے اور میں ہی تم سب کا رب ہوں پس تم مجھ سے ہی ڈرتے رہو

تاویل۔ محمد بن العباس سے کہا کہ ہم سے احمد بن احمد نے انہوں نے احمد بن الحسین سے انہوں نے اپنے والد سے انہوں نے حصین بن مخارق سے انہوں نے ابوالورد سے اور ابوالجارود سے انہوں نے امام ابو جعفرؑ سے اللہ کے اس قول کے بارے میں روایت کی ہے کہ اس سے مراد آل محمدؑ ہیں پس اس امت سے مراد آل محمدؑ ہیں اللہ کا قول (یعنی ایک گروہ) یعنی جو تقسیم نہیں نہ ہی اپنے اقوال میں اور نہ ہی اعمال میں بلکہ سب ایک ہی طریقہ پر ہیں وہ کبھی اختلاف نہیں کرتے اگر اس سے امت محمدیہ مراد ہوتی تو نبیؐ یہ نہ فرماتے کہ عنقریب میری امت تہتر فرقوں میں تقسیم ہو جائے گی ان میں سے ایک نجات پانے والا ہے باقی سب دوزخ میں جائیں گے اور فرقہ ناجیہ ایک ہی امت ہے اور وہ آل محمدؑ اور ان کے شیعہ ہیں۔

اللہ کا قول (یقیناً جو لوگ اپنے رب کی ہیبت سے ڈرتے ہیں۔۔اس قول تک ۔۔۔وہ ہی سبقت لے جانے والے ہیں)

تاویل۔ محمد بن العباس نے کہا ہم سے محمد بن ھمام سے انہوں نے محمد بن اسماعیل سے انہوں نے عیسیٰ بن داؤد سے انہوں نے امام موسیٰ بن جعفرؑ سے روایت کی انہوں نے اپنے والد گرامیؑ سے اس آیت کے بارے میں روایت کی ہے کہ فرمایا یہ آیت امیر المومنینؑ کے بارے میں نازل ہوئی (کہ وہ لوگ جو اپنے رب سے ڈرتے ہیں اور اپنے رب کی آیات پر ایمان رکھتے ہیں اور وہ کہ جو اپنے رب کے ساتھ شرک نہیں کرتے اور وہ وہی لیتے ہیں جو ان کو دیا جاتا ہے اور ان کے دل تھرا جاتے ہیں کہ ان کو ان کے رب کی طرف لوٹ کر جانا ہے یہی لوگ ہیں جو بھلائیوں کی طرف لپکتے ہیں اور اس کی طرف سبقت لے جاتے ہیں)

الشیخ محمد بن یعقوب نے اللہ عزوجل کے اس قول کی تاویل میں کہا ہے کہ انہوں نے علی بن ابراہیم

سے انہوں نے اپنے والد سے اور علی بن محمد القاشانی سے انہوں نے القاسم بن محمد سے انہوں نے سلیمان بن المنقری سے انہوں نے حصفں بن غیاث سے روایت کی ہے کہ میں نے امام ابو عبداللہؑ کو فرماتے ہوئے سنا کہ زندگی صرف دو لوگوں کی ہے ایک وہ جو کہ ہر دین نیکیاں زیادہ کرتا ہے اور ایک جو توبہ کے زریعے برائیوں کا تدارک کرتا ہے اللہ کی قسم اگر وہ سجدہ کرے یہاں تک کہ اس کی گردن کٹ جائے تو اللہ اس سے ہماری ولایت کے بغیر کچھ بھی قبول نہیں کرے گا اس لیے اللہ نے ان کا وصف بیان کیا ہے (اور وہ لوگ کہ جو ان کو دیا جاتا ہے وہ دیتے ہیں اور ان کے دل تھرا جاتے ہیں کہ ان کو ان کے رب کی طرف لوٹ کر جانا ہے) پوچھا گیا مولاؑ ان کو کیا دیا جاتا ہے ؟ فرمایا اللہ کی قسمؑ ان کو ہماری محبت و ولایت اور ہماری اطاعت دی گئی وہ اس سے خائف نہیں ان پر شک کا خوف نہیں لیکن وہ اس سے خائف ہیں کہ وہ ہماری اطاعت و محبت و ولایت میں کمی نہ کریں۔

اللہ کا قول (وہ لوگ جو آخرت پر ایمان نہیں رکھتے وہ سیدھے راستے سے پھر جاتے ہیں)

تاویل۔ محمد بن العباس نے کہا کہ ہم سے احمد بن الفضل الاہوازی سے انہوں نے بکر بن محمد بن ابراہیم الخلیل سے کہا کہ ہم سے زید بن موسیٰ نے انہوں نے اپنے والد امام موسیٰؑ سے انہوں نے اپنے والد گرامی امام جعفرؑ سے انہوں نے اپنے والد گرامی امام محمد باقرؑ سے انہوں نے اپنے والد گرامی امام علیؑ بن الحسینؑ سے انہوں نے اپنے والد گرامی حسینؑ سے انہوں نے اپنے والد گرامی امیر المومنینؑ علیؑ ابن ابی طالبؑ سے اللہ کے اس قول کے بارے میں روایت کی ہے (وہ لوگ جو آخرت پر یقین نہیں رکھتے وہ سیدھے راستے سے پھر جانے والے ہیں) فرمایا ہماری ولایت سے۔

اس کی تائید یہ روایت کرتی ہے ہم سے علی بن العباس نے انہوں نے جعفر الرصانی سے انہوں نے الحسین بن علوان سے انہوں نے سعد بن ظریف سے انہوں نے اصبغ بن نباتہ سے انہوں نے جناب

امیرؑ سے اللہ کے اس قول کے بارے میں روایت کی ہے (وہ لوگ جو آخرت پر یقین نہیں رکھتے وہ سیدھے راستے سے پھر جاتے ہیں) فرمایا ہماری ولایت سے پھر جاتے ہیں۔

اللہ کا قول (کہہ دیجئے اے میرے پروردگار مجھے وہ دکھا جسکا انہیں وعدہ دیا جاتا ہے)

تاویل۔ علی بن العباس سے انہوں نے الحسن بن محمد سے انہوں نے العباس بن ابان العامری سے انہوں نے

عبدالغفار سے اسناد کے ساتھ مرفوعاً عبداللہ بن عباس سے اور جابر بن عبداللہ سے روایت کی ہے کہ رسول اللہؐ نے حجتہ الوداع کے موقع پر منیٰ میں فرمایا میرے بعد کافر نہ ہو جانا کہ ایک دوسرے کی گردنیں مارنے لگو اور اگر اللہ کی قسم تم نے ایسا کیا تو اہل کتاب تم کو پہچان کر ماریں گے پھر پیچھے مڑ کر دیکھا تو پکارے اے علیؑ اے علی۔

ہم سے جبرائیل غمزہ نے ایک روایت کی ہے اور کہا پس یہ آیت نازل ہوئی (کہہ دیجئے اے میرے پروردگار مجھے وہ دکھا جس کا انہیں وعدہ دیا جاتا ہے)

اللہ کا قول (پس جس کے اعمال بھاری ہو جائیں گے وہی نجات پانے والے ہیں)

تاویل۔ محمد بن العباس سے انہوں نے کہا کہ ہم سے محمد بن ھمام نے انہوں نے محمد بن اسماعیل سے انہوں نے عیسیٰ بن داؤد سے کہا کہ ہم سے امام ابوالحسن علی بن موسیٰ بن جعفرؑ نے انہوں نے اپنے والد گرامیؑ سے انہوں نے امام ابو جعفرؑ سے اللہ کے اس قول کے بارے میں روایت کی ہے (پس جس کے اعمال بھاری ہو جائیں گے وہی لوگ فلاح پانے والے ہیں) فرمایا یہ ہمارے بارے میں نازل ہوئی پھر اللہ نے ہمارے دشمنوں کے بارے میں کہا (جس کے میزان ہلکے ہونگے۔۔۔اس قول تک

269 تاویل الآیات

۔۔۔پس تم انہیں جھٹلاتے تھے)

اللہ کا قول(کیا میری آیات تمہارے سامنے تلاوت نہ کی جاتی تھیں کہ تم انہیں جھٹلاتے تھے)

تاویل۔ محمد بن العباس نے کہا ہم سے محمد بن ھمام سے انہوں نے محمد بن اسماعیل سے انہوں نے عیسیٰ بن داؤد سے کہا کہ ہم سے امام موسیٰ بن جعفرؑ نے انہوں نے اپنے والد گرامیؑ سے انہوں نے امام ابو جعفرؑ سے اللہ کے

اس قول کے بارے میں روایت کی ہے کہ یہ آیت اس طرح نازل ہوئی (کیا میری آیات تمہارے سامنے علیؑ کے بارے میں تلاوت نہ کی جاتی تھیں کہ تم انہیں جھٹلاتے تھے)

سورۃ النور

(اس سورہ مبارکہ کی وہ آیات جو آئمہ ھدیٰؑ کی شان میں نازل ہوئیں)

اللہ کا قول(اللہ ہی زمینوں اور آسمانوں کا نور ہے۔۔اس قول تک۔۔بے شک اللہ ہر چیز پر قادر ہے)

تاویل۔اس کا مطلب ہے کہ اللہ کا نور اس کی ہدایت ہے کہ اس نے مومنین کو ایمان کی طرف ہدایت دی اور یہ دیوار میں چراغ کی طرح ہے یعنی دین واضح اور روشن ہے اور اللہ کا قول(وہ درخت سے جلاتا ہے) یعنی درخت کی لکڑی سے (برکت والا اور اس کا تیل اس سے جلایا جاتا ہے جو نہ مشرقی ہے اور نہ مغربی) کہا گیا کیونکہ اس میں ستر انبیاء کی برکت ہے ان میں ابراہیمؑ بھی ہیں اس لیے اسے بابرکت کہا گیا اس پر نہ مشرق کا سایہ آتا ہے اور نہ مغرب کا بلکہ یہ سورج میں روشن ہے (قریب ہے کہ وہ اپنی صفات سے آپ ہی روشنی دینے لگے اگرچہ آگ بھی اسے نہ چھوئے) یہ ظاہراً معنی ہے اور باطن یہ ہے کہ اللہ نے اپنے نبیؐ کی مثال بیان کی ہے کہ اللہ نے آپؐ کو منور کیا ان کا سینہ چراغ ہے اور دل بھی روشن ہے اور نبوت سے دنیا روشن ہے اور دین سے تمام لوگ ہدایت پاتے ہیں(وہ ایک مبارک درخت سے روشن ہوتا ہے) یعنی شجرہ نبوت سے اور یہ ابراہیمؑ ہیں کیونکہ وہ انبیاء کے جد امجد

ہیں کہ جو ان کے بعد آئے اور وہ ان کی اولاد ہیں (قریب ہے کہ اس کا تیل خود ہی چلنے لگے) یعنی قریب ہے کہ نور محمدؐ لوگوں کے لیے واضح ہو جائے اگرچہ وہ ان سے گفتگو نہ بھی کریں۔

ابو علی الطبرسی نے کہا کہ امام رضاؑ سے روایت ہے کہ آپؑ نے فرمایا کہ ہم ہی وہ چراغ دان ہیں کہ جس میں محمدؐ چراغ ہیں (کہ اللہ جس کو چاہتا ہے ہدایت دیتا ہے) کہ اللہ اسے ہماری ولایت کی طرف ہدایت دیتا ہے جس سے محبت کرتا ہے۔

شیخ الصدوق نے التوحید میں متصل اسناد کے ساتھ فضیل بن یسار سے روایت کی ہے کہ میں نے امام ابو عبداللہؑ سے اس آیت کے بارے میں پوچھا (اللہ آسمان و زمین کا نور ہے) فرمایا اللہ عزوجل اسی طرح ہے فرمایا کہ اللہ نے محمدؐ کے نور کی مثال بیان کی ہے میں نے کہا (چراغ دان کی طرح) فرمایا یہ محمدؐ کو سینہ ہے میں نے کہا (اس میں چراغ ہے) فرمایا اس میں علم کا نور ہے یعنی نبوت ہے میں نے کہا (چراغ دن میں چراغ ہے) فرمایا کہ رسول اللہؐ کا علم علیؑ کے سینے میں ہے میں نے کہا (وہ ایک مبارک درخت سے روشن ہوتا ہے جو ایک زتیون کا ہے جو نہ مشرقی ہے نہ مغربی) فرمایا اس سے مراد امیر المومنینؑ ہیں نہ یہودی مراد ہے نہ نصرانی میں نے کہا (قریب ہے کہ اس کا تیل خود بخود چلنے لگے اگرچہ اسے آگ نہ بھی چھوئے) فرمایا قریب ہے کہ عالم کے منہ سے علم آل محمدؑ نکلنے لگے اس سے پہلے کہ وہ بولیں میں نے کہا (نور پر نور) فرمایا امامؑ کے بعد امامؑ۔

متصل اسناد کے ساتھ عیسیٰ بن راشد سے انہوں نے امام ابو جعفر الباقرؑ سے اللہ کے اس قول کے بارے میں روایت کی ہے (جیسے کہ چراغ دان ہو جس میں چراغ ہو) فرمایا چراغ دان سے مراد نور العلم ہے جو کہ نبیؐ کے سینے میں ہے کہ جیسے چراغ چراغ دان میں ہو اور چراغ علیؑ کے سینے میں ہے اور نبیؐ کا علم علیؑ کا سینہ ہے (وہ ایک بابرکت زیتون کے درخت سے جلتا ہے جو نہ مشرقی ہے اور نہ مغربی)

فرمایا یعنی نہ یہودی ہے اور نہ عیسائی (قریب ہے کہ اس کا تیل خود بخود جلنے لگے اگرچہ اس کو آگ بھی نہ چھوئے) فرمایا قریب ہے کہ آل محمدؑ کے عالم بولنے لگیں بغیر سوال کے ہی (نور پر نور ہے) فرمایا کہ امامؑ کے بعد امامؑ آل محمدؐ میں ہے حتیٰ کہ قیامت آجائے پس یہی اوصیاء ہیں کہ جن کو اللہ نے اپنی زمین پر خلیفہ بنایا ہے اور اپنی مخلوق پر اپنی حجت بنایا ہے اور زمین کو امام سے کسی بھی زمانے میں خالی نہیں چھوڑا۔

علی بن عبداللہ الحراق سے انہوں نے سعد بن عبداللہ سے انہوں نے محمد بن الحسین بن ابی الخطاب سے انہوں نے محمد بن اسلم البجلی سے انہوں نے الخطاب ابی عمر اور مصعب بن عبداللہ سے انہوں نے جابر بن یزید سے انہوں نے امام ابو جعفرؑ سے اللہ کے اس قول کے بارے میں روایت کی ہے (اللہ زمین و آسمان کا نور ہے اس کا نور چراغ دان کی طرح ہے) فرمایا کہ چراغ دان رسول اللہؐ کا سینہ ہے کہ اس میں چراغ ہے اور یہ علم کا چراغ ہے اور چراغ امیر المومنینؑ کے سینہ میں ہے پس نبیؐ کا علم علیؑ کے پاس ہے۔

محمد بن العباس نے کہا کہ ہم سے جعفر بن محمد الحسنی نے انہوں نے ادریس بن زیاد الحناط سے انہوں نے ابو عبداللہ احمد بن عبداللہ الخراسانی سے انہوں نے یزید بن ابراہیم سے انہوں نے ابو حبیب انباحی سے انہوں نے امام ابو عبداللہؑ سے انہوں نے اپنے والد گرامیؑ سے انہوں نے امام علیؑ بن الحسینؑ سے روایت کی ہے کہ فرمایا ہماری مثال اللہ کی کتاب میں چراغ دان کی سی ہے اور چراغ دان میں چراغ ہے یعنی محمد کے سینہ میں علم کا چراغ جو ایک مبارک درخت زیتون سے جلتا ہے فرمایا کہ وہ زیتون جو نہ مشرقی ہے نہ مغربی وہ علیؑ ہیں اور اس کا تیل کہ خود بخود جلنے لگے اگرچہ اسے آگ چھوئے بھی نہ وہ ہمارا علم ہے جو سائل کے سوال سے پہلے وارد ہوتا ہے اور نور پر نور ہے امامؑ کے بعد دوسرا امامؑ

ہم میں سے اور اللہ جسے چاہتا ہے اپنے نور کی طرف ہدایت دیتا ہے امامؑ نے فرمایا ہماری ولایت ہی وہ اللہ کا نور ہے جس کی طرف وہ جسے چاہتا ہے ہدایت دے دیتا ہے۔

اس کی تائید میں یہ روایت بھی ہے کہ ہم سے الحسین بن احمد نے انہوں نے محمد بن عیسیٰ سے انہوں نے یونس بن عبدالرحمٰن سے انہوں نے کہا کہ ہم سے ہمارے اصحاب نے مرفوعاً عبداللہ بن جندب سے روایت کی ہے کہ مجھ سے امام علیؑ بن الحسینؑ نے فرمایا اللہ کی کتاب میں ہماری مثال چراغ دان اور چراغ کی سی بیان ہوئی ہے پس ہم چراغ دان ہیں اور ہم میں چراغ محمدؐ ہیں جو چراغ ایک مبارک درخت زیتون سے جلتا ہے جو نہ مشرقی ہے نہ مغربی قریب ہے کہ اس کا تیل خود بخود جلنے لگے اگرچہ اس کو آگ نہ چھوئے۔ فرمایا اس سے مراد قرآن کا نور ہے پس اللہ جسے چاہتا ہے اس نور کی طرف ہدایت دیتا ہے فرمایا ہم اہل بیتؑ کی ولایت کی طرف جسے وہ محبوب رکھتا ہے اسے ہماری ولایت کی طرف ہدایت دے دیتا ہے۔

اللہ کا قول (ان گھروں میں جن کے ادب و احترام کا اور اللہ کا نام وہاں لئے جانے کا حکم دیا گیا ہے وہاں صبح و شام اللہ کی تسبیح بیان کی جاتی ہے)

تاویل۔ محمد بن العباس نے کہا کہ ہم سے منذر بن محمد القابوسی نے بیان کیا کہ مجھ سے میرے والد نے انہوں نے اپنے چچا سے انہوں نے اپنے والد سے انہوں نے ابان بن تغلب سے انہوں نے نضیع سے انہوں نے انس بن مالک سے انہوں نے بریدہ سے روایت کی ہے کہ رسول اللہؐ نے اس آیت کی تلاوت فرمائی تو ایک شخص نے کہا اے اللہ کے رسولؐ یہ کون سے گھر ہیں فرمایا کہ انبیاء کے گھر تو ابو بکر کھڑا ہوا اور علیؑ و فاطمہؑ کے گھر کی طرف اشارہ کر کے کہنے لگا یا رسول اللہؐ کیا یہ گھر بھی انہی میں سے ہے ؟ آپؐ نے فرمایا ہاں اور علیؑ کا گھر سارے انبیاء کے گھروں سے افضل ہے۔

محمد بن الحسن بن علی نے انہوں نے اپنے والد سے انہوں نے اپنے والد سے انہوں نے محمد بن عبد الحمید سے انہوں نے محمد بن الفضیل سے روایت کی ہے کہ میں نے امام ابو الحسنؑ سے اللہ کے اس قول کے بارے میں پوچھا (اور جن گھروں میں اللہ کا ذکر ہوتا ہے) فرمایا کہ یہ محمدؐ اور علیؑ کا گھر ہے۔

ہم سے محمد بن ھمام نے انہوں نے محمد بن اسماعیل سے انہوں نے عیسیٰ بن داؤد سے اس نے امام موسیٰ بن جعفرؑ سے انہوں نے اپنے والد گرامیؑ سے اللہ کے اس قول کے بارے میں روایت کی ہے (ان گھروں میں صبح شام اللہ کی تسبیح بیان کی جاتی ہے) فرمایا یہ آل محمدؐ کے گھر ہیں علیؑ وفاطمہؑ حسنؑ حسینؑ ، حمزہؓ، جعفرؑ کے گھر ہیں میں نے کہا (صبح شام) فرمایا کہ اس سے مراد نماز کو ان کے اوقات میں پڑھنا ہے پھر اللہ نے ان کو یہ وصف دیا (ایسے مرد کہ ان کو تجارت اور خرید و فروخت اللہ کے ذکر سے غافل نہیں کرتے اور نہ ہی نماز قائم کرنے سے اور زکواۃ دینے سے) فرمایا وہ آدمی جو اللہ کے ساتھ کسی اور کو نہیں ملاتے پھر فرمایا (اللہ جسے چاہتا ہے بے حساب رزق دیتا ہے) ۔

علی بن ابراہیم نے اپنی تفسیر میں انہوں نے اپنے والد سے انہوں نے عبد اللہ بن جندب سے روایت کی ہے کہ میں نے امام رضاؑ کو لکھا اور آپؑ سے اس آیت کے بارے میں پوچھا (اللہ نور ہے زمین و آسمانوں کا) فرمایا کہ یہ آیت ہمارے بارے میں نازل ہوئی اور اللہ نے ہماری مثال بیان کی ہے او رہمارے پاس ہی موت اور انساب کا علم ہے۔

اللہ کا قول (کیا آپ نے نہیں دیکھا کہ آسمان وزمین میں کل مخلوق اور پر پھیلائے اڑنے والے پرندے اللہ کی تسبیح میں مشغول ہیں ہر ایک کی نماز اور تسبیح سے معلوم ہے کہ لوگ جو کچھ بھی کریں اللہ اس سے بخوبی واقف ہے)

تاویل۔ علی بن ابراہیم نے انہوں نے اپنے والد سے مرفوعاً اصبغ بن نباتہ سے اور شیخ ابو جعفر بن

بابویہ سے انہوں نے اصبغ بن نباتہ سے روایت کی ہے کہ ابن الکواءنے امیرالمومنینؑ سے اللہ کے اس قول کے بارے میں پوچھا (کیا آپ نے نہیں دیکھا کہ آسمان و زمین میں کل مخلوق اور پر پھیلائے اڑنے والے پرندے اللہ کی تسبیح میں مشغول ہیں ہر ایک کی نماز اور تسبیح سے معلوم ہے کہ لوگ جو کچھ بھی کریں اللہ اس سے بخوبی واقف ہے) کہا یہ تسبیح کیا ہے ؟ اور یہ پر کیا ہیں ؟ توآپؑ نے فرمایا بے شک اللہ پاک ہے اس نے ملائکہ کو بہت سی صورتوں میں پیدا کیا اور یہ کہ اللہ نے ایک فرشتے کو پیدا کیا کہ اس کا ایک پر آگ سے ہے اور وہ مشرق کی جانب ہے اور ایک پر مغرب میں ہے جو برف کا ہے جب نماز کا وقت آتا ہے تو وہ فرشتہ اپنی ٹانگوں پر کھڑا ہو کر عرش کے نیچے سے سر نکالتا ہے اور اپنے پروں کو جھاڑتا ہے پھر وہ پکارتا ہے کہ اشھدان لاالہ الااللہ وحدہ لاشریک لہ و اشھدان محمداً عبدہ ورسولہ سید النبین و ان وصیہ خیر الوصیین سبوح قدوس رب الملائکہ والرواح۔ پس زمین میں موجود ہر ایک حشرات الارض بھی اس کی باتوں کی گواہی دیتی ہیں۔

اللہ کا قول (اور وہ کہتے ہیں ہم اللہ پر اور رسولؐ پر ایمان لائے۔۔ اس قول تک۔۔ یہی لوگ فلاح پانے والے ہیں)

تاویل۔ علی بن ابراہیم سے انہوں نے اپنے والد سے انہوں نے ابن ابی عمیر سے انہوں نے ابن سنان سے انہوں نے امام ابوعبداللہؑ سے اللہ کے اس قول کے بارے میں روایت کی ہے کہ (وہ کہتے ہیں کہ ہم اللہ اور اس کے رسول پر ایمان لائے۔۔۔) فرمایا کہ یہ امیرالمومنینؑ اور عثمان کے بارے میں نازل ہوئی کہ ان دونوں کے درمیان ایک باغ کا تنازعہ تھا تو امیرالمومنینؑ نے فرمایا کیا تم رسول اللہؐ کے فیصلے پر راضی ہو تو عبدالرحمن بن عوف نے کہا کہ عثمان رسول اللہؐ کو حاکم نہ بناؤ وہ علیؑ کے حق

میں فیصلہ کریں گے پس تم ابن شیبہ یہودی کو حاکم بناؤ تو عثمان نے کہا کہ میں ابن شیبہ پر راضی ہوں تو ابن شیبہ نے اس سے کہا کہ تم آسمانی وحی کے بارے میں تو رسول اللہؐ پر یقین رکھتے ہو اور فیصلہ میں ان پر تہمت لگاتے ہو وائے ہو تم پر پس اللہ نے اس وقت یہ آیت نازل کی (اور وہ کہتے ہیں کہ ہم اللہ اور اس کے رسول پر ایمان لائے۔۔۔ اس قول تک۔۔اور وہی کامیاب ہیں

محمد بن العباس نے کہا کہ ہم سے محمد بن القاسم نے انہوں نے جعفر بن عبد اللہ المحمدی سے انہوں نے احمد بن اسماعیل سے انہوں نے العباس بن عبد الرحمٰن سے انہوں نے سلیمان سے انہوں نے الکلبی سے انہوں نے ابو صالح سے انہوں نے ابن عباس سے روایت کی ہے کہ جب نبیؐ مدینہ آئے تو علیؑ اور عثمان کو ایک ایک زمین کا ٹکڑا دیا جو زمین عثمان کو دی وہ بلندی پر واقع تھی اور نشیب والی زمین علیؑ کو دی تو علیؑ نے فرمایا کہ اے عثمان تمہاری زمین کے بغیر میری زمین بیکار ہے پس یا مجھے اپنی زمین بیچ دے یا مجھ سے میری زمین خرید لے تو اس نے کہا کہ میں آپؑ کو اپنی زمین بیچ دیتا ہوں پس علیؑ نے اس کی زمین خرید لی تو اس کے ساتھیوں نے عثمان سے کہا تم نے یہ کیا کیا تم نے علیؑ کو زمین بیچ دی اگر تم اس کا پانی روک لیتے تو وہاں کوئی چیز نہ اگتی یہاں تک کہ علیؑ تم کو زمین بیچ دیتے پس عثمان علیؑ کے پاس آیا اور ان سے کہا کہ میں اس فروخت کو قبول نہیں کرتا تو آپؑ نے فرمایا تم نے خود ہی تو راضی ہو کر زمین بیچی ہے تو اس نے کہا کہ آپؑ میرے اور اپنے درمیان ایک ثالث مقرر کر دیں تو علیؑ نے فرمایا ہم نبیؐ کو ثالث مقرر کر لیتے ہیں تو عثمان نے کہا وہ آپؑ کے چچا زاد ہیں ان کے سوا کسی اور کو مقرر کر دیں تو علیؑ نے فرمایا میں کسی اور کو حکم مقرر نہیں کروں گا نبیؐ ہی ہمارے گواہ ہیں پس وہ انکار کرنے لگا تو اللہ نے یہ آیات نازل فرمائیں۔

اللہ کا قول (کہہ دیجئے اللہ کی اطاعت کرو اور رسول کی اطاعت کرو اور اگر وہ پھر جائیں گے تو ان پر کہ

جو انہوں نے اٹھایا اور تم پر وہ کہ جو تم نے اٹھایا اگر تم ان کی اطاعت کرو گے تو ہدایت پا جاؤ گے اور رسول اللہ کے ذمے صاف صاف پہنچانا ہی ہے)

تاویل۔ محمد بن العباس نے کہا کہ ہم سے محمد بن ہمام نے انہوں نے محمد بن اسماعیل العلوی سے انہوں نے عیسیٰ بن داؤد النجار سے انہوں نے امام موسیٰؑ بن جعفرؑ سے انہوں نے اپنے والد گرامیؑ سے اللہ کے اس قول کے بارے میں روایت کی ہے (کہہ دیجئے اطاعت کرو اللہ کی اور اطاعت کرو اس کے رسول کی اگر وہ پھر جائیں تو ان پر وہی ہے کہ جو انہوں نے اٹھایا اور تم پر وہ کہ جو تم نے اٹھایا) فرمایا کہ وہ عہد کہ جو اللہ نے تم سے علیؑ کے بارے میں لیا اور جو علیؑ کی اطاعت قرآن میں بیان کی پس اللہ کا قول (اگر تم اطاعت کرو گے تو ہدایت پا جاؤ گے) یعنی اگر تم علیؑ کی اطاعت کرو گے تو ہدایت پا جاؤ گے اور یہ آیت اس طرح نازل ہوئی (اگر تم علیؑ کی اطاعت کرو گے تو ہدایت پا جاؤ گے اور رسول اللہؐ کے ذمے تو صاف صاف پہنچانا ہی ہے)

اللہ کا قول (اللہ نے تم میں سے ایمان لانے والوں اور نیک عمل کرنے والوں سے وعدہ کیا ہے کہ ان کو زمین میں خلیفہ بنائے گا جس طرح ان سے پہلے لوگوں کو خلیفہ بنایا اور ان کو اس دین کے لیے ثابت رکھے گا کہ جو دین اللہ نے ان کے لیے چنا ہے اور انکے خوف کو ان کے بعد امن میں بدل دے گا)

تاویل۔ محمد بن العباس نے کہا کہ حسین بن محمد سے انہوں نے معلیٰ بن محمد سے انہوں نے الوشاء سے انہوں نے عبداللہ بن سنان سے روایت کی ہے کہ میں نے امام ابو عبداللہؑ سے اللہ کے اس قول کے بارے میں پوچھا تو آپؑ نے فرمایا کہ یہ آیت علیؑ اور آئمہؑ کے بارے میں نازل ہوئی اور اللہ کا یہ کہنا کہ (ان کے لیے دین کو ثابت رکھے گا اور ان کے خوف کو امن میں بدل دے گا) فرمایا اس سے مراد ظہور قائمؑ ہے۔

ابو علی الطبرسی نے کہا کہ اہل بیتؑ سے مروی ہے کہ یہ آیت آل محمدؐ کے مہدیؑ کے بارے میں نازل ہوئی۔

علی بن ابراہیم نے بھی ایسی ہی روایت کی ہے۔

العیاشی نے اسناد کے ساتھ انہوں نے امام علیؑ بن الحسینؑ سے روایت کی ہے کہ آپؑ نے اس آیت کی تلاوت فرمائی اور فرمایا کہ اللہ کی قسم اس سے مراد ہمارے شیعہ ہیں کہ اللہ ان کو اس دین پر ہم اہل بیتؑ میں سے ایک فرد مہدیؑ کے ذریعے ثابت رکھے گا اور وہی ہیں کہ جن کے بارے میں رسول اللہؐ نے فرمایا کہ اگر دنیا میں ایک دن بھی باقی رہا تو اللہ اس کو دن کو اتنا طویل کر دے گا کہ میری عترت میں سے ایک فرد آجائے اس کا نام میرے نام پر ہوگا اور وہ زمین کو عدل وانصاف سے ایسے بھر دے گا جیسے وہ ظلم وستم سے بھر چکی ہوگی۔

اسی طرح کی روایت امام ابو جعفرؑ اور امام ابو عبداللہؑ سے بھی مروی ہے پس اس سے مراد ہے کہ (وہ لوگ جو ایمان لائے اور نیک عمل کئے) وہ نبیؐ اور ان کے اہل بیتؑ ہیں اور یہ آیت انہیں خلافت کی بشارت دے رہی ہے اور یہ بتا رہی ہے کہ اللہ قیام مہدیؑ کے ذریعے ان کے خوف کو دور کرے گا اور اللہ کا یہ قول (جس طرح اس نے پہلے لوگوں کو خلافت دی) مراد ہے اس نے آدمؑ، ابراہیمؑ ، داؤدؑ، سلیمانؑ، موسیٰؑ، عیسیٰؑ کو خلافت لیے چنا کہ ان پر ہمیشہ درود وسلام ہو۔

اور حافظ محمد بن مومن نیشاپوری نے اپنی تفسیر میں کہ جو اس نے اثناء عشری کی تفاسیر سے نکالی ہے کہ محمد بن معود سے روایت کی ہے کہ اللہ کی طرف سے خلافت چار لوگوں کو ملی آدمؑ کو اللہ کے اس قول کی رو سے (اور جب تیرے رب نے فرشتوں سے کہا میں زمین میں ایک خلیفہ بنانے والا ہوں) اور داؤدؑ سے کہا(اے داؤد ہم نے آپ کو زمین میں خلیفہ بنایا) اور ہارونؑ سے موسیٰؑ نے کہا(کہ تم

میری قوم میں خلیفہ ہو) اور امیر المومنینؑ کے لیے اللہ نے سورہ نور میں فرمایا (اللہ نے تم میں سے ایمان والوں یعنی علیؑ ابن ابی طالبؑ سے وعدہ کیا ہے کہ ان کو زمین میں خلیفہ بنائیں گے جیسا کہ تم سے پہلے آدم، داؤد کو خلیفہ بنایا اور ان کے لیے اس دین کو ثابت رکھے گا کہ جسے ان کے لیے چنا اور ان کے خوف کو امن میں بدل دے گا جو انہیں اہل مکہ سے ہے وہ میری عبادت کرتے ہیں مجھے یکتا جانتے ہیں اور میرے ساتھ کسی کو شریک نہیں ٹھہراتے جس نے اس کے بعد ولایت علیؑ کا انکار کیا وہی فاسق ہیں)

سورۃ الفرقان

(اس سورہ مبارکہ کی وہ آیات جو آئمہ ھدیٰؑ کی شان میں نازل ہوئیں)

اللہ کا قول (اور ظالموں نے کہا کہ تم تو ایک جادو گر کی اتباع کرتے ہو)

تاویل۔ محمد بن العباس نے اپنی تفسیر میں کہا ہے کہ ہم سے محمد بن القاسم نے انہوں نے احمد بن محمد ایساری سے انہوں نے محمد بن خالد سے انہوں نے محمد بن علی الصیرفی سے انہوں نے محمد بن فضیل سے انہوں نے ابو حمزہ الثمالی سے انہوں نے امام ابو جعفر محمدؑ بن علیؑ سے روایت کی ہے کہ آپؑ اس آیت کو اس طرح تلاوت فرماتے تھے (اور آل محمدؑ پر ظلم کرنے والوں ظالموں نے کہا کہ تم تو ایک جادو گر کی اتباع کرتے ہو) جادو گر سے مراد وہ محمدؐ کو لیتے تھے پس اللہ نے اپنے رسولؐ سے فرمایا (دیکھو وہ تمہارے لیے کیسی مثال بیان کرتے ہیں پس وہ گمراہ ہیں اور ولایت علیؑ کے راستے کی طرف استطاعت نہیں رکھتے)

اللہ کا قول (آج ایک ہی موت کو نہ پکارو بلکہ بہت سی اموت کو پکارو)

تاویل۔ الشیخ نے امالی میں انہوں نے محمد بن محمد سے روایت کی ہے کہ ہم سے ابو بکر محمد بن عمر العجابی

نے انہوں نے احمد بن سعید الہمدانی سے انہوں نے العباس بن بکر سے انہوں نے محمد بن زکریا سے انہوں نے کثیر بن طارق سے روایت کی ہے کہ میں نے زید بن علیؑ بن الحسینؑ سے اللہ کے اس قول کے بارے میں روایت کی ہے (اس دن ایک موت کو نہ پکارو بلکہ بہت سی اموات کو پکارو) زید نے کہا اے کثیر ! تم ایک نیک آدمی ہو میں ڈرتا ہوں کہ تم اس دن ہلاک ہو جاؤ گے کہ جب اللہ ہر ظالم امام کے پیرو کو جہنم میں جانے کا حکم دے گا پس انہیں ہلاکت و موت دی جائے گی پس ان سے کہا جائے گا(پس تم اس دن ایک موت نہ مانگو بلکہ بہت ساری موتیں مانگو) پھر زید نے کہا کہ مجھ سے میرے والد گرامیؑ نے انہوں نے اپنے والد گرامی امام الحسینؑ سے روایت کی ہے کہ رسول اللہؐ نے علیؑ بن ابی طالبؑ سے فرمایا اے علیؑ آپؑ اور آپؑ کے اصحاب جنت میں ہیں اے علیؑ آپؑ اور آپؑ کے پیروکار جنتی ہیں۔

اللہ کا قول (اور ہم نے تم میں سے بعض کو بعض کے لیے آزمائش بنایا ہے تو تم صبر کرتے ہو اور تیرا رب بڑا با بصیرت ہے)

تاویل۔ محمد بن العباس نے کہا کہ ہم سے محمد بن ھمام نے انہوں نے محمد بن اسماعیل العلوی سے انہوں نے عیسیٰ بن داؤد النجار سے روایت کی ہے کہ مجھ سے میرے مولا ابوالحسن موسیٰؑ بن جعفرؑ نے انہوں نے اپنے والد گرامیؑ سے انہوں نے امام ابو جعفرؑ سے روایت کی ہے کہ رسول اللہؐ نے امیر المومنینؑ ،فاطمہؑ، حسنؑ، حسینؑ کو جمع کیا اور دروازہ بند کیا اور فرمایا اے میرے اہل اور اللہ کے اہل اللہ تم کو سلام کہہ رہا ہے اور تمہارے ساتھ جبرائیل ہے اور کہہ رہا ہے کہ اللہ فرما رہا ہے (اور ہم نے تم میں سے بعض کو بعض کے لیے آزمائش بنایا ہے تو تم صبر کرتے ہو اور تیرا رب بڑا با بصیرت ہے) فرمایا کہ اللہ نے تمہارے دشمن کو تمہارے لیے آزمائش بنایا ہے پھر اہل بیتؑ سے پوچھا تم کیا کہتے ہو؟ فرمایا ہم صبر

کریں گے پس جو بھی قضاء آئے گی اور اللہ کے ثواب کو مقدم کریں گے پس رسول اللہؐ روئے یہاں تک کہ ان کی سسکیوں کی آواز گھر سے باہر سنی گئی پس یہ آیت نازل ہوئی۔

اللہ کا قول (وہ کہے گا اے کاش میں نے فلاں کو دوست نہ بنایا ہوتا)

تاویل۔ محمد بن اسماعیل نے اسناد کے ساتھ جعفر بن محمد الطیار سے انہوں نے ابو الخطاب سے انہوں نے امام ابو عبداللہؑ سے اللہ کے اس قول کے بارے میں روایت کی ہے (وہ کہے گا اے کاش میں نے فلاں کو دوست نہ بنایا ہوتا) فرمایا مصحف علیؑ میں یہ آیت اس طرح ہے (پہلا کہے گا اے کاش میں نے دوسرے کو اپنا دوست نہ بنایا ہوتا)۔

اس کی تائید یہ روایت کرتی ہے محمد بن جمہور سے انہوں نے حماد بن عیسیٰ سے انہوں نے حریز سے انہوں نے ایک مرد سے انہوں نے امام ابو جعفرؑ سے روایت کی ہے کہ آپؑ نے فرمایا اس دن ظالم اپنے ہاتھوں کو کاٹے گا اور کہے گا اے کاش میں نے رسولؐ کے راستے کو اختیار کیا ہوتا (اے کاش میں نے فلاں کو دوست نہ بنایا ہوتا) فرمایا پہلا اور دوسرا۔

اس کی تائید الشیخ محمد بن یعقوب کی روایت بھی کرتی ہے جو انہوں نے ایک مرد سے انہوں نے جابر بن یزید سے روایت کی ہے کہ میں امام ابو جعفرؑ کے پاس گیا اور ان سے کہا کہ اے فرزند رسولؐ اس آیت سے کون مراد ہیں (وہ کہے گا اے کاش میں نے فلاں کو دوست نہ بنایا ہوتا) فرمایا اس سے مراد پہلا اور دوسرا ہے جب روز قیامت پہلا کہے گا اے کاش میں نے دوسرے کا دوست نہ بنایا ہوتا۔

اللہ کا قول (اور ہم نے ان کے درمیان طرح طرح سے بیان کر دیا تاکہ وہ نصیحت حاصل کریں پس اکثر لوگوں نے سوائے ناشکری کے نہیں مانا)

تاویل۔ محمد بن علی نے انہوں نے محمد بن فضیل سے انہوں نے ابو حمزہ سے انہوں نے امام ابو جعفرؑ سے روایت کی ہے کہ جبرائیل محمدؐ پر یہ آیت اس طرح لے کر نازل ہوئے (پس اکثر لوگوں نے آپ کی امت میں سے ولایت علیؑ کا انکار کر دیا)

اللہ کا قول (وہی ذات ہے کہ جس نے پانی سے بشر کو پیدا کیا اور اس کو دامادی اور نسب میں تقسیم کیا اور بے شک تیرا رب قدرت والا ہے)

تاویل۔ کہ بے شک اللہ سبحان و تعالیٰ نے (پانی سے پیدا کیا انسان کو جو نطفہ ہے) اور یہ قول (اور اسے نسب اور دامادی میں تقسیم کیا) پس نسب سے مراد ولادت کا سلسلہ ہے اور دامادی سے مراد قربت ہے۔

جس طرح کہ طریق عامہ سے روایت ہے کہ انہوں نے روایت کی ہے یہ آیت نبیؐ اور علی ابن ابی طالبؑ کے بارے میں نازل ہوئی رسول اللہؐ نے علیؑ کی شادی اپنی بیٹی فاطمہؑ سے کی اور وہ ان کے چچا زاد اور ان کی بیٹی

کے شوہر ہیں۔

محمد بن العباس نے کہا کہ ہم سے علی بن عبداللہ بن اسد نے انہوں نے ابراہیم بن محمد الثقفی سے انہوں نے احمد بن معمر سے انہوں نے الحسن بن محمد الاسدی سے انہوں نے الحکم بن ظہیر سے انہوں نے السدی سے انہوں نے ابومالک سے انہوں نے ابن عباس سے روایت کی ہے کہ اللہ کا قول (وہی ذات کہ جس نے پانی سے انسان کو پیدا کیا اور اسے نسب و دامادی میں تقسیم کیا) یہ نبیؐ اور علیؑ کے بارے میں نازل ہوئی کہ نبیؐ نے علیؑ سے اپنی بیٹی کی شادی کی جو ان کے چچازاد تھے اسی لیے اللہ

نے فرمایا(انہیں دامادی اور نسب میں تقسیم کیا)

ہم سے عبدالعزیز بن یحییٰ نے انہوں نے مغیرہ بن محمد سے انہوں نے رجاء بن سلمہ سے انہوں نے نائل بن نجیح سے انہوں نے عمرو بن شمر سے انہوں نے جابر الجعفی سے انہوں نے عکرمہ سے انہوں نے ابن عباس سے اللہ کے اس قول کے بارے میں روایت کی ہے (وہی ذات ہے کہ جس نے پانی سے بشر کو پیدا کیا اور اسے دامادی اور نسب میں تقسیم کیا) رسول اللہؐ نے فرمایا کہ اللہ نے آدم کو خلق کیا اور پانی سے نطفہ پیدا کیا پھر اسے آدم کے سپرد کیا پھر اسے اپنے بیٹے شیث کے سپرد کیا پھر انوش کو پھر قینان کو یہاں تک کہ ایک والد سے ہوتے ہوئے ابراہیمؑ کے پاس پہنچا پھر انہوں نے اسے اپنے بیٹے اسماعیلؑ کے سپرد کیا پھر ماں اور باپ سے ہوتا ہوا یہ پاکیزہ اصلاب اور پاکیزہ ارحام سے ہوتا ہوا یہ عبدالمطلبؑ تک پہنچا پس اس نور کو اللہ نے دو حصوں میں تقسیم کر دیا ایک حصہ عبداللہ کے حصے میں اور ایک ابو طالبؑ کے حصے میں پھر نکاح کے ذریعے اللہ نے اسے جوڑ دیا پس اللہ نے علیؑ کی شادی فاطمہؑ سے کروائی پس یہ اللہ کا قول ہے (وہی ذات ہے کہ جس نے پانی سے انسان کو پیدا کیا اور اسے دامادی اور نسب میں تقسیم کیا)

اسکی تائید یہ روایت بھی کرتی ہے جو اسناد کے ساتھ انس بن مالک سے روایت کی ہے کہ ایک دن رسول اللہؐ اپنے خچر پر سوار ہوئے اور آل فلاں کے پہاڑ پر پہنچے اور فرمایا اے انس اس خچر کو پکڑ کر رکھو اور فلاں جگہ پر جاؤ وہاں تم علیؑ کو بیٹھے ہوئے پاؤ گے وہ کنکریوں پر تسبیح کر رہے ہونگے پس انس کہتا ہے کہ میں گیا اور علیؑ کو ویسے ہی پایا جیسے کہ رسول اللہؐ نے فرمایا تھا پس میں نے انہیں سوار کرایا اور انہیں لے آیا جب رسول اللہؐ نے دیکھا تو علیؑ نے فرمایا اے اللہ کے رسولؐ ! آپؐ پر سلام فرمایا اے ابوالحسنؑ آپؑ پر بھی سلام اس جگہ بیٹھو کہ یہاں ستر رسول بیٹھے تھے کہ اس جگہ جتنے بھی بیٹھے تھے میں ان میں

سے بہتر ہوں اور اس جگہ ہر نبی کا بھائی بیٹھا انس کہتا ہے کہ میں نے دیکھا بادل ان پر سایہ کئے ہوئے تھے اور ان کے قریب تھے پس نبیؐ نے اپنا ہاتھ بادل کی طرف بڑھایا اور اس میں سے انگور پکڑے اور علیؑ سے سامنے رکھے اور فرمایا اے میرے بھائی کھاؤ یہ اللہ کی طرف سے تحفہ ہے انس کہتا ہے میں نے کہا یا رسول اللہؐ کیا علیؑ آپؐ کا بھائی ہے؟ فرمایا ہاں علیؑ میرا بھائی ہے میں نے کہا یا رسول اللہؐ مجھے بتائیے کہ علیؑ آپؐ کو بھائی کیسے ہے؟ فرمایا اللہ عزوجل نے عرش کے نیچے تین ہزار سال پہلے آدم کی تخلیق کے پانی خلق کیا اسے سبز موتیوں میں رکھا پھر اللہ نے جب آدم کو تخلیق کیا اور اس پانی کو آدمؑ کے صلب میں منتقل کر دیا پھر اللہ نے اسے شیث کے صلب میں منتقل کیا پس اللہ اسے منتقل کرتا رہا ایک پشت سے دوسری پشت میں یہاں تک کہ یہ پانی عبد المطلبؑ میں پہنچ گیا پس اللہ نے اسے دو حصوں میں تقسیم کیا اس کا آدھا حصہ میرے والد عبد اللہؑ میں اور آدھا ابو طالبؑ میں چلا گیا پس میں نصف پانی سے ہوں

اور دوسرے نصف سے علیؑ ہے پس علیؑ میرا دنیا و آخرت میں بھائی ہے پھر رسول اللہؐ نے یہ آیت پڑھی (وہی ذات ہے جس نے پانی سے بشر کو پیدا کیا اسے دامادی اور نسب میں تقسیم کیا)

انہی معنوں میں ابو جعفر محمد بن جعفر الحائری نے اپنی کتاب میں حدیث ہمارے مولا امام علیؑ بن الحسینؑ سے مرفوعاً روایت کی ہے۔

اللہ کا قول (اور رحمٰن کے بندے کہ جو زمین پر آہستگی سے چلتے ہیں اور جب ان سے جاہل مخاطب ہوتے ہیں تو سلام کہہ کر گزر جاتے ہیں)

تاویل۔ محمد بن العباس نے کہا کہ ہم سے الحسین بن محمد نے انہوں نے محمد بن عیسیٰ سے انہوں نے یونس سے انہوں نے المفضل بن صالح سے انہوں نے محمد الحلبی سے انہوں نے زرارۃ و حمران سے اور محمد

بن مسلم سے انہوں نے امام ابو جعفرؑ سے اللہ کے اس قول کے بارے میں روایت کی ہے(اور رحمٰن کے بندے وہ ہیں کہ جو زمین پر آہستگی سے چلتے ہیں اور جب ان سے جاہل مخاطب ہوتے ہیں تو سلام کہہ کر گزر جاتے ہیں) فرمایا یہ آیت اوصیاء کے بارے میں نازل ہوئی۔

اس کی تائید الشیخ محمد بن یعقوب نے انہوں نے محمد بن یحییٰ سے انہوں نے احمد بن محمد بن عیسیٰ سے انہوں نے الحسن بن محبوب سے انہوں نے محمد بن النعمان سے انہوں نے سلام سے روایت کی ہے کہ میں نے امام ابو جعفرؑ سے اللہ کے اس قول کے بارے میں پوچھا(اور رحمٰن کے بندے وہ ہیں کہ جو زمین پر آہستگی سے چلتے ہیں) فرمایا کہ وہ اوصیاء ہیں جو اپنے دشمنوں کے خوف سے گزر جاتے ہیں اور اس قول کے کا معنی(رحمٰن کے بندے) یہ عزت و شرف کے لیے ہے(وہ جو زمین پر آہستگی سے چلتے ہیں) یعنی سکون و وقار کے ساتھ۔

اللہ کا قول(یہی وہ لوگ ہیں کہ جن کے گناہ اللہ نیکیوں میں تبدیل کر دے گا اور بے شک اللہ بخشنے والا اور مہربان ہے)

تاویل۔ ولایت اہل بیتؑ کی وجہ سے ان کے محبوں کے گناہ نیکیوں میں بدل دیئے جائیں گے۔ مسلم نے اپنی صحیح میں ابو ذرؓ سے روایت کی ہے کہ رسول اللہؐ نے فرمایا قیامت والے دن ایک آدمی کو لایا جائے گا تو کہا جائے گا کہ اس کے چھوٹے گناہ چھوڑ دو اور بڑے بتاؤ تو اس سے کہا جائے گا کہ تم نے ایسے ایسے کیا اور وہ ولایت اہل بیتؑ کا اقرار کرنے والا تھا اور انکار کرنے والا نہ تھا تو کہا جائے گا اس کی ہر برائی کے بدلے نیکی دے دو اور اس کو جنت میں داخل کر دو۔

ابو جعفر الطوسی نے امالی میں حدیث اسناد کے ساتھ مرفوعاً روایت کی ہے کہ محمد بن مسلم سے روایت ہے کہ میں نے امام ابو جعفرؑ محمدؑ بن علیؑ سے اللہ کے اس قول کے بارے میں پوچھا(یہی وہ لوگ ہیں

کہ جن کے گناہ اللہ نیکیوں میں تبدیل کردے گا اور بے شک اللہ بخشنے والا اور مہربان ہے) فرمایا کہ قیامت والے دین ایک مومن گناہگار کو لایا جائے گا یہاں تک کہ اسے حساب کے مقام پر کھڑا کیا جائے گا پس اللہ اس کے گناہوں کو کسی پر واضح نہیں کرے گا اور اسے اس کے گناہ بتائے گا تو وہ اقرار کرے گا پس اللہ فرشتوں کو حکم دے گا کہ اس کے گناہ محبت اہل بیتؑ کے سبب نیکیوں میں بدل دو اور لوگوں کے لیے انہیں ظاہر کر دو اس وقت لوگ کہیں گے کہ اس بندے کے ذمے کوئی گناہ نہیں ہے پھر اللہ اسے جنت میں لے جانے کا حکم دے گا۔

الشیخ محمد بن یعقوب نے ہمارے اصحاب سے انہوں نے احمد بن محمد سے انہوں نے ابن فضال سے انہوں نے ابو جمیلہ سے انہوں نے محمد الحلبی سے انہوں نے امام ابو عبداللہؑ سے روایت کی ہے کہ رسول اللہؐ نے فرمایا اللہ نے میری امت کی مثال مٹی میں رکھی ہے اور مجھے ان کے نام سکھائے ہیں کہ جیسے آدمؑ کو سیکھائے تھے پس میرے سامنے لشکر والے گزرے تو انہوں نے علیؑ اور اس کے شیعوں کے لیے بخشش مانگی اور مجھے میرے رب علیؑ کے شیعوں کی ایک خاص خصلت کا وعدہ کیا کہا گیا یارسول اللہؐ وہ کیا ہے؟ فرمایا علیؑ کے محب کے تمام گناہ نیکیوں میں بدل دیئے جائیں گے۔

اسی معنی میں الشیخ ابوالقاسم جعفر بن محمد قولویہ نے اسناد کے ساتھ اپنے رجال سے انہوں نے منیع سے انہوں نے صفوان بن یحییٰ سے انہوں نے صفوان بن مہران سے انہوں نے امام ابو عبداللہؑ سے روایت کی ہے کہ آپؑ نے فرمایا کہ سب سے حقیر تر کہ جو امام حسینؑ کا ذاکر حاصل کرتا ہے وہ یہ ہے کہ ایک نیکی کے بدلے ایک لاکھ نیکیاں اور برائی کے بدلے ایک برائی پھر فرمایا اے صفوان! خوش ہو جاؤ کہ اللہ کے فرشتوں کے پاس نور کے قلم ہوتے ہیں کہ ان سے زائر حسینؑ کی نیکیاں لکھتے ہیں (یہی وہ لوگ ہیں کہ جن کے گناہ اللہ نیکیوں میں تبدیل کر دیتا ہے اور بے شک اللہ بخشنے والا اور

مہربان ہے)

امالی الطوسی مین اسناد کے ساتھ امام رضاؑ سے انہوں نے اپنے والد گرامیؑ سے انہوں نے اپنے داداؑ سے انہوں نے اپنے آباءؑ سے روایت کی ہے کہ رسول اللہؐ نے فرمایا ہم اہل بیتؑ کی محبت گناہوں کا کفارہ ہے اور نیکیوں میں اضافے کا باعث ہے اور اللہ ہم اہل بیتؑ سے محبت رکھنے والوں کو بندوں کے ظلم سے دور رکھتا ہے۔

اللہ کا قول (وہ لوگ جو کہتے ہیں کہ ہمارے رب ہمیں ہماری بیویوں سے اور اولاد سے آنکھوں کی ٹھنڈک عطافرمااور ہمیں پرہیز گاروں کے لیے امام بنا)

تاویل۔ محمد بن العباس نے کہا کہ ہم سے احمد بن محمد بن سعید نے انہوں نے حریث بن محمد الحارثی سے انہوں نے ابراہیم بن الحکم بن ظہیر سے انہوں نے اپنے والد سے انہوں نے السدی سے انہوں نے ابو مالک سے انہوں نے ابن عباس سے روایت کی ہے کہ اللہ کا قول (وہ لوگ جو کہتے ہیں کہ اے ہمارے پروردگار ہمیں ہماری بیویوں سے اور اولاد سے آنکھوں کی ٹھنڈک عطافرما) فرمایا یہ آیت علیؑ ابن ابی طالبؑ کے بارے میں نازل ہوئی۔

ہم سے محمد بن الحسین نے انہوں نے جعفر بن عبداللہ المحمدی سے انہوں نے کثیر بن عیاش سے انہوں نے ابوالجارود سے انہوں نے امام ابو جعفرؑ سے اللہ کے اس قول کے بارے میں روایت کی ہے (وہ لوگ جو کہتے ہیں کہ اے ہمارے پروردگار ہمیں ہماری بیویوں اور اولاد سے ٹھنڈک عطافرمااور ہمیں پرہیز گاروں کے لیے امام بنا) فرمایا یعنی ہادی بنا کہ ہم لوگوں کو ہدایت دیں اور یہ خاص طور پر آل محمدؑ کے لیے ہے۔

محمد بن جمہور سے انہوں نے الحسن بن محبوب سے انہوں نے ابوایوب الخزاز سے انہوں نے ابو بصیر سے روایت کی ہے کہ میں نے امام ابو عبداللہؑ سے اس آیت کے بارے میں پوچھا(اور ہم کو پرہیز گاروں کے لیے امام بنا) فرمایا کہ تم نے اپنے رب سے عظیم بات مانگی ہے(اور ہمارے لیے متقین کو امام بنا) اس سے مراد ہم ہیں۔

علی بن ابراہیم سے بھی یہی روایت ہے۔

محمد بن العباس نے کہا کہ ہم سے محمد بن القاسم بن سلام نے انہوں نے عبید بن کثیر سے انہوں نے الحسین بن مزاحم سے انہوں نے علی بن زید الخراسانی سے انہوں نے عبداللہ بن وہب الکوفی سے انہوں نے ابوہارون العبری سے انہوں نے ابوسعید الخذری سے اللہ کے اس قول کے بارے میں روایت کی ہے (اے ہمارے پروردگار ہمیں ہماری اولاد سے اور ہماری بیویوں سے آنکھوں کی ٹھنڈک عطافرما) رسول اللہ نے فرمایا جبرائیل سے (ہماری بیویوں سے ؟) کہا خدیجہؑ سے کہا(اور ہماری اولاد سے ؟) کہا فاطمہؑ سے کہا(آنکھوں کی ٹھنڈک ؟) کہا حسنؑ اور حسینؑ کہا(اور متقین کے لیے امام بنا؟) کہا علیؑ ابن ابی طالبؑ۔ان تمام پر اللہ کا درود و سلام ہو قیامت تک۔

سورۃ الشعراء

(اس سورہ مبارکہ کی وہ آیات جو آئمہ ھدیٰؑ کی شان میں نازل ہوئیں)

اللہ کا قول (اگر ہم چاہتے تو ان پر آسمان سے کوئی ایسی نشانی اتارتے کہ ان کی گردنیں اطاعت کے لیے جھک جاتیں)

تاویل۔ محمد بن العباس نے کہا کہ ہم سے علی بن عبد اللہ بن اسد سے انہوں نے ابراھیم بن محمد سے انہوں نے احمد بن عمر الاسدی سے انہوں نے محمد بن الفضیل سے انہوں نے الکلبی سے انہوں نے ابو صالح سے انہوں نے ابن عباس سے اللہ کے اس قول کے بارے میں روایت کی ہے (اگر ہم چاہتے تو آسمان سے ایک نشانی اتارتے کہ ان کی گردنیں اطاعت کے لیے جھک جاتیں) فرمایا یہ آیت بنو امیہ کے بارے میں نازل ہوئی کہ ایسی سلطنت ہوتی کہ جس کے لیے ان کی گردنیں اطاعت میں جھک جاتیں۔

ہم سے احمد بن الحسن بن علی نے کہا کہ مجھ سے میرے والد نے انہوں نے اپنے والد سے انہوں نے محمد بن اسماعیل سے انہوں نے حنان بن سدیر سے انہوں نے امام ابو جعفرؑ سے روایت کی ہے کہ میں

نے امامؑ سے اللہ کے اس قول کے بارے میں پوچھا (اگر ہم چاہتے تو ان پر آسمان سے ایسی نشانی اتارتے کہ ان کی گردنیں جھک جاتیں) فرمایا کہ یہ آیت قائم آل محمدؑ کے بارے میں نازل ہوئی۔

ہم سے الحسین بن احمد نے انہوں نے محمد بن عیسیٰ سے انہوں نے یونس سے انہوں نے ہمارے اصحاب سے انہوں نے ابو بصیر سے انہوں نے امام ابو جعفرؑ سے روایت کی ہے کہ میں نے امامؑ سے اللہ کے اس قول کے بارے میں پوچھا (اگر ہم چاہتے تو آسمان سے ان پر کوئی ایسی نشانی اتارتے کہ ان کی گردنیں جھک جاتیں) فرمایا کہ بنی امیہ کی گردنیں ان کے لیے جھک جاتیں۔

اللہ کا قول (پھر میں تم سے خوف کھا کر تم سے بھاگ گیا پھر میرے رب نے مجھے حکم و علم عطا فرمایا اور مجھے مرسلین میں سے کر دیا)

تاویل۔ الشیخ المفید نے اپنی کتاب الغیبہ میں اسناد کے ساتھ رجال سے المفضل بن عمر سے انہوں نے امام ابو عبداللہؑ سے روایت کی ہے کہ فرمایا کہ جب قائمؑ قیام کریں گے تو وہ لوگوں سے مخاطب ہو کر اس آیت کی تلاوت کریں گے (پھر میں تم سے خوف کھا کر بھاگ گیا پھر میرے رب نے مجھے حکم و علم عطا کیا اور مجھے مرسلین میں سے بنا دیا) اس کا معنی ہے کہ مجھے رب نے حکمت عطا کی اور یہ حقیقت ہے کہ اللہ نے ان کو ایسی حکمت سے نوازا کہ دنیا میں کسی اور کو ایسی حکمت نہ دی گئی۔ اللہ کا قول (اور مجھے مرسلین میں سے بنا دیا) اسی طرح مجھے سید المرسلین کے اوصیاء میں سے بنا دیا اور پھر خاتم الاوصیاء بنا دیا کہ ان پر اللہ کا ہمیشہ درود ہو۔

اللہ کا قول (اور میرے لیے آخرین میں سچ کی زبان بنا دے)

تاویل۔ اس کا مطلب یہ ہے کہ ابراہیمؑ نے اپنے رب سے دعا کی کہ ان کے لیے ایسا بیٹا دے کہ جو بڑا

سچا ہو۔

علی بن ابراہیم نے اپنی تفسیر میں روایت کی ہے کہ اللہ کا قول (میرے لیے آخرین میں سے سچ کی زبان بنادے) فرمایا کہ اس سے مراد امیر المومنینؑ ہیں۔

امام ابو عبد اللہؑ سے روایت ہے کہ اس سے مراد علیؑ ہیں فرمایا کہ ولایت علیؑ ابن ابی طالبؑ کو ابراہیمؑ کے سامنے پیش کیا گیا تو کہا اے اللہ اسے میری اولاد میں بھی رکھ پس اللہ نے ان کی دعا قبول فرمالی۔

اس آیت کی مفصل تفسیر سورۃ مریم میں بیان ہو چکی ہے۔

اللہ کا قول (اب تو ہمارا کوئی سفارشی بھی نہیں اور نہ کوئی سچا غمخوار دوست ہے)

تاویل۔ محمد بن العباس نے کہا کہ ہم سے محمد بن عثمان نے انہوں نے محمد بن الحسین الخثعمی سے انہوں نے عباد بن یعقوب سے انہوں نے عبد اللہ بن زیدان سے انہوں نے الحسن بن محمد بن ابی عاصم سے انہوں نے عیسیٰ بن عبد اللہ بن محمد بن عمر بن علی بن ابی طالبؑ سے انہوں نے اپنے والد سے انہوں نے امام جعفرؑ بن محمدؑ سے روایت کی ہے کہ یہ آیت ہمارے اور ہمارے شیعوں کے بارے میں نازل ہوئی اس لیے کہ اللہ نے ہمیں اور ہمارے شیعوں کو فضیلت بخشی ہے کہ ہم بھی شفاعت کریں گے اور وہ بھی شفاعت کریں گے پس جب یہ معاملہ ان کا غیر دیکھے گا تو کہے گا (کہ آج نہ تو ہمارا سفارشی ہے اور نہ ہی کوئی سچا غمخوار دوست ہے)

ہم سے احمد بن ادریس نے انہوں نے احمد بن محمد بن عیسیٰ سے انہوں نے ابو عبد اللہ البرقی سے انہوں نے ایک شخص سے انہوں نے سلیمان بن خالد سے روایت کی ہے کہ میں نے امام ابو عبد اللہؑ سے اللہ کے اس قول کے بارے میں دریافت کیا (پس آج نہ کوئی ہمارا سفارشی ہے اور نہ کوئی سچا غمخوار

دوست) فرمایا جب یہ ہمیں اور ہمارے شیعوں کو دیکھیں گے کہ قیامت میں ہم شفاعت کررہے ہونگے تو ہمارے دشمن کہیں گے (آج نہ کوئی ہمارا سفارشی ہے اور نہ کوئی غمخوار دوست۔

البرقی نے ابن سیف سے انہوں نے اپنے والد سے انہوں نے اپنے والد سے انہوں نے عبدالکریم بن عمرو سے انہوں نے سلیمان بن خالد سے روایت کی ہے کہ ہم امام ابو عبداللہؑ کے پاس موجود تھے کہ آپؑ نے یہ آیت تلاوت فرمائی (آج نہ ہمارا کوئی سفارشی ہے اور نہ ہی کوئی سچا دوست) فرمایا کہ اللہ کی قسم ہم تین مرتبہ شفاعت کریں گے اور ہمارے شیعہ بھی تین مرتبہ شفاعت کریں گے یہاں تک کہ ہمارا دشمن کہے گا (نہ کوئی ہمارا سفارشی ہے اور نہ ہی کوئی سچا دوست)

علی بن ابراہیم سے انہوں نے اپنے والد سے انہوں نے الحسن بن محبوب سے انہوں نے ابو اسامہ سے انہوں نے امام ابو عبداللہ اور امام ابو جعفرؑ سے روایت کی ہے کہ فرمایا اللہ کی قسم ہم اپنے شیعوں کی شفاعت تین مرتبہ کریں گے اور لوگ کہیں گے (آج نہ کوئی ہمارا سفارشی ہے اور نہ ہی کوئی سچا دوست) (اگر ہم کو دوبارہ پلٹا دیا جائے تو ہم ضرور ایمان لے آئیں گے) ابن بن تغلب سے روایت ہے کہ میں نے امام ابو عبداللہؑ کو فرماتے ہوئے سنا کہ مومن قیامت والے دن اپنے گھر والوں کے لیے شفاعت کرے گا پس اس کی سفارش قبول کی جائے گی یہاں تک کہ اس کا خادم باقی رہ جائے گا وہ اپنا ہاتھ بلند کر کے اپنی انگشت شہادت سے اس کی طرف اشارہ کر کے کہے گا اے میرے پروردگار! یہ میرا خادم ہے کہ جو مجھے گرمی و سردی سے بچاتا رہا پس اس کی سفارش قبول کی جائے گی ۔

امام ابو جعفرؑ سے روایت ہے کہ آپؑ نے فرمایا مومن اپنے پڑوسی کی بھی شفاعت کرے گا کہ اے میرے پروردگار میرا پڑوسی مجھے تکلیف سے بچاتا تھا اس طرح اسکی اس کے بارے میں سفارش قبول

کی جائے گی۔

الشیخ محمد بن یعقوب سے انہوں نے محمد بن یحییٰ سے انہوں نے احمد بن محمد بن عیسیٰ سے انہوں نے الحسن بن علی بن فضال سے انہوں نے علی بن عقبہ سے انہوں نے عمر بن ابان سے انہوں نے عبدالحمید سے انہوں نے امام ابو جعفرؑ سے اللہ کے اس قول کے بارے میں فرمایا کہ ہم قیامت کے دن اپنے شیعوں کے بارے میں سفارش کریں گے یہاں تک کہ ان کا غیر کہے گا (آج ہمارا نہ کوئی سفارشی ہے اور نہ کوئی سچا گہرا دوست)

پس ایک ادنیٰ سے مومن بھی تیس انسانوں کی شفاعت کرے گا اس وقت اہل دوزخ کہیں گے (آج ہمارا نہ کوئی سفارشی ہے اور نہ سچا دوست)۔

اللہ کا قول (اس کو لے کر روح الامین اترے آپ کے دل پر تاکہ آپ ڈرانے والوں میں سے ہو جائیں واضح عربی زبان میں بے شک پہلی کتابوں میں بھی اس کا تذکرہ ہے)

تاویل محمد بن العباس نے کہا کہ حمید بن زیاد نے ہم سے انہوں نے الحسن بن محمد بن سماعہ سے انہوں نے حنان بن سدیر سے انہوں نے ابو محمد الحناط سے روایت کی ہے کہ امام ابو جعفرؑ نے اس آیت کی تفسیر میں فرمایا (اس کو لے کر روح الامین اترے آپ کے دل پر تاکہ آپ ڈرانے والوں میں سے ہو جائیں واضح عربی زبان میں بے شک پہلی کتابوں میں بھی اس کا تذکرہ ہے) جو اللہ نے رسول اللہؐ کے دل پر نازل فرمایا وہ ولایت علیؑ ہے۔

علی بن ابراہیم نے بھی ایسی ہی روایت کی ہے۔

محمد بن یعقوب سے انہوں نے احمد بن محمد سے انہوں نے الحسن بن محبوب سے انہوں نے محمد بن

الفضیل سے انہوں نے امام ابوالحسنؑ سے روایت کی ہے کہ ولایت علیؑ تمام انبیاء کے صحیفوں میں لکھی ہوئی ہے پس اللہ نے ہر نبی کو محمدؐ کی نبوت اور علیؑ کی ولایت کے ساتھ مبعوث کیا۔

اللہ کا قول (اگر ہم نے انہیں کسی سال فائدہ دیا تو پھر ان کو اس عذاب نے آلیا جس کا ان سے وعدہ کیا جاتا رہا)

تاویل۔ محمد بن العباس سے کہا کہ ہم سے الحسین بن احمد نے انہوں نے محمد بن عیسیٰ سے انہوں نے یونس سے انہوں نے صفوان بن یحییٰ سے انہوں نے ابو عثمان سے انہوں نے معلیٰ بن خنیس سے انہوں نے امام ابو عبداللہؑ سے اللہ کے اس قول کے بارے میں روایت کی ہے (اگر ہم نے انہیں کسی سال فائدہ دیا تو پھر ان کو اس عذاب نے آلیا جس کا ان سے وعدہ کیا جاتا رہا) فرمایا کہ قائمؑ کا ظہور اور آل محمدؐ کے دشمن کے لیے اس دنیا میں مہلت ختم ہو جائے گی ان سے مراد بنو امیہ ہیں کہ جنہوں نے دنیا میں فائدہ اٹھایا۔

اللہ کا قول (اور اپنے قریبیوں کو ڈرائیں)

تاویل۔ محمد بن العباس نے کہا کہ ہم سے عبداللہ بن زیدان نے انہوں نے اسماعیل بن اسحاق بن اسحاق الراشدی سے اور علی بن محمد مخلد الدہان سے انہوں نے الحسن بن علی بن عفان سے روایت کی ہے کہ ہم سے ابو زکریا یحییٰ بن ہاشم السمسار سے انہوں نے محمد بن عبداللہ بن علی بن ابی رافع سے انہوں نے اپنے والد سے انہوں نے اپنے دادا سے روایت کی ہے کہ نبیؐ نے بنو عبدالمطلب کو گھاٹی میں جمع کیا اور وہ اس وقت عبدالمطلب کی اولاد میں سے چالیس مرد تھے پس ان کے لیے بکری کی ران پکوائی پھر ان کے لیے ثرید بنوایا پھر کھانا ان کے سامنے رکھا انہوں نے کھانا کھایا یہاں تک کہ سیر ہو گئے پھر ان کو دودھ پلایا جو کہ ایک پیالہ میں تھا انہوں نے جی بھر کے دودھ پیا تو ابولہب نے کہا اللہ

کی قسم کھانا اور دودھ اتنا تھا کہ ہم میں سے صرف ایک اس سے سیر ہو سکتا تھا لیکن یہ کھانا اور دودھ سب کے لیے کافی ہو گیا پس یہ تو کھلا جادو ہے اور سب منتشر ہو گئے آپؐ دوبارہ ان کی دعوت کی اور ان سے فرمایا کہ اللہ نے مجھے حکم دیا ہے کہ میں اپنے قریبیوں اور مخلصین کو ڈراؤں اور تم میرے قریبی اور مخلصین ہو اللہ نے جس نبی کو بھی مبعوث کیا اس کا ایک بھائی، وارث اور وصی بھی بنایا پس تم میں سے کون ہے جو اٹھ کر میری بیعت کرے کہ وہ میرا بھائی، وزیر، وارث، میرا وصی اور خلیفہ ہو اس کو مجھ سے وہی نسبت ہو جو موسیٰؑ سے ہارونؑ کو تھی لیکن میرے بعد کوئی نبی نہیں پس قوم خاموش ہو گئی پس علیؑ اٹھے اور وہ سب ان کی طرف دیکھ رہے تھے پس انہوں نے رسول اللہؐ کی بات پر لبیک کہا اور ان کی دعوت قبول کی تو آپؐ نے ان سے فرمایا میرے قریب آؤ اور آپؐ نے ان کے منہ میں اپنی زبان دی تو ابولہب نے کہا کہ تیرے ابن عم نے تیری بیعت کی اور تو نے اس کا منہ اور چہرہ اپنے لعاب سے بھر دیا آپؐ نے فرمایا لعاب سے نہیں بلکہ علم و حکمت سے۔

ابو علی الطبرسی نے اپنی تفسیر میں کہا کہ یہ قصہ خاص وعام میں مشہور ہے۔ خبر ماثور میں براء بن عازب سے روایت ہے کہ جب یہ آیت نازل ہوئی تو رسول اللہؐ نے بنو عبدالمطلب کو جمع کیا وہ چالیس افراد تھے ان میں سے ایک آدمی اس کھانے کو کھا سکتا تھا کہ آپؐ نے علیؑ کو حکم دیا کہ بکری کی ران بھونو پھر ان سے کہا کہ قریب آجاؤ پس وہ دس دس کر کے کھاتے رہے فرمایا بسم اللہ حتیٰ کہ وہ سیر ہو گئے پھر آپؐ نے دودھ کا پیالہ منگوایا اور ان سے کہا بسم اللہ پیو۔ یہاں تک کہ وہ جی بھر کی پی گئے ابولہب نے کہا یہ تو کھلا جادو ہے پس آپؐ اس دن خاموش رہے پھر اس طرح ان کو اگلے دن بلایا اور اسی طرح کھانا کھلایا دودھ پلایا پھر رسول اللہؐ نے ان کو اللہ کا پیغام دیا ان کو ڈرایا اور فرمایا اے بنو عبدالمطلب ! میں تمہاری طرف ڈرانے والا

اور میری پیروی کرو تم ہدایت پا جاؤ گے پھر فرمایا کہ جو میری اس کام میں مدد کرے گا وہ میرا ولی ،وصی، میرے بعد میرا خلیفہ ہو گا پس قوم خاموش ہو گئی تین مرتبہ آپؐ نے یہ بات دہرائی اور ہر بار علیؑ نے فرمایا میں یا رسول اللہؐ تیسری مرتبہ آپؐ نے فرمایا بے شک تم ہی ہو پس قوم ابو طالبؑ سے کہتے ہوئے اٹھ کھڑی ہوئی کہ اپنے بیٹے کی اطاعت کرو تمہیں حکم دیا جا رہا ہے۔

ثعلبی نے اپنی تفسیر میں عبداللہ بن مسعود سے بیان کیا ہے اور اسی روایت کی تائید میں محمد بن العباس نے انہوں نے محمد بن الحسین الخثعمی سے انہوں نے عباد بن یعقوب سے انہوں نے الحسن بن حمار سے انہوں نے ابو الجارود سے انہوں نے امام ابو جعفرؑ سے روایت کی ہے کہ ان اقربین سے مراد مخلصین حمزہؓ، علیؑ، جعفرؑ، حسنؑ اور حسینؑ ہیں پھر اللہ نے فرمایا(اور اپنی اتباع کرنے والے مومنین کے لیے اپنے بازو جھکا دو اگر وہ تیری نافرمانی کریں تو کہو جو تم کرتے ہو اس سے میں بیزار ہوں) پس رسول اللہؐ کی زندگی کے بعد بھی ان کی نافرمانی ایسی ہے جیسے کہ ان کی زندگی میں۔

اللہ کا قول(پس تو اس غالب اور رحم کرنے والے پر بھروسہ کر جو تجھے دیکھتا رہتا ہے جب تو کھڑا ہوتا ہے اور سجدہ کرنے والوں کے درمیان تیری موجودگی بھی)

تاویل۔ابو علی الطبرسی نے کہا کہ اللہ کا قول(اور اس غالب اور رحم کرنے والے پر بھروسہ کر) یعنی اپنا معاملہ اس غالب اور اپنے دشمنوں سے بدلہ لینے والے اپنے دوستوں پر رحم کرنے والے کے سپرد کر دے(جو آپ کو دیکھتا ہے کہ جب آپ کھڑے ہوتے ہیں) نماز میں۔

ابن عباس سے اس آیت کی تفسیر کے بارے میں روایت ہے کہ جب آپؐ رات کے وقت قیام کرتے ہیں اور جب پیغام رسالت پہنچانے کے لیے کھڑے ہوتے ہیں (اور سجدہ کرنے والوں کے درمیان ہوتے ہیں) یعنی نماز پڑھنے والوں کے ساتھ قیام و قعود، رکوع و سجود کرتے ہوئے۔

اسی تاویل میں محمد بن العباس نے کہا کہ ہم سے محمد بن الحسین الخثعمی نے انہوں نے عباد بن یعقوب سے انہوں

نے الحسن بن حماد سے انہوں نے ابوالجارود سے انہوں نے امام ابو جعفرؑ سے اللہ کے اس قول کے بارے میں روایت کی ہے (اورآپ سجدہ کرنے والوں کے درمیان موجود دیکھتا ہے) فرمایا کہ علیؑ ،فاطمہؑ، حسنؑ اور حسینؑ کے درمیان۔

ابو علی الطبرسی نے کہا کہ موجودگی سے مراد ہے کہ پاکیزہ اصلاب اور ارحام میں منتقل ہوتے رہے۔

اس طرح کی روایت محمد بن العباس نے انہوں نے الحسین بن ہارون سے انہوں نے ابراہیم بن مہزیار سے انہوں نے اپنے بھائی سے انہوں نے علی بن اسباط سے انہوں نے عبدالرحمن بن حمد المقری سے انہوں نے ابوالجارود سے روایت کی ہے کہ میں نے امام ابو جعفرؑ سے اللہ کے اس قول کے بارے میں پوچھا(اورآپ کو سجدہ کرنے والوں کے درمیان دیکھتا ہے) فرمایا اللہ آپؐ کو انبیاء کے اصلاب میں ایک نبی کے بعد دوسرے نبی میں منتقل ہوتے دیکھتا رہا حتی کہ آپؐ کو آپؐ کے والد کے صلب سے نکالا کہ آپؐ کے آباء میں سے کوئی بھی بغیر نکاح کے نہ تھا۔

الشیخ نے امالی میں روایت کی ہے کہ رسول اللہؐ کے والد عبداللہؑ اور ابو طالبؑ موحد تھے مفضل بن عمر نے امام ابو عبداللہؑ سے انہوں نے اپنے آباءؑ سے انہوں نے امیر المومنینؑ سے روایت کی ہے ایک دن امیر المومنینؑ تشریف فرما تھے کہ ان کے گرد صحن میں لوگ بیٹھے ہوئے تھے تو ایک شخص نے نے کہا اے امیر المومنینؑ اللہ نے آپؑ کو اتنا عظیم مقام دیا اور آپؑ کے والد کو جہنم میں عذاب دیا جا رہا ہے تو آپؑ نے عالم غضب میں فرمایا خاموش ہو جا اللہ تیرے منہ میں خاک بھرے اس ذات کی قسم جس نے محمدؐ کو نبی بنا کر مبعوث کیا گر میرے والد کرہ زمین میں سے ہر ایک کی شفاعت کریں تو اللہ ان کی

شفاعت قبول کرے گا یہ کیسے ممکن ہے کہ بیٹا جنت اور دوزخ کا تقسیم کرنے والا ہو اور باپ جہنم میں ہو ؟ پھر فرمایا اس ذات کی قسم جس نے محمدؐ کو حق کے ساتھ نبی بنا کر مبعوث کیا کہ ابو طالبؑ کا نور قیامت والے دن تمام دیگر انوار کو ماند کر دے گا سوائے پانچ انور کے محمدؐ، میرے، فاطمہؑ، حسنؑ اور حسینؑ اور انکی اولاد میں سے آئمہؑ کے نور کے کیونکہ اللہ نے انہیں ہمارے نور سے منور کیا کہ جسے اللہ نے تخلق آدم سے دو ہزار سال پہلے خلق کیا۔

الشیخ ابو جعفر الطوسی نے الشیخ ابو محمد الفضل بن شاذان سے اسناد کے ساتھ انہوں نے اپنے رجال سے انہوں نے جابر بن یزید الجعفی سے انہوں نے امام موسیٰ بن جعفر الکاظمؑ سے روایت کی ہے کہ اللہ نے نور محمدؐ کو اپنی عظمت و جلال کے نور سے اور ہم اہل بیتؑ کو نبوت کے اسی نور سے خلق فرمایا۔

اللہ کا قول (اور وہ شاعر کی پیروی کرتے ہیں جو بھکے ہوئے ہوں کیا آپ نے نہیں دیکھا کہ ہر وادی میں گھومتے پھرتے ہیں اور وہ کہتے ہیں جو وہ نہیں کرتے)

تاویل۔ محمد بن جمہور نے اسناد کے ساتھ مرفوعاً امام ابو عبد اللہؑ سے اللہ کے اس قول کے بارے میں روایت کی ہے (اور وہ شاعر کی پیروی کرتے ہیں جو بھکے ہوئے ہوں) فرمایا کیا تم نے آج تک کسی کو شاعر کی پیروی کرتے ہوئے دیکھا ہے ؟ اس سے مراد وہ فقہاء ہیں کہ جو لوگوں کے دلوں میں باطل خیالات بھرتے ہیں پس یہ وہ شاعر ہیں کہ جن کی پیروی کی جاتی ہے۔

اس کی تائید ابو علی الطبرسی کی روایت کرتی ہے کہ امامؑ نے فرمایا اس آیت سے مراد وہ لوگ ہیں جو اللہ کے دین کو تبدیل کرتے ہیں اور اس کے امر کی نافرمانی کرتے ہیں کیا تم نے آج تک کسی کو شاعر کی اتباع کرتے ہوئے دیکھا ہے ؟ اس سے مراد وہ لوگ ہیں جنہوں نے اپنے قیاس سے دین کو سمجھا پس لوگوں نے ان کی پیروی کی۔

العیاشی نے اسناد کے ساتھ انہوں نے امام ابو عبد اللہؑ سے اللہ کے اس قول کے بارے میں روایت کی ہے (وہ شاعر کی پیروی کرتے ہیں جو بہکے ہوئے ہوتے ہیں) فرمایا کہ یہ وہ گروہ ہے جو علم کے بغیر سیکھتے اور سمجھتے ہیں اور وہ بہت سے لوگوں کو گمراہ کرتے ہیں (کیا تم نے انہیں نہیں دیکھا کہ وہ ہر وادی میں گھومتے پھرتے ہیں) یعنی ہر قسم کا جھوٹ بولتے ہیں (اور وہ باتیں کرتے ہیں جو وہ نہیں کرتے) یعنی وہ منافق ہوتے ہیں۔

اس کی تائید علی بن ابراہیم کی روایت کرتی ہے کہ جو انہوں نے اپنی تفسیر میں بیان کی ہے (اور شاعروں کی پیروی بہکے ہوئے کرتے ہیں کیا آپ نے نہیں دیکھا کہ ہر وادی میں سرگرداں رہتے ہیں اور وہ کہتے ہیں جو نہیں کرتے) امام ابو عبد اللہؑ نے فرمایا کہ یہ آیت ان لوگوں کے بارے میں نازل ہوئی کہ جنہوں نے اللہ کے دین کو بدل ڈالا اور اللہ کے حکم کو ترک کردیا کیا تم نے آج تک کسی کو دیکھا ہے جو شاعر کی اتباع کرے؟ اس سے مراد وہ لوگ ہیں جنہوں نے دین کو اپنے قیاس سے بدل ڈالا اور وہ باتیں کرتے ہیں جو خود نہیں کرتے اور نصیحت کرتے ہیں لیکن خود نصیحت حاصل نہیں کرتے برائی سے روکتے ہیں لیکں خود برائی سے باز نہیں آتے نیکی کا حکم دیتے ہیں لیکن خود نہیں کرتے اور انہیں کے بارے میں اللہ نے حکایت بیان کی ہے کہ (کیا آپ نے ان کو ہر وادی میں گھومتے نہیں دیکھا) یعنی ہر مذہب کے جو وہ اختیار کرتے ہیں اور وہ باتیں کرتے ہیں جو خود نہیں کرتے پھر ان لوگوں کو ذکر کیا کہ (جن پر ان شاعروں نے ظلم کیا) وہ امیر المومنینؑ اور ان کی اولاد ہے پھر اللہ نے فرمایا (عنقریب آل محمدؑ کے حق پر ظلم کرنے والے ظلم جان لیں گے کہ وہ کس کروٹ الٹتے ہیں) فرمایا یہ آیت ان لوگوں کے بارے میں نازل ہوئی جو اللہ کے دین کو بدل ڈالتے ہیں اور اس کے حکم کو ترک کرتے ہیں اور اس کی حدود کو توڑتے ہیں اور آل محمدؑ کے حق میں ظلم کرتے ہیں۔

سورة النمل

(اس سورہ مبارکہ کی وہ آیات جو آئمہ ھدیٰؑ کی شان میں نازل ہوئیں)

اللہ کا قول (کہہ دیجئے کہ تمام حمد اللہ کے لیے ہے اور سلام اس کے ان بندوں پر جن کو اس نے مصطفی بنایا ہے)

تاویل۔ علی بن ابراہیم نے اپنی تفسیر میں آئمہؑ سے روایت کی ہے کہ اس آیت سے مراد آل محمدؑ ہیں۔

اللہ کا قول(کیا اللہ کے ساتھ کوئی اور معبود بھی ہے بلکہ اکثر لوگ نہیں جانتے)

تاویل۔ علی بن اسباط سے انہوں نے ابراہم الجعفری سے انہوں نے ابوالجارود سے انہوں نے امام ابو عبد اللہؑ سے اللہ کے اس قول کے بارے میں روایت کی ہے (کیا اللہ کے ساتھ کوئی اور معبود بھی ہے بلکہ اکثر لوگ نہیں جانتے) فرمایا کہ اس سے مراد ہے کہ ہادی امام کے ساتھ گمراہ امام یعنی جس طرح اللہ کے ساتھ اور کوئی معبود بنانا جائز نہیں اسی طرح امام ہدایت کے ساتھ گمراہی کے امام کو ماننا بھی جائز نہیں اور کوئی زمانہ بھی ہدایت دینے والے امام سے خالی نہیں ہوتا کہ جس کے ذریعے اللہ اپنی مخلوق کو ہدایت دیتا ہے۔

اللہ کا قول (بے کس کی پکار کو کون سنتا ہے کہ جب وہ پکارتا ہے اور اس کی سختی کو دور کرتا ہے اور تم کو خلیفہ بناتا ہے)

تاویل ۔ محمد بن العباس نے کہا کہ ہم سے اسحاق بن محمد بن مروان سے انہوں نے اپنے والد سے انہوں نے عبید بن خنیس سے انہوں نے صباح المزنی سے انہوں نے الحارث بن حصیرۃ سے انہوں نے ابو داؤد سے انہوں نے بریدہ سے روایت کی ہے کہ رسول اللہؐ چل رہے تھے اور پہلو میں علیؑ تھے تو آپؐ نے یہ آیت تلاوت فرمائی (کون ہے کہ جو بے شک کی پکار کو سنتا ہے جب وہ فریاد کرتا ہے اور اس سے سختی کو دور کرتا ہے اور تم کو زمین میں خلیفہ بناتا ہے) پس علیؑ ایسے کانپے جیسے چڑیا اپنے پر پھڑ پھڑاتی ہے تو نبیؐ نے فرمایا یا علیؑ تم کیوں پریشان ہو گئے ؟ تو علیؑ نے فرمایا یا رسول اللہؐ میں کیسے نہ پریشان ہوں کہ آپؐ نے فرمایا (اور تم کو زمین کا خلیفہ بناتا ہے) فرمایا اے علیؑ پریشان نہ ہو اللہ کی قسم تم سے محبت وہی کرے گا جو مومن ہوگا اور تم سے دشمنی صرف کافر کرے گا۔

اس کی تائید احمد بن محمد بن العباس نے انہوں نے عثمان بن ہاشم بن الفضل سے انہوں نے محمد بن کثیر سے انہوں نے الحارث بن حصیرۃ سے انہوں نے ابو داؤد سے انہوں نے عمران بن حصین سے روایت کی ہے کہ میں رسول اللہؐ کے پاس بیٹھا تھا اور ان کے پہلو میں علیؑ تھے کہ نبیؐ نے یہ آیت پڑھی (کون ہے جو بے کس کی فریاد سنتا ہے کہ جب وہ مدد کے لیے پکارتا ہے اور تمہاری سختی دور کرتا ہے اور تم کو زمین میں خلیفہ بناتا ہے) پس علیؑ کانپنے لگے تو رسول اللہؐ نے علیؑ کے کاندھے پر تھپکی کی اور فرمایا یا علیؑ کیا ہوا؟ علیؑ نے رسول اللہؐ فرمایا کہ یا رسول اللہ آپؐ نے یہ آیت پڑھی تو میں ڈر گیا کہ ہم اس سے آزمائے جائیں گے تو رسول اللہؐ نے فرمایا اے علیؑ تم سے محبت وہی کرے گا جو مومن ہوگا اور تم سے بغض وہی رکھے گا جو منافق ہے۔

ایک اور روایت میں ہے کہ (بے کس) اس سے مراد قائمؑ ہیں۔

اسی طرح محمد بن العباس نے انہوں نے حمید بن زیاد سے انہوں نے الحسن بن محمد بن سماعہ سے انہوں نے ابراہیم بن عبدالحمید سے انہوں نے امام ابو عبداللہؑ سے روایت کی ہے کہ آپؑ نے فرمایا جب قیام قائمؑ ہو گا تو وہ مسجد حرام میں آکر استقبال قبلہ کریں گے اور پھر ابراہیمؑ کے مقام پر دو رکعت نماز پڑھیں گے اور پھر فرمائیں گے اے لوگوں میں لوگوں میں سے آدم سے بھی زیادہ حقدار ہوں اے لوگوں میں ابراہیم سے بھی زیادہ تم پر حق تصرف رکھتا ہوں اے لوگوں میں اسماعیلؑ سے بھی زیادہ تم پر حق تصرف رکھتا ہوں اے لوگوں میں تم پر محمدؐ سے بھی زیادہ حق تصرف رکھتا ہوں پھر اپنے ہاتھ آسمان کی طرف اٹھائیں گے اور دعا کریں گے پھر اپنے منہ کے بل گر جائیں گے اور یہ اللہ کا قول ہے (کون ہے جو فریادی کی فریاد سنتا ہے کہ جب وہ پکارتا ہے اور تم کو زمین میں خلیفہ بناتا ہے کیا اللہ کے ساتھ کوئی معبود ہے مگر تم میں سے بہت کم نصیحت حاصل کرتے ہیں)

اسناد کے ساتھ ابن عبدالحمید سے انہوں نے محمد بن مسلم سے انہوں نے امام ابو جعفرؑ سے اللہ کے اس قول کے بارے میں روایت کی ہے کہ یہ آیت قائمؑ کے بارے میں نازل ہوئی کہ جب قائمؑ خروج کریں گے تو بیت اللہ میں ابراہیمؑ کے مقام پر دو رکعت نماز پڑھیں گے اور اپنے رب کے سامنے گڑگڑائیں گے۔

علی بن ابراہیم سے انہوں نے اپنے والد سے انہوں نے الحسین بن علی بن فضال سے انہوں نے صالح بن عقبہ سے انہوں نے امام ابو عبداللہؑ سے ایسی ہی روایت کی ہے۔

اللہ کا قول (جب ان کے اوپر عذاب کا وعدہ ثابت ہو جائے گا ہم زمین سے ان کے لیے دابۃ الارض نکالیں گے جو ان سے باتیں کرتا ہو گا اور لوگ ہماری آیات پر یقین نہیں کرتے تھے)

تاویل۔ محمد بن العباس نے کہا کہ ہم سے جعفر بن محمد الحلبی نے انہوں نے عبداللہ بن محمد الزیات سے انہوں نے محمد بن عبدالحمید سے انہوں نے مفضل بن صالح سے انہوں نے جابر بن یزید سے انہوں نے ابو عبداللہ الجدلی سے روایت کی ہے کہ ایک دن میں علیؑ کے پاس گیا تو علیؑ نے یہ آیت تلاوت فرمائی اور فرمایا میں ہی وہ دابتہ الارض ہوں۔

ہم سے علی بن احمد بن حاتم نے انہوں نے اسماعیل بن اسحاق الراشدی سے انہوں نے خالد بن مخلد سے انہوں نے عبدالکریم بن یعقوب الجعفی سے انہوں نے جابر بن یزید سے انہوں نے ابو عبداللہ الجدلی سے روایت کی ہے کہ ایک دن میں علیؑ کے پاس گیا تو فرمایا کیا میں اس سے قبل کہ کوئی اور آئے تم کو تین باتیں نہ بتاؤں؟ میں نے کہا کیوں نہیں فرمایا میں اللہ کا بندہ ہوں میں ہی دابتہ الارض ہوں اور میں اللہ کا صدق عدل اور اسکے نبیؐ کا بھائی ہوں۔

ہم سے احمد بن محمد الحسن الفقیہ نے انہوں نے احمد بن عبید بن ناصح سے انہوں نے الحسین بن علوان سے انہوں نے سعد بن طریف سے روایت کی ہے انہوں نے اصبغ بن نباتہ سے روایت کی ہے کہ میں امیر المومنینؑ کے پاس گیا اور آپؑ روٹی سرکہ اور زیتون نوش فرمارہے تھے میں نے کہا اے امیر المومنینؑ (کہ جب ان پر قول واقع ہو جائے گا تو ہم زمین میں سے ان کے لیے دابتہ الارض نکالیں گے جو ان سے باتیں کرے گا اور وہ ہماری آیات پر یقین نہ رکھتے تھے) یہ دابتہ الارض کون ہے؟ فرمایا یہ وہی ہے جو روٹی زیتون اور سرکہ کھارہا ہے۔

علی بن ابراہیم نے کہا کہ اللہ کے اس قول سے مراد کہ جو خبروں میں آیا ہے کہ یہ آیت علیؑ کے بارے میں نازل ہوئی کہ رسول اللہؐ ایک دن امیر المومنینؑ کے پاس مسجد میں گئے اور وہ سو رہے تھے آپؑ نے مٹی کا سرہانہ بنا کر اس پر اپنا سر مبارک رکھا ہوا تھا پس رسول اللہؐ نے انہیں اپنی ٹانگ سے حرکت

دی اور کہا اے دابتہ الاض اٹھو تو آپؑ کے اصحاب میں سے ایک نے کہا یا رسول اللہؐ کیا ہم ایک دوسرے کو اس نام سے پکار لیں؟ تو فرمایا نہیں اللہ کی قسم یہ صرف علیؑ کے لیے ہی خاص ہے اور یہ وہ دابتہ الاض ہے کہ جس کا ذکر اللہ نے اپنی کتاب میں کیا ہے (اور جب ان پر عذاب واقع ہو جائے گا تو ہم ان کے لیے زمین میں سے دابتہ الارض نکالیں گے جو ان سے کلام کرے گا اور وہ ہماری آیات پر یقین نہیں رکھتے تھے)

اللہ کا قول (جو ایک نیکی کرے گا اس کے لیے اس سے بہتر دیا جائے گا اور وہ اس دن کی گھبراہٹ سے بے خوف ہونگے پس جو برائی کرے گا تو منہ کے بل انہیں آگ میں جھونک دیا جائے گا انہیں ضرور وہی بدلہ دیا جائے گا کہ جو وہ کرتے رہے)

تاویل۔ محمد بن العباس نے تفسیر میں کہا کہ ہم سے منذر بن محمد سے انہوں نے اپنے والد سے انہوں نے الحسین بن سعید سے انہوں نے ابان بن تغلب سے انہوں نے فضیل بن الزبیر سے انہوں نے ابو الجارود سے انہوں نے ابو داؤد سے انہوں نے ابو عبداللہ الجدلی سے روایت کی ہے کہ امیر المومنینؑ نے مجھ سے فرمایا اے ابو عبداللہ ! کیا تم جانتے ہو کہ وہ نیکی کیا ہے جو کوئی لے کر آئے (تو اسے اس سے بہتر دیا جائے گا اور وہ اس دن کی گھبراہٹ سے بے خوف ہونگے پس جو اس دن برائی کے ساتھ آئے گا اسے منہ کے بل جہنم میں گرادیا جائے گا) میں نے کہا نہیں میرے مولاؑ فرمایا کہ نیکی سے مراد ہم اہل بیتؑ کی مودت ہے اور برائی سے مراد ہم اہل بیتؑ کی عداوت ہے۔

ہم سے علی بن عبداللہ سے انہوں نے ابراہیم بن محمد الثقفی سے انہوں نے عبداللہ بن حبلہ الکنانی سے انہوں نے سلام بن ابی عمرۃ سے انہوں نے ابو الجارود سے انہوں نے ابو عبداللہ الجدلی سے روایت کی ہے کہ آپؑ نے فرمایا کیا میں تم کو وہ نیکی نہ بتاؤں کہ جس سے وہ گھبراہٹ والے دن گھبرائے گا نہیں

اور اس برائی کے بارے میں نہ بتاؤں جس کی وجہ سے اس کو جہنم میں منہ کے بل گرادیا جائے گا میں نے کہا کیوں نہیں یاامیر المومنینؑ فرمایا کہ نیکی سے مراد ہم اہل بیتؑ کی محبت ہے اور برائی ہم اہل بیتؑ کا بغض ہے۔

ہم سے احمد بن ادریس نے انہوں نے احمد بن محمد بن عیسیٰ سے انہوں نے الحسن بن محبوب سے انہوں نے ہشام بن سالم سے انہوں نے عمار الساباطی سے روایت کی ہے کہ میں امام ابو عبداللہؑ کے پاس تھا اور آپؑ سے عبداللہ بن ابی یعفور نے اللہ کے اس قول کے بارے میں پوچھا(جو نیکی لائے گا تو اس کا بہتر بدلہ دیا جائے گا اور اس دن کی گھبراہٹ سے امن میں رہے گا) فرمایا کیا تم جانتے ہو کہ یہ نیکی کیا ہے فرمایا کہ نیکی سے مراد معرفت امامؑ ہے اور ان کی اطاعت ہے اور ان کی اطاعت اللہ کی اطاعت ہے۔

اسناد کے ساتھ ابو عبداللہؑ سے روایت ہے کہ نیکی سے مراد ولایت امیر المومنینؑ ہے۔

ہم نے علی بن عبداللہ سے انہوں نے ابراہیم بن محمد سے انہوں نے اسماعیل بن بشار سے انہوں نے علی بن جعفر الحضرمی سے انہوں نے جابر الجعفی سے روایت کی ہے کہ انہوں نے امام ابو جعفرؑ سے اللہ کے اس قول کے بارے میں پوچھا(جو اس دن نیکی لائے گا اس کو اس کا بہتر بدلہ دیا جائے گا اور وہ اس دن کی گھبراہٹ سے امن میں ہونگے اور جو برائی کرے گا اس کو منہ کے بل آگ میں گرادیا جائے گا) فرمایا نیکی سے مراد ولایت علیؑ ہے اور ان سے عداوت و بغض ہی برائی ہے۔

الطبرسی نے اپنی تفسیر میں کہا ہے کہ ہم سے السید ابوالحمد نے کہا کہ ہم سے الحاکم ابوالقاسم نے انہوں نے کہا کہ ہم کو ابو عثمان سعید بن محمد الحمیری سے کہا کہ ہم سے ہمارے دادا احمد بن اسحاق الحمیری سے انہوں نے جعفر بن سہیل سے انہوں نے ابو زرعہ و عثمان بن عبداللہ القرشی سے انہوں نے ابوالھیعۃ

سے انہوں نے ابوالزبیر سے انہوں نے جابر بن عبداللہ سے روایت کی ہے کہ رسول اللہؐ نے علیؑ سے فرمایا اگر میرے امتی روزہ رکھیں یہاں تک کہ وہ انتہائی دبلے ہو جائیں تو اللہ ان کو تیرے بغض کے سبب نتھنوں کے بل آگ میں جھونک دے گا۔

پس اے عقل والوں اس سورہ مبارکہ میں غور و فکر کرو کہ اس میں آل محمدؐ کے کتنے عظیم الشان فضائل ہیں اللہ ان پر دن رات درود و سلام بھیجے۔

سورۃ القصص

(اس سورہ مبارکہ کی وہ آیات جو آئمہ ھدیٰؑ کی شان میں نازل ہوئیں)

اللہ کا قول (اور ہم چاہتے ہیں کہ جو لوگ زمین میں کمزور ہیں ان پر احسان کریں اور ان کو امام بنادیں اور ان کو وارث بنادیں)

تاویل۔ ظاہراً یہ کلام بنی اسرائیل کے متعلق ہے اور باطن میں اس سے مراد آل محمدؑ ہیں اور اس پر اللہ کا یہ قول دلالت کرتا ہے (ہم ان کو امام بنادیں گے) یعنی قائد اور سردار لوگ بھلائی کے کاموں میں ان کی پیروی کرتے ہیں ان مین سے بعض حاکم ہیں کہ جو لوگوں کے درمیاں عدل و انصاف سے فیصلہ کرتے ہیں اور نیکی کا حکم دیتے ہیں برائی سے روکتے ہیں پس اللہ ظلم کرنے والوں کو حکمران نہیں بناتا کہ جس طرح بنی اسرائیل نے موسیٰؑ کے بعد ظلم کیا پس جو امام اللہ کی طرف سے ہوتا ہے اس کی اطاعت واجب ہوتی ہے اور غیر معصوم کی اطاعت واجب نہیں ہوتی اور بنی اسرائیل میں اس وقت موسیٰؑ اور ہارونؑ کے سوا کوئی معصوم نہ تھا پس اس سے مراد آل محمدؑ ہی ہیں۔

محمد بن العباس سے انہوں نے علی بن عبداللہ بن اسد سے انہوں نے ابراہیم بن محمد سے انہوں نے

یوسف بن کلیب سے انہوں نے عمر بن عبدالغفار سے اسناد کے ساتھ انہوں نے ربیعہ بن ناجد سے روایت کی ہے کہ میں نے امیر المومنین علیؑ کو اس آیت کے بارے میں فرماتے سنا کہ دنیا ہم پر ایسے مہربان ہے جیسے اونٹنی اپنے بچوں پر۔

ہم سے علی بن عبداللہ نے انہوں نے ابراہیم بن محمد سے انہوں نے یحییٰ بن صالح الجزیری سے اسناد کے ساتھ ابو صالح سے انہوں نے امیر المومنین علیؑ سے روایت کی ہے کہ اللہ کی قسم کہ جس نے دانے کو شگافتہ کیا اور مخلوق کو پیدا کیا ہم پہ یہ دنیا اس طرح مہربان ہے جیسے کہ اونٹنی اپنے بچوں پر۔

الطبرسی نے کہا کہ العیاشی نے اسناد کے ساتھ ابو الصباح الکنانی سے روایت کی ہے کہ امام ابو جعفرؑ نے امام ابو عبداللہؑ کی طرف دیکھا اور اس آیت کی تلاوت فرمائی (اور ہم چاہتے ہیں کہ جو بندے زمین میں کمزور ہیں ان پر احسان کریں) فرمایا اللہ کی قسم یہ انہی لوگوں میں سے ہے۔

سید العابدین امام علیؑ بن الحسینؑ نے فرمایا اس ذات کی قسم جس نے محمدؐ کو بشیر و نذیر بنا کر مبعوث کیا کہ نیکوکار ہم اہل بیتؑ میں سے ہیں اور ان کے پیروکار موسیٰؑ اور ان کے شیعوں جیسے ہیں پس ہمارے دشمن ایسے ہیں کہ جیسے فرعون اور اس کے پیروکار۔

اس کی تائید یہ روایت بھی کرتی ہے کہ علی بن ابراہیم نے محاسن التاویل میں سے کہا کہ اللہ تبارک تعالیٰ نے پسند کیا کہ رسول اللہؐ کو فرعون کے بارے میں بتائے تو فرمایا(فرعون زمین میں بلند تھا اس کے پیروکاروں میں سے ایک گروہ کمزور تھا وہ ان کے بیٹوں کو ذبح کرتے تھے اور ان کی عورتوں کو زندہ رکھتے تھے بے شک وہ فساد کرنے والوں میں سے تھا) پھر موسیٰؑ کی بات ختم ہوئی اور اہل بیتؑ محمدؐ کی بات شروع ہوئی(اور ہم چاہتے ہیں کہ جو بندے زمین میں کمزور ہیں ان پر احسان کریں اور ان کو امام بنادیں اور ان کو وارث بنادیں) پس اس سے مراد آل محمدؑ ہیں۔

اللہ کا قول (ہم فرعون وہامان اوران دونوں کے اعمال کو دیکھتے ہیں)

تاویل۔یعنی وہ لوگ جنہوں نے آل محمدؑ کے حقوق کو غصب کیا پس امیر المومنینؑ نے جب ان کی بیعت کی گئی تو خطبہ دیتے ہوئے فرمایا آگاہ رہو کہ اللہ نے فرعون وھامان کو ہلاک کر دیا اور قارون کا ذلیل کیا اور اللہ نے اپنے رسول کو آگاہ کیا کہ ان کی اولاد کو دکھ اور مصیبتیں پہنچیں گی ان کے دشمنوں سے جیسے کہ موسیٰؑ اور بنی اسرائیل کو فرعون سے پہنچیں پھر ان کا معاملہ اس طرح ختم ہوگا اللہ آپؐ کے اہل بیتؑ میں سے ایک فرد کے ہاتھوں غلبہ دے گا جیسا کہ موسیٰؑ کے زریعے دیا گیا۔

اللہ کا قول (ہم تجھے تیرے بھائی کے ذریعے مضبوط کریں گے اور تم دونوں کو سلطان بنادیں گے)

تاویل۔ محمد بن العباس نے کہا کہ ہم سے الحسین بن محمد بن یحییٰ الحسینی نے انہوں نے اپنے دادا یحییٰ بن الحسن سے انہوں نے احمد بن یحییٰ الادری سے انہوں نے عمر بن حامد سے انہوں نے عبید اللہ بن المھلب البصری سے انہوں نے منذر بن زیاد الغبی سے انہوں نے ابان سے انہوں نے انس بن مالک سے روایت کی ہے کہ رسول اللہؐ نے ایک گروہ کے پاس کسی کو بھیجا تو انہوں نے انہیں قتل کر دیا پس علیؑ کو ان کی طرف بھیجا تو علیؑ نے ان لڑائی کرنے والوں کو قتل کر دیا ان کی اولاد کو قیدی بنایا جب علیؑ مدینہ کے قریب پہنچے تو رسول اللہؐ سے ملے آپؐ نے علیؑ کے ماتھے پر بوسہ دیا اور فرمایا میرے ماں باپ تم پر قربان کہ اللہ نے تیرے ذریعے میری کمر مضبوط کی جیسے کہ موسیٰؑ کی ہارونؑ کے ذریعے کی گئی۔

اللہ کا قول (اور طور کے مغربی جانب جب کہ ہم نے موسیٰؑ کو حکم واحکام کی وحی پہنچائی تھی نہ تو تو موجود تھا اور نہ تو دیکھنے والوں میں سے تھا)

تاویل۔ محمد بن العباس نے کہا کہ ہم سے علی بن احمد بن حاتم سے انہوں نے حسن بن عبد الواحد سے

انہوں نے سلمان بن محمد بن ابی فاطمہ سے انہوں نے جابر بن اسحاق البصری سے انہوں نے نصر بن اسماعیل الواسطی سے انہوں نے جوہر سے انہوں نے الضحاک سے انہوں نے ابن عباس سے اللہ کے اس قول کے بارے میں روایت کی ہے (اور طور کے مغربی جانب جب کہ ہم نے موسیٰؑ کو حکم و احکام کی وحی پہنچائی تھی نہ تو تو موجود تھا اور نہ تو دیکھنے والوں میں سے تھا) فرمایا یعنی موسیٰؑ کے بعد خلافت یوشع بن نون کو دے دی گئی۔ پھر اللہ نے فرمایا کہ میں نے کسی نبی کو بھی وصی کے بغیر نہیں بھیجا اور میں ایک نبی عربی کو بھیجوں گا اور ان کا وصی علیؑ کو بناؤں گا پس یہ اللہ کا قول ہے (اور آپ اس وقت طور کے مغربی جانب نہ تھے کہ جب موسیٰؑ کے ذمے امر لگایا گیا) اور انہیں ان کے بعد ہونے والے اختلاف کے بارے میں بتایا۔ ابن عباس نے کہا کہ اللہ نے رسول اللہؐ کو بھی بتایا کہ ان کے بعد جو ہوگا اور کیسے امت آئمہ میں اختلاف کرے گی پس جس نے کہا کہ اللہ کے نبیؐ نے وصیت نہ کی تھی وہ اللہ کی قسم جھوٹا ہے اس نے اللہ پر اور اس کے نبیؐ پر جھوٹ باندھا ہے۔

تفسیر اہل بیتؑ میں ہمارے بعض اصحاب سے انہوں نے سعید بن الخطاب سے مرفوعاً حدیث میں امام ابو عبداللہؑ سے اللہ کے اس قول کے بارے میں روایت ہے (اور آپ اس وقت طور کے مغربی کنارے نہ تھے کہ جب ہم نے اپنا امر موسیٰؑ کے لیے لکھ دیا) امامؑ نے فرمایا کہ اللہ نے جتنے بھی مواقع پر گواہ ٹھہرائے ان پر نبیؐ اور انکے بھائی ان کے وصی ان کے وزیر کو بھی گواہ ٹھہرایا اور ان دونوں کے بارے میں میثاق لیا۔

اللہ کا قول (اور آپ طور کے کنارے نہ تھے جب ہم نے ندا دی لیکن آپ کے رب کی طرف سے رحمت)

تاویل۔ محمد بن العباس نے کہا کہ ہم سے جعفر بن محمد بن مالک نے انہوں نے الحسن بن علی بن

مروان سے انہوں نے ظاہر بن مدار سے انہوں نے اپنے بھائی سے انہوں نے ابو سعید المدائنی سے روایت کی ہے کہ میں نے امام ابو عبداللہؑ سے اللہ کے اس قول کے بارے میں پوچھا (اور آپ اس وقت طور کے کنارے نہ تھے کہ جب ہم نے ندا دی) فرمایا ایسا تحریر و نوشتہ دیا کہ جسے آدم کی تخلیق سے دو ہزار سال پہلے لکھا گیا کہ جس میں لکھا تھا اے آل محمدؑ کے شیعوں میں تمہیں تمہارے سوال سے پہلے عطا کروں گا اور تمہاری بخشش طلب کرنے سے پہلے تمہیں بخش دوں گا جو تم میں سے محمدؐ و آل محمدؑ کی ولایت کے ساتھ آئے گا انہیں میں اپنی جنت و رحمت میں جگہ دوں گا۔

اس کی تائید الشیخ ابو جعفر الطوسی کی روایت کہ جو اسناد کے ساتھ فضل بن شاذان سے مرفوعاً سلیمان الدیلمی سے انہوں نے مولا امام جعفرؑ بن محمدؑ سے روایت کی ہے کہ میں نے امامؑ سے عرض کی اے میرے سردارؑ اللہ کے اس قول کا کیا مطلب ہے (اور آپ اس وقت طور کی جانب نہ تھے کہ جب ہم نے آپ کو ندا دی) فرمایا وہ کتاب کہ جو اللہ نے آدمؑ کی تخلیق سے دو ہزار سال پہلے لکھی اور اس میں لکھا کہ اے شیعان آل محمدؑ میں تم کو مانگنے سے پہلے دوں گا اور تمہیں نافرمانی سے پہلے بخش دوں گا اور تمہارے گناہ کرنے سے پہلے تمہارے گناہ معاف کر دوں گا اور جو تم میں سے میرے پاس علیؑ کی ولایت کے ساتھ آئے گا اس کو میں اپنی جنت میں اور رحمت کے سائے میں ٹھہراؤں گا۔

اللہ کا قول (اس سے بڑا گمراہ کون ہے جو اپنی خواہشات کی پیروی کرے اللہ کی ہدایت کے بغیر)

تاویل۔ علی بن ابراہیم سے انہوں نے اپنے والد سے انہوں نے قاسم بن سلیمان سے انہوں نے معلیٰ بن خنیس سے انہوں نے امام ابو عبداللہؑ سے اللہ کے اس قول کے بارے میں روایت کی ہے (اس سے بڑا گمراہ کون ہے جو اپنی خواہشات کی پیروی کرے اللہ کی ہدایت کے بغیر) فرمایا جو دین اپنی رائے سے سمجھے آئمہ ھدیٰؑ کی ہدایت کے بغیر۔

اللہ کا قول (اور ہم ان کے پاس برابر اپنا حکم پہنچاتے رہے تاکہ وہ نصیحت حاصل کریں)

تاویل۔ محمد بن العباس سے کہا کہ ہم سے الحسین بن احمد سے انہوں نے یعقوب بن یزید سے انہوں نے محمد بن ابی عمیر سے انہوں نے عمر بن ازنیہ سے انہوں نے حمران سے انہوں نے امام ابو عبد اللہؑ سے اللہ کے اس قول کے بارے میں روایت کی ہے (اور ہم ان کو برابر اپنا حکم پہنچاتے رہے تاکہ وہ نصیحت حاصل کریں) فرمایا امامؑ کے بعد امامؑ۔

اس کی تائید الشیخ محمد بن یعقوب کی روایت کرتی ہے کہ انہوں نے الحسین بن محمد سے انہوں نے معلیٰ بن محمد سے انہوں نے محمد بن جمہور سے انہوں نے حماد بن عیسیٰ سے انہوں نے عبد اللہ بن جندب سے روایت کی ہے کہ میں نے امام ابو الحسنؑ سے اللہ کے اس قول کے بارے میں پوچھا (اور ہم ان کو برابر اپنا حکم پہنچاتے رہے تاکہ وہ نصیحت حاصل کریں) فرمایا ایک امامؑ کے بعد امامؑ۔

علی بن ابراہیم نے انہوں نے احمد بن ادریس سے انہوں نے احمد بن محمد سے انہوں نے معاویہ بن حکم سے انہوں نے احمد بن محمد سے انہوں نے یونس بن یعقوب سے انہوں نے امام ابو عبد اللہؑ سے اللہ کے اس قول کے بارے میں روایت کی ہے (اور ہم ان کو برابر اپنا حکم پہنچاتے رہے تاکہ وہ نصیحت حاصل کریں) فرمایا امامؑ کے بعد امامؑ (اور یہ کہ ان کو برابر حکم پہنچاتے رہے) یعنی متصل امامؑ کے فوراً بعد متصل امامؑ آدمؑ سے لے کر قائمؑ تک اس کی دلیل اللہ کا یہ قول ہے (اور جب تیرے پروردگار نے فرشتوں سے کہا کہ میں زمین میں ایک خلیفہ بنانے والا ہوں) یعنی زمین حجت خدا سے خالی نہیں رہنے دوں گا تاکہ لوگ اللہ سے ہدایت کے بارے میں جھگڑا نہ کریں اور جب اللہ نے ابراہیمؑ سے فرمایا (میں نے تمہیں لوگوں کے لیے امام بنایا تو انہوں نے کہا میری اولاد میں سے فرمایا میرا عہد ظالموں سے نہیں ہے) اور اللہ کے اس قول کے معنی (تاکہ وہ نصیحت حاصل کریں) یعنی میرے

ذکر سے جیسا کہ اللہ کا قول ہے(بے شک میرا ذکر مومنین کے لیے نفع بخش ہے)

اللہ کا قول(جس سے میں نے وعدہ کیا ہوا اچھا وعدہ پس وہ اسے مل کر رہے گا)

تاویل۔ محمد بن العباس نے کہا کہ ہم سے عبدالعزیز بن یحییٰ نے انہوں نے ہشام بن علی سے انہوں نے اسماعیل بن علی المعلم سے انہوں نے بدل بن المجد سے انہوں نے شعبہ سے انہوں نے ابان بن تغلب سے انہوں نے مجاہد سے روایت کی ہے کہ اللہ کا قول(جس سے میں نے وعدہ کیا ہوا اچھا وعدہ پس وہ اسے مل کر رہے گا) فرمایا کہ یہ علیؑ وحمزہؓ کے بارے میں نازل ہوئی۔

اس کی تائید یہ روایت کرتی ہے الحسن بن ابوالحسن الدیلمی سے اسناد کے ساتھ انہوں نے رجال سے انہوں نے محمد بن علی سے انہوں نے امام ابو عبداللہؑ سے اللہ کے اس قول کے بارے میں روایت کی ہے اللہ کا قول(جس سے میں نے وعدہ کیا ہوا اچھا وعدہ پس وہ اسے مل کر رہے گا)فرمایا کہ جن سے وعدہ کیا گیا ہے وہ علیؑ ابن ابی طالبؑ ہیں کہ اللہ نے ان کے دشمنوں سے دنیا میں بھی انتقام کا وعدہ کیا ہے اور آخرت میں بھی ان کے دشمنوں سے انتقام کا وعدہ کیا گیا ہے۔

پہلی حدیث کی تائید میں ہے کہ یہ آیت حمزہؓ بن عبدالمطلبؑ اور علیؑ ابن ابی طالبؑ کے بارے میں نازل ہوئی۔

اللہ کا قول(اس دن کو کو بلا کر پوچھے گا کہ تم نے نبیوں کو کیا جواب دیا پھر اس دن تمام خبریں اندھی ہو جائیں گی وہ ایک دوسرے سے سوال نہ کریں گے)

تاویل۔ علی بن ابراہیم سے روایت ہے کہ اللہ کا قول (اس دن ان کو ندا دی جائے گی کہ تم نے رسولوں کو کیا جواب دیا) پس عام لوگ گمان کرتے ہیں کہ اس سے مراد قیامت کا دن ہے جبکہ

خواص کہتے ہیں کہ کہ جب منکر و نکیر قبر میں آتے ہیں تو اس سے اللہ، نبیؐ اور امامؑ کے بارے میں پوچھتے ہیں اگر وہ مومن ہوتا ہے

تو جواب دیتا ہے اگر کافر ہوتا ہے تو کہتا ہے میں نہیں جانتا۔

اللہ کا قول (جس اللہ نے آپ پر قرآن نازل فرمایا ہے وہ دوبارہ آپ کو پہلی جگہ پر لانے والا ہے)

تاویل۔ ہم سے جعفر بن محمد بن مالک نے انہوں نے الحسن بن علی بن مروان سے انہوں نے سعید بن عمر سے انہوں نے ابو مروان سے روایت کی ہے کہ میں نے امام ابو عبد اللہؑ سے اللہ کے اس قول کے بارے میں دریافت کیا (وہی ذات ہے کہ جس نے آپ پر قرآن نازل کیا آپ کو اسی جگہ دوبارہ لائے گا) فرمایا اللہ کی قسم کہ دنیا اس وقت تک ختم نہ ہوگی کہ جب تک رسول اللہؐ اور علیؑ دوبارہ نہ آئیں ایک مسجد کی بنیاد نہ رکھیں کہ جس کے بارہ ہزار دروازے ہونگے اور وہ مسجد کوفہ میں ہوگی۔

علی بن ابراہیم نے اپنی تفسیر میں بیان کیا ہے کہ اللہ کا قول (وہی ذات ہے کہ جس نے آپ پر قرآن نازل کیا اور وہی آپ کو اسی جگہ دوبارہ لائے گا) عام لوگ اس سے مراد قیامت لیتے ہیں جبکہ خواص روایت کرتے ہیں کہ اس سے مراد رجعت ہے۔

اور امام ابو جعفرؑ سے روایت ہے کہ جب جابر بن عبد اللہ سے اس آیت کے بارے میں پوچھا گیا تو فرمایا اللہ جابر پر رحم کرے وہ ہمارے فقہاء میں سے تھا اور وہ اس آیت کی تاویل جانتا تھا کہ یہ رجعت کے بار ے میں ہے۔

الکلینی نے ایسی ہی ایک روایت امام ابو جعفرؑ سے روایت کی ہے۔

علی بن ابراہیم نے کہ ہم نے میرے والد سے انہوں نے نضر بن سوید سے انہوں نے یحییٰ الحلبی سے

انہوں نے عبدالحمید الطائی سے انہوں نے حمران سے انہوں نے ابو خالد الکابلی سے انہوں نے امام علیؑ بن الحسینؑ سے اللہ کے اس قول کے بارے میں روایت کی ہے فرمایا کہ رجعت میں تمہارا نبیؐ تمہاری طرف لوٹ کر آئے گا۔

اللہ کا قول (اور ہر چیز ہلاک ہونے والی ہے سوائے اس کے وجہہ (چہرے) کے اسی کے لیے فرمانراوئی ہے اور اسی کی طرف تم لوٹ کر جانے والے ہو)

تاویل۔ محمد بن العباس نے کہا کہ ہم سے عبداللہ بن ھمام نے انہوں نے عبداللہ بن جعفر سے انہوں نے ابراہیم بن ہاشم سے انہوں نے محمد بن خالد سے انہوں نے الحسن بن محبوب سے انہوں نے الاحول سے انہوں نے سلام بن المتسیز سے روایت کی ہے کہ میں نے امام ابو جعفرؑ سے اللہ کے اس قول کے بارے میں پوچھا(اور ہر چیز ہلاک ہو جانے والی ہے سوائے اس کے وجہہ کے) فرمایا اللہ کی قسم ہم ہی اس کا وجہہ (چہرہ) ہیں کہ تمام لوگ ہلاک ہو جائیں گے مگر ہم قیامت والے دن ہلاک نہیں ہونگے۔

ہم کو عبداللہ بن العلاء المخاری نے انہوں نے محمد بن الحسن بن شمعون نے انہوں نے عبداللہ بن عبدالرحمٰن سے انہوں نے عبداللہ بن القاسم سے انہوں نے صالح بن سہل سے انہوں نے امام ابو عبداللہؑ سے اللہ کے اس قول کے بارے میں روایت کی ہے (اور ہر چیز ہلاک ہو جانے والی ہے سوائے اس کے چہرے کے) فرمایا کہ وجہہ اللہ علیؑ ہیں۔

اس کی تائید علی بن ابراہیم کی روایت کرتی ہے انہوں نے اپنے والد سے انہوں نے ابن ابی عمیر سے انہوں نے منصور بن یونس سے انہوں نے ابو حمزہ سے انہوں نے امام ابو جعفرؑ سے روایت کی ہے کہ میں نے امامؑ سے کہا کہ مجھے اللہ کے اس قول کے بارے میں بتایئے (سوائے اللہ کے چہرے کے ہر

چیز ہلاک ہو جانے والی ہے) فرمایا ہم ہی اللہ کا چہرہ ہیں کہ جس کی طرف آنے کا حکم دیا گیا ہے۔

پس صلاۃ و سلام ہو محمدؐ وآل محمدؑ پر جو پرہیزگاروں، عبادت گزاروں، زاہدوں اور متقین کے سردار و قائد ہیں۔

سورۃ العنکبوت

(اس سورہ مبارکہ کہ وہ آیات جو آئمہ ھدیٰؑ کی شان میں نازل ہوئیں)

اللہ کا قول (کیا لوگوں نے یہ گمان کر لیا ہے کہ ان کو بغیر آزمائے ہی ان کے اس دعویٰ پر کہ وہ ایمان لے آئے ہیں چھوڑ دیا جائے گا)

تاویل۔ علی بن ابراہیم نے کہا کہ مجھ سے میرے والد نے انہوں نے محمد بن الفضیل سے روایت کی ہے کہ میں نے امام ابوالحسن سے اللہ کے اس قول کے بارے میں پوچھا تو فرمایا کہ عباسؓ امیر المومنینؑ کے پاس آئے اور کہا چلیں ہم آپؑ کی لوگوں سے بیعت لیتے ہیں تو فرمایا کیا تم ان کو ایسا کرتے ہوئے دیکھ رہے ہو انہوں نے کہا جی ہاں فرمایا تو پھر اللہ کا کدھر جائے گا (کیا تم نے گمان کر لیا ہے کہ لوگوں کو ان کے اس دعوے پر کہ وہ ایمان لے آئے ہیں ان کو بغیر آزمائے ہی چھوڑ دیا جائے گا) ۔

محمد بن العباس نے کہا کہ ہم سے احمد بن محمد بن سعید نے انہوں نے احمد بن الحسین سے انہوں نے اپنے والد سے انہوں نے حصین بن محارق سے انہوں نے عبداللہ بن الحسن سے انہوں نے اپنے والد سے انہوں نے اپنے دادا سے انہوں نے امام الحسینؑ بن علیؑ سے انہوں نے اپنے والد امیر المومنینؑ

سے روایت کی ہے کہ جب یہ آیت نازل ہوئی تو میں نے کہا یارسول اللہؐ یہ کون سی آزمائش ہے؟ فرمایا یا علیؑ اس سے تمہاری آزمائش ہوگی پس تم جنگ کروگے اور جنگ کے لیے تیار ہو جاؤ۔

ہم سے جعفر بن محمد الحسینی نے انہوں نے ادریس بن اباد سے انہوں نے الحسن بن محبوب سے انہوں نے عمرو بن ثابت سے انہوں نے امام ابو جعفرؑ سے روایت کی ہے کہ میں نے امامؑ سے اللہ کے اس قول کی تفسیر کے بارے میں پوچھا آپؑ نے فرمایا کہ رسول اللہؐ کی یہ خواہش تھی کہ ان کے بعد تمام امت علیؑ کی ولایت پر جمع ہو جائے لیکن اللہ کو ایسا منظور نہ تھا پس اسی لیے اللہ نے یہ آیت نازل کی (کیا لوگوں نے گمان کر لیا ہے کہ ان کو ان کے اس دعوے پر کہ وہ ایمان لے آئے ہیں ان کو بغیر آزمائش کے چھوڑ دیا جائے گا)

ہم سے احمد بن جنودہ نے انہوں نے ابراہیم بن اسحاق سے انہوں نے عبداللہ بن حمار سے انہوں نے سماعہ بن مہران سے انہوں نے امام ابو عبداللہؑ سے روایت کی ہے کہ ایک رات رسول اللہؐ مسجد میں تھے جب صبح ہوئی تو امیر المومنینؑ مسجد میں تشریف لائے پس رسول اللہؐ نے پکارا یا علیؑ فرمایا لبیک فرمایا میرے پاس آؤ وہ ان کے قریب ہوئے تو فرمای اے علیؑ میں نے رات یہاں گزاری جہاں تم نے دیکھا میں نے اپنے رب سے ایک ہزار حاجات طلب کیں اس نے انہیں پورا فرمایا میں نے تیرے لیے بھی سوال کیا پس میں نے کہا کہ میرے بعد علیؑ پر تمام لوگوں کو متفق کر دے تو فرمایا (کیا تم نے گمان کر لیا ہے کہ لوگوں کو ان کے دعویٰ ایمانی پر ہی چھوڑ دیا جائے گا اور ان کی آزمائش نہیں کی جائے گی)

ہم سے محمد بن الحسین الخثعمی سے انہوں نے عیسیٰ بن مہران سے انہوں نے الحسن بن الحسین سے

یحییٰ سے انہوں نے علی بن اسباط سے انہوں نے السدی سے اللہ کے اس قول کے بارے میں روایت کی ہے کہ ان کو آزمایا جائے گا کہ جوان کے دشمن ہیں۔

اللہ کا قول(کیا برائیاں کرنے والوں نے گمان کر لیا ہے کہ وہ سبقت لے جائیں گے ہم پر اور یہ کیسی بری تجویزیں کر رہے ہیں جسے اللہ کی ملاقات کی امید ہو تو پس یقیناً اللہ کا ٹھہرایا ہوا وقت یقیناً آنے والا ہے بے شک اللہ سننے والا اور جاننے والا ہے اور کوشش کرنے والا اپنے ہی بھلے کی کوشش کرتا ہے اور اللہ تو جہانوں سے بے نیاز ہے)

تاویل۔ محمد بن العباس نے کہا کہ ہم سے عبد العزیز بن یحییٰ نے انہوں نے محمد بن زکریا سے انہوں نے ایوب بن سلیمان سے انہون نے محمد بن مروان سے انہوں نے الکلبی سے انہوں نے ابو صالح سے انہوں نے ابن عباس سے اللہ کے اس قول کے بارے میں روایت کی ہے(کیا برائیاں کرنے والوں نے گمان کر لیا ہے کہ وہ سبقت لے جائیں گے ہم پر اور یہ کیسی بری تجویزیں کر رہے ہیں یہ عتبہ ،شیبہ ،ولید بن عتبہ کے بارے میں نازل ہوئی انہوں نے ہی علیؑ و حمزہؓ اور عبیدہ سے مبارزہ طلبی کی اور ان کے بارے میں یہ آیت نازل ہوئی(جو اپنے رب سے ملاقات کی امید رکھتا ہے تو بے شک اس کا ایک وعدہ مقرر ہے وہ یقیناً آنے والا ہے اور جو بھلے کی کوشش کرے گا تو اپنے لیے ہی کرے گا یہ علیؑ اور ان کے اصحاب کے بارے میں نازلہوئی۔

اللہ کا قول(ان لوگوں کی مثال کہ جنہوں نے اللہ کے سوا اوروں کو مددگار بنالیا اس مکڑی جیسی ہے کہ جس نے گھر بنایا اور گھروں میں سب سے کمزور گھر مکڑی کا ہے اگر وہ جانتے ہوں)

تاویل۔اس آیت کی ظاہری اور باطنی تاویل ہے ظاہر تو ظاہر ہے اور باطن یہ ہے کہ محمد بن خالد البرقی نے انہوں نے الحسین بن یوسف سے انہوں نے اپنے بھائی سے انہوں نے اپنے والد سے انہوں نے

سالم بن مکرم سے انہوں نے اپنے والد سے روایت کی ہے کہ میں نے امام ابو جعفرؑ کو فرماتے ہوئے سنا کہ اس مکڑی سے مراد کبوتری ہے اور اس کو اس لیے مکڑی کہا گیا کیونکہ مکڑی بھی کمزور ہوتی ہے اور کبوتری بھی کمزور ہوتی ہے۔

اللہ کا قول (یہ مثالیں ہیں جو لوگوں کے لیے بیان کی جاتی ہیں پس اس کو صرف عالم ہی سمجھتے ہیں)

تاویل۔ محمد بن العباس سے کہا کہ ہم سے الحسین بن عامر نے انہوں نے محمد بن عیسیٰ سے انہوں نے ابن ابی عمیر سے انہوں نے مالک بن عطیہ سے انہوں نے محمد بن مروان سے انہوں نے الفضیل بن یسار سے انہوں نے امام ابو جعفرؑ سے اللہ کے اس قول کے بارے میں روایت کی ہے (اسے صرف عالم ہی سمجھتے ہیں) فرمایا عالم سے ہم ہی مراد ہیں اور ہم ہی علم میں راسخ ہیں۔

علی بن ابراہیم نے اپنی تفسیر میں ایسی ہی روایت کی ہے۔

اللہ کا قول (پس وہ لوگ کہ جن کو کتاب دی گئی اس پر ایمان رکھتے ہیں اور ان میں سے ایسے بھی ہیں جو اس پر ایمان رکھتے ہیں)

تاویل۔ محمد بن العباس نے کہا کہ ہم سے محمد بن الحسین الخثعمی نے انہوں نے عباد بن یعقوب سے انہوں نے الحسین بن حمار سے انہوں نے ابو الجارود سے انہوں نے امام ابو جعفرؑ سے اللہ کے اس قول کے بارے میں روایت کی ہے (پس جن کو کتاب دی گئی وہ اس پر ایمان رکھتے ہیں) فرمایا اس سے مراد اہل ایمان ہیں (ان میں سے ایسے بھی ہیں جو اس پر ایمان رکھتے ہیں) اس سے مراد اہل قبلہ میں سے اہل ایمان ہیں۔

ہم سے ابو سعید نے انہوں نے احمد بن محمد سے انہوں نے اپنے والد سے انہوں نے الحصین بن مخارق

سے انہوں نے ابوالورد سے انہوں نے امام ابو جعفرؑ سے اللہ کے اس قول کے بارے میں راویت کی ہے(جن کو کتاب دی گئی وہ اس پر ایمان رکھتے ہیں) فرمایا کہ اس سے مراد آل محمدؑ ہیں۔

اللہ کا قول(بلکہ وہ روشن آیات ہیں ان لوگوں میں کہ جن کو علم دیا گیا)

تاویل۔ محمد بن العباس نے کہا کہ ہم سے علی بن سلیمان الرازی نے انہوں نے محمد بن خالد الطیاسی سے انہوں نے سیف بن عمیرۃ سے انہوں نے ابو بصیر سے انہوں نے امام ابو جعفرؑ سے اللہ کے اس قول کے بارے میں رایت کی ہے کہ (بلکہ وہ روشن آیات ہیں ان لوگوں میں کہ جن کو علم دیا گیا) فرمایا اس سے مراد ہم ہیں پوچھا گیا کیا اس سے مراد آپؑ ہیں ؟ تو امام ابو جعفرؑ نے فرمایا اور کون ہو سکتا ہے ؟ ہم ہی علم میں راسخ ہیں۔

ہم سے محمد بن جعفر الرزاز نے انہوں نے محمد بن الحسین سے انہوں نے محمد بن ابی عمیر سے انہوں نے عمر

بن از نیہ سے انہوں نے برید بن معاویہ سے روایت کی ہے کہ میں نے امام ابو جعفرؑ سے اللہ کے اس قول کے بارے میں پوچھا(بلکہ وہ روشن آیات جو علم والوں کے سینوں میں ہیں)فرمایا اس سے مراد ہم ہیں۔

ہم سے احمد بن القاسم الصمدانی سے انہوں نے احمد بن محمد بن الیساری سے انہوں نے محمد بن خالد البرقی سے انہوں نے علی بن اسباط سے روایت کی ہے کہ ایک شخص نے امام ابو عبداللہؑ سے اللہ کے اس قول کے بارے میں سوال کیا(بلکہ وہ روشن آیات ہیں کہ جو علم والوں کے سینے میں ہیں) فرمایا ان سے مراد آئمہ آل محمدؑ ہیں۔

اللہ کا قول (وہ لوگ جو ہماری راہ میں مشقت کرتے ہیں ہم ان کو اپنی راہ ضرور دکھاتے ہیں اور بے شک اللہ احسان کرنے والوں کے ساتھ ہے)

تاویل۔ محمد بن العباس نے کہا کہ ہم سے عبدالعزیز بن یحییٰ نے انہوں نے عمرو بن محمد زکی سے انہوں نے محمد بن الفضیل سے انہوں نے محمد بن شعیب سے انہوں نے قیس بن ربیع سے انہوں نے منذر الثوری سے انہوں نے محمد بن الحنفیہ سے انہوں نے اپنے والد گرامی امیر المومنین ؑ علیؑ سے روایت کی کہ اللہ عزوجل فرماتا ہے (اور بے شک اللہ احسان کرنے والوں کے ساتھ ہے)فرمایا پس میں ہی وہ احسان کرنے والا ہوں۔

ہم سے محمد بن الحسین الخثعمی سے انہوں نے عباد بن یعقوب سے انہوں نے الحسن بن حمار سے انہوں نے ابوالجارود سے انہوں نے امام ابو جعفرؑ سے اللہ کے اس قول کے بارے میں روایت کی ہے (جو ہماری راہ میں مشقت کرتے ہیں ہم ان کو اپنی راہ ضرور دیکھاتے ہیں اور بے شک اللہ احسان کرنے والوں کے ساتھ ہے) فرمایا یہ آیت ہمارے بارے میں نازل ہوئی۔

ہم سے احمد بن محمد نے انہوں نے احمد بن الحسن سے انہوں نے اپنے والد سے انہوں نے حصین سے انہوں نے مسلم بن الخذاء سے انہوں نے زید بن علیؑ سے اللہ کے اس قول کے بارے میں روایت کی ہے (وہ لوگ جو ہماری راہ میں مشقت کرتے ہیں ہم ضرور ان کو اپنی راہ دیکھاتے ہیں اور بے شک اللہ احسان کرنے والوں کے ساتھ ہے) فرمایا اس سے مراد ہم ہیں۔

سورۃ الروم

(اس سورہ مبارکہ کی وہ آیات جو آئمہ ھدیٰؑ کی شان میں نازل ہوئیں)

اللہ کا قول (الم ۔ رومی مغلوب ہو گئے اور اس دن مومن اللہ کی مدد سے خوش ہو جائیں گے)

تاویل۔ پس اس آیت کا ظاہر تو ظاہر ہے اور باطن یہ ہے کہ محمد بن العباس سے انہوں نے احمد بن محمد بن سعید سے انہوں نے الحسن بن القاسم سے انہوں نے علی بن ابراہیم سے انہوں نے فضیل بن اسحاق سے انہوں نے یعقوب بن شعیب سے انہوں نے عمران بن میثم سے انہوں نے عبایہ سے انہوں نے امیر المومنینؑ سے روایت کی ہے کہ اللہ کا قول (رومی مغلوب ہو گئے) یہ بنو امیہ کے بارے میں ہے۔

ہم سے الحسن بن محمد جمہور القمی نے انہوں نے اپنے والد سے انہوں نے جعفر بن بشیر الوشاء سے انہوں نے ابن مسکان سے انہوں نے ابو بصیر سے انہوں نے امام ابو عبداللہؑ سے روایت کی ہے کہ میں نے امامؑ سے اس آیت کی تفسیر میں پوچھا (رومی مغلوب ہو گئے) فرمایا اس سے مراد بنو امیہ ہیں (اور اس دن مومن اللہ کی مدد سے خوش ہو جائیں گے) فرمایا قیام قائمؑ کے وقت۔

اللہ کا قول (پس اپنا رخ سیدھا کر کے دین کی طرف رکھیں کہ اس فطرت خدا پر کہ جس پر لوگوں کو پیدا کیا ہے)

تاویل۔ اللہ نے مخلوق کو اسلام، توحید اور ولایت پر خلق کیا ہے کہ جس کا ذکر محمد بن العباس نے کہا کہ ہم سے احمد بن الحسن المالکی سے انہوں نے محمد بن عیسیٰ سے انہوں نے الحسن بن معید سے انہوں نے جعفر بن بشیر سے انہوں نے علی بن ابی حمزہ سے انہوں نے ابو بصیر سے انہوں نے امام ابو جعفرؑ سے روایت کی ہے کہ میں نے امامؑ سے اللہ کے اس قول کے بارے میں پوچھا (پس اپنا چہرہ سیدھے ہو کر دین کی طرف رکھیں اللہ کی فطرت کہ جس پر اس نے لوگوں کو پیدا کیا) فرمایا کہ اللہ نے توحید پر محمدؐ کی رسالت پر اور علیؑ کی ولایت پر مخلوق کو پیدا کیا۔

اللہ کا قول (پس ذی القربیٰ کو ان کا حق دے دو)

تاویل۔ محمد بن العباس نے کہا کہ ہم سے علی بن العباس المقانی سے انہوں نے ابو کریب سے انہوں نے معاویہ بن ہشام سے انہوں نے فضل بن مرزوق سے انہوں نے عطیہ سے انہوں نے سعید الخدری سے روایت کی ہے کہ جب یہ آیت نازل ہوئی تو رسول اللہؐ نے فاطمہؑ کو فدک عطا کیا۔ اور یہ عام و خاص میں مشہور روایت ہے۔

سورۃ لقمان

(اس سورہ مبارکہ کی وہ آیات جو آئمہ ھدیٰؑ کی شان میں نازل ہوئیں)

اللہ کا قول (ہم نے انسان کو اس کے والدین کے بارے میں نصیحت کی)

تاویل۔ اللہ کا قول (ہم نے انسان کو اس کے والدین کے بارے میں نصیحت کی) محمد بن العباس سے کہ ہم سے احمد بن ادریس نے انہوں نے احمد بن محمد بن عیسیٰ سے انہوں نے الحسین بن سعید سے انہوں نے فضالہ سے انہوں نے ابان بن عثمان سے انہوں نے عبداللہ بن سلیمان سے روایت کی ہے کہ میں نے جابر الجعفی کو امام ابو جعفرؑ سے روایت کرتے ہوئے سنا کہ آپؑ نے فرمایا کہ رسول اللہؐ اور علیؑ ہی اس امت کے والدین ہیں۔

عبداللہ بن سلیمان نے کہا کہ میں نے امام ابو جعفرؑ کو فرماتے ہوئے سنا ہم ہی ہیں کہ جن کے لیے خمس ہے اور ہم میں ہی سے تصدیق کرنے والا ہے اور ہماری مودت ہی اللہ کی کتاب میں ہے پس علیؑ اور رسول اللہؐ اس امت کے والدین ہیں اور اللہ نے امت کو ان کا شکریہ ادا کرنے کا حکم دیا ہے۔

ہم سے احمد بن ادریس نے انہوں نے احمد بن محمد بن عیسیٰ سے انہوں نے الحسین سے انہوں نے نضر بن سوید سے انہوں نے یحییٰ الحلبی سے انہوں نے ابن مسکان سے انہوں نے زرارۃ سے انہوں نے عبدالواحد بن المختار سے روایت کی ہے کہ میں امام ابو جعفرؑ کے پاس گیا تو فرمایا کیا تم جانتے ہو کہ علیؑ ان دو والدوں میں سے ایک ہیں کہ جن کے بارے میں اللہ نے فرمایا(اپنے والدین کا شکریہ ادا کرو) زرارۃ نے کہا میں نے کہا کہ میں نہیں

جانتا کہ یہ دو آیات کون سی ہیں لقمان میں سے یا بنی اسرائیل میں سے پس میں حج کے لیے گیا اور میں امام ابو جعفرؑ کے پاس تنہائی میں گیا اور میں نے کہا میں آپؑ پر قربان جاؤں عبدالواحد نے یہ حدیث بیان کی ہے فرمایا ہاں میں نے کہا یہ کون سی آیت ہے سورۃ لقمان کی یا بنی اسرائیل کی؟ فرمایا جو لقمان میں ہے۔

ہم سے احمد بن ادریس نے انہوں نے احمد بن محمد سے انہوں نے الحسین بن سعید سے انہوں نے عمرو بن شمر سے انہوں نے المفضل سے انہوں نے جابر سے انہوں نے امام ابو جعفرؑ سے روایت کی ہے کہ میں نے امامؑ کو فرماتے ہوئے سنا(اور ہم نے انسان کو والدین کے بارے میں نصیحت کی) فرمایا یہ والدین رسول اللہؐ اور علیؑ ہیں۔

ہم سے احمد بن ادریس نے انہوں نے احمد بن محمد بن عیسیٰ سے انہوں نے الحسین بن سعید سے انہوں نے فضالہ بن ایوب سے انہوں نے ابان بن عثمان سے انہوں نے بشیر الدھان سے روایت کی ہے کہ امام ابو عبداللہؑ نے فرمایا رسول اللہؐ ان دو والدین میں سے ایک ہیں میں نے کہا اور دوسرا؟ فرمایا علیؑ ابن ابی طالبؑ۔

اسی تاویل پر اللہ کے اس قول کے معنی ہیں (اور ہم نے انسان کو اس کے والدین کے بارے میں

نصیحت کی) امامؑ نے فرمایا کہ یہ دونوں نبیؐ و علیؑ ہیں اور ان دونوں کو کنایہ کے طور پر اس آیت میں والدین کہا گیا ہے۔

اسی طرح ایک حدیث میں آیا ہے کہ اللہ نے آدمؑ سے فرمایا اگر دو شخص نہ ہوتے کہ میں ان کو خلق نہ کرتا تو میں تم کو بھی خلق نہ کرتا اور یہ تمام معاملہ واضح ہے اور گذشتہ ابواب میں گزر چکا ہے۔

اور اس آیت کی یہ بھی تاویل ہے کہ نبیؐ و علیؑ علم و ہدایت اور دین میں والدین ہیں جو کہ انسان کی زندگی کا

سبب ہے جس طرح والدین انسان کو کھانے پینے اور دودھ پلانے کے زریعے غذا دیتے ہیں ایسے ہی نبی و امامؑ انسان کو علم و بیان و ہدایت کی غذا دیتے ہیں اسی لیے ان کو والدین کہا گیا ہے۔

اللہ کا قول(اور ہم نے تم کو اپنی ظاہری اور باطنی نعمتیں بھرپور دے رکھی ہیں)

تاویل۔ علی بن ابراہیم نے انہوں نے اپنے والد سے انہوں نے القاسم بن محمد سے انہوں نے سلیمان بن داؤد المنقری سے انہوں نے یحییٰ بن آدم سے انہوں نے شریک سے انہوں نے جابر سے روایت کی ہے کہ امام ابو جعفرؑ کے پاس ایک شخص نے اس آیت کی تلاوت کی(اور ہم نے تم کو اپنی ظاہری اور باطنی نعمتیں بھرپور دے رکھی ہیں) آپؑ نے فرمایا کیا تم اس کی تفسیر جانتے ہو؟ اللہ کی ظاہری نعمت نبیؐ ہیں اور اللہ کی باطنی نعمت ہم اہل بیتؑ کی مودت ہے۔

اس کی تائید اللہ کا یہ قول کرتا ہے(آج کے دن میں نے آپ کے لیے دین مکمل کر دیا اور تم پر اپنی نعمت کو تمام کر دیا) پس وہ نعمت جو نبیؐ ہیں غدیر کے دن سے پہلے نامکمل تھی جب امیر المومنینؑ کی ولایت کا اعلان ہوا تو اللہ نے اعلان کیا کہ آج تم پر میں نے اپنی نعمت کو مکمل کر دیا۔ پس ولایت اہل بیتؑ ہی باطنی

نعمت ہے کہ جس کے ذریعے دین مکمل ہوااور اللہ کی نعمت تمام ہوئی۔

اللہ کا قول(جو شخص خود کو اللہ کی طرف متوجہ کرلے تو یہ نیکوکار بھی ہو تو وہ مضبوط کڑے سے جڑ گیا اور تمام کاموں کا انجام اللہ ہی کی طرف ہے)

تاویل۔ابو علی الطبرسی نے کہا کہ اس کا مطلب یہ ہے کہ جو اس دین کے ساتھ مخلص ہو اور اپنے افعال میں

میانہ رو ہو اور اللہ کا قرب چاہتا ہو اور اس کے اوامر و نہی کی پابندی کرتا ہو پس اسے چاہیے (وہ مضبوط کڑے سے جڑ جائے) یعنی ولایت علیؑ پر ایمان لے آئے۔

محمد بن العباس نے کہا کہ ہم سے احمد بن محمد بن سعید نے انہوں نے احمد بن الحسین سے انہوں نے اپنے والد سے انہوں نے حصین بن مخارق سے انہوں نے امام ابوالحسن موسیٰ بن جعفر علیہ السلام سے انہوں نے اپنے والد گرامیؑ سے انہوں نے اپنے آباء علیھم السلام سے اللہ کے اس قول کے بارے میں روایت کی ہے(وہ مضبوط کڑے سے جڑ گیا) فرمایا ہم اہل بیتؑ کی مودت سے۔

ہم سے احمد بن محمد نے انہوں نے احمد بن الحسین سے انہوں نے اپنے والد سے انہوں نے حصین بن مخارق سے انہوں نے ہارون بن سعید سے انہوں نے زید بن علیؑ سے روایت کی ہے کہ (مضبوط کڑے) سے مراد مودت آل محمدؑ ہے۔

اللہ کا قول(اگر روئے زمین کے تمام درخت قلم بن جائیں اور سمندر پھیل کر سیاہی بن جائے تو پھر بھی اللہ کے کلمات ختم نہیں ہو سکتے بے شک اللہ غالب حکمت والا ہے)

تاویل۔صاحب کتاب الاحتجاج نے کہا کہ یحییٰ بن اثیم نے ہمارے مولا عسکریؑ سے اس آیت کی

تاویل کے بارے میں پوچھا اور یہ کہ یہ سات سمندر کون سے ہیں اور یہ اللہ کے کلمات کون سے ہیں جو کہ ختم نہیں ہو سکتے فرمایا سمندر یہ ہیں۔ کبریت، نہر یمن، نہر برہوت، نہر طبریہ، نہر ماسیر ان، نہر حمد افریقہ، نہر باجرواں اور اللہ کے کلمات ہم ہیں اور ہمارے علوم کبھی ختم نہیں ہو سکتے اور نہ ہی تم ہمارے فضائل کو پا سکتے ہو۔

اس پر اللہ کا یہ قول دلالت کرتا ہے (آدم نے اپنے پرودگار سے کلمات سیکھ لیے (اور اللہ کا یہ قول) جب ابراہیم کو اس کے رب نے کلمات کے ذریعے آزمایا) پس اللہ کے کلمات سے مراد آئمہؑ ہیں جو مکمل ہیں پروردگار زمین و آسمان کی طرف سے کہ ان پر ہمیشہ ہمیشہ سب سے افضل و اعلیٰ درود و سلام ہو۔

الحمد اللہ کہ تاویل الآیات الظاہرہ کا جزاول مکمل ہوا۔